大明王朝

王朝风云之

DAMING WANGCHAO

李楠——编著

历史度尽劫波
文明生生不息

中国文史出版社

图书在版编目（CIP）数据

大明王朝 / 李楠编著 . -- 北京 : 中国文史出版社，2021.1

（王朝风云；14）

ISBN 978-7-5205-2256-4

Ⅰ . ①大… Ⅱ . ①李… Ⅲ . ①中国历史—明代—通俗读物 Ⅳ . ① K248.09

中国版本图书馆 CIP 数据核字 (2020) 第 174212 号

责任编辑：詹红旗　戴小璇

出版发行：中国文史出版社

社　　址：北京市海淀区西八里庄 69 号院　邮编：100142

电　　话 : 010- 81136606　81136602　81136603(发行部)

传　　真 : 010-81136655

印　　装：廊坊市海涛印刷有限公司

经　　销：全国新华书店

开　　本：1/16

印　　张：22

字　　数：338 千字

版　　次：2021 年 3 月北京第 1 版

印　　次：2021 年 3 月第 1 次印刷

定　　价：66.00 元

前言

“凤凰台上凤凰游，凤去台空江自流。吴宫花草埋幽径，晋代衣冠成古丘。”李白一首《登金陵凤凰台》，可生动反映中国历代王朝的没落与沧桑。

中国是一个拥有5000年悠久历史的文明古国，王朝众多，更迭频繁。其间上演过无数令人感慨的悲喜剧，也创造了举世瞩目的中华文明。

这套《王朝风云》丛书，旨在全景展现中华民族从原始社会、奴隶社会到封建社会的历史跨越，以真实丰富的史料，鲜活生动的叙述，让一个个风格迥异的王朝如戏剧般轮番登场，上演从夏商周到晚清近代历史的荣光与波折。使读者从王朝演变的故事中深刻地体味历史的魅力，领悟中华文明博大精深的文化内涵。

丛书着重讲历史脉络，以历代政权更迭及政治、军事斗争为主，努力把中国历史中最精彩、最生动的内容奉献给广大读者。同时，为增强系统性，一定程度地反映历朝历代的掌故、习俗、科技、文化等内容。

《王朝风云》丛书共15部，此为第十四部《大明王朝》，主要讲的是自1368年朱元璋建立明朝到1644年崇祯帝煤山自缢，共277年间中国历史上发生的那些丰富多彩的故事。

明朝是汉族地主阶级建立的最后一个王朝，也是中国历史发展进程的一个重要转折时期。大明帝国将封建帝制文化传统推到了极致，是中国2000年帝王政治的集大成者。其对于中国政治传统、文化传统的影响既深且巨。

明朝前期，国力强盛，专制皇权得到了加强，经济恢复发展很快，社会相对安定，对外交往进一步活跃。正统以后，明朝开始走向衰落。明中期，宦官专权，政治腐败；土地兼并日趋激烈，流民起义不断；蒙古侵扰北部边境，倭寇为患东南。封建社会进入后期。明朝后期，后金崛起，开始威胁明朝统治；朝廷内部党争激烈，政治更加黑暗；封建统治更加残暴，市民斗争开始出现，明末农民大起义最终爆发。明朝内外交困，最后被农民起义军推翻。

在前代基础上，明朝社会经济获得了极大发展。农产品商品化扩大，手工业生产水平提高，工艺精湛，商业繁荣，市场活跃，产生了资本主义萌芽。在明朝，封建文化极为繁盛。思想界产生了王守仁、李贽等著名人物；小说成就辉煌，《水浒传》《三国演义》《西游记》及《金瓶梅》等作品闻名于世；汤显祖、袁宏道及徐渭等文学艺术家领一时风骚；徐光启、宋应星、李时珍及徐霞客等科学家都做出了杰出贡献。当时，还出现了中国历史上最大的类书——《永乐大典》。

明朝诞生于轰轰烈烈的农民起义，但又被农民起义所灭亡。它的由盛到衰富于戏剧性，其间出现的人物和发生的事件独特离奇：有中国古代唯一曾经当过和尚的皇帝，痴迷于木工的木匠皇帝，自封为“威武大将军”的玩乐皇帝，自缢的亡国之君，恐怖的特务统治，祸乱沿海的“倭寇”，迷离的梃击、红丸、移宫三大奇案，剧烈的党争，等等。

明朝期间出现了继周朝、汉朝和唐朝之后的几个“盛世”，史称“治隆唐宋”“远迈汉唐”。在大明朝，无汉唐之和亲，无两宋之岁币，无城下之盟，天子御国门，君主死社稷。创立了令后辈之人所敬仰的优秀历史。任何一个对中国历史有兴趣的人，都会对明朝历史有着浓厚的兴趣。这段集神奇、智慧、辉煌、混乱为一体的史事，在经过了这么多年之后依然让人们津津乐道。

了解历史，反思历史，是为了更好地借鉴历史、把握未来。

目录

第一编　人物风云

第一章　奉天承运

第二章 后宫风云

第三章 著名将帅

第四章 名臣权相

第五章 权阉大宦

第二编 大明盛衰

第一章 大事纪要

第二章 明朝的败亡

第三章 统治制度

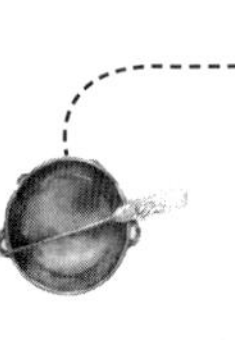

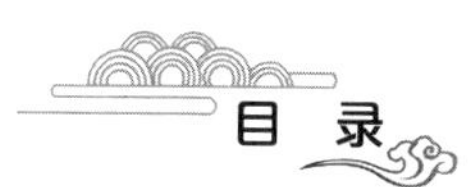

第三编 社会写真

第一章 社会经济

第二章 科技与思想

第三章 文学艺术

第一编

人物风云

明朝诞生于轰轰烈烈的农民起义，但又被农民起义所灭亡。它的由盛到衰富于戏剧性，其间出现的人物和发生的事件独特离奇：有中国古代唯一曾经当过和尚的皇帝，恐怖的特务统治，祸乱沿海的“倭寇”，痴迷于木工的木匠皇帝，自封为“威武大将军”的玩乐皇帝，迷离的梃击、红丸、移宫三大奇案，剧烈的党争，自缢的亡国之君，等等。

明太祖对后妃采取了镌铁牌、立祖训、严教育等一系列管理措施，就是为了未雨绸缪，防患未然。对此，《明史外戚传》评论道：“明太祖立国，家法严。史臣称其后妃居宫中，不预一发之政，外戚循理谨度，无敢恃宠以病民，汉唐以来所不及。”但树欲静而风不止，明代后宫也并非风平浪静，其间也是狂潮暗涌。

读明史，我们看到了明朝帝王频繁更替下的各种较量——大臣之间，文丞武尉，明争暗斗；主仆之间，利用、胁迫与真情、慈悲交织；手足之间，面临欲望与义理的抉择；敌我之间，充斥着实力与心智的博弈。

第一章 奉天承运

一、治隆唐宋明太祖，英武伟烈朱元璋

明太祖朱元璋（1328—1398 年），原名朱重八，又名兴宗，字国瑞。濠州钟离（今安徽凤阳东北）人。他是我国古代史上继刘邦之后，又一个布衣出身的开国君主，也是我国封建社会后期一位有作为的皇帝。

朱元璋的祖籍是江苏沛县，到他父亲这一辈才定居在濠州钟离太平乡。朱元璋祖祖辈辈都是农民。他父亲朱五四，勤劳厚道，终生为地主开垦荒地，到头来自己却地无一垄。朱元璋童年时，也读过几天私塾，不久就辍学放牧，开始养家糊口。

至正四年（1344 年），淮北地区遭受百年不遇的旱灾和蝗灾，庄稼颗粒无收。接着又遇瘟疫，死人无数。朱元璋的父母兄长不到半个月一一病亡，阖家只剩下 17 岁的朱元璋。朱元璋草草掩埋了亲人，为了活命，投到皇觉寺当了一个小行童。可是不到两个月，寺院也没了粮食，住持又把朱元璋和他的师兄们打发出去云游四方，化缘为生。朱元璋在这 4 年中，走遍了安徽和河南交界的许多地方，风餐露宿，吃尽了人间的苦，但也增长了阅历，积累了丰富的地理知识。至正八年（1348 年），朱元璋又回到皇觉寺。

至正十一年（1351 年），刘福通在颍州发动起义，元末农民战争爆发了。蕲州的徐寿辉、濠州的郭子兴都起兵响应。朱元璋投奔了郭子兴的起义军。这一年，朱元璋 24 岁。不久，朱元璋被郭子兴收为亲兵，并提拔他为亲兵的小头目（九夫长）。朱元璋精明能干，在士兵中威信很高，在战斗中屡立战功，得到郭子兴的赏识和重用，并将自己的干女儿马氏嫁给了朱元璋。

不久，朱元璋率军攻下定远，冯国用、冯国胜率军前来投奔朱元璋。朱元

明太祖朱元璋

璋见他们兄弟二人谈吐不俗，就向他们请教安天下的大计。当朱元璋率军向滁州进军时，军中又来了一个知识分子，他就是定远人李善长。朱元璋向他请教，李善长建议朱元璋以刘邦为榜样。李善长说，刘邦为人豁达大度，知人善用，不乱杀人，五年而成帝业。朱元璋认为他讲得很对，也把他留在身边，参与机务。

为了赢得民心，朱元璋开始整顿队伍，加强军纪，以使自己的队伍成为一支“仁义之师”。当他的部队攻下和县后，将士们还像往常一样掠人妻女，抢劫财货。朱元璋很生气，召集诸将，申明军纪，下令将掠来的妇女全部释放。从此以后，每攻下一城，朱元璋都要张贴安民告示，重申军纪；并派执法队沿街巡逻，遇有违反军纪、掠夺扰民者，格杀勿论。这样，朱元璋的队伍军纪严明、爱护百姓远近闻名，不少人慕名前来投奔。不少城池等朱元璋大军一到，举城归顺。

为了加强纪律性、提高战斗力，朱元璋治军极严，有功必赏、有过必罚。

至正十五年（1355 年），郭子兴病故，小明王韩林儿任命郭子兴的儿子郭天叙为都元帅，朱元璋为左副元帅。不久，郭天叙和另一名副元帅双双战死，小明王就封朱元璋为大元帅。郭子兴的旧部全归朱元璋指挥。

从至正十八年（1358 年）开始，朱元璋集中兵力向浙西、浙东进军，消灭该地孤立无援的元军，巩固和扩大了自己的根据地。特别是浙东的攻取，不仅使朱元璋得到了一块土地肥沃、人口稠密的地方，而且也解除了朱元璋和其他割据势力决战时的后顾之忧。1359 年，小明王任命朱元璋为江南等处行中书省左丞相。

随着势力的增强，朱元璋和陈友谅、张士诚这两股割据势力的矛盾越来越尖锐。他们之间的兼并势在必行。

陈友谅原系徐寿辉的部将，逐渐挟持了徐寿辉，成为割据两湖、江西和

皖南的强大军事力量。从至正二十年（1360年），陈友谅攻下太平和采石后，踌躇满志，杀死徐寿辉，自己称帝，国号汉。他联络张士诚，进攻应天。

朱元璋料定张士诚不会出兵，就集中力量应付顺流而下的陈友谅。消灭了实力最强、野心最大的陈友谅，朱元璋就全力攻打张士诚。张士诚原是一个私盐贩子，乘元末大乱聚众起兵，占有淮水下游、江苏东部和浙江北部，至正二十三年（1363年）称王，以平江（今江苏苏州）为都。张士诚起兵后，对元朝降了又叛，反复无常。他本人既无大志，又乏远见，只图保住一块地盘，好好享乐。

朱元璋在至正二十五年（1365年）十月，派大将徐达、常遇春率师讨伐张士诚。1366年底，朱元璋借口从滁州迎小明王到应天，在瓜洲凿船沉小明王于江中。同年底，徐达、常遇春已分别攻下湖州、杭州诸地。至正二十七年（1367年），进围苏州，城陷，张士诚被俘，在应天被乱棒打死。

接着，朱元璋又派兵消灭割据浙江沿海的方国珍，第二年又分兵三路直取福建，消灭了元朝平章陈友定，并乘胜克复两广，从而平定了南方广大地域。十月，在出击浙东的同时，派徐达、常遇春率师北伐中原。洪武元年（1368年）正月，在北伐的凯歌声中，朱元璋在应天正式登上皇帝的宝座，国号大明，建元洪武，改应天为南京。同年，北伐军按原定计划夺取河南、山东，然后沿运河由山东北上，直逼通州，进围大都。八月初二，元顺帝弃城逃往上都，元朝灭亡。到洪武三年（1370年），北方各省也基本平定。洪武四年（1371年），朱元璋派遣水陆两路大军，进攻盘踞四川的夏政权。夏主明升（明玉珍之子）投降，全川迅速被平定。洪武十四年（1381年），朱元璋又派兵进攻云南，第二年云南平定。洪武二十年（1387年），明军进军辽东，辽河流域全部平定。至此，统一大业基本完成。

朱元璋经过十几年的艰苦奋战，取得了君临天下的最高权力。但是，如何保住皇帝的宝座，让朱家王朝世代相传，这却使朱元璋煞费了一番苦心。朱元璋采取了一系列措施，强化专制主义的中央集权制度，包括三司分治，权归中央；废中书，罢丞相；将不专军，军不私将；都督府和兵部既互相配合，又互相牵制；设锦衣卫特务机构；大兴文字狱和八股取士；禁蓄奴婢，限制僧尼；鼓励种植经济作物；提倡节俭，严惩贪贿，等等。

朱元璋作为中国最杰出的君主之一，一生勤于政事，建树颇多。特别是创设了大量的制度典章，不但打下了明朝近300年基业，促成明朝前期社会安定、经济繁荣的局面，还影响到清朝。自明到清，中央集权的政治统治和统一的多民族国家的行政管理制度渐趋完备。朱元璋的这些政策措施，不仅富有政治远见，而且它在客观上也多少限制了封建官僚对百姓的敲诈勒索，减轻了一点人民的负担，有利于经济的恢复和发展。

洪武三十一年（1398年），朱元璋病逝，享年71岁。庙号太祖，谥号高皇帝，葬明孝陵。

二、此等山川甲天下，如我王孙旷古今

明建文帝朱允炆（1377—？年），又作朱允文、朱允汶，明太祖朱元璋之孙、懿文太子朱标次子。明朝第二位皇帝。年号建文，故后世称建文帝。

洪武元年（1368年），朱元璋立长子为太子，这就是懿文太子朱标。洪武二十五年（1392年），懿文太子不幸早逝，这时朱元璋已经65岁。照理，下一个继承人应该是懿文太子朱标的长子。朱标共生有五子，长子朱雄英早夭，第二子朱允炆便居长了。朱允炆生于洪武十年（1377年）十一月，这时才10岁。为了避免引起人们觊觎皇位，求得天下稳定，朱元璋立朱允炆为皇太孙。

朱元璋一共有26个儿子。明朝建立后，除皇太子以外，都封为王，安排在全国各要害之地，目的是屏藩皇室。这些亲王除了享有很优裕的待遇外，还可以带兵，特别是在北方边境地区的亲王，在与北元的军队作战时还可以节制诸军。这些手握兵权的亲王都是朱允炆的叔父，谁不想当皇帝？他们全然不把朱允炆放在眼里。洪武末年，追随朱元璋的功臣宿将或病死、老死，或被杀，这些亲王的地位就更加突出了。

一天，朱允炆在皇宫的东角门与侍读太常寺卿黄子澄谈到这件事。他说：“各位叔父都拥有重兵，他们不驯服，应该怎样对付？”黄子澄举了汉朝平定七国（即七个亲王）叛乱的例子，说道：“诸王拥有的护卫兵仅仅够保卫自己。如果他们发动叛乱，朝廷派大臣加以镇压，他们是无法抗拒的。汉朝的七国并非不强，最后都失败了，不仅由于大小强弱的力量对比，也由于他们的行为违背礼法，朝廷镇压名正言顺。”

朱允炆从小聪明好学，极其孝顺。朱标生病时，朱允炆小心侍候，昼夜不离开一步。这样持续了两年，直到朱标病死。朱允炆守孝时因过度哀

伤而消瘦，朱元璋安慰说："而诚纯孝，顾不念我乎！"

朱允炆由于自幼熟读儒家经书，所近之人多怀理想主义，性情因此与父亲同样温文尔雅，皆以宽大著称。洪武二十九年（1396 年），朱允炆曾向明太祖请求修改《大明律》，他参考《礼经》及历朝刑法，修改《大明律》中 73 条过分严苛的条文，深得人心。

洪武三十一年（1398 年），朱元璋辞世。根据遗诏，朱允炆做了皇帝，改年号建文，尊封他的母亲二皇妃吕氏（1402 年去世）为皇太后。这一年朱允炆 22 岁。

朱允炆生于安乐，未经创业之苦。他天天与诗书为伴，身边多是文墨之士，所接受的是儒家以仁义治国的一套学说。对于政事，他改变了朱元璋每日两次临朝、诸事皆亲自决断的做法，而是把大政委派给几位大臣，听任他们去处理。这就无形中扩大了臣属的权力，改变了独揽大权的专制局面，朱元璋严密的高压政策从而得到缓解。明建文帝一心想恢复理想中的古代二帝三王的仁德之治，同他的属下推行了一系列新政。

朱允炆首先改定律例，他对司法官员说："《大明律》是皇祖亲自制定的。大意虽然依照《唐律》，但也曾遍考历朝《刑法志》，参酌而定。我曾受命仔细阅读，发现与前代相比，处分往往加重。当时天下新定，不得不行重典，但它并非可以百世通行。从前我所改定的，皇祖已命令实行了。但是，量刑定罪尚可商榷的还不止这些。律设大法，礼顺人情，用刑罚统治百姓，不如以礼实行教化，请你们晓谕天下，务崇礼教，赦免那些罪证不足或可以原谅的囚犯，要与我说的'嘉与万方'相一致。"明建文年间，不仅刑宽法疏，而且对洪武年间的许多冤案、错案都做了纠正。许多被流放的官员被赦还，许多被杀害的功臣的子弟被录用。所以史书上说明建文帝"继体守文，专欲以仁义化民"。建文年间，刑部统计囚犯，较洪武年间减少 2/3。

明建文帝还下令"蠲逋租（即免除拖欠的租税），赈灾荒"；下诏优养老人，命令官府为民间卖子为奴者赎身，限制僧道占田数量，余田均给平民。洪武以来，江浙一带田赋繁重，在全国十分突出，朱元璋还规定江浙人不得做户部官。明建文帝一反其道，下令减免江浙田赋，江浙人可以做户部官。

建文年间，还对官制进行了一些改革，在一定程度上提高了文官的地位。洪武年间，朱元璋害怕大权旁落，借胡惟庸案件废除了宰相制度，六部由皇帝直接控制，以保证纲纪政令一出于天子。他还立下祖训，规定子孙做皇帝时不许立丞相。臣下敢有奏请设立者，文武群臣即时劾奏，将犯人凌迟，全家处死。虽说提高了六部的地位，但各部尚书不过正二品，而洪武年间摧辱大臣，甚至廷杖至死者屡见不鲜。另外，朱元璋以武力得天下，明朝建国后，文官的地位仍然低于武官，这对于治理国家是不利的。明建文帝说："六卿（指六部尚书）果可低于五府（指五军都督府长官）耶？"他批评了那些以"安静法祖"为借口而反对改制的言论，采取断然措施，提高了文官的地位。他不仅尊重身边的大臣，还要求亲王要尊重自己的老师。这些老师与亲王谈话，不必称臣，只称名字。亲王要以对待老师的礼节来接待。这与朱元璋规定任何人不得与亲王分庭抗礼相比，变化实在太大了。明建文帝的政治反对派攻击他说："今虽不立丞相，反有六丞相也。天下之人但知有尚书齐泰等人，不知有朝廷。"可见，在改制中斗争是十分尖锐的。

明建文帝虚心克己，屡次下诏要求臣下直言。一次他因偶感风寒，视朝稍晚，监察御史尹昌隆上言规谏。他身边的人对明建文帝说："你应该对他说是因为有病。"明建文帝说："不可，这样的直言很难听到。我如辩别，人家就不好讲话了。"于是下诏说："昌隆言中朕过，礼部可颁示天下，朕用自警。"又有一次，尹昌隆对当政大臣提出尖锐批评，为当政大臣贬谪。明建文帝说："我们要求人家直言，人家反而因为直言遭到贬斥，以后谁也不会信任我们了。"于是，尹昌隆被恢复原官。明建文帝的这些做法，在洪武时期连绵不断的霜锋雪剑之后，无疑如同阳春煦日。所以明朝人在提到明建文帝的四年统治时说："四载宽政解严霜。"

朱允炆把三位儒家师傅引为心腹，他们是黄子澄、齐泰和方孝孺。这几位老者对朱允炆关于君之为君的概念起了强有力的作用。黄子澄（1350—1402 年）是一个很受人尊敬的儒家学者，他在 1385 年举进士第一名。他在明太祖时代担任过很多官职，现在被朱允炆任命为翰林学士，并参与国家政事。齐泰（？—1402 年）也是 1385 年的进士，是一位对经书学有大成的学者，特别精于礼法和兵法。他在洪武帝弥留之际受顾命，以护卫皇太孙和嗣君，被新皇帝任命为兵部尚书，参与国政。方孝孺（1357—1402 年）以文章和政治思想闻名，未中过举，晚年才开始进入仕宦生涯。朱允炆即位以后被召为翰林侍讲。

这三位儒家学者以不同方式影响皇帝。黄子澄和齐泰变成了皇帝的心腹，用儒家的修齐治平理论教育他。他们负责研究一些新政策并付诸实施，目的在改组帝国的行政和加强皇帝的权威。方孝孺是《周礼》——一部关

于乌托邦式政府的经典著作——专家，他发觉他所见到的是个人专制统治的缺点，因此他建议皇帝应该根据古代经典所提出的理想和形式来实行仁政。所有这三个人都勇敢、正直和满怀着理想。但是，他们都是书呆子，缺乏实践意识和从事公共事务的经验，也没有领导才能；他们对于问题的分析往往限于纸上谈兵，不切实际。年轻的建文皇帝书生气十足而又温文尔雅，且不说和明太祖相比，甚至比起他的雄才大略的叔父们，他也没有那种自信心和坚强的性格，甚至也没有那种能力。这位年轻皇帝衷心向往的是实行理想的仁政，他在政府的言论和行事上努力实行一些较大的变革，但这些变革却招致了灾难性的后果。

建文皇帝继位后，朝廷与诸王之间剑拔弩张，各王府不断出现谋反的迹象。当时，朱元璋的第二子秦王、第三子晋王都已死去，最年长的是第四子燕王朱棣，实力最雄厚。朱允炆的叔叔们虽然都梦想做皇帝，但对朝廷威胁最大的还是燕王朱棣。一天罢朝，明建文帝召见黄子澄，对他说："先生还记得东角门说的一席话吗？"黄子澄说："哪里敢忘！"黄子澄回去后与齐泰商量。齐泰说："燕王掌握重兵，而且素有大志，应该先削除他。"黄子澄说："不然，燕王早有准备，难以一下子削除。应该先除掉周王，他与燕王是同母所生，剪除了燕王的手足，燕王就好对付了。"于是，他们派曹国公李景隆调兵到河南，突然包围了周王府，把周王和他的世子、嫔妃都抓到京城。朝廷宣布将周王废为庶人，并把他迁往云南。进而又下令不准亲王节制文武吏士；削除岷王的护卫军，废岷王为庶人；降旨严厉批评湘王，致使湘王阖宫自焚；废齐王为庶人；将代王幽禁在大同，废为庶人。不到一年，以迅雷不及掩耳之势，削除了五王。

但是，亲王们并不都是甘心就范的，特别是燕王朱棣。朱元璋一死，他看到机会已经来临，便带领兵马，打算以祭奠朱元璋为名进入南京，乘机举事。但是明建文帝命令只准燕王朱棣单骑入城。朱棣一怒之下，返回北平（今北京）。到明建文帝次第削除诸藩的时候，朱棣起兵造反的意图就更加坚定了。

燕王的谋反日益暴露，但朝廷惮于燕王的实力，不敢轻易动手。明建文帝召见黄子澄商量大计。黄子澄说："燕王长期假称生病，实际每天练兵，而且网罗了许多术士异人，不可不早做处置。"明建文帝又问齐泰："如今要控制燕王，但燕王历来善于用兵，而北方的士兵又骁勇善战，我们应该怎么办？"齐泰说："北方边境时有敌人入犯，我们可以用防边的名义，派兵戍守，把燕王的护卫全部征调出塞。他的羽翼被除掉，就好对付了。"于是，明建文帝派都督宋忠率兵3万，屯戍开平（今内蒙古正蓝旗东），燕王府护卫的精锐也归其指挥。又令都督耿瓛练兵于山海关，都督于徐凯练兵于临清，北平布政使张昺、都指挥使谢贵监视燕王的动静，准备随时铲除燕王。

明建文帝朱允炆

但是，明建文帝的仁柔性格使他在与燕王的斗争中缺乏果断。建文元年（1399年）二月，燕王到京师朝拜时傲慢无礼，从皇帝专用的路进入皇宫，登上丹陛，不对皇上行礼。监察御史曾凤韶劾奏燕王“不敬”，但明建文帝说：“燕王是我的至亲，不必追究。”户部侍郎卓敬密奏说：“燕王智虑绝人。他所在的北平，曾经是金元的首都，地位重要，应该把他迁往南昌，以根除后患。”明建文帝把奏章装入袖中。第二天，他说：“燕王是我的骨肉至亲，怎么会到这个地步？”卓敬说：“隋文帝、杨广不是父子吗？”明建文帝听后才久久默默不语。同年二月，燕王派他的世子朱高炽及其弟朱高煦、朱高燧到京师祭奠朱元璋。齐泰请求扣留他们，黄子澄说：“不行。扣留了他们，会引起怀疑，他们有了准备就不好办了，不如遣返。”朱高炽等人的舅舅徐辉祖向明建文帝密奏说：“三个外甥中只有朱高煦勇悍无赖，不但不忠于朝廷，而且会背叛他的父亲，将来一定会成为大患。”但是徐辉祖的弟弟等人庇护朱高煦，明建文帝便把他们送回了。本来燕王让世子他们进京就十分后悔，生怕发生意外。世子等人归来，燕王大为高兴。他说：“我们父子能够再度相聚，是上天对我们的眷顾！”后来，在燕军与朝廷作战中，朱高煦发挥了很大作用。明建文帝才后悔未听徐辉祖的话。

八月，燕王与朝廷的战争终于爆发了，历史上称这场战争为“靖难之役”。燕王为了使自己的造反名正言顺，把它称作“靖难”。意思是说，朝廷里坏人当权，皇帝有难，燕王起兵是为了解除皇帝的危难。燕王还打出另一个旗号，即“恢复祖宗旧制”。他说明建文帝等人改乱旧制，不

遵祖宗成法，而朱元璋留下的法制是尽善尽美的，必须世代遵守，改变它就是大逆不道。他联合了宁王，搜罗了一些叛离朝廷的军官，开始了一场四年之久的战争。

战争打得很艰苦。燕王虽然善战，但毕竟势单力孤，难以骤胜。在朝廷方面，虽然拥有较强大的势力，但经过洪武年间的杀戮，元勋宿将中能征惯战者已经寥若晨星。前线将帅寡于武略，朝中大臣拙于计谋。这就使官军与燕军作战时不免顾忌重重而常常失利。战争的前三年，燕王仅得北平、大宁（今河北平泉市，辽宁朝阳县及内蒙古赤峰市之间地区）、保定三府之地。济南之役、东昌（今山东聊城市）之役，燕军连连受挫，朱棣也几次遇险。但燕王的领导能力、高素质的军队却非朱允炆可比。随着战争时间的延长，朝廷指挥不当、兵力孱弱、内部松懈的缺点严重影响了战局。直至节节败退，许多将领投降了燕王。

建文四年（1402 年）六月，燕军渡过长江，当时守卫金川门的谷王朱橞和大将李景隆在最后关头私自开门降燕，让燕军杀入城内，使建文朝廷走向了死亡。明建文帝看到大势已去，又见警报迭传，便下令纵火焚毁皇宫。当朱棣杀入宫中，经过三天的搜寻，始终找不到朱允炆。追问内侍，他们也不知朱允炆是死是活，只知他下令纵火后就不见了踪影，皇后和大多数妃子、内侍都被烧死。内侍们怕朱棣不信，找了一具残骸说成是明建文帝的尸骨。朱棣命人从灰烬中拔出残骸，已是满身焦烂，四肢不全，分不清男女，只得下令以天子礼殓葬。

几天之后，朱棣登上了皇位，这就是永乐皇帝。朱棣最关心的是要找到明建文帝，但明建文帝究竟到哪里去了，谁也说不清楚。有的说明建文帝在大火中已被烧死，有的说烧死的不是明建文帝而是皇后，一些宫人、内官把灰烬中的皇后的尸体故意说成是明建文帝的尸体，也有说明建文帝已逃之夭夭的。如果明建文帝真的逃出，对朱棣的威胁就非同小可，因为明建文帝是合法的皇帝，还会有相当的号召力。于是，朱棣先后派出很多人出去查访，追寻明建文帝，但也都没有结果。

有关建文年间的史实，在明朝的官修史书中，一直没有确切的记载，在明帝世系中，明建文帝也一直没有正式的地位。朱允炆于靖难之役后下落不明，时驸马都尉梅殷在军中，从黄彦清之议，为之发丧，追谥孝愍皇帝，庙号神宗。至南明弘光元年（1645 年）七月，以与显皇帝庙号冲突，改庙号惠宗。正德、万历、崇祯年间，不断有人提出要续封明建文帝的后代，给明建文帝加庙谥，虽经反复商量，也未能够实行。到了清朝乾隆元年（1736 年），乾隆皇帝召集大臣廷议，才给明建文帝上了谥号，称作恭闵惠皇帝，简称惠帝。

三、靖难之名篡大位，不世功业抵骂名

明成祖朱棣（1360—1424 年），明太祖朱元璋的第四子，明建文帝朱允炆之叔父。明朝第三位皇帝。

洪武三年（1370 年），朱棣被封为燕王。洪武十三年（1380 年）受命到封地北平（今北京）。燕地与蒙古接壤，朱棣经常奉命出塞巡察边防，筑城屯田，多有建树。后来，又屡次率诸将击败元蒙残余势力，威名大振。

洪武三十一年（1398 年），朱元璋去世，朱允炆继承皇位。朱允炆听从臣僚们的建议，准备采取果断措施，实施“削藩”计划。兵部尚书齐泰主张应以迅雷不及掩耳之势，先除掉威胁最大的燕王。太常寺卿黄子澄则认为朱棣统有重兵，居于北平，轻易废黜，恐有风险，主张先消除周王等人，剪除朱棣的羽翼，一举两得。朱允炆采纳了黄子澄的建议，削藩从内地诸王开始。第二年，朱允炆改元建文，准备开始对燕王等边镇藩王下手。

朱棣面对诸弟被废，自己也难逃厄运的严峻形势，便借朝贺改元之机，派世子朱高炽等三子，亲往南京，密察虚实，以谋对策。建文元年（1399 年）六月，燕山护卫百户倪谅告发燕王府官校于谅、周铎等人谋反。明建文帝将二人逮至京师杀害，并下诏谴责燕王。朱棣公开宣布起事。他接受谋臣们的建议，以诛齐泰、黄子澄等“奸臣”为名，打出“清君侧”大旗，誓师进京“靖难”。后干脆去建文年号，仍称洪武三十二年，署官属。

建文四年（1402 年）四月，燕军攻打灵璧，遭到徐辉祖部的强有力抵抗，不得前进。而在此关键时刻，明建文帝误信讹言，撤回徐辉祖，致使士气顿时瓦解，降者数万人，燕军大胜。这是一场关键战役，燕军从此乘胜南下，势如破竹，一举攻克扬州、高邮、通州、泰州，陈兵江北。该年六月，朱棣拒绝明建文帝的割地和议，挡回庆成郡主、诸王等贵戚的游

明成祖朱棣

方孝孺

说，一举攻破南京城。建文王朝覆灭，明建文帝在宫中自焚而死（一说化装成僧人逃走）。一场持续 4 年的皇位争夺战，至此结束。

朱棣进入南京后，大肆杀戮，进行报复。齐泰、黄子澄等 50 多位明建文帝近臣惨遭杀害，灭族、株连处死者达数万人，称之为“瓜蔓抄”。名儒方孝孺因拒绝草诏，大骂朝堂，被凌迟处死。朱棣在血腥的屠杀中登上了皇帝宝座。诏令第二年（1403 年）改元永乐，并改北平为北京。从此，大明王朝又有了一位于战火中成长起来的铁血雄主。

朱棣以马上得天下，于血与火中建立起永乐政权。他崇尚的是强权与武力，将明太祖奠定的封建专制主义中央集权政治又推进了一步。而后世侈言大明国威，亦不得不归功于永乐王朝。

还得削藩。朱棣是“过来人”，最知藩王对朝廷的危害。他并未因明建文帝削藩失败而放弃此举。朱棣先后把受封在北方的诸王迁徙到南方，有的被废为庶人，如徙谷王于长沙，徙宁王于南昌，削去代王、辽王的护卫等等。朱棣不同于明建文帝的文弱与寡断，有威有谋，削藩有方。从此，诸王的帝国之梦难以轻圆，原先拥有的部分军政大权再度集中到皇帝之手。

确立内阁体制，加强皇权。朱棣亲自从官僚中选拔干才充作自己的顾问，协助办理政事。任命解缙、胡广、黄淮、杨度、杨士奇、杨荣等入值文渊阁，参与机务。同时，朱棣又重用司礼监宦官，授予其“出使、专征、监军、分镇、刺官民隐事”等大权，使其与内阁的权势相抗衡，而最后的决断属于圣裁。

永乐四年（1406年），朱棣即下令筹建北京宫殿，并重新改造整个北京城。工程历时13年，耗费难以数计的人力、财力，终于在永乐十八年（1420年）十二月竣工。朱棣又加紧疏浚南北大运河，使每年漕运量达到300余万石，保证南粮北运，供给国用。在这一系列配套措施准备就绪后，永乐十九年（1421年）正月，朱棣下诏正式迁都北京，改称京师。以南京为“留都”，同样设立一套政府机构，但诸司印信全部移至北京。北京从此成为明朝的首都，全国政治、军事、经济和文化的中心。

郑和下西洋乃永乐朝的一桩盛事。永乐三年（1405年），朱棣即派亲信太监郑和率领水手、官兵等27800多人，分乘宝船62艘，满载商品、礼品及日常用品，远航西洋（当时泛指我国南海以西的海洋）。朱棣之所以派遣郑和下西洋，众说纷纭，莫衷一是。有的说是朱棣怀疑明建文帝并未自焚，逃亡海外，故而觅其行迹，同时也想“耀兵异域，示中国富强”；有的说是朱棣想打通中西大陆的海上通道；有的说朱棣是想搜寻海外的奇珍异宝，所以有“西洋取宝船”之称。看来，朱棣派郑和下西洋，有其政治上的考虑：扩大政治影响与镇抚亡命海外的臣民。不论是何目的，此举在客观上扩大了中国与亚非诸国的经济、文化交流，增进了友谊。它也是世界航海史上的一次创举。

郑和七下西洋，即以宣德八年（1433年）最后一次航行时间计，也要比世界著名航海家哥伦布、华斯哥·达伽马发现新航路，还要早半个世纪。

永乐元年（1403年）七月，登基不久的朱棣就下旨让翰林院侍读学士解缙组织一批儒士，编纂一部百科全书式的大类书供检阅之用。还交代主编者“勿厌浩繁”，尽量网罗“凡书契以来经史百家书，至于天文、地志、阴阳、医卜、僧道、技艺之言”。中间又增派太子少师姚广孝、刑部侍郎刘季篪加盟主持，参加工作的儒士前后多达3000余人。到永乐五年（1407年）十一月，全书编成，共22937卷，110095册，收存历代重要典籍多达8000余种，约3.7亿字，这即是举世闻名的《永乐大典》。

永乐元年（1403年），朱棣诏令在今东北地区设置了建州卫和兀者卫，二年（1404年）设置奴儿干卫，七年（1409年）又设置奴儿干都司，并建有通往内地的驿站及小城镇。这对东北地区的开发起了很大作用。

当时蒙古地区分为鞑靼、瓦剌和兀良哈三大部。朱棣采取拉拢与打击的两手政策，秉着“分则易治，合则难图”的原则，各个击破，使其相互制衡，于动态中保持边境的安宁。

朱棣先是结好兀良哈部，封赏瓦剌的首领，许其入贡互市，削弱和牵制东蒙古势力。当鞑靼与明朝为敌时，朱棣于永乐八年（1410年）亲率50万大军北征，大败鞑靼。后来瓦剌又强盛起来，攻打已投降明朝的鞑靼余部阿鲁台。朱棣又转而支持阿鲁台，封其为和林王，并于永乐十二年（1414年）又再次亲征，在忽兰忽失温（今蒙古国温都尔汗西北）大败瓦剌部主力军。其后阿鲁台又强盛起来，反叛明朝。朱棣转而扶持瓦剌，使其与之抗衡，并于永乐二十年（1422年）、永乐二十二年（1424年）连续三次亲征，将阿鲁台赶到漠北深处。自永乐八年（1410年）至二十二年（1424年）之间，朱棣先后五次亲征出塞，有效地防御和打击了蒙古贵族的侵扰破坏，保障了边境的安全，促进了社会经济的恢复和发展。

在永乐二十二年（1424年）的第五次远征蒙古的归途中，朱棣染上重病，于该年七月，不治而死于榆木川（今内蒙古多伦县西北）。谥孝文皇帝，后改谥成祖。

明成祖朱棣毕生戎马倥偬，修文兴邦，堪称有为之君。他也是历史上争议颇大的一位帝王，既立有不世之功，创造了明初盛世，又好大喜功，多疑好杀，手上沾满了鲜血，但总体来说是功大于过。

四、在位一载留美名，万世子臣为之法

明仁宗朱高炽（1378—1425年），明成祖朱棣长子，母为仁孝文皇后徐氏。明朝第四位皇帝，永乐二十二年（1424年）九月至洪熙元年（1425年）五月在位，年号洪熙。

朱高炽生性端重沉静，言行识度，喜好读书。由于他的儒雅与仁爱深得皇祖父朱元璋的喜爱，洪武二十八年（1395年）由太祖朱元璋册封为燕世子。不过由于朱高炽喜静厌动，体态肥胖，行动不便，总要两个内侍搀扶才能行动，而且也总是跌跌撞撞，因此对于一生嗜武的明成祖朱棣来讲，他并不喜欢这个儿子。永乐二年（1404年），被朱棣立为太子，永乐二十二年（1424年）登基，从当太子到做皇帝的20年间，朱高炽屡濒危境，地位几遭动摇。

“靖难”之初，朱棣率兵北征。身为世子的朱高炽奉命留守北平。他出色地指挥将士奋勇抗击，顶住了李景隆50万大军的围攻，为燕师保住了根据地，使朱棣得以乘机偷袭了大宁，胁持了宁王，收编了大量部队，为夺得政权积聚了足够的兵力。

朱高炽虽然在保卫北平的战役中立了功，但他身肥体硕，不能骑射，并有足疾，行动时需要宦官扶持，即使这样还常常失足，因而在以后的战

役中很少有战功。而朱高炽的胞弟朱高煦、朱高燧跟随朱棣南征北战，战功显赫。特别是朱高煦能征惯战，深得朱棣宠爱。

朱高煦自恃功高，开始觊觎世子的位置。朱高煦的这种愿望传到了明建文帝谋臣方孝孺那里，他当即向明惠帝献计，请明建文帝亲自写信给朱高炽，让其归依朝廷，并封他为燕王。明建文帝依计而行，派遣锦衣卫千户张安前往北平送信。朱高炽接到信心里一惊，他并没有马上拆封，他深知自己的处境，也猜得出明建文帝致书的目的。他当机立断，立即派人将没有启封的信连同张安一道星夜送往正在前线作战的朱棣。然而，朱高炽没有料到，中官黄严的动作更快。黄严是朱高煦的心腹，素常谄媚于朱高煦、朱高燧。他得知明建文帝送信的事后，先于朱高炽派人驰报朱棣，声称世子与朝廷私通要谋反。朱棣听到报告后将信将疑，便问朱高煦。朱高煦乘机进谗，说朱高炽早就想篡位当燕王。朱棣勃然大怒，决定下令处置朱高炽。正在这时，朱高炽派的人匆匆赶到。朱棣看了书信心中释然，庆幸刚才的命令没有发出，否则就要错杀了自己的儿子。

建文四年（1402 年），朱棣终于登上了皇帝宝座。按常规，在稳固了政权后，应尽快确立太子。但朱棣却犹豫再三，一拖再拖。照理立嫡长朱高炽为太子名正言顺，但朱高煦在“靖难”中冲锋陷阵，英勇善战，多次在乱军中救朱棣于危难，加之他的长相特别像朱棣，使得朱棣对他有所偏爱。而且在靖难时，朱棣就曾有过“世子多病，你多努力”的暗示。所以，欲舍朱高炽不忍，欲立朱高煦又恐违背祖制，臣民难服。朱棣陷入了左右两难的境地，大臣们几次建议立储，他均未置可否。

明仁宗朱高炽

大臣之中也是完全对立的两种意见，淇国公邱福、驸马都尉王宁等武将，都主张朱高煦功高，应当立为太子。唯独兵部尚书金忠认为这样做不妥，他向朱棣历数古代帝王易长另立而引出的祸乱，以图说服朱棣。见效果不大，他又将自己的意见秘密告诉了支持立朱高炽的翰林学士

解缙、黄淮、尹昌隆等。一天，朱棣就立太子的事征询解缙的意见，解缙讲了一通“世子仁孝，天下归心”，朱棣没有应声。解缙见状，撇开朱高炽不说，夸赞起了朱高炽的儿子。原来，朱高炽的长子朱瞻基长得十分英俊，聪明过人，深得朱棣钟爱，从小就让他跟在自己身边，并经常称赞他将来一定是个盛世天子。果然解缙一提到他的“好圣孙”，便打动了他，不由得默默地点了点头。接着，他又分别询问了黄淮、尹昌隆等，他们的意见与解缙完全一致。他的心便逐渐倾向于世子朱高炽。

又过了些日子，朱棣命众臣题《虎彪图》。画中有一虎领众彪呈父子相亲的样子。解缙借题写诗一首：“虎为百兽尊，谁敢触其怒？唯有父子情，一步一回顾。”读完诗句，朱棣深为所动，终于做出抉择。永乐二年（1404年）五月，宣布立朱高炽为太子。同时封朱高煦为汉王，封国云南；封朱高燧为赵王，封国彰德。

从此，朱高炽不管是住在南京，或是住在北京，在皇帝离开时就担任监国。他在此职务上的表现赢得了他的老师们——大部分为翰林学士——的尊敬，并得到了宝贵的实际行政经验。朱高炽被立为太子，表面看来似乎确立了地位，但更大的风浪也随之而来。

次子朱高煦并没有这样屈服，他迟迟不肯就藩，留在京城伺机行动，他先是进谗言使得立储的第一功臣解缙遭到贬黜，几年之后惨遭杀害，然后私养了许多武士图谋不轨，好在杨士奇、徐皇后说服了朱棣削夺了朱高煦的部分护卫，强令他就藩乐安，朱高煦与朱高炽之争才算暂时告一段落。谁知半路又杀出个程咬金，皇三子朱高燧在成祖得病期间曾密谋杀死朱棣，然后矫诏继位，幸得有人告密，一场灾难才没有降临。事后，由于朱高炽为朱高燧求情，朱棣总算没有再追究。

永乐二十二年（1424年）七月，朱棣在北征还京途中对杨荣说：“东宫（太子朱高炽）涉历年久，政务已熟，军国重事，悉以付之。朕得悠游暮年，享安和之福矣。”然而，没过几天，七月十八日，65岁的朱棣在北征返京的途中病逝于榆木川。英国公张辅、阁臣杨荣为了避免朱高煦、朱高燧趁机作乱，因此秘不发丧，将军中的漆器融成一口大棺材，将朱棣的遗体装入棺材中，每日还是照例进餐、请安，只是皇帝的车帘再也没有掀开，皇帝也再没有说话，军中一切如常。同时，派杨荣与太监海寿进京密报，朱高炽得知后立即派儿子朱瞻基出京迎丧。由于大臣们的精心安排，总算没有爆发什么叛乱，政权得以平稳过渡。九月七日，朱高炽正式登基，颁布了大赦令，并定次年为洪熙元年。同一天，他采纳夏原吉的建议，取消了郑和预定的海上远航，取消了边境的茶、马贸易，并停派去云南和交趾（安南）的采办黄金和珍珠的使团。他重新命夏原吉和另一名被贬的官员吴中分别任户部尚书和工部尚书。朱高炽以这些行动开始取消或调整他父亲的行政政策。

朱高炽能得到众多大臣竭力拥戴，而在两个兄弟咄咄逼人的攻击之下立于不败之地，靠的不仅是政治手腕，还靠爱护臣下，关心百姓疾苦，为人仁厚，树立了自己的形象，巩固了地位。体察人民的疾苦，行恤民之政，这是朱高炽从做太子监国到继皇帝位始终不渝所坚持的。做太子时，他曾不止一次地奏免灾区的税粮。永乐十八年(1420年),北京的宫殿建设很快就要完工，第二年将迁都北京。朱高炽应朱棣之召前往北京。多少年来，他很少有机会离开南京。这一次，他趁机询访沿途军民，查看百姓生活，寻访政事的得失。

永乐一朝，战争频频，徭役繁累，支出浩大。在20多年的时间里，朱高炽作为太子，深知百姓的负担，也深知国家耗费的物力实在太多了。因此，他在继位后，注意减轻百姓的负担，实行与民休养生息的政策。朱高炽选用贤臣，削汰冗官，任命杨荣、杨士奇、杨溥三人（史称“三杨”）辅政。废除了古代的宫刑，停止宝船下西洋，停止了皇家的采办珠宝；处处以唐太宗为楷模，修明纲纪，爱民如子，他下令减免赋税，对于受灾的地区无偿给以赈济，开放一些山泽，供农民渔猎，对于流民一改往常的刑罚，采取妥善安置的做法，这一切都使得洪熙朝人民得到了充分的休养生息，生产力得到了空前的发展，明朝进入了一个稳定、强盛的时期，也是史称“仁宣之治”的开端。

在治国用人上，明仁宗也十分注意用有才识、忠诚正直的贤臣。他特别信任和器重的是做太子监国时尽心辅佐他，与他一道历遭磨难的“蹇夏”和“三杨”。“蹇夏”是指蹇义和夏原吉。蹇义字宜之，四川巴县人。夏原吉字维喆，祖籍江西德兴。他们两人都是从洪武朝时就开始任事的老臣。明成祖朱棣继位后，蹇义被提拔为吏部尚书，夏原吉则被任命为户部尚书，两人掌管了六部中两个最重要的部。蹇义为人厚重，作风谨慎，尤其熟悉朝廷的典章制度。夏原吉则精明能干，善于理财。“三杨”则是指杨士奇、杨荣、杨溥。杨士奇名寓，士奇是他的表字，江西泰和人。杨荣字勉仁，福建建安（今建瓯）人。杨溥字弘济，湖广石首（今属湖北）人。他们三人都是建文朝的旧臣。杨士奇刚直敢言；杨荣多谋善断，有军事才能；杨溥是明仁宗当太子时的教师，为人恭谨，被誉为有“雅操”。明仁宗继位后，首先释放了被明成祖朱棣关了十年的杨溥、黄淮，恢复了被朱棣关押了三年的夏原吉的职务。接着，他又确立了内阁制。

明朝自朱元璋开国后，就废除了丞相制，由六部直接向皇帝负责。到永乐年间，朱棣命侍读解缙、胡广，编修杨士奇，修撰杨荣等人“并直文渊阁，预机务”。从此，阁臣的设置成为常制，内阁成为一个较为稳定的官僚机构，并且明确规定其职责是“参与机务”。但这时的阁臣阶序不高，一般只是五品，属中级官员，入阁的，都是些编、检、讲、读之官。虽然他们与皇帝朝夕相处，知道并参与许多重大的机密事务，但只是参与而已，权位远远不及尚书。朱高炽继位后，打破了这一限制，不断提升阁臣的官阶。他一继位，就晋升杨荣为太常寺卿，金幼孜为户部侍郎兼大学士，杨士奇为礼部左侍郎兼华盖殿大学士，黄淮为通政使兼武英殿大学士。这样，就把阁臣的官阶从正五品提高到正三品。九月，他晋升杨士奇为少保，杨荣为太子少傅兼谨身殿大学士，金幼孜为太子少保兼武英殿大学士。从此，内阁大学士已跻身于公侯伯尚书的行列。十二月，他又晋升杨士奇为兵部尚书，黄淮为少保兼户部尚书，金幼孜为礼部尚书。朝权已牢牢掌握在他所器重的人手里。

明仁宗认为，为君以受直言为明，为臣以能直言为忠。当太子时，他曾因为赞赏徐善述给他改诗改得好而亲书一幅表示感谢，并说，如今谀顺颜者，比比有之，而像卿这样朴直苦口的百无一二，希望善述药石之言日甚一日，不要有犯颜触讳的顾虑。为了广开言路，他在继位后的第三个月，再次专门颁布诏书，征诏直言。诏书说：“朕承大统，君临亿兆，亦唯赖文武贤臣共图康济。嗣位初首诏直言，而涉月累旬，言者无几。夫京师首善地，民困于下而不得闻，弊胶于习而不知革。卿等宜极言时政之得失，辅以至诚，毋虑后遣。”

明代武士塑像

由于明仁宗的极力倡导，当时廷臣上奏章时，阿谀奉承的比较少，直言政事得失的比较多。明仁宗也的确能够倾听、接受大臣们的意见。御史舒仲成在朱高炽当太子时触犯过他，明仁宗继位后曾想惩办已经出任湖广按察副使的舒仲成。杨士奇知道后，认为舒仲成是仁宗继位时曾下诏书赦免以前忤旨的人，现在如果再追究舒仲成的罪，就失去了信用，会让做臣下的感到寒心。因而建议仁宗像汉景帝对待冒犯过他的卫绾那样宽厚地对待舒仲成。明仁宗愉快地接受了杨士奇的劝谏，不再把舒仲成的冒犯放在心上。

明仁宗在注意纳谏的同时，还十分注意戒除阿谀之风。有一次，一个喜欢恭维的官员上书歌颂太平，明仁宗未置可否，让群臣传阅这份奏疏，满朝文武立即随之唱起了赞歌。唯独杨士奇不以为然，他认为："虽然皇帝的恩泽普及天下，但如今流徙之人尚无所归，疮痍尚未平复，百姓还很贫苦，还需要休息数年，才可能达到太平。"明仁宗非常同意这种看法，他责备众朝臣说："朕以至诚以待，希望你们能尽力匡扶。但只有杨士奇多次上章指出时弊，而你们许多人却无一言。难道朝廷果真就没有弊政，天下真的太平了吗？"众朝臣深为所动。直言朝事蔚成风气。

洪熙元年（1425 年）五月，明仁宗命杨士奇起草敕书，遣中官海寿奔赴南京立召太子朱瞻基进京。五月二十九日，皇太子尚未到北京，明仁宗已觉支持不住，便留下遗诏传位于皇太子，崩逝于钦安殿，终年 48 岁。葬于献陵，被谥为孝昭皇帝，庙号仁宗。

明仁宗在位期间为政开明，发展生产，与民休息；赦免了建文帝的许多旧臣，平反了许多冤狱，废除了许多苛政；在军事上，修整武备，停止了永乐时期的大规模用兵，天下百姓得到了休息，为"仁宣之治"打下了基础。《明史》对朱高炽的评价是：在位时间不足一年，用人行政，善不胜书。假使老天能让他多活几年，涵濡休养，德化兴盛，绝对可以与汉朝"文景之治"相媲美。

五、大明中期开盛世，太平天子守成君

明宣宗朱瞻基（1398—1435 年），号长春真人。明朝第五位皇帝（1425—1435 年在位）。明仁宗朱高炽长子，母为诚孝昭皇后张氏。

朱瞻基从小聪颖过人，嗜书好学，深得明成祖朱棣的喜爱。永乐二年（1404 年），朱棣为立长子朱高炽还是次子朱高煦为太子的事犹豫不决，恰恰是这个 7 岁的幼童在为父亲赢得太子的地位中起了十分重要的作用。

朱棣常对人说："这个孩子以后必然会成为太平天子。"因而他十分重视对朱瞻基的培养，不仅像其他的皇子皇孙们那样从小就配有专人负责各方面的教育，而且特别嘱咐他所器重的丘福、蹇义、金忠、杨士奇等一班大臣要对朱瞻基用心指导。永乐六年（1408 年）朱瞻基 10 岁时，朱棣当着众多大臣的面自豪地说："朕长孙天章日表，玉质龙姿，孝友英明，宽仁

明宣宗朱瞻基

大度。年未一纪，夙夜孜孜不倦，日诵万言，必领要义，朕用事试他，都能恰当地表述、判断，这实在是宗社之福。”为了使孙子能成为自己所希望的明君，朱棣自己对朱瞻基的成长也倾注了大量心血。他看到孙子长期生长在深宫，未接触外界。便想法让他知道稼穑之艰难，了解民情民风。永乐八年（1410 年），朱棣要从南京到北京巡视，便带上朱瞻基同行，他让孙子体察民情风俗和农桑劳苦之事，告诉他明太祖朱元璋开国创业的艰难，向他讲解古代兴亡得失的故事，要他引以为戒。并以此为主题，专门为朱瞻基编撰成《务本训》一书，要他不断学习，时刻牢记。永乐九年（1411 年），13 岁的朱瞻基被立为皇太孙。从此，朱棣不论是巡幸北京还是巡边讨伐，都把朱瞻基带在身边，随时教诲，或讲经论史，或授知兵法，或体察百姓疾苦，或告知将士劳苦征伐不易。为朱瞻基成为较为英明的封建帝王打下了基础。

六月二十七日，朱瞻基正式登基，开始了宣德王朝。尊母亲张氏为皇太后，册立胡氏为皇后。名号已定，地位既立，朱瞻基便开始施展自己的政治抱负。他放弃了他父亲把朝廷迁回南京的计划，仍留北京为帝都，这多半是因为他成长在此地，因而与朱棣一样深切地关心北方的边境。

像一般的皇帝一样，宣宗继位之初也宣布大赦天下，但他对获释的官员的去留把关甚严。因贪赃枉法而下狱的浙江布政使参议王和、袁昱、陕西按察司佥事韩善也属在赦之列，吏部为他们奏请官复原职。宣宗在奏折上批道：“士大夫首要的是要重廉耻，这些贪污之吏，岂可再复任！”于是，王和等人虽遇赦出狱，但一律被罢官为民，这是明宣宗当政后处理的第一件具体政事，这也为他的政治奠定了基调。

在用人为政方面，明宣宗既重用信任杨溥、杨荣、杨士奇、蹇义、夏原吉、黄淮等一班富有经验的老臣，又十分注意发现任用新的人才。继位的第三个月，他通知吏部让在京的五品以上及御史、给事中，在外的布政、按察二司正佐官及府、州、县，举荐公正廉洁的人才。为了保证人才的质量，防止徇私，还规定，凡被举人犯法，举荐人连坐。号召荐才的同时，他大胆变革了科举法，采纳了杨士奇的建议，颁布全国实行。规定取士分南、北、中，北卷包括北直隶、山东、河南、山西，中卷包括四川、广西、云南、贵州等，其余则为南卷，并规定了三者取士的比例。

朱棣对明宣宗精心培养的心血没有白费。明宣宗一登台，即像一个成熟的指挥，熟练地操起了指挥棒。他清军伍、安流民、免灾税、罢徭役。编撰了《外戚事鉴》《历代臣鉴》，并自作序言，分赐给外戚及群臣。序中有这样一段话："朕唯治天下之道，必自亲亲始；至文武诸臣，亦欲同归于善。前事之不忘，后事之师也。故于暇日采辑其善恶吉凶之迹，汇为是书，以示法戒。其择善而从，以保福禄。"正当明宣宗施展着自己治国的抱负时，一件他最担心最不愿发生的事发生了。

汉王朱高煦是明宣宗的叔父。永乐时，为争夺太子地位，曾屡次谗陷朱高炽，后被朱棣贬至乐安（今山东广饶）。明仁宗崩逝时，朱瞻基从南京前往北京奔丧，朱高煦曾准备在路上截击，因事情仓促，未能得逞。明宣宗继位的第二个月，朱高煦派人送来奏书，提出了利国安民的四条建议。明宣宗看到奏书，十分高兴地对大臣们说："永乐时，皇祖常对皇考和我说此叔有异心，要防备他，然而皇考对他却极为仁厚。今天他所提的四件事，果然也是出于至诚，可见叔父旧心已改。"于是，明宣宗命有司按朱高煦所提建议施行，并复信表示感谢。宣德元年（1426 年），朱高煦派人进京贡献元宵花灯。这时，有人向明宣宗报告说汉府所派之人，是以献灯为名窥探朝中虚实。明宣宗宽厚地表示要至诚款待，不要猜疑。对于朱高煦提出的要求，明宣宗也是有求必应。要骆驼，明宣宗一次就给了他 40 峰；要马，又给了他 120 匹；索要袍服，也都如数满足。

然而，所有这一切并没有感化朱高煦。这年八月，他终于扯起了反叛朝廷的大旗。朱高煦先是秘密派枚青潜入北京，企图约英国公张辅为内应，被张辅擒获送交朝廷。之后，朱高煦又约山东都指挥靳荣为反济南的内应，决定设立都督府，授王斌、朱煊等为大帅、都督，准备先取济南后取北京。御史李浚得知这些情况后，弃家舍口，更名换姓，星夜赶往北京报警。直到这时，明宣宗仍不愿与叔叔兵戎相见。他企望叔叔能回心转意，便亲书一封，派中官侯太火速送往乐安。信中说："前些天，枚青来京，说二叔对朝廷不满，我不肯相信。皇考至亲唯有二叔，我可以依赖的也只有二叔。现在小人离间我们的关系，我不得不说说我的心里话，各种传言很多，我又不得不严加防备。望二叔务必三思而后行。”侯太拿着这封信到乐安后，朱高煦陈兵相见。按当时的规矩，接皇帝诏书必须跪拜，然而朱高煦却命侯太跪下，自己面南而坐，大声吼叫道：“我哪一点有负朝廷？靖难之战，不是我出生入死，能有今天？太宗听信谗言，削我护卫，徙我乐安。仁宗徒然用金帛讨好我。现在又动不动用祖宗压我，我岂能甘心？你可以沿着我的营盘，看看我汉王的兵马，要扫平天下不费什么力气。你速速返京告诉皇上，速缚奸臣来，答应我的一切要求。”听了这些话，侯太早已魂飞魄散。回到北京后，明宣宗再三追问朱高煦的态度，他却不敢以实相告，还是随从的锦衣官将真情告诉了明宣宗。紧接着朱高煦致书明宣宗，指责明仁宗违犯洪武、永乐旧制，明宣宗也犯有诸多过错，斥责夏原吉等为奸佞之臣。同时，他还分别致书公侯大臣，挑拨君臣关系，造谣诋毁明宣宗。

事已至此，明宣宗别无选择，只有发兵平叛了。早已准备就绪的朱瞻基在大臣杨荣的建议下御驾亲征，在声势上一下就压倒了叛军，以前同意与朱高煦共同起兵的几路兵马也都按兵不动，明军很快包围了乐安城，见大势已去，朱高煦只得弃城投降，这次战役以明军的大获全胜，生擒朱高煦而告终。群臣都劝朱瞻基将朱高煦正法，朱瞻基念其是藩王网开一面，没有杀他，而是将他废为庶人，软禁在西安门内逍遥城。宣德四年（1429 年）的一天，明宣宗好意前去看望朱高煦，朱高煦却出其不意，用脚将明宣宗勾倒在地。明宣宗恼羞成怒，当即命大力士找来一个 300 多斤重的大铜缸，将朱高煦扣入缸中。朱高煦自恃勇力，竟将缸顶起。明宣宗又命人用木炭将铜缸埋起来，然后用火将朱高煦活活烧死了。

得胜之师回到北京后，朱瞻基马上传召给另外一个皇叔赵王朱高燧，暗示他交出兵权。朱高燧并没有反抗，乖乖地交出了三卫兵马。自此，宣宗待赵王益加亲厚。就这样，明初近半个世纪的藩王问题在宣德朝终于得到了解决。

就在平叛之前，明宣宗便开始考虑处理缠绕了明朝几十年、牵扯了很大兵力、国力的交趾（安南）问题。永乐四年（1406 年），朱棣派兵攻打安南，平定了安南。之后，又改安南为内属，设交趾三司，即指挥司、布政司、按察司。交趾又成为一个省。但交趾没有真正平静过，交趾人不断起兵，朱棣几乎每年都得兴师动兵，不得不在交趾派驻大量的部队。由于贪官污吏的压迫，交趾反叛日烈。到永乐十六年（1418 年），交趾出现了一位智勇双全的领袖人物黎利。从此，明朝政府在交趾的军事、政治便逐渐趋于劣势。到明仁宗时，朱高炽不想再兴兵打仗，便令总兵陈智安抚黎利，又派自认为与黎利有旧交的宦官山寿带着他的亲笔信到交焨，委任黎利为清化府知府（黎利是清化人）。但是，黎利表面接受了委任，同时却进兵包围了茶笼州。这时明仁宗去世了，明宣宗刚继位，就有使来报黎利攻陷了茶笼。明宣宗发旨痛责交趾总兵陈智失职败阵，并决定第二年春天发兵征伐。他招授成山侯王通为征吏将军、充总兵官，命尚书陈洽参赞军务，率兵征伐黎利。同时革除陈智的总兵职务充为事官，随王通立功赎罪。王通九月到达交趾，同陈智会合。他先派指挥使袁亮袭击黎利的弟弟黎善，不想中了埋伏，袁亮被俘。不久，参将马瑛在清威打了一次胜仗，他们乘胜追击到应平的宁桥。这里地势十分险峻，许多将领劝王通先扎下营寨，待察清敌情再追。然而王通却不予理睬，固执地挥兵渡河。结果部队一下子陷入了泥水沼泽之中，人不成列，马不成列，伏兵四起。明军四散奔逃，王通也只顾自己逃命。这一仗，明军死亡两三万人。

消息很快传到北京。明宣宗为王通的失败而惊骇。明宣宗本不愿兴兵，但又不能在兵败之时议和，那样做对于堂堂大明王朝来说是不能接受的。于是，明宣宗又派安远侯柳升、黔国公沐晟率兵由广西、云南分两路征讨黎利。

宣德二年（1427 年）二月，黎利攻打交趾城，王通出其不意进行还击，大获全胜，斩敌首级万余。这时本应乘胜追击，王通却犹豫不决，错失良机，使黎利得以喘息，势力很快扩张起来，不久便攻陷了昌江城。黎利取得了这次胜利，又得知柳升等率更多的兵马前来征讨，便致书王通，谋求议和。王通顺水推舟，派人偕同黎利所遣之人带着黎利的求和信奔赴北京。九月，柳升的部队才到交趾的隘留关。黎利因已与王通有定言，便致书柳升乞请罢兵息民，并谎称陈氏后人已经找到。柳升接到信后连封也不拆就派人往送北京。他根本不把黎利放在眼里，接着便开始与黎利作战。最初的几次战斗他都取得了胜利，这使得柳升气色益骄。许多将领劝他要谨慎用兵，不要再蹈宁桥兵败的覆辙，但他却置若罔闻。一天，部队来到百马坡，柳升独自率百余骑兵刚刚过桥，桥便突然被破坏了。霎时伏兵四起，柳升和他的百余人被团团围住，而他的大队人马全被阻隔在河对岸，只能眼睁睁地看着他们的主帅被镖射中而死。与此同时，王通也被紧紧围困在东都（今河内）。柳升的死，使他更为恐惧，自觉取胜无望，便决意与黎利讲和。他率领宦官马骐、山寿等人，擅自向黎利递交了求和书。十月的一天，王通与黎利在东都城外下哨河设坛盟约，息兵讲和。并约定王通十二月班师撤兵，届时黎利让出一条归路。明宣宗接到黎利的求和奏书，书中称已从老挝找到了陈氏后裔陈皓。不几天，明宣宗又接到了陈皓的谢表。明宣宗心里明白所有这些都是黎利伪造的，根本没有什么陈皓。但是明宣宗觉着

这是息兵罢战的好机会，当即做出决定同意黎利求和的奏请，派礼部侍郎李琦出使交趾，诏谕安南人民，不再追究黎利，令他报告找到陈氏后人的经过。同时宣布撤销设在交趾的三司，召王通、马瑛以及内外镇守、三司、卫所、府、州、县等文武官吏全部撤回北京。

其实，明宣宗下这个命令时，王通已经撤到了广西。又过了几个月，王通等回到了北京，一些大臣上书弹劾他丧师弃地，应依法处置。明宣宗将王通关入狱中，但对其他人概不问罪。后又几经周折，到了宣德六年（1431年），明宣宗正式颁布诏书，册封黎利为安南国王，命令黎利“权署安南国事”。安南国自此以后朝贡不绝。

朱瞻基天资英畅，敬礼大臣，勤恤民隐，慎于用人，严惩贪官污吏，或说臣下有过失，密加详察，实则加罪，诬陷则重惩诬告之人。宣德一朝，是明代君臣关系最为融洽、政治相对清明、社会较为和谐、经济稳步发展、边防比较稳固的时期，基于此，所以史家把这段时期称为“仁宣之治”。

朱瞻基作为杰出的书画家，翰墨图书，极为精致，“点墨写生，遂与宣和（宋徽宗）争胜”，书法能于圆熟之外见遒劲。他工于绘事，山水、人物、走兽、花鸟、草虫均佳，曾钤“广运之宝”“武英殿宝”及“雍熙世人”等印章。

朱瞻基品行上的瑕疵通常在野史里和一些文学作品中有记录。比如，他喜好促织，有“太平天子，促织皇帝”之名。作为太平天子的朱瞻基从小就喜欢斗蟋蟀，即位之后他曾经让各地采办上等蟋蟀来京，地方官员为

明代商喜绘《明宣宗行乐图》

了取悦明宣宗，都变本加厉地下达任务，一度给百姓造成了很大的负担，朱瞻基也被百姓们称为“蟋蟀天子”。

除此之外，朱瞻基还有一些不德的表现，比如，他好房中术，曾向太医院一位太医索要这方面的书，这位太医比较正直，告诉他，他是看病的，先辈（指太医院）传下来的也都是些医书，没有那类的书。这让朱瞻基极为不满，于是他就令人把这位太医偷偷地抓起来关在监狱里，不让外人知道。太医的家人也感到蹊跷，就托人打听。得知真相之后，太医的家人也不敢声张，只能苦苦地等。那位太医被关了很长一段时间才放出来。

宣德九年（1434 年）十二月，朱瞻基突然一病不起。宣德十年（1435 年）正月，这位常被后世称道的守成明君病逝于北京乾德宫，时年 38 岁。在临终时，朱瞻基指定已在宣德三年（1428 年）二月二十日被定为皇太子的 9 岁的朱祁镇为他的继承人，就是后来的明英宗。六月，朱瞻基被葬于景陵，被谥为孝章皇帝，庙号宣宗。

总的来说，朱瞻基可算是一位称职的皇帝，他对明王朝的贡献是不可磨灭的，他被史家称为太平天子、历史上著名的守成之君，这些称号对于明宣宗来讲都并不夸张。

六、三十七载两即位，土木夺门两重天

明英宗朱祁镇（1427—1464 年），明朝第六位（1435—1449 年）和第八任（1457—1464 年）皇帝，明宣宗朱瞻基长子，母为孝恭章皇后孙氏。

宣德二年（1427 年），孙嫔为明宣宗朱瞻基产下长子朱祁镇，晋封贵妃。明宣宗体弱，册立出生四个月的朱祁镇为皇太子，其母孙贵妃为皇后。宣德十年（1435 年）正月，宣宗皇帝朱瞻基去世，9 岁的太子登基，史称“明英宗”，年号正统。

明英宗继位初期，国家相对比较安定，社会经济也有所发展。但因为后宫宦官势力急剧上升，著名的大太监王振成为正统朝宦官专政的代表，明英宗对他言听计从，他也开始利用皇帝对他的宠信，排除异己，树立朋党，使得好多忠臣良将相继被害，国家顿时陷入了政治腐败、土地兼并的严重状态。

由于朝廷的腐败，国内起义不断，而这时的蒙古（即北元）在漠北的势力已经一分为二，成为瓦剌与鞑靼两个部落。为了争夺地盘，两个部落互相征伐，到了明英宗时期，瓦剌强大了起来，并不断骚扰明朝的北边，瓦剌部当时的实权掌握在太师也先的手里，他经常派人以向朝廷进贡为名，

明英宗朱祁镇

骗取赏赐，因为当时明朝对进贡国家的使者，无论贡品如何，总要有非常丰厚的赏赐，而且是按人头派发。也先也是看中了这一点，派出的使臣不断增加，最后竟加到3000多人。王振对此忍无可忍，下令减少赏赐，也先以此为名对明朝发动了战争。

明英宗当时年少气盛，在听到也先发动战争后很想御驾亲征，王振也想耀武扬威，名留青史，于是极力撺掇明英宗皇帝亲征。但是由于当时明廷的主力都在外地作战，一时难以调回，因此朝中大臣都劝阻明英宗不要亲征。明英宗态度坚决，不听劝阻，从京师附近临时拼凑了50万大军，亲自率领去出征。不巧的是，正好赶上了连天大雨，加之粮饷接济不上，军队的士气非常低下。当行到大同附近时，又看见了被也先杀得尸横遍野的明军的尸体，士兵们的士气更加低沉，明英宗和王振决定撤军。当大军来到怀来城外的土木堡（今河北省怀来县以东20里处）时，被也先军赶上。他们先切断了明军的水源，将明军困死原地。也先假意议和，趁明军不备，发动总攻。明军全军覆没,明英宗被俘,王振被明将樊忠杀死。这就是历史上著名的土木之变。

明英宗被俘后，明王朝已处于群龙无首的状态。为了使国家安定，皇后与朝廷重臣经过商议立成王朱祁钰为帝，年号景泰，朝廷上下因此都安定了下来。也先率领瓦剌精锐骑兵杀奔北京，明朝方面早已做好了准备，北京军民在兵部尚书于谦的带领下给也先军以沉重的打击，也先率队败回蒙古。

本来也先想通过战争获得利益，但在与北京军民的战斗中，他不但损失了好多兵将，而且失去了明朝的赏赐和与明朝交易的机会，因此，为了能与明朝讲和，他宣称可以让明朝迎回明英宗，但这时的明景泰帝已经坐热了皇位，哪能轻易把明英宗迎回去呢。虽然有此想法，但朝中大臣都建议把明英宗迎回来，景泰帝无奈，只得派遣使者先去探听情报，第二次派往瓦剌的使者名叫杨善，他变卖家产买了许多奇珍异宝，并靠着他的巧舌如篌，硬是在没有圣旨的情况下迎回了明英宗，明英宗终于结束了他一年的北狩，回到了北京。

明英宗回到北京，并没有受到应有的礼遇，而是在短暂的仪式之后被软禁在南宫，开始了他七年的软禁生活。明景泰帝害怕明英宗复辟帝位，将南宫的大门上锁并灌铅，加派锦衣卫看守，为了避免有人与明英宗联系，明景泰帝还派人将南宫的树木全部伐光。明英宗就在惊恐与饥饿中度过了七年的软禁生活。

景泰八年（1457 年）正月，五清侯石亨、宦官曹吉祥利用明景泰帝得重病的机会，发动了震惊历史的“夺门之变”，将软禁于南宫的明英宗迎了出来，重新登上了皇位。明景泰帝也于一个月后病死，之后被以亲王的身份礼葬在了北京西山。

明英宗复辟后，在石亨和曹吉祥的极力劝说下，以谋逆罪冤杀了北京保卫战的功臣于谦、大学士王文等，这成为他人生的一大污点。他虽然有这一点错误，但还是比较英明的君主，他后来任用了李贤、王翱等贤臣，先后平定了石亨、曹吉祥之乱，并将永乐朝就开始被囚禁的“建庶人”（明建文帝的儿子）释放，恢复宣德朝胡皇后的称号，下旨停止帝王死后嫔妃的殉葬，使得明朝帝王以活人殉葬的习俗得以结束。

经历了土木堡之变及八年的软禁后，明英宗在天顺年间开始任用了李贤、王翱等贤臣，又先后平定了石亨、曹吉祥之乱，显现了英主的风采。明英宗曾对首辅李贤说过他每天的起居情况：“吾早晨拜天、拜祖毕，视朝。既罢，进膳后阅奏章。易决者，即批出，有可议，送先生处参决。”

天顺八年（1464 年）正月，明英宗皇帝朱祁镇病逝于文华殿，享年 38 岁。

提到明英宗朱祁镇，人们恐怕会首先想到土木之变和错杀于谦。或许有人会对其恨之入骨，但事实上他应该不算是个坏人，他的政务处理能力也并不差，为人也很勤快，虽然有两大污点（打错一仗，杀错一人），也并不能完全抹杀他的能力。英宗朱祁镇前后两次在位，共计二十二年。

孝庄睿皇后钱氏

三十七年的人生，七年太子，十四年皇帝，八年幽禁，最后八年又当皇帝。当年明月在《明朝那些事儿》中对其一生做了一番总结："即位之初在三杨的辅佐下颇有一番作为，延续了仁宣之治，只可惜三杨年事已高，待其淡出政坛后，宦官王振开始专权，恰逢瓦剌部也先大举入侵，在王振的怂恿下草率亲征，于土木堡被俘，被俘后尚能保持气节拒写招降书，随后由于后方于谦的英勇抵抗被也先认为没有利用价值，被放回，享有太上皇之名，却无权。趁景泰帝病重政变复位，大肆打压拥立景泰帝的于谦等人，但是尚能任用贤臣，并废除了洪武以来的嫔妃殉葬制度，被后世喻为德政。"

七、景诚英主恋神器，身后独居景泰陵

明代宗朱祁钰（1428—1457 年），明太祖朱元璋玄孙，明宣宗朱瞻基次子，母为贤妃吴氏。明朝第七位皇帝（1449— 1457 年在位），年号景泰（1450—1457 年），因此也称景泰帝。

正统十四年（1449 年）八月，"土木之变"的消息传到北京城，文武百官个个被惊得目瞪口呆，随即一片恐慌。宣德十年（1435 年），朱祁镇继位时，比他小 1 岁的弟弟朱祁钰 8 岁，也被封为郕王，之后二人来往甚少。明英宗继位后，便一味追求玩乐，极少过问国事。宦官王振见此，便趁机怂恿明英宗享乐，而自己则独揽朝中大权，专断骄横。对此，朱祁钰十分反感。

当明英宗在王振的怂恿下准备亲统 50 万大军，去北击也先部，以解大同及边关之围时，兵部尚书邝埜和侍郎于谦都认为朝廷没有充分准备，劝明英宗不宜亲征；朱祁钰也劝明英宗待探明敌人虚实，做好准备后再亲自统兵支援不迟。但明英宗的耳朵里只听得进奸宦王振的话，对朱祁钰和群臣的进谏一概不听，结果落得兵败被俘。

正统十四年（1449 年）八月，为了安定人心，太后下诏，立明英宗的儿子朱见深为皇太子。但是，在这国难深重的时刻，怎能让一个年仅 3 岁的小孩登基当皇帝呢？因此，张太后根据群臣的建议，又命朱祁钰监国，总理国政。

诏下之后，朱祁钰随即在奉天殿召开会议讨论战守之策。大臣们七嘴八舌，一时也拿不定主意。翰林院侍讲徐珵首先站了出来，道："臣夜观天象，稽算历数，天命已去，唯有南逃可以纾难。"徐珵的建议，立刻遭到太监金英和礼部尚书胡濙的反对。接着，于谦也站起来，冲着徐珵高声斥责道："主张南逃的，罪当斩首！京师是天下的根本，一动则大事去矣。你难道不懂得宋朝南渡的教训吗？"于谦这些措辞尖锐的指责，弄得徐珵非常难堪。

他没再说什么低头退了回去。这场辩论使得徐珵声誉大降，以至于他改名为徐有贞，离开京城躲到别处去了。也正是由于这件事，使得徐珵和于谦结下怨恨，这是后话。于谦这些慷慨激昂、掷地有声的话，博得了朱祁钰和群臣的赞许，使得犹豫中的朱祁钰下定了坚守京城的决心。

于谦生性刚直，不事权贵，任地方官时，严法如山，奖励生产，深得官民的爱戴，并受到明宣宗时“三杨”的器重。正是因为他刚正不阿，不事权贵，也得罪了王振等这样的宦官。于谦曾被王振所陷害关进监狱房，后因官民一致反对，于谦才得以获释。后被召入京担任了兵部左侍郎。于谦反对南迁的主张和痛恨宦官专权的思想，同朱祁钰的想法基本一致，因此，朱祁钰也非常器重他。

朱祁钰下定决心坚守北京，并针对守卫京师的兵士多为老弱病残及人心震恐的情况，采纳了于谦的建议，将两京、河南的备操军，山东、南京沿海的备倭军，江北及北京各府的运粮军，全部调进北京。经过于谦的亲自筹划部署，加强防守，人心才稍为安定了。于谦所为深得朱祁钰的称赞，不久，便被提升为兵部尚书。

外患既防，内祸未除。一天，朱祁钰上朝，文武大臣数百人联名呈上一份弹劾王振的奏章，上写道：“王振危害了国家，请求郕王对王振抄家灭族，以平民愤。如果郕王不答应众臣的请求，臣等死也不肯退朝。”奏章读罢群臣放声大哭。正当朱祁钰这样左思右想的时候，身边有个宦官马顺，是王振的同党，他见大臣们仍不肯退朝，便大声喝斥着想把群臣赶跑。这下把大臣们激怒了，有个大臣先冲上去揪住了马顺的领子，跟着一个大臣又脱掉了马顺的靴子，于是，群臣蜂拥而上，一阵拳打脚踢，当场就把马顺打死了。随后又有两名王振的同党被群臣打死在殿廷上。朱祁钰见朝堂大乱，想躲进内宫，被于谦扯襟拦住，随即传旨，将王振的田地家产全部没

明代宗朱祁钰

收，抄家灭族。

铲除了王振的党羽之后，朱祁钰在朝廷的威信进一步提高了，京城的人心已基本稳定。但也先仍以明英宗相要挟，不断袭扰边境，企图迫使明朝赔款割地。群臣认为，虽然京师已稍稍太平，但国家正处于危难之秋，人心惶惶，必须另立一个皇帝以安定人心。于是，群起上书太后，建议让朱祁钰早登大位。吴太后见明英宗归回无望，便传旨郕王宜早正大位，以安国家。起初，朱祁钰对群臣的奏章劝进再三推辞，后来见吴太后已下旨，便遵从了母命。

正统十四年（1449）九月初六，秋高气爽，郕王朱祁钰在北京正式登上帝位，并遥尊被也先扣押的明英宗为太上皇，定次年为景泰元年，朱祁钰被尊称为景帝。景帝的登基，给中衰的明朝带来了一线振兴的希望。

朱祁钰正式登基称帝后，他深感自己肩上的担子很重。北面也先不断侵扰，大同虽有老将郭登守卫，但毕竟是孤军奋战。京师虽经于谦督备，兵力大增，但潜在的威胁依然存在，南方两广、贵州等地苗族人民的反抗斗争也越来越激烈。

面对目前这样严峻的现实，他几乎采纳了于谦提出的所有建议，命工部齐集物料，内外局厂昼夜赶制攻战器具。京师九门，派都督孙镗等人带领士兵，出城守护，列营操练，以振军威，并选派给事中、御史等官，分别外出巡视，发现问题及时上奏。同时，朱祁钰把居住在城外的百姓迁到城内，分别安排居住，以避免瓦剌军的掳掠。通州坝上的粮仓及时运至城内，以免战事来临丢弃给敌寇。十月，也先果真挟带明英宗，攻破紫荆关，直指北京城。朱祁钰任命于谦为统帅，大将石亨为主将，同时飞马报知各省巡抚火速派兵援京。由于朱祁钰的周密安排，于谦、石亨等将领的出色指挥，身先士卒，将士人人效命，连京城的百姓也纷纷爬上屋顶，以砖石为武器投击敌人。两军相持五天，瓦剌军连战皆败，仓皇撤围西去。北京保卫战取得了辉煌胜利。这一战也为景帝朱祁钰政权的统治奠定了基础。

也先见对明朝的袭扰屡次失败，便派使臣到北京，言称准备将明英宗送回，并修书请求议和。

礼部尚书胡濙上书朱祁钰，奏请同也先议和以赎回明英宗，朱祁钰看罢奏章非常生气："朝廷就是因为对也先只讲议和，不加强防范而造成了现在的不利局面，我正准备同敌寇绝交，而你们竟然想同敌寇言和，这是为什么？"吏部尚书王直回答说他们这样做是为了迎回蒙难的上皇英宗，朱祁钰听了更加不高兴："我登基称帝并非我愿意这样，而是你们硬把我扶上位的，现在怎么又要反复呢！”主张议和妥协的胡濙等大臣都不知该说什么。于谦站起来说：“王位已定，谁敢再有别的什么议论！答复也先派来的使臣，希望他停止一切敌对行动，这样才能有议和的可能。”朱祁钰听罢非常赞同。答复了来使之后，为更进一步摸清也先部的情况和明英宗的处境，朱祁钰又派大臣李实带上他的亲笔书信前往瓦剌部。朱祁钰的回信义正词严，使明朝在道义上又赢得了主动。

为了加强京师的防卫力量，朱祁钰命于谦对京军三大营进行了改编。明成祖时，把京军编为五军营（由中军、左掖、右掖、左哨、右哨五军编成，均为骑兵）、三千营（初由塞外降兵3000人组成，全是骑兵，主要任务是巡哨）、神机营（使用火器，皇帝出征时须随军出征），合称三大营。“土木之变”后，三大营丧失殆尽，而且这种组织法，因兵种不同，训练各异，一遇调遣，士兵不习惯新号令，兵将不相认识，战斗力发挥不出来。经过改编后的三大营分为10营，由15万名骁勇剽悍的士兵组成，每一营以一都督统领，下又分5000人为一小营，都指挥为小营的长官。这十营集中团操，称为团营。遇有战事，由原来各营的军官率领参加战斗。号令划一，兵将相习，克服了原来三大营的弱点，提高了战斗力。朱祁钰此举可称得上是明朝军事史上的一大改革。

明朝边疆和京师防守力量的增强，使也先更无隙可乘，而朱祁钰又识破了瓦剌以明英宗相要挟的阴谋，拒绝与他议和，逼使也先无计可施。为了恢复与明朝的通贡和互市，景泰元年（1450年）八月，也先不得不将明英宗送回北京。兄弟二人在殿堂相见时，无不泪湿衣襟。

经过整编的团营在保卫京城、守护边疆中发挥了作用，但此时明朝江山已远不如明朝初期那样稳固了。朱祁钰深知，要想稳定住并治理好这个国家，必须以儒家正统观念为指导，实行开明政治，广开言路，招贤纳士，以体现出他的仁政。由于连年战事，瓦剌骚扰，加之黄河逢汛必决，因此，全国灾区广泛，饥民几乎遍布黄河流域。针对这些情况，朱祁钰对各灾区采取了宽恤政策，对受灾较重的河南、山西、山东等地，都给予了不同程度减免赋税，并发粮赈济饥民。自明英宗当政时，黄河就时时泛滥，虽经几番治理，但终因治理措施不当而以失败告终。景泰四年（1453年）十月，朱祁钰召徐有贞进京，命其担任右佥都御史负责治理黄河。徐有贞总结了以前治黄失败的教训，采取了在河水平缓时，先在上流疏浚河道，然后在中下游挖河道，固筑堤堰，并修成广济渠。景泰七年（1456年）四月，徐有贞治黄获得了成功。

从封建的正统观念出发，朱祁钰认为，父位必须传其子，这样才符合伦理道德。有一天，朱祁钰在正殿批阅奏章时，像是无意识地随口问身边的太监：“七月初二是皇太子的生日吧？”太监知道朱祁钰说的日子是朱见深的生日，但作为朱祁钰贴身的侍从，他马上明白了朱祁钰的意图，忙伏身答道：“皇太子的生日是十一月初二。”朱祁钰听后没说什么。这时，他已下定了废朱见深立朱见济的决心。

景泰三年（1452年）五月，朱祁钰废皇太子朱见深为沂王，立朱见济为皇太子。一年之后的十一月，太子朱见济不知得了什么疾病死了。之后朱祁钰连续几天茶饭不思，脸色阴沉。原来反对更换太子的御史钟同、礼部大臣章纶等人，出于维护封建的统序，联名上书奏请朱祁钰恢复朱见深的太子之位，并称国家之本是皇太子，应该尽快恢复朱见深的太子位。本来，儿子死后朱祁钰心里就十分烦乱，现在章纶、钟同等人又上书奏请朱见深复位，他更是恼怒，便下令让锦衣卫将章纶、钟同二人拿下投入监狱，将二人打了个体无完肤。此后虽有人私下议论易位之事，但却没人敢给朱祁钰上书了。朱祁钰只有朱见济这一个儿子，现在朱见济死了，朱祁钰又无意让朱见深重登太子之位，那么，他是怎么打算的呢？群臣中包括像于谦这样的被朱祁钰所信任的大臣也猜测不出。

至于传位给谁，朱祁钰一直不露声色。或许，他认为自己才二十几岁，年纪尚轻，等有了儿子后再立太子不迟。

不料，就在景泰八年（1457年）正月，朱祁钰病倒了。之后形势便急转直下。

群臣见朱祁钰病倒，而且病得不轻，于是，以前稍稍平息了的易位之事便重又成了朝中的主要话题。群臣私下议论易位之事，这其中又以武清侯石亨、大臣徐有贞及王振的余党宦官曹吉祥等活动得最紧。石亨贪欲很重，虽经于谦举荐被晋封为侯，但经常因贪心外露被于谦所斥责，受到朱祁钰的冷遇，因此，对朱祁钰和于谦心怀不满。徐有贞、曹吉祥等人虽因各有功劳而被朱祁钰所称赞，但却一直没有受到重用，所以，内心也甚为不满。石亨和曹吉祥都是武夫及奸宦，鼠目寸光，都主张重立朱见深为太子。倒是徐有贞极有心机，他认为再立朱见深为太子，不如趁朱祁钰正在病中，利用他和明英宗兄弟间的矛盾，发动宫廷政变，迎请太上皇明英宗复位。这样，事成之后论起迎复之功，自然人人都可以加官晋爵。徐有贞的主意得到了石亨、曹吉祥等人的赞同。

正月十六日深夜，“夺门之变”成功，明英宗复辟，废朱祁钰仍为郕王，并把这一年改为天顺元年。随即，朱祁钰在位时所重用的大臣于谦、王文、学士陈循、萧镃、商辂，尚书俞士悦、江渊等都被逮捕入狱，其中于谦被徐有贞妒恨而被明英宗杀害。对石亨、徐有贞等，明英宗以迎复功高，大受宠任。明朝振兴的希望至此破灭了。

几天以后，朱祁钰在西宫也死了。有人说是被害死的，但朱祁钰到底是怎么死的，最后成了明史上的一个疑案。

明英宗夺门之后，废掉了景泰帝的皇帝身份，将其原在十三陵修建的陵寝废弃（今朱常洛庆陵），因而其没有葬在十三陵，以亲王礼葬于西郊金山（玉泉山北）的景泰陵，不仅有贬谪之意，更有折辱的成分。明朝自明太祖朱元璋至明思宗朱由检，传了 16 位皇帝。明太祖葬于南京孝陵，明建文帝在靖难之役不知所踪。明成祖朱棣北迁京城，共计 14 位皇帝，其中 13 位，包括亡国之君崇祯皇帝都葬于北京的明十三陵，唯独朱祁钰没有葬入十三陵。

成化年间，一些臣僚开始为朱祁钰不平，他们认为朱祁钰危难之时受命，削平祸乱，使老百姓安居乐业，功劳很大，却谥以“戾”，很不公平。甚至有人责问，当时若不是朱祁钰即位，瓦剌如何能退，明英宗如何能返京？明宪宗虽然曾被朱祁钰废去太子地位，但对这位叔叔的功绩还是相当理解。几经周折，成化十一年（1475 年）十二月下诏恢复朱祁钰帝号，定谥号为“恭仁康定景皇帝”，并下令按帝陵的规格修饰陵寝，在一定程度上承认了景帝的功绩。但明宪宗没有给朱祁钰全面平反，所定谥号仅为 5 字，而明朝其他皇帝的谥号都是 17 字，朱祁钰在规格上较其他皇帝低，而且朱祁钰还没有庙号。直到南明弘光时期，朱祁钰才加上庙号代宗，并增加谥号到 17 字——符天建道恭仁康定隆文布武显德崇孝景皇帝。至此，朱祁钰在礼仪规格上与明代其他皇帝平等了，他的历史功绩也稍稍为后人所知。

明代宗陵墓墓碑

八、中更多故两易储，垂衣拱手天下治

明宪宗朱见深（1447—1487 年），

原名朱见濬。明英宗朱祁镇长子，母孝肃皇后周氏。明朝第八位皇帝，在位 24 年（1464—1487 年），年号成化。

正统十四年（1449 年），瓦剌南犯，直逼大同。明英宗不顾群臣反对，执意亲征。土木之变之后，明英宗被瓦剌俘虏。郕王朱祁钰受命监国，同时孙太后又立朱见濬为皇太子,时年 3 岁。为免瓦剌借皇帝的名义骗开关防，更为了避免国无长君，于谦等大臣纷纷与皇太后商议，决定拥立皇帝的弟弟、郕王朱祁钰为皇帝，遥尊明英宗为太上皇。于是朱祁钰登基，改元景泰，是为明代宗景泰帝。

瓦剌阴谋破产，大怒之下攻打北京。京城守军在兵部尚书于谦带领下，抵挡住瓦剌的攻势。各地勤王部队接连赶到。瓦剌退兵。

景泰元年（1450）六月，遣使与明朝议和，表示愿送回明英宗。明景帝虑及皇位不保，不愿接回英宗，在于谦的劝说下，最后应允讲和，接回太上皇。八月，被俘一年左右的明英宗被放了回来。明英宗被放了回来，明代宗极其不愿。此后 7 年时间，明英宗被软禁在南宫。

景泰三年（1452 年），皇太子朱见濬被废为沂王。景泰帝废掉侄子朱见濬，立自己的儿子朱见济为皇太子。没想到第二年，朱见济就夭折，当时被追封为怀献太子。

明宪宗朱见深

景泰八年（1457 年）正月，明代宗病重。大臣石亨、徐有贞等人撞开南宫大门，迎明英宗复位。明英宗复位，废明代宗为郕王。是年改元天顺，连朱见濬的名字都改，改为朱见深，并立他为皇太子。没多久，明代宗病逝，明英宗给他个恶谥，叫戾。不但如此，连早已夭折的怀献太子朱见济都被追废为世子，直至明朝灭亡都没有再承认过这个太子。朱见深的太子之位失而复得，然而幼年卷入皇位之争，精神压力极大，因而落下个口吃的毛病。

明英宗再次夺得皇位，大肆封赏夺门之变的功臣，并且听信谗言，以谋逆为名，处死于谦。以曹吉祥为首的宦官逐渐得势，政治愈加腐败不堪。

天顺八年（1464年）正月，明英宗病重。二月二十三日，明英宗驾崩，皇太子继位，次年改年号为成化。三月，尊明英宗皇后为慈懿皇太后，其生母周氏为皇太后。五月，葬明英宗于裕陵。

明宪宗刚即位，就发生了都指挥使门达结纳东宫内侍王纶，密谋由翰林侍读学士钱溥取代李贤辅政之事。门达在明英宗晚年深得宠信，而李贤时为内阁首辅，对门达统率的锦衣卫官校“恣横为剧患，贤累请禁止，帝召达诫谕之”。门达因此衔恨入骨，设计构陷李贤，事情败露，明英宗也未处置门达。明英宗病重，门达蓄意勾结王纶，欲除掉李贤。他们的阴谋被朝臣揭发，明宪宗大怒，结果王纶被斩，钱溥被贬，门达因他罪并发，“论斩系狱，没其资巨万”。而与此同时，李贤则进少保、华盖殿大学士，知经筵事。明宪宗十分倚重李贤，李贤也“以受知人主，所言无不尽”。但李贤辅政不久，即于成化二年（1466年）冬去世。这一年，南北两京、四川、湖广、荆襄地区的盗贼泛滥。

成化元年（1465年）正月，任命都督同知赵辅为征夷将军，总领所有总兵，征讨广西瑶族的叛乱。三月，四川山都掌蛮进行暴乱。十二月，韩雍大破广西大藤峡的瑶族叛乱者，将大藤峡改名为“断藤峡”。

成化二年（1466年）正月，结束团营建制。三月，朱永在南漳大破荆、襄贼地区的乱匪头目刘通，并擒拿刘通。他的党羽石龙逃走后转而进入四川。七月，毛里孩进犯固原。八月，又进犯宁夏，宁夏都指挥焦政战死。十月，朱永擒拿匪首石龙等人，荆襄地区的乱匪被平定。十二月，大学士李贤逝世，朱见深命太常寺少卿兼翰林院侍读学士刘定之进入内阁处理机务。这个月，断藤峡的瑶族乱贼再次暴乱。

成化三年（1467年）正月，朱见深授朱永为平胡将军，和杨信一起征讨毛里孩。三月，朱见深封商辂为兵部侍郎，再次进入内阁。

九月，鉴于建州女真屡屡犯边，明廷集结5万大军以总兵官赵辅挂靖虏将军印为总指挥。左都御史、辽东总督李秉为副总指挥。兵分三路：左路出浑河、柴河越石门、土木河至分水岭；右路由鸦鹘关、喜昌口过凤凰城黑松林，摩天岭至泼猪江；主力自抚顺经薄刀山、粘鱼岭过五岭渡苏子河至古城。

同时谕令朝鲜出兵协助，朝鲜兵先到讨平，国王遣吏曹参判高台弼献俘京师。宪宗嘉奖了朝鲜将领鱼有沼，降刺赐银50两，缎绢各四匹。又解送被女真人所掳走的人口。十月朝鲜兵回国。

十二月，左庶子黎淳再次提出明代宗时期废黜太子的事情，朱见深说："景泰年间的事情已经过去了，朕不会在意，况且这些也不是臣下当说的。"

行乐图

成化七年（1471 年），任命王恕为刑部侍郎，总理河道事务。十一月，朱见深立皇子朱祐极为皇太子，大赦天下。

成化十一年（1475 年）十一月，立皇子朱祐樘为皇太子。十二月，恢复郕王朱祁钰的帝号。

明宪宗即位不久，即怠于政事，不见大臣。群臣奏事均经由内廷中官。成化七年（1471 年），大学士彭时、商辂等借口彗星久现，力请朝见。明宪宗在奉天门接见阁臣。彭时奏称"天变可畏"，明宪宗说"卿等宜尽心"。又奏：御史疏请减京官俸，文官可武官不可。明宪宗说，是。万安等叩头呼万岁。彭时、商辂也都退下。明宪宗随即退朝。朝野传笑，说是"万岁阁老"。从此以后，直到明宪宗病死，再不召见大臣。明宪宗以少年天子，怠于政事，与掖庭嫔妃以至侍女宫婢淫乐无度。大学士万安迎合帝意，进献媚药及房中术。都御史李实、给事中张善等谏诤风纪之臣，也向明宪宗献房中秘方求官。僧人继晓因内宦之介，向明宪宗进秘术，得为国师。江西南昌人布政司吏李孜省因贪赃事藏匿，习五雷法术，结纳内宦梁芳等向明宪宗进上道家符箓及淫邪方术，特授上林苑监，进至通政使。李孜省与万安、僧继晓及内宦梁芳等相互结纳，操纵官员进退，朝野侧目。

成化十二年（1476 年）三月，李震大破靖州地区的苗乱。五月，副都御史原杰安抚荆、襄的流民。十一月，四川都御史张瓒征讨湾溪地区的苗乱并将其攻破。十二月，朱见深设置郧阳府，设行都司卫所，以安排那里的流民。

成化十三年（1477 年）正月，朱见深设置西厂来加强特务机构，太监汪直担任提督。四月，汪直将郎中武清、乐章，太医院的院判蒋宗武，张廷纲，浙江布政使刘福等人下了西厂大狱。五月，方贤又下了西厂狱。大学士商辂、尚书项忠等人上书朱见深请求废置西厂，朱见深采纳他们的建议。六月，罢免项忠为民，又复设西厂。不久商辂也辞官。

成化十八年（1482 年）正月，朱见深下旨废置西厂。成化十九年（1483 年）七月，蒙古小王子进犯重镇大同。成化二十二年（1486 年）七月，蒙古小王子又进犯甘州，甘州指挥姚英等人战死。十一月，安南侵略占城，占城王子古来逃入明朝。

明宪宗在位 24 年，长期不召见大臣，处决政事均经内宦。晚年传旨多倚太监怀恩、覃吉。怀恩犯颜敢谏。覃吉曾在东宫，侍太子读书。两宦在朝中均有美誉。皇后王氏遇事淡然。宫廷诸事多倚万贵妃统领。万贵妃待内宦宫婢甚严。宦官每有流言中伤，诸多失实。万贵妃父万贵，秉性醇谨，每告诫子侄安分自守。万贵死后，子万喜进都指挥同知，恃势骄横贪婪，交结内宦梁芳等以贡物为名谋赏邀利，恶名扬于朝外。

成化二十三年（1487 年）正月，万贵妃病死。据说因怒挞宫婢后，痰涌而死。年约 60 岁。传说明宪宗郊祭回宫，知贵妃死，悲叹说："万侍长去了，我亦将去矣！"

七月，封皇子朱祐杬为兴王，朱祐棆为岐王，朱祐槟为益王，朱祐樿为衡王，朱祐枟为雍王。这年八月，明宪宗病死。遗诏太子朱祐樘即帝位。

《明宪宗元宵行乐捶丸图》

九月，上尊谥，庙号宪宗，葬茂陵。

明宪宗朱见深英明宽仁，在位初年恢复了朱祁钰的皇帝尊号，平反于谦的冤案，任用贤明的大臣商辂等治国理政，又对建州女真进行成化犁庭，击毙爱新觉罗·董山，更多次重创鞑靼部，收复自明英宗时丢失的河套地区，文治武功卓著。成化时代风气清明，朝廷多名贤俊彦，宽免赋税、减省刑罚，朱见深又建立郧阳府治，用户籍的形式将其固定在当地，解决了自元代以来困扰中央政府的荆襄流民问题，社会经济渐渐复苏。成化一朝不能说没有缺陷，后期任用了一些佞臣，即便如此，朱见深仍不失为一代明君。

九、险中得位除积弊，弘治中兴人为本

明孝宗朱祐樘（1470—1505 年），明宪宗朱见深第三子，生母为孝穆纪太后。明朝第九位皇帝（1487—1505 年在位），年号弘治。

成化二十三年（1487 年）八月初六，朱见深去世。九月初六，18 岁的皇太子朱祐樘接替父亲登上了皇帝的宝座，以第二年为弘治元年（1488 年）。

朱祐樘的母亲纪氏在宫中，只是一个小小的女史（女官名称），她本是广西贺县的瑶族民女，在成化元年瑶民造反失败后，夹带在被俘的几千名男女青年中送来京城。由于纪氏姿色超群，聪明伶俐，入宫后不几年即通习汉语，从而被命令管理宫中藏书。成化六年（1470 年）秋天，明宪宗偶然来到书房，见纪氏长得如花似玉，而且应对称旨，于是喜而幸之，因此有孕。纪氏怀上朱祐樘，犯了明宪宗专宠的万贵妃的大忌，这个女人自己不能生育，也不准别人为皇帝传宗接代，专门残害被明宪宗临幸过的妃子和宫女。纪氏怀孕时，万贵妃曾经留意过她，其他宫女谎说她是病痞，于是被贬居安乐堂。看着已经降生的朱祐樘，纪氏忍痛下了狠心，将他交给门监张敏，让把他溺死。张敏为人善良，他想到皇上无子，就背着万贵妃秘密加以哺养，废后吴氏这时正好贬居在西宫，与安乐堂相邻，闻之也往来就哺，从而保全了朱祐樘的生命。渐渐地朱祐樘长到 6 岁，成化十一年（1475 年）春天，终于走出了安乐堂。一天，明宪宗召张敏梳理头发，对镜叹道："老之将至了，尚无子嗣！"张敏就把朱祐樘的事情告诉了他。明宪宗喜出望外，立即派人把他接来。朱祐樘去见父亲的时候，胎发还未剪除，直垂到后颈，看到明宪宗，他依据母亲的交代，扑到明宪宗的怀里。明宪宗揽视良久，悲喜交加，连连说："这个孩子像我，真是我的儿子啊！"随即饬礼部定名，并册封纪氏为淑妃。纪氏终究还是没能逃过厄运，

不久就在新居永寿宫暴死。纪氏之死，有人说是被万贵妃毒死的，也有人说是被她遣人勒死，由于明宪宗没加深究，事情也就不了了之。母亲的去世，使朱祐樘极为悲伤，神情犹如成人一般，持续了很长一段时间。这年的十一月，朱祐樘被册立为太子。

后宫中的这段经历，对明孝宗的影响很大，由此形成了他疾恶如仇的性格。在即位之后极短的时间里，明孝宗对太监梁芳、礼部右侍郎李孜省等人，给予了严厉的惩罚。太监梁芳是万贵妃的红人，曾向其大量进献美珠珍宝，得到宠信，一些奸佞之徒通过走他的门路，得到包括太常寺卿在内的官职。明孝宗在执政的第 6 天，就把他送入诏狱。李孜省因为依仗万贵妃作恶多端，公然操纵内阁大臣随意罢免、提拔官吏，被谪罚戍边。两个月后，明孝宗又下令罢免传奉官，将那些冒领官俸的艺人、僧徒一概除名，先后总计有 3000 人之多。接下来，明孝宗又拿混在内阁中的奸佞开刀，首先罢了万安的官。万安的靠山同样是万贵妃，为了巴结这个女人，竟不知羞耻地称自己为她的侄子，在万贵妃的包庇下，劣迹斑斑，声名狼藉。明孝宗还是太子时，就对此人非常反感，即位后，在宫中发现一匣奏疏，内容都是讲房中术的，末尾的署名又都是“臣安进”，于是派人拿着这些奏疏到内阁找到万安，严厉指责他：“这是大臣写的东西吗？！”万安羞愧得汗流满面，一句话也说不出来。明孝宗遂下令罢免其官职。除此之外，明孝宗还以各种方式处罚了另外一些奸佞之徒。在清理过程中，明孝宗注意方式方法，没有大开杀戒。被砍掉脑袋的，只是一个罪大恶极的僧人，叫继晓。一系列堪称圣明的行动，好像一阵冲刷污垢的暴风雨，使宫廷之内的坏人骤然减少。这为全面刷新政治，起了清除障碍的作用。

与罢斥奸佞相并的是任用贤能。为了熟悉官吏的情况，弘治元年（1488 年）三月，明孝宗下令吏、兵两部把两京文武大臣、在外知府守备以上的官吏姓名，全部抄录下来，贴在文华殿的墙壁上，遇有迁罢的人，随时更改。他还多次指示吏部、都察院：“提拔、罢免官吏的主要标准，是看此人有无实绩。”由于明孝宗注意任用贤

明孝宗朱祐樘

能，形成了“朝多君子”的盛况，出了许多名臣。

明孝宗即位后，还很注意广开言路，于是在他上台不久，形成了臣子纷纷上书的生动局面。如这年三月，都御史马文升上疏言时政 15 事，其中的一条是“节约费用，以解救百姓生活的艰难困顿”，他说：“宫中所供应的物品，如果陛下能节俭一分，则百姓受益一分。”言语极为尖锐、深刻。明孝宗对这个建议非常赏识，嘉奖了马文升，并下令削减宫中开支。正统以来，皇帝每天只有一个早朝，大臣们为时间所限，进见言事，不过片时。这样一来，皇帝与大臣们见面的时间很少，只好在一些重大问题上听信太监的意见，对大臣们的了解也很少。鉴于这种情况，吏部尚书王恕建议，除早朝之外，明孝宗最好每天再在便殿召见大臣，谋议政事，当面阅其奏章，下发指令。王恕认为，这不仅可以使皇上加深对大臣们的了解，而且可以提高其处理政事的才能，使正确的意见得以贯彻执行。明孝宗听到后，觉得很有道理，遂开始增加“午朝”，每天在左顺门接见大臣，倾听他们对政事的见解，做出了许多重大决策。

新君即位之初勤于朝政，而后荒疏，继而江河日下的事例，史书每每可见。明王朝的君主尤为明显。但明孝宗是个例外，弘治初年的诸多优点，在以后几乎一直保持下来。

明孝宗之所以能做到这一点，是因为明孝宗的周围，有一批对朝廷忠心耿耿的大臣，如王恕、马文升、刘大夏、刘健、谢迁、李东阳等人，为他励精图治立下了汗马功劳。在群臣之中，明孝宗最信任的是王恕，也因有了王恕的原因，明孝宗才如虎添翼，雄风大振。王恕是在成化末年被明宪宗强迫致仕的老臣，以“好直言”著称。明孝宗即位后两个月，由于许多大臣的推荐，将他任命为吏部尚书，一直干了将近 6 年之久。新君的善任使王恕感激不尽，在职期间，除了仍能上疏抨击时弊之外，忠于职守，先后向明孝宗引荐了包括刘大夏在内的许多人才。明孝宗极为赏识的还有马文升。这是一位文才武略兼备的大臣，弘治二年（1489 年）由左都御史升任兵部尚书，并提督 12 营团。马文升到职以后，因兵备久弛，他大力整军，罢免了 30 余名不称职的将校。结果惹起遭贬将校的怨恨，有人夜间持弓等在他的门口，企图行刺，还有人写了诽谤信，射入皇宫之内。明孝宗立即下令锦衣卫缉捕，并特拨骑士 12 人，时时跟随保卫马文升。数年之后，明孝宗仍把重用忠良之士作为治理朝政的保证，又陆续把刘健、谢迁、李东阳等人，提升到内阁当中，参与机务。对于内阁大臣们的奏请和意见，明孝宗初时尽管大多能听从，有时也并非全都认可，但后来他看到这些人确实在同心辅佐，其信任程度大为加强。凡阁臣们的奏请，无所不纳，与他们的关系极为融洽，因刘健曾在他做太子时，担任过讲官，就一直称其为先生，尊重异常。明孝宗接见刘健等人的时候，往往要左右之人退下，据这些人出去讲，明孝宗对阁臣们讲的话，言听计从，每每称善，这种情形在君臣之间，确实少见。

明孝宗在减轻百姓负担上也做了许多好事。这表现在减免灾区的赋税征收上。从弘治三年（1490 年）河南因灾免秋粮始，他对每年奏报来的因灾免赋要求，几乎无一例外地加以同意。弘治六年（1493 年），山东因灾情严重发生饥荒，明孝宗闻奏之后，向灾区发送去帑金 50 余万两、米 200 余万担，并派了官员监督发放，不仅免除灾区税赋，还通过赈济拯救了 260 余万灾民的生命。为了整治黄河以及江南的水患，明孝宗令刘大夏于弘治五年（1492 年）七月，来到了山东，坐镇阳谷。刘大夏不负使命，完成了多项水利工程，历时两年，终于制服了水害。奉旨到江南治理水害的工部侍郎徐贯，也出色地完成了钦命。他在江浙地区大搞调查研究，从而确定了比较完善的治水方案，一举修建、沟通河、港、泾、湖、堤岸等 135 道，从而使洪水通过吴淞、白茆地方的渠道，毫无阻拦地泄入海中，除掉了威胁朝廷主要经济区的一大祸害。

在施恩于百姓的同时，明孝宗继续虚心纳谏，鼓励广开言路的风气，亲近大臣，远离小人，勤于政事，表现得相当明智。弘治九年（1496 年）闰三月，少詹事王华在文华殿向他进讲《大学衍义》，趁机向他揭发太监李辅国与张皇后关系甚密，招权纳贿。此事被李辅国知道后，马上报复，说王华有种种劣迹，应予驱逐。明孝宗没有听信这番鬼话，反而哈哈大笑，传令中官赐食给王华，以示亲近。弘治十年（1497 年）二月，明孝宗在后苑游玩的时间过长，侍讲学士王鏊反复规劝，明孝宗当时没有接受，事后却没有怪罪，而是对诱导他玩乐的太监说："讲官指出这一缺点完全正确，是一片诚挚之情，完全是为我着想啊！"自此之后，不再到后苑游猎寻欢。为了引导大臣们踊跃进言，明孝宗还经常提出这件事情，请大臣们知无不言。他为取消讲官的顾虑，避免讲官为此观望，不肯大胆进言，特召来刘健等人，说："讲书必须要讲那些圣贤之言，如此直言不妨。"进而又明确要求阁臣们："传我的话给诸位讲官，不必顾虑。"为了巩固统治，明孝宗如此虚心，在明王朝历代君主中是不多见的。

为了加强军事力量，弘治十五年（1502 年），明孝宗将曾修治黄河有功的刘大夏，由总督两广军务的左副都御史，提升为兵部尚书。刘大夏在兵部尚书任内，颇想痛行一番改革，因此常把民间的真实情况告诉明孝宗。在明孝宗的支持下，刘大夏大力整顿军事。先是从核查军队虚额入手，补进了大量壮丁，同时也请明孝宗停办了不少“织造”和斋醮。明孝宗看了刘大夏写的“兵政十害”的奏疏，接受了他的许多建议，不过，也有一些保留，有的因为牵扯到权贵和近臣，明孝宗认为与军备关系不大，就搁置起来，没加批示。如刘大夏力主把分布在各地的“镇守中官”，一律撤召回京，明孝宗就没有同意，这无疑是非常错误的。

在阁臣以及六部尚书的支持下，明孝宗在弘治初年对朝政加以治理的基础上，沿着改良的道路，继续向前迈进，取得了明显成效。但勋戚宦官等为非作歹，仍是一个严重的社会问题，对此明孝宗特别予以了注意。弘治三年（1490 年）九月，明孝宗下令禁止宗室、勋戚奏请田土，不准接受外人的投献钱财、物品。这是一场几经反复的斗争。勋戚近臣对这项命令，几乎都持反对意见，并在行动上不加收敛，公然蔑视各种规定，他们中的一些人有的在京师之中大开店铺，邀截货商，收受献品，有的还在府中养了大批仆从，任意肆虐百姓。面对这种情况，明孝宗再一次下达了关于“禁势家侵夺民利”的命令。弘治九年（1496 年），明孝宗排除阻力，首先对民愤极大的张皇后的两个兄弟开刀。皇后有两个弟弟张鹤龄和张延龄，张氏兄弟仗势骄肆，纵使家奴夺取民田、民宅，指使官吏释放行贿的囚犯，十分霸道。朝中大臣十分愤慨，纷纷上奏，明孝宗收到举报后，就派人去调查，结果属实，明孝宗毫不客气地严令制裁。

由于朝中一些太监对明孝宗影响太重的原因，明孝宗身上的有些毛病改起来比较困难，尽管与他多年来的勤于政事的长处相比，这都瑕不掩瑜，但毕竟有失明君的形象，况且他也有铸成大错的时候。如他有热衷于斋醮、修炼的缺点。在政务上，明孝宗对一些好的措施，也不能完全持之以恒，言而不行和中途动摇的情况，并不少见。在情况最严重的几年当中，明孝宗停止了午朝的做法，除了早朝还能坚持，与大臣们几乎不

明朝官服

再见面。章奏的批答也不及时，有的竟能滞留数月之久，批示过的也不过问执行的情况。幸好这种情形，到了弘治末年得到了改变。弘治十四年（1501年）之后，明孝宗接到的劝谏奏疏日益增多，使他越来越清楚地认识到了自己的错误，并且注意了改正。

在明孝宗的诸多失误当中，有一条是对皇戚勋爵的不法行为，缺乏一以贯之的打击。他曾经将这个问题看得相当严重，于弘治三年（1490年）、弘治九年（1496年）下决心解决，但落到实处的制裁措施不多，其阻力来自张皇后。

弘治十八年（1505年）三月，李梦阳上书“指斥弊政”，洋洋数万言。其中指斥张皇后的兄弟张鹤龄尤其严厉，揭发他招纳无赖，鱼肉百姓。张鹤龄与皇后母亲金夫人听说后，天天在明孝宗面前哭闹，要将李梦阳下狱。明孝宗不得已，照着做了。科道官纷纷上疏营救，金夫人也不放弃攻势，又在明孝宗面前哭闹，要求对其加以重刑。明孝宗大怒，推案而起。接着刑部来请示处理意见，明孝宗毫不犹豫地提笔批示：“梦阳复职，罚俸三月。”过了一些日子，明孝宗夜游南宫，张鹤龄入内陪酒，皇后、金夫人也在场。酒至半酣，皇后、金夫人入内更衣，明孝宗独召张鹤龄谈话，左右不得闻，但见张鹤龄免冠叩头不止。于是张鹤龄兄弟，大为收敛。不久，明孝宗在一次召见刘大夏时，谈完其他事情，又询问社会上舆论的情况。刘大夏告诉他：“最近放了李梦阳，中外欢呼，交口称赞陛下的圣德。”明孝宗对他说：“李的上疏中有‘张氏’两字，有人说这是对皇后的污辱，我没办法才将他下到狱里。刑部的请示一到，我曾经问人如何处置，有的竟说要杖责。我知道这些人的本意是要重责梦阳致死，以快妇人之忿。所以我下令将其释放复职，也不让司法拟罪。”

对皇戚勋爵的打击，在李梦阳获释之后，自然就达到了高潮。锦衣卫和东厂的侦缉往来探听，据实治罪，颇有声势。那些往日横行不法的权贵，从明孝宗的决断行动当中，感到寒光闪闪的利刃正在逼近，纷纷收敛了劣迹。京城中悄悄关闭了若干商栈店铺，被遣散的家奴仆人，也纷纷另寻生路。京城一带，遂告平安。

明孝宗在执掌权力的最后一段时间里，全力以赴整顿朝纲，渴望帝国的振兴。弘治十八年（1505年），李东阳奉旨去山东曲阜祭祀孔子，时值大旱，返京的路上，李东阳将所见所闻奏告孝宗，其中多是朝弊造成的不良后果。明孝宗接到奏报，流下了痛心的眼泪，他反躬自省，竟夜不能眠。与此同时，工部尚书曾为削减宫中的开支，向他进言，裁减尚衣局、军器局、司设监的匠人，他毫不犹豫地就加以同意。此后，当他接到了宫内针工局的奏告，

计划招收大批的裁缝入宫时，也没有批准。明孝宗还下令裁减织造数额的三分之一，大大节省了经费开支。

由于幼年生活的坎坷，明孝宗一直体弱多病。但明孝宗却勤于政事，不仅早朝每天必到，而且重开了午朝，使得大臣有更多的机会协助皇帝办理政务。同时，他又重开了经筵侍讲，向群臣咨询治国之道。明孝宗还开辟了文华殿议政，其作用是在早朝与午朝之余的时间，与内阁共同切磋治国之道，商议政事。

明孝宗提倡直言进谏，为人宽厚仁慈，躬行节俭，不近声色，勤于政事，重视司法。明孝宗皇帝的勤政终于得到了回报，弘治朝吏治清明，任贤使能，抑制宦官，勤于务政，倡导节约，与民休息，是明朝历史上经济繁荣、人民安居乐业的和平时期。

由于明孝宗多难的童年使得他的身体一直不好，他希望通过佛道之术改变自己的身体状况。因此一些奸佞之辈再次混入宫中，再次祸乱朝政。宦官李广就是其中之一，深得明孝宗的宠信。后来李广畏罪自杀，明孝宗以为李广家中有天书，命人搜寻，却搜出了李广贪污、受贿的账本，明孝宗这才醒悟。李广事件唤醒了那个沉睡多年的励精图治的明孝宗皇帝，他开始了生命中第二个、也是最后一个勤政时期。明孝宗开始不断反思自己以前的所作所为，重新远佞臣而重用刘大夏、戴珊等贤臣，大力整顿朝纲，可是过大的工作强度也彻底拖垮了他的身体。

大明弘治十八年（1505 年），明孝宗驾崩于乾清宫，年仅 36 岁。葬泰陵，庙号孝宗，谥号“建天明道诚纯中正圣文神武至仁大德敬皇帝”。

明孝宗大开言路，努力扭转朝政腐败状况，驱逐奸佞，勤于政事，励精图治，任用王恕、刘大夏等为人正直的大臣，史称“弘治中兴”。虽末年宠信宦官李广，但是立刻改过自新，历代史学家对他评价极高，明朝万历年间的内阁首辅朱国桢就说：“三代以下，称贤主者，汉文帝、宋仁宗与我明之孝宗皇帝。”

十、手除逆臣躬御边，耽乐嬉游近群小

明武宗朱厚照（1491—1521 年），明孝宗朱祐樘和张皇后的长子。明朝第十位皇帝。在位期间年号正德，所以又称正德帝。

朱厚照从小机智聪颖，喜欢骑射。继位后史书上出现两极评价：一方说他知章明战，应州大捷大败鞑靼军，立下了一战功。在应州一战中与普通士兵同吃同住，甚至还亲手杀敌一人，极大地鼓舞了明军士气。所以说

他又是一个好的将领。另一方说他为政期间荒淫无道，国力衰微，一生贪杯、尚武、无赖，喜好玩乐。很多人认为他荒淫暴戾，怪诞无耻，是少见的无道昏君。但明武宗虽嬉游玩乐，却也有抵御边寇之功，大事上从不怠慢。

朱厚照生母为张皇后，两岁时即被立为皇太子。由于明孝宗一生只宠爱张皇后，而张皇后只为其生了两个儿子，次子朱厚炜早夭，因此明武宗自小就被视为掌上明珠，而且少年的明武宗非常聪明，老师教他的东西总是能很快学会，按理说他应该成为一个很好的皇帝，但是周围的太监，毁了这个聪明的孩子。

东宫随侍太监中以刘瑾为首的八个太监马永成、高凤、罗祥、魏彬、丘聚、谷大用、张永称为“八党”，后又号作“八虎”。他们横行无忌，利用皇帝的宠爱，肆行排击反对他们的大臣，朝中内阁只有李东阳与焦芳二人。为讨明武宗欢乐，每天都进献鹰犬、歌舞、角抵等戏，当时的东宫被人们戏称为“百戏场”。年幼的明武宗不能抵御这些东西的诱惑，于是沉溺其中。继位后又让人修建豹房，整日沉溺于女色，而且明武宗在豹房的宠嬖中有为数不少的娈童，学业和政事当然也就荒废了。

弘治十八年（1505 年）五月，明孝宗去世，15 岁的皇太子朱厚照继位，以第二年为正德元年（1506 年）。

正德元年，朱厚照行大婚礼，中军都督府都督夏儒的长女被册立为皇后。皇室内外，歌舞升平，一派太平盛世景象。然而，几乎与此同时，统治者上层也开始了一场激烈的角逐。一个 15 岁的孩子，陡然做了皇帝，自然会产生许多厌烦。刘健、李东阳、谢迁与六部尚书等群臣的奏疏，每日要看很多，爱挑剔的御史、给事中等言官，总是在劝谏，自在惯了的朱厚照难以忍受。早朝成了他一天最难挨过的时光。他向往太子时期的欢乐，想念在东宫里陪他玩乐的太监们，心性变得浮躁起来。在刘瑾等人的引导下，朱厚照继位没多长时间，对朝事就由厌烦发展到不管不问。大臣们尽心写好的奏疏，他只是写上“闻知”两字，往下便没了结果。他常由持刀拖棍的太监簇拥着，拍马驰驱宫禁，整日泛舟南海。对夏皇后，以及后来册封的贤妃、德妃，在最初的新鲜感消失后，便开始冷淡起来，转而追逐宫女。为了满足欲望，他还三天两头与张永溜出皇宫，在秦楼楚馆中厮混，往往于醉眼蒙眬中误认良家妇女为娼妓，任意闯入民宅，纵情笑乐，丑态百出。为了掩饰淫荡行为，他先是吩咐文书房中专记皇上寝所、幸临宫妃的太监免于记注，后来干脆去掉了尚寝诸所司事这一官职。由于朱厚照精神困倦，早朝的时间一拖再拖，往往要等到日高数丈。侍卫执役人等不能久立，纵横坐卧、弃仗满地的景象屡屡可见，四方朝见官员、外国使臣疲于久候，皆苦不堪言。

面对这种情形，内阁大学士们非常焦虑。本来刘健、李东阳、谢迁对新君继位抱有很大幻想，希望他能发愤图治，光大祖业，因此不惜日夜操劳，尽力辅佐，并将明孝宗生前的社会兴荣计划一一整理出来，用遗诏形式发布、推行。朱厚照的表现使他们的心血全都白费了。不仅如此，连明孝宗时期的善政也难以得到贯彻。在朱厚照继位之初，本来宫廷之中在前朝就存在着冗员冗费现象，按照明孝宗遗诏应大力裁减，可他不但未减，反而增置数倍，给各监局宦官及画史、工匠滥授官职，“费巨数万”。宫中费用，弘治朝一般年用银 100 万两，朱厚照继位没有一年时间，就用至 500 余万两。刘健愤然申请退休。朱厚照羽翼未丰，不肯同意他们的退休要求，但却与“八党”一道，开始了排挤其他地位较低的官员、任用其亲信的活动。正德元年（1506 年）四月，吏部尚书马文升上疏要求退休。朱厚照听从了太监们的主意，非常客气地将马文升打发回家。被朱厚照打发回家的重臣，还有兵部尚书刘大夏。在排斥正直臣僚的同时，朱厚照稀里糊涂地任用一些投其所好的小人。如代替马文升职务的焦芳。

正德元年十月，户部尚书韩文愤然联合其他大臣上疏，他们历数“八党”的罪行，规劝朱厚照以国事为重，勤政讲学，远离小人，以肃纲纪，要求将“八党”明正典刑。朱厚照接到疏奏，精神恍惚，食不知味，思前想后，把奏疏交给内阁讨论，提出从轻发落刘瑾，让他到南京去服苦役。内阁大臣表示不同意这样做，坚持要杀掉刘瑾。到内阁中传达、商讨意见的司礼监太监王岳、范亨平时也非常憎恨刘瑾，回来向朱厚照报信说：“刘健、谢迁的态度非常坚决，没有商量余地了，他们的意见是正确的。”在咄咄逼人的形势面前，朱厚照无奈只得同意对刘瑾等人处以死刑。刘瑾死党焦芳得知这一消息后，连夜告诉了尚蒙在鼓里

明武宗朱厚照

的刘瑾。刘瑾大惊失色，困急之中带上另外7个人，急赴朱厚照寝宫，围着他放声大哭，乞求皇上饶命。朱厚照脸上现出悔意。刘瑾看中机会，为“八党”百般解脱，朱厚照听后不仅改变了杀刘瑾的计划，反而当即任命刘瑾为司礼监太监，执掌司礼监；马永成为东厂提督，谷大用为西厂提督。刘瑾有了权力，连夜派人把王岳、范亨逮捕，押往南京。刘健、李东阳、谢迁万没想到，一夜工夫，乾坤颠倒，刘瑾等人不仅活着，而且升了官，控制了朱厚照身边的要害部门。他们对朱厚照失望到极点，提出辞职回乡。朱厚照没有客气，挥笔在辞呈上写了“钦准”。贬斥顾命大臣的决定遭到了言官、大臣们的激烈反对，许多人冒着生命危险向朱厚照进言，请留刘健、谢迁。朱厚照认为这是对皇威的冒犯和轻蔑，下令对谏争的官员们施以杖刑，削职降级。那几日宫廷内哭号震天，血肉飞溅，京城外落叶翻卷的土路上，不时有载着遭贬官员及家眷的马车匆匆驶过。兵部主事王阳明，为保护言官当面怒斥刘瑾，结果也被处以杖刑，贬为贵州龙场驿丞。他在赴任途中，发现有刘瑾派来的杀手追踪，只好夜中将鞋、帽投入钱塘江中，造成投水自尽的假象，才得脱身，幸免一死。

自内阁大学士刘健、谢迁去职后，朱厚照越发信任刘瑾，对他言听计从。刘瑾控制了皇上，则开始报复政敌，扩充个人势力范围。先是杀掉了押往南京途中的王岳、范亨，借故罢了户部尚书韩文的官，命令厂卫的侦缉监视官员的行动。然后派出自己的亲信太监，分镇各边镇，将对自己摇尾乞怜的人一律升官，一时擢升官校达1560人；又假借朱厚照的旨意，授锦衣卫官数百名；其死党焦芳，还被他保举进了内阁。朝内朝外，遍布刘瑾党羽。

朱厚照这时的玩乐之心已如脱缰之马，不断地寻找新的刺激。他令宦官们依照京城市肆，开设了店铺，自己换上平民服装在里边做买卖交易，煞有介事地讨价还价，让人从中调节成交。又让宦官开设酒店，挑一些有姿色的宫女在店中弹琴跳舞，还召京城里那些斗鸡逐狗之徒，表演各路“绝活”。正德二年（1507年）八月，朱厚照依从刘瑾主意，下令在西华门外筑起了两厢有密室的高大宫殿，命名这片鳞次栉比的建筑为“豹房”。豹房建好之后，朱厚照整天沉湎其中，在赏玩珍禽异兽的同时，纵情声色。朱厚照对音乐歌舞，有一种几近天生的喜好，他天天召教坊司的乐工到跟前演奏，还不得满足，就下令礼部移文各布政司，精选全国各地通艺者入京待召，结果优伶进京的每天数以百计。舞女、乐工们鲜衣美服，演技高超，莺声呖呖，朱厚照目不暇接，赞叹之余不免跃跃欲试，遂昼夜学习，达到了废寝忘食的程度。时间不久，朱厚照也能引吭高歌一曲，其声虽不能响彻行云，倒也通贯七窍，发挥得淋漓尽致。

豹房中的醉生梦死，并不妨碍朱厚照另一癖好：大兴土木营造。继豹房之后，他又下令陆续修了太素殿、凝翠殿、昭和殿、光霁殿、崇智殿等，御马监、钟鼓司、火药库也都修葺一新，还扩建了南海子船坞。这些工程都尽力修得豪华、气派，费用浩繁。承建工程的经手人发了财，一些官吏和太监也趁机发财。无视国力的大举挥霍浪费，使内库太仓中的银两急剧减少，朱厚照几次指使向全国加税，也还入不抵出。工部大臣不敢停下这些工程，向朱厚照奏请卖官，当即就得到了批准。由正德二年（1507 年）始，至第二年，共计卖了两次，只要愿意纳银，可从承差、知印役吏一直买到指挥、佥事。于是，出现了文官有目不识丁者，武官有不发一矢者的荒唐情景。朱厚照开了这个先例，各部官员纷纷紧随其后，不择手段地为皇室增加收入，以作为自己晋升的敲门砖，同时也一饱私囊。仅在京畿一带，短短的几年当中，他们就替朱厚照兼并百姓的良田美地 3.75 万余顷，设了 300 多个皇庄。管庄的官校们打着朱厚照的旗号，向老百姓敲诈勒索，无恶不作。

朱厚照对刘瑾的横行跋扈，闻之不怒，见而不怪。在刘瑾的肆虐下，朱厚照听到的反对意见自然少了，但从大臣们的脸上，他仍能觉出潜在的不满，另外，敢于谏诤的御史和给事中，也还不乏人在。刘大夏被刘瑾寻找借口判了死刑，御史们就极力反对，结果只好改判没收财产和流放。

多行不义必自毙。正德五年（1510 年）八月十五日，刘瑾图谋不轨，正巧他的哥哥病死，就计划利用请百官参加其哥哥葬礼的机会，发动宫廷事变。谁知被朝中大臣张永抢先告发，朱厚照这时才醒悟过来，下令连夜把刘瑾抓起来，准备谪居凤阳。刘瑾的家是朱厚照亲自率领锦衣卫抄没的。从刘瑾家中，搜出了伪玺、穿宫牌以及衣甲、弓弩、衮衣、玉带等违禁品。此外，还有黄金 24 万锭又 5.78 万两，元宝 500 万锭又 158.36 万两，宝石 2 斗。细心的士兵从刘瑾常常使用的扇子中，还发现了两把锋利无比的匕首。朱厚照见状，勃然大怒，照着刘瑾连挥数拳，接着下令将刘瑾处以磔刑。刘瑾就刑之日，许多人争相向刽子手买他的肉吃，跟随着刘瑾的一批内外官，被弹劾成为奸党，包括内阁大学士焦芳、刘宇、曹元，尚书张彩这些早已声名狼藉的大臣在内，总数超过了 60 个。他们中罪大恶极的，与刘瑾的族人一样，被押上了刑场，其余的不是被逐往边塞，就是被革职。

文渊阁

由正德元年（1506年）始，从北方广袤的平原到南方纵横的水网地带，农民起义连绵不断，官军疲于奔命。正德七年（1512年），平定刘六、刘七领导的农民起义。朱厚照重赏作战有功人员，不仅加官封爵到内阁，还将127名军官收为义子，赐姓朱。

在朱厚照赐给国姓的义子当中，江彬是他最为赏识的。江彬于正德六年（1511年）以大同游击的身份，随总兵官张俊带兵到内地作战。曾在蓟州闯入百姓家，诬指为贼，一口气挥刀杀了33人，后来又在一次攻城作战时，身中数箭，其中一箭射在脸上，被他拔出来，继续扑向城头，是个极其凶恶的家伙。边军还镇经过北京时，江彬被人引见给朱厚照，朱厚照将他留在身边，提拔为都指挥佥事，带他骑射谈兵，出入豹房，形影不离。江彬为了使朱厚照更加离不开自己，就借自己原来在大同的边兵来发展势力。他极力向朱厚照夸耀他统领的边兵如何骁勇，正德八年（1513年）正月，终于将辽东、宣府、大同、延绥四镇兵士调入京城组成团营，由江彬统领，号称“外四家”。朱厚照又另外选宦官中的善射者组成一营，号为中军，由自己统领，要显示一下演兵布阵的武略，体会这种大型游戏的乐趣。边军们在边境战中多有建树，入京后骄横不可一世，时时纵横列队街头，大摇大摆地开赴操练场地。操练之时，朱厚照身披铠甲，驰马舞剑，尘土蒙面地紧张指挥，场面极为热闹，百姓争相围观，而那呐喊声、火炮声则三天两日波及全京城，闹得鸡犬不宁。

朱厚照在挥霍浪费上，开始达到朝野皆惊的地步。他在短短的几年中，陆陆续续地整理和扩建豹房，费去了白金 24 万两，并且仍然不断地扩充其中的人员，增添虎豹等动物。正德九年（1514 年），为修复年初焚毁的乾清宫，向全国加赋 100 万两，起用军校力士 10 万余众。对于女人，朱厚照的兴趣有增无减，凡向他进献美女的人，都得到了极厚的赏赐。延绥总兵官马昂本来犯罪罢官，他妹妹生得漂亮且能歌舞，精通骑射，已经嫁人怀孕，马昂把她从夫家夺出献给朱厚照。朱厚照惊其美丽，极为宠爱。马昂不久就复职，得到了朱厚照赐给他的住宅、蟒衣。

新的玩乐方式、玩乐场所、新的美女，使朱厚照更加厌烦那些烦琐无味的视朝听政。群臣苦心婆口地劝说很久，他才偶尔虚应其事，有时虽然宣布视朝，官员从早等至黄昏，却又传旨免朝，诸臣只得怏怏而归。正德十一年（1516 年）元旦，按祖制进行庆贺大典，朱厚照理应去接受百官的朝贺。这天百官以及国外使臣四更时就齐集宫门等待，足足等到下午，朱厚照才起床，懒洋洋地蹒跚而来。下午酉时典礼开始，拖到深夜才结束。百官饥渴一天，好容易盼到一声散朝，个个如大赦的囚犯夺路狂奔，许多人被绊倒，互相践踏，将军赵郎竟被踩死在禁门之中。

为了获取新的乐趣，朱厚照经常换穿便衣，与江彬悄悄地溜出宫去，有时到教坊欢乐，有时下落不明。在江彬的鼓动下，几次大规模的长时间的远游开始了。

正德十二年（1517 年）八月，在没有仪卫扈从、伴驾大臣、护辇将军陪同的情况下离开京城，大学士梁储等闻知后急起直追。朱厚照与江彬一行过昌平，直抵居庸关，命人传令打开关门。巡关御史张钦拒不执行这道命令，将朱厚照派来叫关的使臣召到面前，加以训斥。朱厚照听了大臣的回报，第二天又命其去宣谕。张钦将“敕印”绑在背上，手持宝剑，坐于关门之下，严厉地宣称自己受天子的命令把守边关，“敢言开关者斩”！朱厚照闻报大怒，命人逮捕张钦治罪。正好梁储赶到，苦苦劝其回京，朱厚照不得已，悻悻而回。几天后，朱厚照又乘夜深秘密出京，至居庸关，派人刺探张钦，得知其正巡察白羊口，于是不失时机抢出关去，并命令谷大用代张钦守关，以阻止追劝的朝臣。在江彬的引导下，朱厚照日行夜宿，饱览塞上风光，九月到达宣府。江彬在这里早已提前为朱厚照修建了镇国府，将豹房中的珍宝以及巡游中掠来的美女安排在里面。朱厚照见府中女乐歌童无一不备，房屋建筑雕梁画栋、朱檐黄瓦，禁不住心花怒放。宣府地处塞外，因是交通要道，街市富丽繁华，城外青舍点点，牧歌悠悠，天高云淡，别具一番情调。朱厚照乐而忘归，常常在晚上出去，闯入民宅，或索要酒食，或抢劫妇女。被调来保护朱厚照的军士们炊柴接济不上，动辄拆毁民房，搅得市肆萧然，白昼闭户。

正德十二年（1517年）十月，朱厚照又去了阳和（今山西阳高）。蒙古王子伯颜叩关来袭。朱厚照大为兴奋，火速回京布置亲征。其时距土木堡之变不到70年，朝臣听到“亲征”二字不禁神经过敏。于是又是一轮的规劝、教训，甚至威胁，但朱厚照绝不愿意放过这次实战机会，终以“大将军朱寿”的名义统兵出战。作为惩罚，他不给任何一个文官随驾的荣幸。

双方大战几天，朱厚照亲临前线同敌人战斗，据说还亲手斩敌一人，不过也险象丛生，“乘舆几陷”。朱厚照亲自指挥的这场战斗，取得了杀敌16名，己方伤563人、亡25人的战绩，这当然也算得上一次胜利，因为鞑靼军终于被打退了。

正德十三年（1518年）春，朱厚照决定返京，传令群臣盛服郊迎“威武大将军朱寿”凯旋。正月十六日，朱厚照回到京城，文武群臣皆迎驾于德胜门外，彩幛数十，彩联数千，在称颂其辉煌战果的彩幛上只称“威武大将军”，不敢写上尊号；众官列名其下，亦不敢称臣。朱厚照神采飞扬，踌躇满志，飞身上马，不顾群臣，驰回皇宫，当晚又宿于豹房。

正德十三年（1518年）三月，朱厚照借太皇太后将下葬的机会，开始了第三次出巡。他先去了昌平，又到密云。江彬等沿途掠夺良家女数十车，经过之处，民多逃亡，远近骚动。五月，自喜峰口还京，一路上春风满面，

居庸关

全无半点悲戚之色。时隔仅一月，朱厚照因怀念塞外，准备再次出巡，遂以边关经常受北寇入侵为借口，令阁臣起草敕令："特命总督军务威武大将军总兵官朱寿，率六军征讨。"阁臣拒不从命。朱厚照将梁储等人召至宫内，当面催促快点拟写，并拔剑威胁。梁储伏地哭谏，朱厚照无奈，不再令人草拟诏令，但不肯放弃行动。七月初九，天还不亮，朱厚照就带领江彬及兵士走出东安门，沿着已经走熟的路线，经过居庸关，到达宣府。接着，他又来到大同，在大同降敕，封自己为镇国公，岁支禄米 5000 担。十月，巡游的大队西渡黄河至陕西榆林。十一月，南至绥德。十二月，东渡黄河，到达太原。这次巡游，江彬与随行士兵到处为朱厚照物色美女，无论官家民家，已婚未婚。太原晋王府乐工杨腾的妻子刘氏，很有几分姿色，精通音乐，朱厚照占为己有，临行载之而归。此后，这女人便随侍朱厚照，宠幸超过诸女，称作"美人"，江彬则称其为"娘娘"。正德十四年（1519 年）二月，朱厚照的"远征"结束，满载金玉玩器、鹰犬虎豹、美姬丽女自宣府而归。这次出巡时间达半年之久，跟从他的人不堪劳累，多半生过病，而他一路上乘马驰行，涉险阻，冒风雪，兴致勃勃，毫无疲惫之感，甚至连一次小小的感冒也没患过。

第四次出巡归来之后，杨廷和向朱厚照上疏，请他"明诏天下，不复巡游"，并要他缴还所奉"敕令"，朱厚照不听。他在阅尽塞上奇丽风光后，双眼又移向了细雨轻烟笼罩的南方。不到一个月，又下南巡诏令。南巡的诏令刚下，就遭到朝臣的反对，对此朱厚照不加理睬。兵部郎中黄巩等人见毫无结果，先后上疏，批评朱厚照因宠信坏人，使朝政先坏于刘瑾，再坏于江彬，指出朱厚照南巡不过是"侈心为乐"。朱厚照对此十分震怒，将黄巩等人捕入锦衣卫狱中，前后多达 30 多人。为杀鸡吓猴，朱厚照下令在阙下对 146 名大臣施以杖刑，江彬恨其指斥罪行，暗中令掌管刑狱的加重责打，有几人当即死于杖下；工部主事何遵肢体俱裂，死于狱中。朝臣们没有被朱厚照的气势汹汹吓倒，一些人表现得不屈不挠，金吾卫指挥佥事张英以死相谏，在跸道跪哭后，袒胸持剑自刃，血流满地，士兵们将他的剑夺下，投入狱中，仍不放弃自己的意见，结果又遭杖击而死。群臣空前未有的激烈反对，遭害者不惜生命的浩然之气，使朱厚照终于感到南巡不太可能成为事实，下令取消了南巡行动。

朱厚照热衷出巡，大大妨碍了他对政务的处理。他嗜酒如命，随身带着酒盏，那些包围在他身边的幸臣就将罂粟放入酒中，使他染上酒瘾，终日酣酗，趁他颠倒迷乱之际作祟。过量的酒精加上毒品，对朱厚照的身体极为有害。没过多久，他那本来令人惊慕的强壮身体，就有了病态反应。对此他浑然不觉，仍旧在豹房中鬼混，醉生梦死。

正当朱厚照为南巡的事情与朝臣闹得不可开交的时候，江西南昌也在悄悄孕育着一场叛乱。正德十四年（1519）六月十四日，久怀异志、阴谋作乱的江西宁王朱宸濠杀死朝廷命官，率众起兵作乱。朱厚照找到借口，再次御驾亲征。为图个耳根清净，下旨“再言之，极刑”。群臣已经领教了皇帝的执拗，自己也精疲力竭，只好随他去了。

同年八月二十二日，朱厚照率领大军从北京出发。按惯例出师是不能带内眷的，朱厚照和他宠爱的刘娘娘相约在潞河会面。刘娘娘相赠一簪，以为信物——如此看来，这皇帝老爷确实有点儿浪漫。孰料朱厚照纵马过卢沟桥时把簪子颠掉了，遂按兵不行，大索三日不得。如此领兵，简直是儿戏。

八月二十六日后，大军走到涿州，却传来了再坏不过的消息——南赣巡抚王阳明丝毫不懂得体察圣意，居然不等朝廷降旨就率军征讨，三下五除二就把不争气的宁王活捉。朱厚照闻报顿足不已。叛贼已平，还亲什么征呀？但朱厚照自有他的鬼聪明，他隐匿捷报，继续南行。军至临清，依约派中使去接刘娘娘，但刘美人不见信簪，辞谢说：“不见簪，不信，不敢赴。”明武宗见美人心切，没有办法，便独自乘舸昼夜兼行，亲自迎接美人。

十二月一日，明武宗抵达扬州府。第二天，明武宗率领数人骑马在府城西打猎，从此，天天出去打猎。众臣进谏无效，便请刘美人出面，终于劝住了好玩成性的皇帝。十二月十八日，明武宗亲自前往妓院检阅各位妓女，一时花粉价格暴涨，妓女身价倍增。

这一闹足足八个多月。王阳明早在六个月前就把宁王押到了南京，苦求皇上受俘，朱厚照一概不准。正德十五年（1520）七月，王阳明终于福至心灵，再次报捷，为了照顾朱厚照的情绪，在捷报上写明完全是按照威武大将军的布置，才讨平了叛乱，又把随征的诸宦官、大臣的名字也列上请功。朱厚照没有亲自捉到朱宸濠，觉得不过意，于是在正德十五年（1520年）八月，于南京搞了场面非常可笑的受俘仪式。他设了一个广场，竖起威武大将军的大旗，由全副武装的士兵围场一周，令人去掉朱宸濠身上枷锁，自己着戎服，持利剑，在伐鼓鸣金声中，冲进场去与朱宸濠格斗，将其擒获，重上桎梏，然后接受献俘。这场闹剧结束后，朱厚照才觉满意，在大学士梁储、蒋冕的劝说下，决定“班师”。

自南京返回京师的途中，朱厚照迷恋于水乡秀丽的景色，一路上捕鱼射雁，走走停停，从容不迫地享用南巡的最后一段时光。九月，他来到清江浦，划着小船在一个叫积水池的地方捕鱼捉虾，不想在奋身撒网时，翻船跌落水中，幸亏左右的人及时跳入水中将他捞起。朱厚照的身体状况已经不好，这次虽没被淹死，但受了凉，生起病来，并且一直不见减轻。十月，朱厚照还至通州。没过多久，在通州处死了朱宸濠，将其焚尸扬灰。这时，江彬还在鼓动朱厚照北上宣府，因他的身体实在不能支持，才没依从。从通州起驾回京的路上，朱厚照再也无力骑马了，只得登辇而行。车辇所到之处，皇威赫赫，士兵们全身甲胄，横刀扬鞭，为他护辇。十一日，文武百官迎驾到正阳桥，朱厚照令大阅军容。一批俘虏被预先砍了脑袋，首级悬挂在长杆上；一些侥幸活命的，还有死者的家眷，被押跪在大道两旁。朱厚照强打精神，披挂战袍，立于正阳门下，与百官们检阅大军以及“赫赫战果”，接受人们的欢呼表贺。十四日，朱厚照因凯旋大祀天地于南郊，跪拜天地时，由于病体不支，突然从口中喷涌出鲜血，终于提前告退。

正德十六年（1521 年）三月十四日，朱厚照死于豹房，终年 31 岁，在位 16 年。庙号武宗，谥号“承天达道英肃睿哲昭德显功弘文思孝毅皇帝”，葬于康陵。

朱厚照一生嫔妃如云，但没能为自己留下后嗣。对自己荒嬉无度的一生，朱厚照自己有个评价。他在临死的头一天，对守护身边的太监说：“我的缺点实在是太多了，不足以成为人们学习的榜样。你把我的意思转告太后，天下的事情，还是朝政为重，请她今后一定与阁臣们商量行事。过去的事情，责任由我负，与别人无关。”

明武宗虽然荒唐，但在大事上一点也不糊涂。明武宗处事刚毅果断，弹指之间诛刘瑾，平安化王、宁王之叛，大败蒙古王子，且多次赈灾免赋，这些都是正德年间大事。而且，他在位时臣下仍有不少贤才，也从侧面反映出这位帝王治下总体上仍有可称道之处。

十一、家国牵羁敢担当，不穿龙袍不上朝

明世宗朱厚熜（1507—1566 年），明宪宗朱见深的孙子，明武宗朱厚照的堂弟。明代第十一位皇帝。因年号“嘉靖”，后世又称嘉靖皇帝。

1521 年三月明武宗病死，在皇太后和内阁首辅杨廷和的辅助下，明武宗的堂弟朱厚熜继承皇位，第二年改年号为“嘉靖”，史称“明世宗”。

嘉靖帝继位后，下诏废除了明武宗时的弊政，诛杀了佞臣钱宁、江彬

等，使朝政为之一新。明嘉靖帝统治前期，出现“嘉靖中兴”的局面。明嘉靖帝力革前朝时弊，励志效法明太祖、明成祖推行“新政”，大刀阔斧推行了改革，政治上积极纳谏，勤于政务，打击权臣和封建地主贵族势力，大赦天下，整顿朝纲，总揽内外大政，推行新政，裁抑司礼监的权力，撤废镇守太监，严肃监察制度，严分厂、卫与法司职权，重视任用张璁、夏言等贤臣，他吸取了前朝宦官当权乱政的教训，对宦官严加管束，中央集权得到复兴和加强，使朝政为之一新；经济上严革贪赃枉法，勘查皇庄和勋戚庄园，还地于民，鼓励耕织，重新整顿赋役，赈济灾荒，减轻租银，体恤民情，治理水灾，汰除军校匠役 10 万余人，极大地缓解了当时激烈的社会经济矛盾；军事上整顿军队团营，守兵东南，征剿倭寇，清除外患，整顿边防。文化上改革科举之弊，改正孔子称号和典祀，这期间，“资本主义”开始萌芽,文化和科技空前繁荣,优秀文学作品和杰出人物大量涌现，“天下翕然称治”。

嘉靖二年（1523 年），天气反复无常，明世宗听信太监崔文的谗言，开始迷信，设坛祭天，祈求避祸。他还开始崇信道教，好神仙老道之术，并一心求长生不老之术。他派人到处搜罗秘方，使得许多为嘉靖皇帝撰写青词（道教仪式中向上天祷告的词文）的人员入阁成为宰相。严嵩就是其中的代表人物，他善于写青词，善于揣测皇帝的心思。因此尽管明嘉靖皇帝对严嵩的贪赃枉法了然于心，可就是不舍得处理他，由严嵩主持朝政，自己则深居皇宫专心于成仙修道。严嵩立朋党，除异己，造成兵备废弛，财政拮据，社会危机日益加深。

而在东南沿海，由于权臣的误国，使得海防十分空虚，一些重要地段的士兵仅有原来的三分之一，战船十存一二，致使日本海盗大举进犯。仅明嘉靖三十一年（1552 年）以后的三四年间，江浙军民被倭寇杀害的就有数十万人。这是东南沿海倭患最为严重的时期。虽然最后东南沿海的抗倭斗争取得了决定性的胜利，涌现了像戚继光、俞大猷等著名抗倭将领，也不能抵消嘉靖帝的过失。

明世宗统治后期，他听信方士们告诉他用每天早上的露水炼丹效果很好，可以长生的谗言，组织了许多宫女清早为他采露，宫女们实在忍受不了，决定杀死嘉靖皇帝。嘉靖二十一年（1542 年）十二月二十一日深夜，以杨金英为首的宫女们趁明嘉靖皇帝熟睡之时，潜入他的寝室，按住明嘉靖皇帝，用绳子勒住他的脖子，眼看就要大功告成，由于紧张宫女将绳子系成了死扣，怎么也收不紧，被一个婢女发现，跑出去报告皇后，皇后马上领人来救驾，

明世宗朱厚熜

明嘉靖皇帝才免于一死。而宫女们全部被捕，几天后被凌迟处死。这次事件，史称“壬寅宫变”。之后，明嘉靖皇帝移居西苑修玄。

尽管经过这次事件，明世宗还是执迷不悟，仍然坚持长期服用丹药，使得他不光身体越来越差，而且脾气也变得越来越坏，许多大臣不是动辄被杀头就是廷杖，弄得朝廷人人自危。为了修炼，他又大肆建造宫殿，国库极度空虚。嘉靖四十五年（1566 年）十二月，明世宗因吃丹药中毒走完了他的人生道路，享年 60 岁。

嘉靖帝在位 45 年，是明朝实际统治时间最长的皇帝。在他执政的前 20 年中颇有作为，以不因循守旧的革新精神开创了中兴局面，他顺应历史潮流、敢于打破传统、体恤士农工商、有利社会发展的一面，还应当看到，他的时代的许多建筑，如北京的天地日月四坛，钟祥的明显陵、元佑宫等，至今仍显现着劳动人民艺术创造的风采，为文化的发展做出贡献。但在嘉靖二十一年（1542 年）之后日益腐化，朝政日坏，大礼议杖笞群臣，崇奉道教并祸及自身，屡兴大狱，误用佞臣，刚愎自用，最终导致局势动荡不堪。

十二、艰难登基施新政，难驭权臣失刚明

明穆宗朱载垕（1537—1572 年），又作载坖，明世宗朱厚熜第三子，母杜康妃。明朝第十二位皇帝（1566—1572 年在位）。

嘉靖十八年（1539 年）二月，明世宗册立次子朱载壡为太子、三子朱载坖为裕王、四子朱载圳为景王。嘉靖二十八年（1549 年）三月，太子朱载壡薨，裕王朱载坖以次序当为太子。由于明世宗次子朱载壡立为太子后享年不永，所以迟迟未予册立。同时，明世宗迷信“二龙不相见”之说，对朱载坖极为冷淡。

嘉靖三十二年（1553 年）二月，裕、景二王均出宫，居住于京师藩邸之中。时景王朱载圳更得父皇宠爱，高调奢侈，而朱载垕则战战兢兢，小心谨慎。朝中也分化为严嵩为首的拥景派和徐阶为首的拥裕派，朝野议论纷纷。

嘉靖三十九年（1560 年），大臣郭希颜上书请建储，触怒明世宗，惨遭处斩。明世宗为了杜绝朝野的议论，于翌年二月命景王朱载圳出居安陆，嘉靖四十四年（1565 年）正月，朱载圳死，朱载垕才得以成为事实上的储君。

嘉靖四十五年（1566 年）十二月，明世宗驾崩，裕王朱载垕即位，改元隆庆。朱载垕即位后，立即纠正其父的弊政，将之前以言获罪的诸臣全部召用，已死之臣抚恤并录用其后，方士全部付有司论罪；以前的道教仪式全部停止，免除次年一半田赋及嘉靖四十三年（1564 年）以前的所有欠赋；又停止明世宗为博孝名强行施行的明睿宗（即明世宗本生父兴献王）明堂配享之礼（即秋季祭天，要以在位皇帝之父合祭，为此导致明太宗庙号被改为明成祖）。

朱载垕重用徐阶、李春芳、高拱等内阁辅臣，致力于解决困扰朝局多年的“南倭北虏”问题，采纳内阁大学士高拱、张居正等人的建议，与蒙古俺答汗议和，是为隆庆和议。

朱载垕很关心北部边境防务，注意加强军队的训练，巩固边防。隆庆四年（1570 年），蒙古鞑靼部落首领俺答的孙子把汉那吉因为家庭纠纷愤而投奔明朝，俺答举全鞑靼之兵到明朝边界要人，时任宣府大同总督王崇古坚守不出，双方并没有爆发大规模战斗。

随后在内阁大学士高拱和张居正的策划与安排下，明朝派出使者与俺答谈判，并最终用把汉那吉交换了背叛明朝投奔鞑靼 10 余年的汉奸赵全，事件和平解决。

在此事件中，明朝与鞑靼双方通过沟通增进了彼此间的了解，俺答亦借此机会再次提出封贡互市。采纳高拱、张居正的建议，与俺答议和。隆庆五年（1571 年）三月初八，朱载垕亲自下令执行和蒙古的通贡互市协议，允许册封俺答为顺义王。同年，边境市场正式开放，各地客商陆续赶到这里，开展贸易活动。同时开展互市贸易，互通有无，缓解与北方蒙古族的矛盾，使北方汉、蒙人民有了安定的生活环境，从而加强了汉蒙两族人民的团结。北部边境出现了历史上少有的和平安宁景象，自此以后再也没有爆发蒙古族大规模入侵的事件。

隆庆元年（1567 年），朱载垕宣布废除海禁，允许民间私人远贩东西

明穆宗朱载坖

二洋，史称隆庆开关。

隆庆新政是朱载坖统治时期所出现的承平时期。朱载坖力行节俭，信用内阁辅臣，并不加以掣肘，但也不能制止内阁辅臣之间的倾轧，这也与其本人仁厚而平庸的性格有关。

朱载坖一上台，就将世宗信任与宠爱的方士王今、刘文斌等一并逮捕，下狱论死。他对方士乱国，浪费钱财的恶迹早就恨之入骨，所以一上台就毫不手软地处死了这些大贼。同时欣赏那些在嘉靖一朝因为敢于冒犯皇帝，劝谏的那些忠臣，例如海瑞，朱载坖不但没有追究海瑞不尊敬其父的大不敬之罪，反而释放了他，还官复原职，不久又提升为大理寺丞。

明朝的党争，尤其是内阁的争斗始于隆庆一朝。明穆宗即位之初，大学士徐阶掌管内阁，不能压制其他内阁成员，所以致使内阁中有一些人对他不满，以郭朴、高拱为代表。靠徐阶提携的高拱，最后挤走了徐阶。之后，新阁臣张居正与恃才傲物的高拱不和，内阁阁臣关系紧张，党争愈发严重。朱载坖本人也不能制止内阁辅臣之间的倾轧。

朱载坖由于纵欲过度，加上长期服食春药，身体每况愈下，难以支撑。隆庆六年（1572 年）闰三月，宫中传出了朱载坖病危的消息。在休养了两个月之后，他又上朝视事，却又突然头晕目眩，支持不住而回宫。

有史料记载说：隆庆六年（1572 年）闰三月，朱载坖因为与妃子淫乐过度，竟然休养了两个月。但刚往殿上一坐，就头晕眼花手打颤，不得已便又接着卧床了。

隆庆六年（1572 年）五月，朱载坖卧疾后，把高拱、张居正、高仪三位大臣找来，立下遗嘱："遗诏与皇太子。朕不行了，皇帝你做。一应礼仪自有该部题请而行。你要依三辅臣并司礼监辅导，进学修德，用贤使能，无事荒怠，保守帝业。"同月二十六日（7 月 5 日），朱载坖病逝于乾清宫，终年 36 岁。后获谥号为契天隆道渊懿宽仁显文光武纯德弘孝庄皇帝，庙号穆宗，葬于北京昌平昭陵。

朱载坖的一生，以隆庆开关、俺答封贡为最重要之大事。相较而言，朱载坖的性格确实是自明武宗以后明朝历代皇帝中最为谦和的，只有明静、宽仁的朱载坖,才让大臣们有足够的空间来施展抱负。隆庆一朝,只有六年,但是，其间人才辈出，在徐阶、张居正、高拱等阁臣的主持下，隆庆一朝颇称大治。《明史》也称赞朱载坖“端拱寡营，躬行俭约”，每年光在饮食方面就能节省数万两银子。

不过,朱载坖是一个“宽恕有余而刚明不足”的人,所以,在他统治期间,内阁之间的权力斗争日渐加剧。

十三、独揽大权怠政事，“万事不理”三十年

明神宗朱翊钧（1563—1620 年），明穆宗朱载坖第三子，生母孝定太后李氏。明朝第十三位皇帝，在位 48 年，是明朝在位时间最长的皇帝。年号万历，因此也称万历皇帝。

嘉靖四十二年八月十七日（1563 年 9 月 4 日），朱翊钧出生在裕王府。明穆宗有四子，长子朱翊釴、次子朱翊钤，俱早亡。四子朱翊镠与朱翊钧同为李氏所生。朱翊钧的祖父明世宗嘉靖帝晚年迷信道教，“讳言储贰，有涉一字者死”，因此，关于朱翊钧的诞生，没人敢报告嘉靖皇帝，更不敢为之起名字。直到隆庆元年（1567 年）正月初十，廷臣上疏请立皇太子，同月十八日明穆宗才为他赐名，叫朱翊钧。明穆宗说：赐你名字，名为钧，是说圣王制驭天下，犹如制器之转钧也，含义非常重大。你当念念不忘。

隆庆二年（1568 年）三月十一日，因其成了其父子嗣中最为年长的，故朱翊钧被立为皇太子，正位东宫。朱翊钧的生母李太后身世卑微，原是宫人，后来母以子贵才晋升为贵妃。皇太子就是未来的皇帝，将来要治国治民，必须从小接受教育，了解以往帝王承业治国的经验教训，熟悉朝章典故，掌握驾驭臣民的本领。朱翊钧虽然年幼，却很懂得这个道理。明穆宗任命一批大臣为教官，辅导他读书。朱翊钧学习非常用功。其母李氏教子非常严格。朱翊钧小时候稍有懈怠，李太后就将其召至面前长跪。每次遇到讲筵的时候，李太后都令经筵讲官入前亲授。没遇到早朝的时候，五更就到了朱翊钧的寝宫，早早将朱翊钧叫起。由于讲官的尽心辅导，李太后的严格管教，以及朱翊钧本人的刻苦努力，朱翊钧年渐长而学愈进。他自己后来也常常十分得意地说：“朕五岁即能读书。”

隆庆六年（1572 年）五月二十二日，明穆宗病危，三天后内阁大学

神宗生母李太后

士高拱、张居正、高仪被召入宫中。高拱等人进入寝宫东偏室，见明穆宗坐在御榻上，榻边帘后坐着皇后陈氏、皇贵妃李氏，10岁的太子朱翊钧就立在御榻的右边。明穆宗抓住高拱的手，临危托孤，“以全国使先生劳累”。司礼监太监冯保宣读给太子朱翊钧的遗诏，三位大学士受托之后，掩泪而出。五月二十六日，明穆宗即崩于乾清宫。六月初十，皇太子朱翊钧正式即位，次年改元万历。

万历皇帝继位伊始，大学士高拱马上呈进新政五事，要求其御门听政，亲答奏请，面见辅臣，议处要事，且一应章奏览后俱须发送内阁看详拟票，杜绝内批留中。虽然高拱的本意在于“以主上幼冲，惩中官专政，条奏请诎司礼权，还之内阁”，但仍可看出他对于幼年皇帝朝夕训诲的急迫心情，初衷未为不妥。然而当时正值主少国疑之际，“上冲年在疚，拱默受成于两宫，权不自制，惟恐外廷之擅”。在读书方面，朱翊钧也是从一开始就坚持按照祖宗旧制，举日讲，御经筵，读经传、史书。在明朝的众皇帝中，除明太祖朱元璋之外，像朱翊钧那样确实是不多见的。朱翊钧即位后，就按照内阁首辅张居正的建议，每天于太阳初出时就驾幸文华殿，听儒臣讲读经书。然后少息片刻，复回讲席，再读史书。至午饭完毕时始返回宫内。只有每月逢三、六、九常朝之日，才暂免讲读。除此之外，即使是隆冬盛暑亦从不间断。

朱翊钧即位时，一个突出的问题就是内阁纷争倾轧，整个朝廷也没有能够挽回嘉靖一朝的积弊。这个社会问题，以后变得更为激烈。按照明穆宗的布置，高拱是外廷的顾命大臣中排名最前的；在宫中，朱翊钧自然依靠冯保。但是，冯保与高拱的关系非常恶劣。此前，司礼监掌印太监职位空缺，高拱先后推荐了陈洪、孟冲，就是不愿让冯保做掌印太监。神宗自己在登极诏中也命令他们：朕方在冲年，尚赖文武亲贤，“共图化理”，“与民更始”。

冯保此人知书达礼，又有文艺素养，所以很受明穆宗的喜爱。冯保利用皇权更迭之间的权力真空，通过遗诏驱逐了政敌孟冲，亲自任司礼监掌印太监。而此时的内阁首辅高拱也对冯保欲除之而后快，在高拱的授意下，工科都给事中程文、吏科都给事中雒遵、礼科都给事中陆树德都开始弹劾冯保。由此，一场政治斗争势必不免，斗争中，冲突双方是冯保和高拱，而张居正表面上是帮助高拱的。但实际上，张居正与冯保关系非常密切，早就预谋赶走高拱。

明穆宗末年，高拱为内阁首辅。明神宗即位之后，高拱“才略自许，负气凌人”，恰恰触犯了“自负付托之重，专行一意，以至内猜外忌”的为臣大戒，最终在官场角逐中失利。人事变更的结果，张居正依序升为内阁首辅，责无旁贷地承担起培养万历皇帝的重任。而此次政治震荡对幼小的万历皇帝造成的刺激也颇为深刻：“专权之疑，深中帝心，魁柄独持，以终其世。晚虽倦勤，而内外之间，无复挟恣意如初年者。主术所操，为得其大也。”而且高拱为人性格执拗，出言偏颇。明穆宗去世时，高拱以主幼国危，痛哭时说了一句：“十岁太子如何治天下？”明神宗即位后，冯保将这句话加以歪曲，改成“高公讲，十岁小孩哪能决事当皇帝”。明神宗听到这话，“专权之疑，深中帝心”。于隆庆六年（1572年）六月十六日将他免职，以张居正取代他的位置。此后明神宗在位48年，始终坚持自操威柄。他说过：“若用舍予夺，不由朝廷，朕将何以治天下！”

高 拱

高拱一走，高仪也惊得呕血三日而亡，三位内阁顾命大臣中只剩下张居正一人。同时，在经济和政治方面的问题也堆积如山。面对着这些重重的困难，这个万历帝没有畏缩不前，为了“皇图永固”，他以“少年天子”的气派，牢牢抓住“用人唯我”、生杀予夺在朝廷这根权柄，励精图治，推行新政，朱翊钧在位10年中很有所作为。

张居正为内阁首辅以后，朱翊钧将内廷的事务托给冯保，“而大柄悉以委居正”。对张居正不仅委以重任，而且尊礼有加，言必称“元辅张先生”，或“张先生”，从不直呼其名。隆庆六年（1572 年）六月十九日，张居正刚刚走马上任几天，朱翊钧就在平台（即后左门）单独召见他，共商大计。由于明穆宗在位从没有召见过大臣，所以这事在当时曾引起轰动，使廷臣看到朱翊钧承业治国的精神和决心，又大大提高了张居正的威信。

朱翊钧从思想上到行动上，全力支持张居正，合力进行改革，推行万历新政。政治改革的主要措施，是万历元年（1573 年）推行的章奏“考成法”。它是针对官僚作风和文牍主义而提出的，意在“尊主权，课吏职，信赏罚，一号令”，提高朝廷机构办事效率。按照考成法的要求，事必专任，立限完成；层层监督，各负其责。明神宗说：“事不考成，何由底绩。”其时，因为朱翊钧年幼，对祖制还不十分明白，不晓得个中的利害关系。后来，他意识到张居正的权力过大，“几乎震主”，这无疑是一个重要原因。

经济领域的改革，一是清丈全国田亩；二是推广“一条鞭法”。万历六年（1578 年）十一月，朱翊钧下令在福建行省进行试点。至万历八年（1580 年）九月，福建“清丈田粮事竣”。朱翊钧与张居正因势利导，趁热打铁，立即通行全国清丈。户部奉旨就清丈范围、职责、政策、方法、费用、期限等制定了八项规定，于同年十一月下发各地。至万历十年（1582）十二月，各省均按三年期限基本完成，总计支出新增 140 余万顷。推广“一条鞭法”，是当时经济改革的又一个重要举措。万历九年（1581 年），一条鞭法已在全国各地“尽行之”。这标志着整个张居正改革已经取得了重大胜利。

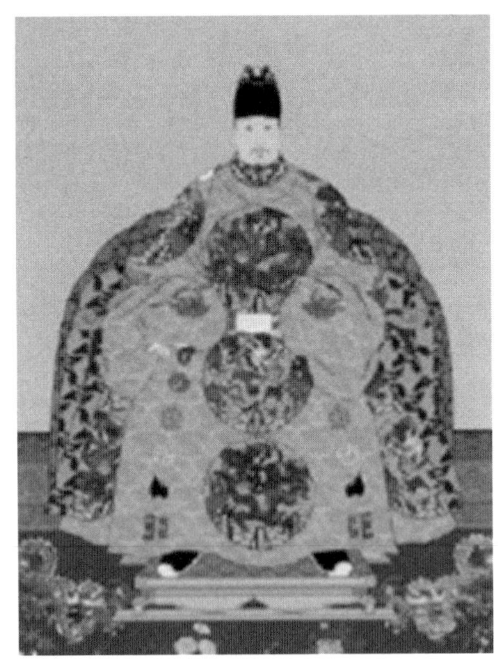

明神宗朱翊钧

万历朝的前十年，在幼年朱翊钧的支持下，张居正在政治上、经济上进行大刀阔斧的改革，政府面貌焕然一新，经济状况也大为改善。万历十年（1582 年）六月，一代名臣张居正病逝，朱翊钧从此开始亲政。这次改革，始于万历元年（1573 年），至万历十年（1582 年）基本结束。它是明中叶以来地主阶级革新自救运动的继续和发展，也是明后期政治、经济关系新变动的深刻反映。其范围，覆盖政治、经济诸方面。具体步骤是，前五年以政治改革为重点，后五年以经济改革为主要任务。10 年改革取得了非常大的成就，扭转了正德、嘉靖两朝以来形成的颓势。

朱翊钧亲政后，主持了著名的“万历三大征”。先后在明王朝西北、西南边疆和朝鲜展开三次大规模军事行动：分别为李如松（李成梁长子）平定蒙古人哱拜叛变的宁夏之役，李如松、麻贵抗击日本丰臣秀吉政权入侵的朝鲜之役，以及李化龙平定苗疆土司杨应龙叛变的播州之役，巩固了汉家疆土。后世有说明军虽均获胜，但军费消耗甚巨。而三大征实际军费则由内帑和太仓库银足额拨发，三大征结束后，内帑和太仓库仍有存银。

万历十四年（1586 年）十一月，朱翊钧开始沉湎于酒色之中，身体虚弱，每况愈下。因此，朱翊钧执政中后期，很少上朝。他处理政事的主要方法是通过谕旨的形式向下面传递。“万历三大征”中边疆大事的处理，都是通过谕旨的形式，而不是大臣们所希望的“召对”形式。在三大征结束之后，朱翊钧对于大臣们的奏章的批复，似乎更不感兴趣了。同年，礼部主事卢洪春奏曰：朱翊钧“日夜纵饮作乐”。从同年起，为争立皇太子，演成了旷日持久的“国本之争”。

明末官僚队伍中党派林立，门户之争日盛一日，互相倾轧。东林党、宣党、昆党、齐党、浙党，名目众多。在东林党争无休无止之时，由于明神宗私爱贵妃郑氏之子、福王朱常洵，坚持其王府庄田“务足四万顷之数”，才肯让其出京之国，于是在朝廷又掀起了一场长达七八年之久的福王庄田之争。福王之国洛阳刚刚过了一年，万历四十三年（1615 年）五月初四酉时，又发生了晚明历史上著名的梃击案，作案的是一个名叫张差的蓟州男子。起初，皇太子也以为“必有主使”。是时，郑贵妃

万历《平番得胜图》

一再指天发誓，自明无他。朱翊钧见事涉郑氏，加上多年来人们一直议论他不善待皇太子，感到事情重大，怕火烧自己，很快就亲自定张差为“疯癫奸徒”，并命“毋得株连无辜，致伤天和”，只处决张差及与之有关的太监庞保、刘成二人。并特地为此于同月二十八日，一反常态，25年来第一次召见大臣，宣布他的命令，将此案草草收场。

因立太子之事与内阁争执长达10余年，最后索性30年不出宫门、不理朝政、不郊、不庙、不朝、不见、不批、不讲。万历十七年（1589年），朱翊钧不再接见朝臣，内阁出现了“人滞于官”和“曹署多空”的现象。至于贪财一事，朱翊钧在亲政以后，查抄了冯保、张居正的家产，就让太监张诚全部搬入宫中，归自己支配。为了掠夺钱财，他派出宦官担任矿监税使，四处搜括民财。

万历二十五年（1597年），右副都御史谢杰批评朱翊钧荒于政事，亲政后政不如初：“陛下孝顺父母、尊祖、好学、勤政、敬天、爱民、节约开支、听取意见、亲人和贤人，都不能够像当初一样。”以至于朱翊钧在位中期以后，方入内阁的廷臣不知皇帝长相如何，于慎行、赵志皋、张位和沈一贯四位国家重臣虽对政事忧心如焚，却无计可施，仅能以数太阳影子长短来打发值班的时间。万历四十年（1612年），南京各道御史上疏：“台省空虚，那些致力于废除掉，皇上深居二十多年，从来没有一个接见大臣，天下将要沦陷的忧虑。”首辅叶向高却说皇帝一日可接见福王两次。万历四十五年（1617年）十一月，“部、寺大官十缺六七，风宪重地空署几年，六科只剩下四个人，十三道只剩下五人”。

万历中期后虽然不上朝，但是不上朝之后并没有宦官之乱，也没有外戚干政，也没有严嵩这样的奸臣，朝内党争也有所控制，万历对于日军攻打朝鲜、女真入侵和梃击案都有反应，表示虽然忽略一般朝政，还是关心国家大事，并透过一定的方式控制朝局。

就在朱翊钧晏处深宫，“万事不理”，导致从内廷到外廷闹得不可开交之际，辽东后金迅速崛起，不断出兵南犯，向明军发动进攻，辽东战争爆发。万历四十四年（1616年）正月初一，后金政权正式建国，终于成为明朝的主要威胁。自此明朝辽东的形势也随之每况愈下。尤其是经过东征援朝战争和矿税使高淮乱辽以后，辽东边防空虚，军民困甚，供应艰难，加上明神宗用人不当，明军屡屡败北。

万历四十七年（1619年）三月，萨尔浒之战，明军四路大军，三路全军覆没，丧师9万，败局遂成。辽东战争每年约需银400余万两，朱翊钧为了应付这笔庞大的军费，自万历四十六年九月起，先后三次下令加派全国田赋，时称“辽饷”。明末三饷（辽饷、剿饷、练饷）加派开始。加派非但无济于事，反而激起了全国人民的强烈不满，纷纷投入反对明朝的革命洪流。朱翊钧自己也因此情绪低落，愁眉不展。

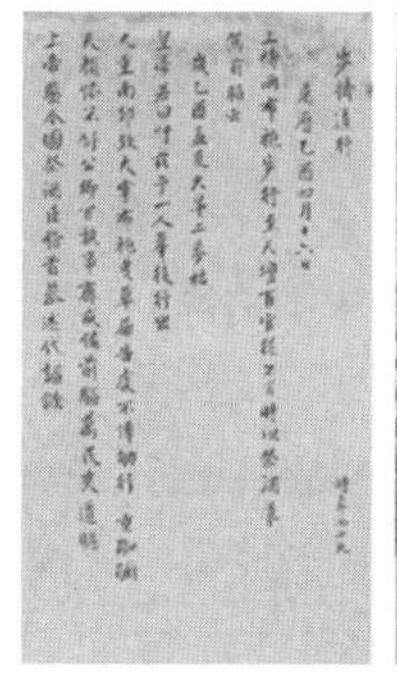

明神宗郊祀天坛

万历四十八年（1620 年）三月，朱翊钧因长期酒色无节，加上辽东惨败，国事困扰，终于病重不起。七月二十一日，明神宗在弘德殿去世，终年 58 岁。二十二日发丧，二十三日颁布遗诏，命皇太子朱常洛嗣位。九月初十尊谥号范天合道哲肃敦简光文章武安仁止孝显皇帝，庙号神宗。十月初三，安葬于定陵。

明神宗在位之初 10 年，内阁首辅张居正主持政务，张居正实行了一系列改革措施，社会经济有很大的发展，开创了“万历中兴”的局面。其间主持了著名的万历三大征，巩固了汉家疆土，但也耗费了大量帑银。明神宗执政后期荒于政事，因缺乏张居正这样的贤士应对督导、国本之争等问题而倦于朝政，自此 20 多年不再上朝，国家运转几乎停摆。明神宗执政晚期，党争长期持续，导致朝政日益腐败。另外，明神宗强征矿税亦是在位期间一大诟病，使明朝逐渐走向衰亡。而且此时东北的满族开始崛起，万历四十七年（1619 年）明军在萨尔浒之战中被努尔哈赤击溃，从此明朝在辽东的控制陷于崩溃。

十四、党祸益炽措未展，天不假年一月帝

明光宗朱常洛（1582—1620 年），明朝第十四位皇帝。明神宗朱翊钧长子，母为孝靖皇后王氏。1620 年 8 月 28 日—1620 年 9 月 26 日在位，在位不到一个月。年号泰昌，因此又称泰昌皇帝。

朱常洛是明神宗偶然临幸宫女所生。明神宗的皇后王氏、昭妃刘氏自万历六年（1578 年）册封后，都无子嗣。万历九年（1581 年），明神宗在其生母李太后的慈宁宫中私幸宫女王氏，后来王氏有孕，明神宗忌讳这件事情而不敢承认，但在内起居注中记载了这件事情，并有当时赏赐给王氏的实物为证，再加李太后盼孙心切，最后被迫承认这件事情。

万历十年（1582 年），明神宗册封宫女王氏为恭妃，于万历十年（1582 年）八月生子，是为神宗长子，取名朱常洛。

万历四十三年五月初四（1615 年 5 月 30 日），一名 30 多岁的男子张差手持枣木棍，闯入太子朱常洛居住的慈庆宫，逢人便打，伤及守门官员多人，一直打到殿前的房檐下，内官韩本用将持棍男子抓获，宫内才平静下来。事发过后，张差供认系郑贵妃手下宦官庞保、刘成主使。郑贵妃为免心腹受罪，向皇帝哭诉。但是太子差点遇害，朝中大臣们议论纷纷，皇帝无奈，说这件事最好是你向太子争取谅解。郑氏跪拜太子，太子慌忙回拜。最后，明神宗与太子不愿深究，以疯癫奸徒为罪名，杀张差于市，由于人证消失，庞保、刘成二犯有恃无恐，矢口否认涉案。万历四十三年（1615 年）六月初一，明神宗密令太监将庞保、刘成处死，全案遂无从查起，史称“梃击案”。（《明史》中未曾证实这一案件，但郑贵妃企图夺嫡之事确有此情。）

但梃击案过后，太子检讨缪昌期认为“梃击”后台是魏忠贤为首的阉党，于是义愤地说：奸徒狙击太子宫，能以“疯癫”二字开脱乱臣贼子之罪，以“元功奇货”抹杀忠臣义士吗？后缪昌期被阉党陷害致死。

明神宗正宫皇后没有子嗣，众多嫔妃中对郑氏尤为宠爱，万历十二年（1584 年），晋封为贵妃，产下皇二子朱常溆，可惜夭折。皇帝对她宠爱不减，万历十四年（1586 年）正月初五生皇三子朱常洵。随后郑氏便晋封为皇贵妃，并借机乞求明神宗立皇三子朱常洵为太子，自己则做皇后。两人写下合同，在道教庙宇中立誓。明神宗的承诺，违背了祖制和封建礼制，势必引起重大的政治危机。

明神宗专宠郑皇贵妃，迟迟不立太子。朝中大臣纷纷猜疑，担心郑氏谋立皇三子，损害国本。他们争相提及皇储问题，奏折累计成百上千，无不是指责后宫干政，言辞之间矛头指向郑皇贵妃。明神宗搁置不管，仍旧宠爱郑氏。

为了平息皇储争议，万历二十九年（1601 年）十月，皇帝终于立皇长子朱常洛为皇太子、三子朱常洵为福王、五子朱常浩为瑞王、六子朱常润为惠王、七子朱常瀛为桂王，争国本事件最终落下帷幕。这场万历年间最激烈复杂的政治事件，共逼退内阁首辅 4 人（申时行、王家屏、赵志皋、王锡爵）、部级官员 10 余人、涉及中央及地方官员人数达 300 多位，其中 100 多人被罢官、解职、发配充军，整治另外“东林党”。

万历三十一年（1603 年），就因为有谣言说万历皇帝想要换太子，矛头指向郑皇贵妃，结果皇帝株连逮捕者甚众。到了万历四十一年(1613年)，又有进言，说郑皇贵妃以及福王将要谋害皇太子，结果皇帝仅仅是让福王就藩，但被郑贵妃暗中阻止了。

恭妃王氏仍旧寂居幽宫，见不到明万历皇帝，整日以泪洗面，流泪度日，渐渐地双目失明了。万历三十九年（1611年），王氏薨逝，大学士叶向高建议厚葬，可是皇帝居然不同意。再进言，皇帝才勉强同意追谥皇贵妃。

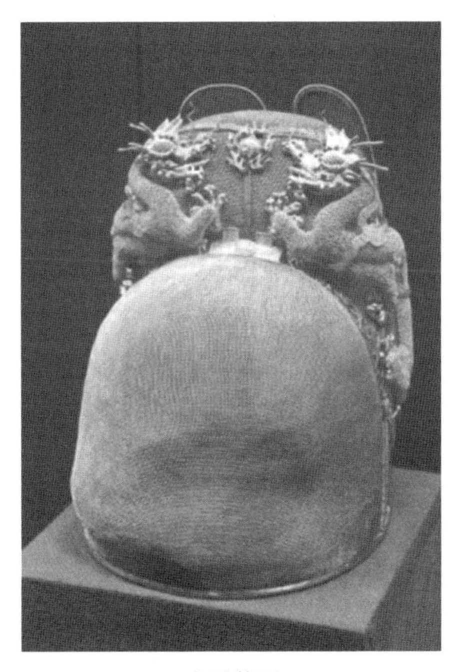

金翼善冠

万历四十八年（1620年）七月，明神宗朱翊钧病情突然加重，半个月几乎饮食不进，廷臣们情知不妙，在首辅方从哲的带领下，陆续入宫探望病危的皇上。太子朱常洛也得到了消息，但多年来形成的“非宣召不得入见”的规矩约束着他，尽日在宫外徘徊也不敢入内。给事中杨涟、御史左光斗见状，便对其伴读王安说：“皇上的病很厉害，不召见太子不是皇上的本意，你务必要劝请太子去侍奉皇上，端饭喂药，夜晚也不要轻易离开。”朱常洛明白这是为他能最后得到明神宗认可而顺利即位着想，内心十分感激，第二天就赶到明神宗御榻前。十九日，明神宗病情急剧恶化，便召英国公张惟贤、首辅方从哲、尚书李嘉谟、李汝华、张问达等大臣到弘德殿当面托孤。他嘱咐诸臣要恪尽职守，辅佐朱常洛为帝，同时追悔了自己几十年来不理朝政、滥举矿税等过失，交代朱常洛办两件事：一是封郑贵妃为后；二是整顿政务，推补官缺，罢矿税、榷税及中官，发内币充边防军饷等，朱常洛含泪一一答应下来。二十一日，明神宗病逝。

泰昌元年（万历四十八年，1620年）八月初一，朱常洛登基。

朱常洛以天子之身办的第一件事，是罢矿税。他以传谕明神宗遗诏的方式，下令罢免全国境内的矿监、税使和中使衙门里的中官，停止任何形式的采榷活动。诏书一颁，朝野欢腾。第二件事是饷边防。他下令由大内银库调拨200万两银子，发给辽东经略熊廷弼和九边抚按官，让他们犒赏军士，并拨给运费5000两白银，沿途支用。他还专门强调，银子解到后，立刻派人下发，不得擅自入库挪作他用。第三件事是补官缺。朱常洛即位之初，内阁仅有方从哲一人，其余官职也缺很多。他先命吏部右侍郎史继偕、南京礼部侍郎沈㴶为礼部尚书兼内阁大学士，随之，同意方从哲的催请，将何宗彦、朱国祚、刘一燝、韩爌四人均升为礼部尚书兼内阁大学士。起用卸官归田的旧辅臣叶向高。又根据吏部尚书周嘉谟的奏疏，同意将为"立储"上疏获罪的王德完等33人和为矿税等事获罪的几十人一概录用，其中，邹元标升为大理寺卿，王德完迁升为太仆寺少卿。那时每个寺里大的配备寺卿2至10多人，各寺都满了额数，多得不可胜数，因此有人感慨朱常洛矫枉过正，造成了前所未有的"官满为患"。

只有一件事，他虽然尽了力，却没有替父皇明神宗办好，那就是封郑贵妃为后。郑贵妃图谋封后由来已久，然而万历四十八年三月以后，王皇后在世，她没有机会；此后又是明神宗生病，仍然没能办成。那时，她就以侍明神宗病为由，住进乾清宫，明神宗去世也不搬出。八月初一，朱常洛已即位为帝，却依旧住在慈庆宫里，朝野为之愕然，廷臣们纷纷上疏弹劾，要她即刻迁出，以正"礼法"。她却讨价还价说，答应封她皇太后，封与她相投合而为朱常洛所宠爱的李选侍为皇后，她才肯迁出。八月初十，朱常洛退朝后，李选侍等依郑贵妃的意思与他嬉戏。朱常洛于是命升座饮宴，闹至很晚，又乘兴连幸数女，当夜就病情加重。第二天是朱常洛39岁生日，也只好传免。这时，郑贵妃却早晚都来探望，连软带硬地逼着朱常洛尽速册封。朱常洛被逼无奈，只好于八月十二日，强撑病体临朝视事，专门商量封后问题。他复述了明神宗遗命后，提出要尽快为郑贵妃行封后礼，并吩咐方从哲具体办理。方从哲于是通知了礼部。事情传开后，非议骤起，礼部侍郎孙如游最为激烈，他力陈了以妃封太后的不合礼法，并分析说明神宗遗命是其弥留时思虑不周的结果，强硬地表示："符合道义的，以遵命为孝；不符合的，以遵礼法为孝。因此臣等断不敢从命！"朱常洛见众臣极为反对，只好收回成命。两天以后，吏部尚书周嘉谟等找来郑贵妃的侄子郑养性晓以利害，要他告诉郑贵妃赶紧移宫，否则后果自负！郑贵妃见惹起众怒，十分惊惧，立即移居慈宁宫，并要求封还由妃封后的成命。

八月十二日是朱常洛最后一次临朝，此后，便一病不起。

朱常洛迁入乾清宫时，已病卧床榻。八月十四日，召内侍御医崔文升诊治。崔文升草草地看过之后，用了一剂泻药，服下不久，朱常洛便觉不适，一昼夜支离床笫，竟腹泻了三四十次，顿时觉得委瘁不堪。此时宫内一片混乱，人人惊慌失措，都觉得皇上病重如此，定与崔文升下药有关，而这崔文升又是郑贵妃的心腹。于是，许多人指斥郑贵妃要谋害皇上，朱常洛的王、郭二姓宫外亲戚，也赶到宫中，遍访朝臣，哭诉宫廷的危急，并说："郑贵妃和李选侍相互勾结，包藏祸心。"给事中杨涟、御史左光斗等也觉得问题十分严重，提出要追查此事。这时朱常洛自觉"头目眩晕，身体软弱，不能动履"。十六日，便将这些症状以谕旨的方式，晓谕群臣。杨涟等入宫问安时见到此旨，大为惊骇。在了解了详情后，杨涟上疏弹劾崔文升。刑部主事孙朝肃等人，也上书方从哲，说给皇上看病和立储的事都不可大意。方从哲于是请朱常洛"用药宜慎"。许多人都以为朱常洛一定会重处崔文升，然而六七天过去了，却一点动静也没有，廷臣们十分诧异。其实，朱常洛这时并不十分相信崔文升用什么毒计，况且，他那时已感到自己朝不保夕，急于安排一些事情。二十三日，朱常洛在乾清宫东暖阁，召英国公张惟贤、大学士方从哲、吏部尚书周嘉谟等 13 人入见，并特意派锦衣卫宣杨涟。杨涟素来耿介，经常直言上谏，于是众臣以为一定是要办杨涟的罪。谁知斜倚在御榻上的朱常洛，只是久久地注视着杨涟，目光中流露出嘉许。过了一会儿，朱常洛说："朕在东宫感了风寒，未及痊愈，又遇父皇母后大丧，悲伤劳苦，所以致此。朕不服药已有十多天了，卿等大臣不要听小人传言。"接着，朱常洛谈起了册立太子的事。这时，皇长子朱由校在一边侍立，李选侍也在一旁。朱常洛说："皇长子已成人，可以考虑册立了。"此后，朱常洛又提出"册封李选侍为皇贵妃"。李选侍一定要"封后"，朱常洛没有同意。

明光宗朱常洛

这是朱常洛的最后一次从容召见。八月二十九日，他还召见过一次群臣，但却已是"托孤"。

他对张惟贤、方从哲等交代了两件事：一是册立李选侍为皇贵妃；二是辅佐朱由校为帝。随后，他便突然问陵地安排得怎么样了。方从哲起初以为是问明神宗的陵地，却不料朱常洛竟指着自己说："朕是问朕的陵地准备得如何？"众臣感到十发震惊，他们料到皇上已时日不多了。召见临结束时，朱常洛又提起了一个人。朱常洛当时问道："鸿胪寺有个官员不是要来进药吗？他在哪儿？"方从哲赶忙道："鸿胪寺丞李可灼说他有仙方，但臣等不敢轻信。"这李可灼进"仙方"，曾被方从哲等人拒绝过，但他与中贵们很熟，就越过内阁直报朱常洛。朱常洛起初将信将疑。这时见方从哲也证实确有此事，疑窦稍消。于是，令中使宣其进殿临榻诊视，并让他赶紧进药。李可灼马上用人乳调药，给朱常洛服了一枚红色药丸，就是所谓"红丸"。服药之初，朱常洛感觉很舒服，一个劲夸李可灼是"忠臣"，并传谕众臣："朕服药后，自觉身心舒畅，也想吃饭了，卿等放心。"被召见而未离朝的诸臣这才欢跃而退，只留下李可灼与几个御医。入夜，朱常洛担心药力不足，令再进一枚红丸，这次却感觉十分不好。五更时分，内侍急召诸臣入见最后一面。九月初，东方泛白的时候，这位年仅 39 岁，登极只有 30 天的皇帝，就撒手归西了。

由于朱常洛是服用"红丸"后，才病情急剧恶化，进而故去的，所以廷臣们觉得差不多是李可灼断送了皇上的性命。那桩直至终朝也纠缠不清的"红丸案"，于是演绎起来。人们首先觉得这"红丸"是个疑点。朱常洛先是有崔文升下泻药一损在前，这"红丸"又燥益在后，一损一益，都是追魂断命的劫剂。所以，就有人说崔文升、李可灼都是弑逆，主张处以极刑，同时，查明谁是幕后人。立储事件后差不多已有衰歇之象的党争，因此又热热闹闹地兴了起来。

就在此时，首辅方从哲火上浇油，使红丸案愈演愈烈。朱常洛刚逝，宫廷内外正纷纷议论皇上为李可灼"红丸"所害之际，方从哲却匆忙拟旨，代皇长子朱由校下令，常赐李可灼 50 两银、二表里彩缎。令旨一出，廷臣立时议论蜂起。御史王安舜最先抗疏。王安舜的疏文说出了许多人的想法，上疏的越来越多。御史郑宗周并将"红丸案"与"梃击案"联系起来。认为

掐丝珐琅缠枝莲象耳炉

是“梃击案”处理不严不透，才使崔文升敢起而效尤，“请寸斩文升以谢九庙”。御史郭如楚、光禄少卿高攀龙等也先后疏劾崔文升和李可灼。方从哲迫于压力，将崔文升下狱。但他始料不及的是，人们这时已将他方从哲划入弑逆者之列了。这使他尴尬万分。方从哲不敢大意，立即上疏辩解，并请求削职为民。然而人们却不放过他，给事中惠世扬说他有三件事办得不妥，当斩！一是郑贵妃要封后，方从哲从中没起好作用；二是接受贿赂，夜半密约让李选侍占据乾清宫；三是包庇崔文升、李可灼。这样一来，对“红丸案”的追查，简直就变成对方从哲的声讨了。而他真正为难的，却是这些都是事实，尤其是对李可灼，他也不能不包庇，因为李可灼毕竟是经他手入宫的，事发之后，又由他一手安排回原籍“调理”，所以他就更加有口难辩。

就这样，“红丸案”从追查朱常洛死因到弹劾幕后元凶，慢慢地竟成了党争的一个绝好的题目。在这场纷争中，守正的廷臣们占了优势，一些年高勋重、威望盛极的大臣，如邹元标、孙慎行等都愤而指斥方从哲“不伸讨贼之义，反行常奸之典”的行为。说他“纵无弑之心，却有弑之罪；欲辞弑之名，难免弑之实”。而另有刑部尚书黄克缵、御史王志道、给事中汪庆百等一些人，却极力为方从哲辩护，并指斥守正廷臣们诬陷先帝死于非命，试图使“红丸案”不了了之。不久之后，由于明末“三案”中最后一案——“移宫案”已发，吸引了人们的注意力，“红丸案”竟果真不了了之。由大学士韩爌上疏，案子的当事人很快受到从轻处理：李可灼流放边地，崔文升发往南京安置。纷争的双方因此也都仿佛获胜似的舒了一口气，暂时偃旗息鼓了。

泰昌元年（1620）九月初十，朱常洛被谥为“光宗”，葬于庆陵。

十五、朱由校移宫即位，任权宦党争祸国

明熹宗朱由校（1605—1627 年），明光宗朱常洛长子，生母选侍王氏，明思宗朱由检异母兄。明朝第十五位皇帝，在位 8 年（1620—1627 年）。

朱由校的生母王氏，在万历朝是皇太子朱常洛的选侍，万历三十二年（1604 年），进位才人。万历三十三年十一月十四日（1605 年 12 月 23 日），朱由校出生。万历四十七年（1619 年），其母王氏逝世。念及皇孙朱由校幼小，万历帝让皇太子朱常洛的选侍李氏抚育朱由校。当时有两位姓李的选侍，为了区分，时称东李、西李。照顾朱由校的就是西李。

万历四十八年（1620 年）七月，明神宗驾崩。八月，皇太子朱常洛即位，

便是明光宗。当时西李得宠，明光宗朱常洛想要封她为皇贵妃。西李不满足，唆使明光宗立自己为皇后。礼部侍郎孙如游说两宫太后以及众位妃嫔的谥号都没议定，且待大行皇帝的葬礼都举办完毕之后，再行立后不迟。朱常洛患病后，郑贵妃指使崔文升以掌御药房太监的身份向皇帝进“通利药”，即大黄。大黄相当于泻药，所以，接下来的一昼夜，朱常洛连泻三四十次，身体极度虚弱，处于衰竭状态。八月二十八日，朱常洛召英国公张惟贤、内阁首辅方从哲等 13 人进宫，让皇长子朱由校出来见他们，颇有托孤之意，并下令将司礼监秉笔太监崔文升逐出皇宫。八月二十九日，鸿胪寺丞李可灼说有仙丹要呈献给朱常洛，结果九月二十六日五更，光宗朱常洛驾崩，享年 39 岁。

明光宗驾崩时，西李就居住在乾清宫，大臣怀疑她想要借机垂帘听政，于是刘一燝、周嘉谟、杨涟、左光斗等大臣上疏，要求她移居别宫，因此爆发移宫案。一场权力争夺展开，太监王安迎皇长子朱由校即位。西李派李进忠阻拦，数次让人叫朱由校回来，不准他去文华殿。最终朱由校还是登上了皇位，改当年八月之后的年号为泰昌，次年为天启。十月，葬明神宗万历皇帝、孝端显皇后于定陵。明熹宗下诏逮捕了辽东总兵官李如柏，命辽东巡抚兵部侍郎袁应泰代替熊廷弼经略辽东。

明熹宗朱由校

明熹宗即位之初，就封乳母客氏为奉圣夫人，颇为优容。东林党人担心客氏干政，建议按例赶客氏出宫。客氏与魏忠贤狼狈为奸，反击东林党人，一时之间，擅权弄政，厂卫横行。魏忠贤原名李进忠，因为好赌成性，输了钱，愤然自宫。万历年间选入宫中。他虽然目不识丁，却善于谄媚。不但攀附上宦官魏朝，还通过魏朝，拜入大太监王安的门下。王安因为拥立天启帝有功，一时间在宫中权柄极大。同时，魏忠贤结交客氏，二人对食。客氏喜爱魏忠贤，于是厌倦旧相好魏朝。魏忠贤趁机打败魏朝，进而阴谋害死王安，成为宫中权力最大的太监。同时，朱由校即位后，令东林党人主掌内阁、都察院及六部，东林党势力较大，众正盈朝。杨涟、左光斗、赵南星、高攀龙、孙承宗、袁可立等许多正直之士在朝中担任重要职务，方从哲等奸臣已逐渐被排挤出去，吏制稍显清明。在东林党人的辅佐下，朱由校迅速提拔袁崇焕。

天启元年（1621 年）三月，努尔哈赤率军攻陷了沈阳，明总兵尤世功、贺世贤都战死。总兵官陈策、童仲揆、戚金、张名世前去援助辽东战事，和后金军在浑河大战，但全军覆没。之后，努尔哈赤攻取了明朝辽东重镇辽阳，经略袁应泰自杀。努尔哈赤攻取辽阳之后，明熹宗再次起用熊廷弼，任兵部尚书兼右副都御史，经略辽东。八月，升任参将毛文龙为副总兵，命他排派兵守镇江。

天启二年（1622 年）正月，后金军攻取西平堡，明副将罗一贵战死。镇武营总兵官刘渠、祁秉忠在平阳桥与后金军大战但是最后战死。王化贞与熊廷弼撤入关内。四月，“上谓弹压登莱非公不可”以袁可立为右佥都御史巡抚登莱赞理军务。八月，熹宗封皇五弟朱由检为信王。同时朱由校还下诏为张居正平反，寻方孝孺遗嗣，优恤元勋，给予祭葬及谥号。

天启三年（1623 年），魏忠贤执掌东厂，用阉党的势力制衡风头正盛的东林党。

朱由校还喜欢自己动手做些木工，终年不倦。然而，每每他做这些事情的时候，魏忠贤就奏事。明天启皇帝厌烦，不肯听下去，推说自己已经都清楚了，你们看着办就行。于是魏忠贤借机多次矫诏擅权，排挤东林党人，东厂番子横行不法，奸佞当道。

天启四年（1624 年）六月，左副都御史杨涟弹劾魏忠贤 24 条大罪，各大臣也有很多议论魏忠贤罪行的，朱由校都不听从。十月，朝廷削去吏部侍郎陈于廷、副都御史杨涟、佥都御史左光斗的官职。魏忠贤作威作福，外廷成了他的一言堂，个个叫他“九千岁”，各地为他立生祠。客氏则在后宫作难，养了好些个颇有姿色的宫女，进献给皇帝，反而是有了身孕的妃子，都被她设计谋害，甚至连皇后都被她堕胎。史书说她要效法吕不韦，做那个奇货可居的夺权之事。在以魏忠贤为首的阉党时期，他们不仅残酷地排除异己，还加深了对地主阶级的盘剥，使得民不聊生，政治极度黑暗。杨涟、左光斗、魏大中等东林六君子先后枉死。

不堪党争骚扰被迫离职的袁可立仅仅离开登莱几个月后，天启五年（1625 年）正月，后金军攻取了旅顺。三月，汪文言被审判定罪之后入狱，杨涟、左光斗、袁化中、魏大中、周朝瑞、顾大章等大臣被捕入狱，

天启通宝

尚书赵南星等被夺官罢职。不久，杨涟等人相继死于狱中。五月，给事中杨所修上书请求将“梃击案”“红丸案”“移宫案”三案编修成书，朱由校同意此事。

不久，阉党追论万历时期辛亥年、丁巳年、癸亥年的三次京察，导致尚书李三才、顾宪成等被罢官。八月，朝廷下令捣毁各地的东林党讲学书院。兵败辽东的熊廷弼与东林六君子私交不错，这就导致了魏忠贤要对付他。最终，熊廷弼与王化贞同一命运，都被处死，传首九边。十月，兵部尚书高第担任蓟辽总督，孙承宗不久告老还乡。之后高第怯战，命关外各城守军拆除防御设施，撤入关内。于是，锦州、右屯和大、小凌河等地城堡均被放弃。唯袁崇焕深明利害，誓守宁远。

天启六年（1626 年）正月，努尔哈赤率领后金军进攻宁远，明朝总兵官满桂、宁前道参政袁崇焕固守宁远。袁崇焕临危不惧，召集诸将议战守，决定采取坚壁清野之策，组织全城军民共同守城。不久用红衣大炮击败了努尔哈赤，史称“宁远大捷”。二月，袁崇焕被任为佥都御史，专理辽东军务，镇守宁远。

五月，在北京王恭厂一带发生了一次奇怪的巨大灾变，造成巨大的人员伤亡。一声巨响，狂风骤起，天昏地暗，人畜、树木、砖石等被卷入空中，又随风落下，数万房屋尽为齑粉，死伤两万余人，让人心惊胆战，触目惊心。灾后，男女尽皆裸体，衣物首饰器皿全都飘到西山上去了。紫禁城外正在修缮围墙的 3000 工匠尽皆跌下脚手架，摔成肉袋，正在用早膳的明天启皇帝躲在龙书案下才幸免于难。奇怪的是爆炸中心却“不焚寸木，无焚烧之迹”，用火药库爆炸或地震引起灾变，都难以解答。一时间，众说纷纭，天怒人怨，朱由校不得不下罪己诏，大赦天下。

天启六年（1626 年）夏天，京师爆发大水，江北、山东出现了旱灾和蝗灾。当年秋天，江北又发大水，河南出现蝗灾。大江南北，民不聊生；朝廷内外，危机四伏。

天启七年（1627 年）八月，朱由校在客氏、魏忠贤等人的陪同下，到西苑游船戏耍。在桥北浅水处大船上饮酒。又与王体乾、魏忠贤及两名亲信小太监去深水处泛小舟荡漾，却被一阵狂风刮翻了小船，不小心跌入水中，差点被淹死。虽被人救起，经过这次惊吓，却落下了病根，多方医治无效，身体每况愈下。后来尚书霍维华就进献了一种名为“灵露饮”的“仙药”，因其味道清甜可口，朱由校便天天饮用，以致得了肿胀病，逐渐浑身水肿，最终卧床不起。

明熹宗手工制物

八月乙巳（十二日），朱由校在乾清宫召见内阁大臣、科道诸臣，下诏说魏忠贤、王体乾对皇帝忠心耿耿，可以用来商议国家大事。并且封魏忠贤的侄子魏良栋为东安侯。朱由校预感到自己来日不多，便召五弟信王朱由检入卧室，说:“来，吾弟当为尧舜。”命他继位，次日，召见内阁大臣黄立极，说:“昨天召见了信王，朕心甚悦，身体觉得稍微好些了。”八月乙卯（二十二日），朱由校驾崩于乾清宫。信王朱由检随即于八月丁巳（二十四日）登基，年号崇祯。同年十月，上尊谥达天阐道敦孝笃友章文襄武靖穆庄勤悊皇帝，庙号熹宗，葬于十三陵之德陵。

朱由校在位期间，纵容乳母客氏，重用客氏相好的宦官魏忠贤，任他二人胡作非为，在朝则陷害忠良，在后宫则荼毒妃嫔，而朱由校却不加规约。魏忠贤遍树党羽，排斥异己，尤其将东林党人视作眼中钉，必欲除尽。而明熹宗丝毫不觉，连高官杨涟被害多日，都不知道他已死。明熹宗酷爱做木工活，乐此不疲。魏忠贤始得肆意妄为。朝廷上正人君子殆尽，政治黑暗已极，大明江山岌岌可危，明熹宗就是将这样一个烂摊子留给了继位的弟弟崇祯帝。弥留之时，还不忘叮嘱崇祯帝要重用魏忠贤，然而志在振兴的崇祯帝在三个月后就铲除了这个大害。

此外，他对自己的亲人可谓不错。由于他对张皇后的爱惜，使得权势滔天的魏忠贤以及客氏始终不能动摇皇后。临终之际，他毅然传位给弟弟朱由检，同时嘱咐朱由检善待张皇后，颇有情义。

十六、可怜三百年天下，断送忧勤惕励中

明思宗朱由检（1611—1644 年），字德约。明光宗朱常洛第五子，明熹宗朱由校异母弟，母为孝纯皇后刘氏。明朝第十六位皇帝（1627—1644 年在位），也是明朝作为全国统一政权的最后一位皇帝。年号崇祯，故也称崇祯皇帝。

万历三十八年十二月二十四日（1611 年 2 月 6 日），明光宗朱常洛第五子、熹宗朱由校之弟朱由检出生。天启二年（1622 年），朱由检被熹宗封为信王。天启六年（1626 年），朱由检前往信王府邸居住。天启七年（1627 年）八月，比朱由检仅大 5 岁的明熹宗病逝。明熹宗临死前没有子嗣，兄弟也只剩下朱由检一人。如此一来，明熹宗便将他视为唯一的继承人。

朱由检在良师的指导下不仅有着端正的品行，而且擅长书法、弹琴等，在朝臣中的口碑很好。在这种情况下，朱由检顺理成章地登上了皇帝宝座。朱由检继位后，是为明思宗。

明光宗的悲惨命运和明熹宗的英年早逝在给明思宗带来创伤的同时，也使他养成了谨慎和警惕的习惯。谨慎和警惕使他成功铲除了天启年间以魏忠贤为首的阉党，体现出了他的英明果敢。

崇祯二年（1629 年），明思宗命令大学士韩爌等人了结阉党逆案，魏忠贤阉党的残余势力很快被剿灭。

据有关史料记载，明崇祯帝勤政到为处理公文彻夜不眠。一次，他去慈宁宫拜见宫中最有威望的刘太妃（明崇祯帝祖母辈）时，竟然坐着睡着了，刘太妃命人拿来锦被给崇祯盖上。明崇祯帝醒来后苦涩地说，为处理公文，召见群臣他很少能休息，已经两夜未眠，说罢与刘太妃相对落泪。明崇祯帝白天在文华殿批阅奏章，接见群臣，晚上则在乾清宫看奏章，遇到军情紧急时便连续几昼夜不能休息。

明崇祯帝是明朝自明太祖以来罕见的勤政之君，除了照例应免日期之外，每日视朝，并参加日讲和经筵。一日，他参加日讲时，由于疲惫不堪，随意把脚放到台楞之上。当时日讲官文震孟正好讲到《尚书》中“为上者奈何不敬”一句，便抬眼注视皇上翘起的脚，明崇祯帝不好意思地以袍袖遮掩，把脚徐徐放下。可见，他对日讲也是认真对待，并非敷衍了事。明崇祯帝继位伊始，发出“文官不爱钱”的号召。在随后的日子里，他一直以身作则：当政 17 年，宫中没有进行任何营建，吃穿俱不讲究。

据史学家不完全统计，明代万历和崇祯年间两次鼠疫大流行中，华北

明思宗朱由检

陕、晋、冀3省死亡人数至少在千万人以上。鼠疫的流行与旱灾、蝗灾及战乱的接踵而至，明王朝抵不住清兵南下，也就在情理之中。令人惊奇的是，蔓延多年的鼠疫在清顺治元年（1644年）后就消散得无影无踪，华北各地风调雨顺，社会经济开始复苏。

天灾人祸，民不聊生，地方社会处在了十分脆弱的状态，盗匪与流民并起，各地民变不断爆发，李自成领导的闯王义军逐渐壮大。为剿流寇，明崇祯帝先用杨鹤主抚，后用洪承畴，再用曹文诏，再用陈奇瑜，复用洪承畴，再用卢象升，再用杨嗣昌，再用熊文灿，又用杨嗣昌，13年中频繁更换围闯军的将领。这其中除熊文灿外，其他都表现出了出色的才干。然用人存疑，以至责无成效皆功亏一篑。李自成数次大难不死，后往河南聚众发展。

此时北方皇太极又不断骚扰入侵，明廷苦于两线作战，每年的军费"三饷"开支高达两千万两以上，国家财政早已入不敷出，缺饷的情况普遍，常导致明军内部骚乱哗变。明崇祯帝求治心切，《春明梦余录》记述："崇祯二年十一月，以司礼监太监沈良住提督九门及皇城门，以司礼监太监李凤翔总督忠勇营"；中后金反间计，杀袁崇焕。

随着局势的日益严峻，明崇祯帝的滥杀也日趋严重，总督中被诛者7人，巡抚被戮者11人。朱由检亦知不能两面作战，私底下同意议和。但明朝士大夫鉴于南宋的教训，皆以为与满人和谈为耻。因此明崇祯帝对于和议之事，始终左右为难，他暗中同意杨嗣昌的议和主张，但一旁的卢象升立即告诉明崇祯帝说："陛下命臣督师，臣只知战斗而已！"朱由检只能辩称根本就没有议和之事，卢象升最后战死沙场。明朝末年就在和战两难之间，走入灭亡之途。

崇祯十五年（1642年），松山、锦州失守，洪承畴降清，明崇祯帝又想和清兵议和，兵部尚书陈新甲因泄露议和之事被处死，与清兵最后议和的机会也破灭了。崇祯十七年（1644年）明王朝面临灭顶之灾，明崇祯帝召见阁臣时悲叹道："吾非亡国之君，汝皆亡国之臣。吾待士亦不薄，今日至此，群臣何无一人相从？”在陈演、光时亨等反对之下未能下决心迁都南京。

此时，农民军起义已经10多年了，从北京向南，南京向北，纵横数千里之间，白骨满地，人烟断绝，行人稀少。明崇祯帝召保定巡抚徐标入京觐见，徐标说：“臣从江淮而来，数千里地内荡然一空，即使有城池的地方，也仅存四周围墙，一眼望去都是杂草丛生，听不见鸡鸣狗叫。看不见一个耕田种地之人，像这样陛下将怎么治理天下呢？”明崇祯帝听后，潸然泪下，叹息不止。于是，为了祭祀难民和阵亡将士及被杀的各位亲王，明崇祯帝便在宫中大作佛事来祈求天下太平，并下罪己诏，催促督师孙传庭赶快围剿农民军。

崇祯十六年（1643年）正月，李自成部克襄阳、荆州、德安、承天等府，张献忠部陷蕲州，明将左良玉逃至安徽池州。崇祯十七年（1644年）三月初一，大同失陷，北京危急。初四，崇祯帝封吴三桂为平西伯，飞檄入卫京师，起用吴襄提督京营。初六，李自成陷宣府，太监杜勋投降，十五日，大学士李建泰投降，李自成部开始包围北京，明王朝面临灭顶之灾。太监曹化淳说：“忠贤若在，时事必不至此。”明军在与农民起义军和清军的两线战斗中，屡战屡败，已完全丧失战斗力。

明思宗拒绝投降，李自成下达全面进攻的命令，大顺军于当晚攻破广宁门（广安门）。接着，德胜门、阜成门、宣武门、正阳门、朝阳门均被攻破。明思宗知道大势已去，匆忙来到煤山（今景山）上俯瞰，见整个北京城已经是“烽火彻天”，顿时觉得王朝末日来临。徘徊许久后，他回到乾清宫，然后秘密召来太子、永王、定王这三个儿子，嘱咐一番后命人保护他们秘密外逃。不久，皇后与他诀别后自缢。他几近崩溃，用宝剑杀死幼女昭仁公主，并砍伤了长女乐安公主。

明思宗殉国处

三月十九日凌晨，明思宗“鸣钟集百官，无至者”。心腹太监王承恩劝明思宗趁天不明逃出京城，怎奈各城门均有大顺军把守。明思宗带着沉重的心情重返皇城，在煤山自缢。明思宗之死，宣告明朝彻底灭亡。

崇祯帝吊死前于蓝色袍服上大书："朕自登基十七年，虽朕薄德匪躬，上干天怒，然皆诸臣误朕，致逆贼直逼京师。朕死，无面目见祖宗于地下，自去冠冕，以发覆面。任贼分裂朕尸，勿伤百姓一人。"

诸臣惊闻这一变故，大学士范景文及其妻妾，户部尚书倪元璐与他的一家 13 口人，左都御史李邦华，副都御史施邦昭，大理寺卿凌义渠，兵部右侍郎王家彦，刑部右侍郎孟兆祥与其妻何氏、儿子孟章明、儿媳万氏，左谕德马世奇并其妾朱氏、李氏，左中允刘理顺并其妻万氏、妾李氏及儿子、奴仆婢女满门共 18 人，太长寺少卿吴麟征，左庶子周凤翔与他的两个妾，检讨汪伟与他的妻子耿氏，户部给事中吴甘来，御史王章，御史陈良谟与其妾时氏，御史陈纯德、赵馔，太仆寺丞申佳允，吏部员外许直，兵部郎中成德并母张氏、妻张氏及子，兵部员外金铉并母章氏、妾王氏及弟鋐，光禄寺署丞于腾蛟并妻，新乐侯刘文炳并祖母与弟，左都督文耀及妹、子孙男女共 16 人，驸马巩永固并乐安公主及子女五人，惠安伯张庆臻并阖门男女，宣城伯卫时春并阖家，锦衣卫都指挥王国兴，锦衣卫指挥同知李若珪，锦衣卫千户高文采并一家 17 人，顺天府知事陈贞达，副兵马司姚成，中书舍人宋天显、滕之所、阮文贵，经历张应选，阳和卫经历毛维、张儒士、张世禧并二子，百户王某，顺天府学教官 5 人，俱失其姓名，长州生员许琰，俱死之。诸臣死难，唯孟兆祥守正阳门，死于门下。王章、赵撰骂敌而死。范景文、申佳允、刘文炳、卫时春赴井，金铉、滕之所、阮文贵、张应选投御河，施邦曜饮药，凌义渠扼吭，巩永固及乐安公主、张庆臻自焚。其余皆投环自缢而死。

三月二十一日崇祯帝尸体被发现，大顺军将崇祯帝与周皇后的尸棺移出宫禁，在东华门示众，"诸臣哭拜者三十人，拜而不哭者六十人，余皆睥睨过之"，梓宫暂厝在紫禁城北面的河边。当地平民又将他合葬在田贵妃墓中。南明朱由崧大臣张慎言初议崇祯帝之庙谥号为烈宗敏皇帝，顾锡畴议庙号乾宗。但不被采用。最终在崇祯十七年（1644 年）六月，定先帝谥号为绍天绎道刚明恪俭揆文奋武敦仁懋孝烈皇帝，庙号思宗，弘光元年二月改上庙号毅宗。

顺治十六年（1659 年）十一月，开始谥为怀宗，后以"兴朝谥前代之君，礼不称，数不称宗"为由，去怀宗庙号，改谥庄烈愍皇帝，清代史书多简称为"庄烈帝"。清军入关后，将他移葬思陵。

至此，明朝在中国北方的统治处于崩溃边缘。之后，南方明朝势力于

南京拥立福王朱由崧建立南明政权。

明崇祯帝是一个勤政的皇帝，据史书记载，他 20 多岁头发已白，眼长鱼尾纹，可以说是宵衣旰食，朝乾夕惕。史志称其“鸡鸣而起，夜分不寐，往往焦劳成疾，宫中从无宴乐之事”。

明崇祯帝执政时期，对于后金，群臣分为主战、主和两派。明崇祯帝在用人方面，起用了主战派袁崇焕。文官集团使得军中之将只重出身门第，几次大规模对后金的军事活动均遭惨败，削弱了明朝的军事力量，最终无力镇压农民军起义，间接加速了明朝灭亡。

尽管崇祯帝志向远大、励精图治、宵衣旰食、事必躬亲，但他既无治国之谋，又无任人之术，加上他严苛、猜忌、多疑，对大臣动辄怒斥、问罪、砍头、凌迟，其残忍和冷酷与魏忠贤相比，有过之而无不及。因为不相信文武百官，明崇祯帝还频繁地调整官吏，17 年间他竟然换了 17 个刑部尚书和 50 个内阁大学士。造成国家人才匮乏，有心报国的志士既不肯也不敢请缨效命。无奈之下，崇祯帝只好培植私人势力，重新起用大批太监。与此同时，崇祯帝虽屡下罪己诏，然苛捐杂税层出不穷，民不聊生，而明末的众多农民起义也正是其贪财苛政最严重的后果。此外，在辽东战局屡败之时，不纳周皇后迁都之谏而丧失了最后的机会；而从南明诸政权观之，朱明皇室在清朝的背景下号召力依旧不容小觑。故而，明崇祯帝尽管勤政，却错误百出，不仅不可能中兴明帝国，其亡国也几乎是必然的。

十七、弘光南渡建政权，永历狩缅南明亡

南明，是明朝京师北京失陷后，由明朝宗室在南方建立的多个流亡政权的总称。

崇祯十七年（1644 年）三月，李自成成为北京的新主人，面临的形势十分严峻：明朝残存势力的强大，清兵的虎视眈眈，大顺军缺乏巩固的后方基地，无一不是威胁北京的关键因素。更可怕的是，李自成等农民军首领的骄傲情绪迅速滋长，群臣忙于劝进，将官们急于享乐，登极的演习使京城洋溢着安定而又热烈的气氛。

李自成对南方左良玉，辽东吴三桂的招降皆告失败。吴三桂从维护自身利益出发选择了“乞师”清军。当然也有小说家有言吴三桂是因为其爱妾陈圆圆被农民军抢占，而冲冠一怒为红颜。吴三桂在绝父书中表示：“侧闻圣主晏驾，臣民戮辱，不胜眦裂。”“父既不能为忠臣，儿亦安能为孝子

乎？儿与父诀，请自今日，父不早图，贼虽置父鼎俎之旁以诱三桂，不顾也。”并发布檄文说：“闯贼李自成”“弑我帝后，刑我缙绅，戮我士民，掠我财物……义兵所向，一以当千。试看赤县之归心，仍是朱家之正统。”吴三桂打着为大明、为皇帝报仇的旗号投靠清朝皇帝。李自成见状遂将吴襄一家30余人处斩，亲自挥军东征。山海关一片石之战，吴三桂与清军联合大胜大顺军。李自成出师不利退还北京。

明永历皇帝陵

至此明朝两员大将前有洪承畴，后有吴三桂皆俯首为清廷效劳。这两人在清军入关，收买降将，肃清明末抵抗力量上立功甚大。

同年五月，京城内外盛传吴三桂将拥明太子入都。五月初三，明臣沈惟炳、骆养性和王鳌永等领众出朝阳门，准备用法驾卤簿迎接明太子，不料，迎来的却是清摄政王多尔衮。十月，爱新觉罗·福临迁入北京，即皇帝位，“号曰大清，定鼎燕京，纪元顺治”。明确宣布了清王朝中央政权的建立，从而粉碎了明朝遗臣们寄希望于吴三桂乞清军以恢复明室的梦想。清朝取得中原正统王朝之形象和地位。明朝近300年历史遂成过眼烟云。但不愿成为大顺和清廷属民的明朝残余势力，在北方处于农民军与清军交战，易手之际，在南部中国仍拥有强大的势力。在明都北京垂危之时，明崇祯皇帝曾诏各镇兵马“勤王”。转眼间都城陷落，君王自缢，明朝权臣与大将们迅速在南京拥立明神宗万历皇帝之孙、明崇祯皇帝的叔伯哥哥福王朱由崧，建立了弘光政权。明朝原来实行两京制度，南京也有一套与北京中央相同的机构，故弘光政权建立顺理成章。

福王政权是作为明朝历史的正统而建立的。初以史可法、高弘图、姜曰广、马士英、王铎为大学士。不久，史可法督师扬州，朝政大权落在马士英的手中。福王集团有兵50万，控制着淮河下游及长江以南的广大地区。然而福王远非崇祯皇帝，弘光政权也非明朝中央政权可比。

唯独政权内部的权力派系斗争与北京朝廷相比不相上下。弘光朝中掌权人物是马士英，福王不过是其手中傀儡而已。于是他干脆深居宫中，整天以演剧、饮酒、淫女为乐，他的座右铭是：“万事不如杯在手，一年几见日当头。”民间有诗嘲笑弘光小朝廷的腐败景象：“都督多似狗，职方满街走，相公止爱钱，皇帝但吃酒。”福王政权即便是陷入了内外交困的泥淖之中，派系斗争也进行得如火如荼。

福王初立，史可法、马士英均入内阁，但二人不是携手共事，而是尖锐对立。史可法的周围聚集着东林党人，马士英的周围吸引着像阮大铖等逆案中人，其斗争完全是明末党争的一种延续。十一月，福王政权宣布设立江北四镇，即刘泽清驻淮安，管辖淮海区；高杰驻泗水，管辖徐泗区；刘良佐驻临淮，管辖凤寿区；黄得功驻庐州，管辖滁和区。史可法坐镇扬州调度节制。整个部署目标明确，即倾全力以对付农民军。“讨贼复仇”成了压倒一切的中心。

弘光元年（1645 年）二月，清廷命追击李自成的多铎部移兵河南，大举南侵。在清军的隆隆炮火中曾名列逆案的阮大铖做起了小朝廷的兵部尚书，阉党分子张捷、杨维垣、虞廷陛等纷纷挤进朝廷。吏部尚书张慎言，大学士高弘图、姜曰广以及名流刘宗周、黄道周、陈子龙等东林派被排挤出去。二月十八日，多铎挥兵围攻扬州，扬州城危在旦夕。明弘光帝紧急召见群臣，有大臣提出“淮扬最急”，应赶紧调兵增援，反对马士英撤刘良佐、刘泽清二镇江防兵去对付左良玉。明弘光帝也认为左良玉不曾反叛，如今还该守淮南。马士英大吼道：“此该良玉死党为游说，我君臣宁死于清，不可死良玉之手”，“有议守淮者斩”！史可法的“血疏告急”无人问津。廿五日，史可法抱着“城存与存，城亡与亡，我头可断，而志不可屈”的信念，为清军杀害，扬州这座昔日繁华富庶的城市顷刻间化为废墟。

约在同一时间，一代农民起义领袖李自成在湖北通山县九宫山为地主武装所杀害，农民战争最惊心动魄的一幕随之宣告结束。福王政府失去了农民军对清军的牵制这道屏障，末日近在咫尺。史可法生前曾说：清军不能立刻长驱直下，在于两虎相斗，“一旦寇为虏并，必以全力南侵”。扬州城破，清军毫不犹豫，进兵南京。马士英以护送太后为名，领云南兵径赴杭州。十五日，多铎部兵不血刃，开进南京，明忻城伯赵之龙、魏国公徐允澗、大学士王铎、礼部尚书钱谦益等跪降清朝。至此，左良玉（已死）的儿子左梦庚、刘泽清、刘良佐和高杰（已死）的余部，及守卫南京的 23

万军队都归降清廷，弘光小朝廷的基本军事力量转而成了扫荡残明势力的急先锋。

清军入关，在短短一年多的时间里，从李自成手里夺取了胜利的果实，并击败了李自成农民军的主力，转眼间又让弘光政权烟消云散。时局变化之快，令人心惊目眩。清军在霆击飙举的凌厉攻势中，采取了野蛮的烧杀劫掠手段。顺治二年（1645 年）六月，多尔衮向全国颁布“剃发令”，其中说：“今中外一家，君犹父也，民犹子也。父子一体，岂可画异？”“尽令剃发，遵依者为我国之民，迟疑者同逆命之寇，必置重罪。”清军到处宣称：“留头不留发，留发不留头。”这样，使民族矛盾空前激烈，阶级冲突退为次要地位。同被清朝严酷打击的农民军和地主阶级残余势力开始声气相通，走在一起。

福王败亡，明室官员先后拥立鲁王、唐王、桂王等宗王，在两广、福建地区，举起反清复明的旗帜。大顺军余部在李锦、高一功、郝摇旗等领导下站到了南明的旗帜下；张献忠领导的大西军在四川创立了大西国，并占领了云南和贵州，也联明抗清。南明诸王与农民军基本上处于一种合作的状态，以对付共同的敌人，企图恢复大明江山。

鲁王朱以海系朱元璋第十世孙，在抗清义军、缙绅钱肃乐、张煌言等的扶持下于绍兴监国，控制着浙东绍兴、宁波、温州、台州等地，拥有浙中义师和驻守浙江的明总兵方国安、王之仁部。多次对清军作战，屡有胜绩。闰六月，原镇江总兵郑鸿逵、泉州总兵郑芝龙、礼部尚书黄道周、福建巡抚张肯堂等，拥立唐王朱聿键在福州即帝位，建元隆武。唐王向鲁王颁诏，双方为争正朔而不和。明隆武帝虽曾有过一番复明抗清的筹划，但由于军政大权掌握在拥有重兵的福建郑芝龙手里，而郑芝龙并不想真正抗清，只不过获取一点政治资本，以保住自己在福建的私家财产罢了。所以这个小朝廷本身没有发挥多少抗清的作用。相反，支持唐王政权的大顺农民军却掀起了一阵抗清的高潮。大顺军余部与南明湖广总督何腾蛟和巡抚堵胤锡联络，共同抗清。明隆武帝封李自成夫人高氏为贞义夫人，李锦赐名赤心，高一功赐名必正，一一封侯，李锦部号忠贞营；并以何腾蛟为东阁大学士兼兵部尚书，封定兴伯，督师湖广，总辖荆襄 13 家，在湖广地区与清军多次交战，取得了一系列胜利。

清军在湖广采取相对的守势，而集中兵力进击鲁王、唐王政权。顺治三年（1646 年）六月，鲁王政权败灭；清军乘胜分两路进攻福建。隆武帝准备接受督师何腾蛟的建议，亲征江西、湖广。何腾蛟说：“中兴大子，须

马上成功，皇上先为将而后为帝，湖南有新抚诸营，至尊亲至，效光武驭铜马故事，此皆精兵百万，可得其力。”这番话是有吸引力的。但是，明隆武帝的计划遭到了郑芝龙的反对，而郑芝龙则已暗中投降清朝。他在给洪承畴的密信中说：“遇官兵撤官兵，遇水师撤水师，倾心贵朝非一日也。”郑芝龙撤除仙霞岭防守，清兵进入福建，克据赣州、泉州、福州，唐王在汀州为清兵追杀。郑芝龙公开降清。

这年十一月，明官僚苏观生等拥立唐王之弟朱聿𨮁，在广州称帝，年号绍武。次月，清将李成栋攻陷广州，绍武政权覆灭，称帝仅45日，犹如昙花一现。

与此同时，两广总督丁魁楚、广西巡抚瞿式耜以及王化澄、马吉祥、吕大器等人，在桂林拥立桂王朱由榔称帝，建元永历。永历政权存在了十五六年之久，是南明小朝廷中维持时间最长的一位。朱由榔为万历皇帝的嫡孙，崇祯皇帝的叔伯兄弟，其人本身素质低劣，懦弱寡断，昏庸腐朽，贪生怕死，只是在抗清派如何腾蛟、瞿式耜、堵胤锡、郑成功等的拥护下，特别是在大顺军的支持下，才得以苟延残喘的。永历政权自建立之日起就处于颠沛流离之中。起初，在何腾蛟、瞿式耜的指挥下，在湖南境内连获大胜。顺治五年（1648年），清将李成栋、江西总兵金声桓、大同总兵姜瓖等叛清附明。形势一度较乐观。但由于桂王朝廷内部矛盾重重，文官武将互不合作，拥立桂王的明臣与反清附明的李成栋部相互猜忌，明臣对大顺军也存有戒心，致使一时的喜人局面很快就消失了。在何腾蛟为清军俘杀后，大顺军脱离桂王朝廷，北上湖北郧西地区，组成夔东13家军以抗清。顺治七年（1650年）清廷重新部署，以孔有德为定南王，领兵攻广西；以耿仲明、尚可喜为平南王，攻广东。旋如劲风横扫，克占江西、湖南、广东、广西的重要城镇。桂王由肇庆逃至浔州，经南宁至濑湍，后为大西军孙可望所接纳，实为一傀儡而已。康

延平文王郑经

熙元年（1662 年），吴三桂将缅王执送的永历帝父子用弓弦绞死，南明的最后一个政权结束。此后，大声势的抗清斗争不再出现。清统治渐走上正轨。

此后郑成功继续沿用永历年号，东征收复台湾，作为抗清基地，但未再拥立明朝宗室称帝或监国。康熙二十二年（1683 年）清军占领台湾，延平王郑克塽降清，宁靖王朱术桂自杀，明朔始亡。

由于清兵入关之初宣称“天下取自于贼，而非明”。立足未稳之时便着急诏修《明史》，目的显而易见。以此宣告明朝已亡，不再承认南明朝廷的合法性，所以清朝官方即在南明君臣称呼上加“伪”加以区别“前明”；比如：“伪永历”“伪晋王”，称呼加“伪”是对南明朝廷的蔑称。辛亥革命以后官方开始把这段历史改称为“南明”或“后明”。

第二章 后宫风云

一、勤于内治遵古训，母仪天下慈德彰

明太祖孝慈高皇后马秀英（1332—1382 年），归德府宿州（今安徽宿州市）人。滁阳王郭子兴的养女，明太祖朱元璋的结发妻子。

马氏的祖上曾是归德府宿州富豪。父亲马公家住新丰里，由于乐善好施，所以家业日渐贫困。母亲郑媪，在元至顺三年（1332 年）生下马氏不久就去世了。马公没有儿子，视马氏为掌上明珠。马氏自幼聪明，能诗会画，尤善史书，性格也颇倔强。

马氏的父亲马公因为杀人避仇，逃亡他乡，临行时将爱女托付给生死之交郭子兴。郑媪早卒，其后马公也客死外地，郭子兴越发可怜此女孤苦，收为养女。郭子兴教她文化知识，夫人张氏则手把手教她针织刺绣。十几岁的马氏聪明无比，凡事一经指导，马上知晓。年近 20 岁的马氏，模样端庄，神情秀越，还有一种温婉的态度，无论何等急事，她总举止从容，并没有疾言厉色，所以郭子兴夫妇很是钟爱马氏，一直想给她找一个好夫婿，使她终身有托，不辜负马公遗言。

明太祖孝慈高皇后

元朝末年，政治腐败，社会黑暗，

阶级压迫和民族压迫使老百姓处于水深火热之中，元至正四年（1344 年），河南、江淮一带大旱，赤地千里，而黄河又接连决口，饥民遍野。到至正十一年（1351），河患已经连续六年，天灾人祸把广大农民推向死亡的边缘。这年五月，江淮流域终于爆发了以刘福通为首的大规模的红巾军起义。

至正十二年（1352 年），郭子兴在定远（安徽定远）起兵响应。郭子兴聚众烧香，成为当地白莲教的首领，同年农历二月二十七日，率领起义军攻下濠州后，郭子兴自称元帅。

濠州钟离人朱元璋前来投奔郭子兴的义军，朱元璋入伍后精明能干，处事得当，打仗时身先士卒，获得的战利品全部都上交郭子兴元帅，得了赏赐，又说功劳是大家的，就把赏赐分给大家。不久，朱元璋在部队中的好名声传播开来。郭子兴也把他视作心腹知己，有重要事情总是和朱元璋商量。

郭子兴见朱元璋是个人才，对自己的事业将会有很大的帮助。于是便把养女马氏许配给了朱元璋。马氏与朱元璋成亲后，和朱元璋感情深厚，追随朱元璋南征北战，精心辅佐朱元璋。

马氏与朱元璋婚后不久，收养了朱元璋的亲侄儿朱文正、外甥李文忠，还有定远孤儿沐英，马氏对这三个养子视如己出，细心照顾。后来，马氏和朱元璋又收养了 20 多个义子。

史书上说马皇后“有智鉴，好书史”，这就说明她是个有才华的女子。郭子兴虽然器重朱元璋，但他性情暴躁，忌才护短，又好听谗言，迟疑寡断，在别人的挑唆下，也曾多次猜疑朱元璋，对他加以斥骂。一次，郭子兴发怒，将朱元璋禁闭在空室，不许进食，马氏得知后，亲自到厨房，“窃炊饼，怀以进，肉为焦”。并把自家财产送给养母张夫人和郭子兴妾张氏，请她们在义父面前给干女婿说点好话，以弥缝裂痕，使得朱元璋能脱离困境。朱元璋南下之时，马氏曾负责往来的文书，并做得井井有条，同时她还劝朱元璋不要扰民，更不要滥杀，深得朱元璋的赞赏。这些事情给朱元璋留下很深的印象。后来，他做了皇帝，不忘夫妻患难之情，将马皇后扶上正位，还经常在大臣面前回忆往事，说那一段峥嵘岁月可与汉光武帝刘秀未成事时与部下在河北饶阳滹沱河畔芜蒌亭吃麦饭、喝豆粥的典故相比，并夸赞马皇后的贤德可与唐太宗的长孙皇后相媲美。后来他把这些话讲给马皇后听，马皇后趁机委婉进谏，劝他善待大臣。她说：“我听说夫妇互相

扶助比较容易，君臣互相扶助就难了。陛下既然能不忘与我共同度过的贫贱岁月，但愿也能不忘与您的臣下共同度过的艰难岁月。况且我又怎敢与长孙皇后相比呢？”

元至正十五年（1355 年），朱元璋率领大军渡江，马氏和将士的家眷仍留在和州（今安徽和县）。当时长江交通线被元军切断，和州孤立，马氏鼓励将士，抚慰眷属，稳定后方。攻下集庆（今南京市）以后，由于战争的需要，她还亲手为将士缝衣做鞋。元至正二十年（1360 年），陈友谅率兵东下，直逼江宁（今江苏省南京市郊），朱元璋亲自领兵抵御。强敌兵临城下，城中的官员、居民有的打算逃难，有的忙着窖藏金银，囤积粮食。马氏却镇静自若，把自己的金帛全都拿出来犒赏士兵，稳定了军心，为朱元璋获得胜利起了重要作用。

洪武元年（1368 年）正月，朱元璋登基于应天府（今南京），国号大明，建元洪武，册封马氏为皇后。

马皇后做了第一夫人后，特别勤于内治。在内宫的治理工作上“讲求古训”，并注意借鉴前朝的经验。她觉得宋朝有许多贤惠的皇后，便命女史摘录她们的家法，经常翻阅查看。有人说，宋朝的皇后太过仁厚了吧？马皇后反问道：“过于仁厚有何不好？总要比刻薄好吧？”

又有一天，她问女史道：“汉朝的窦太后为什么那么喜欢黄老之学呢？”女史说：“清净无为为本。若绝仁弃义，民复孝慈，是其教矣。”马皇后据此叹道：“孝慈即仁义也，讵有绝仁义而为孝慈者哉？”其实马皇后大谈仁义之道是别有用心的。因为她深知她丈夫禀性严峻，刚愎自用，当了皇帝以后一直疑神疑鬼，对大臣总是刻薄寡恩，完全不把人命当一回事，所以她期望以这样的方式提醒丈夫要宽待臣民。

朱元璋脾气很坏，在朝廷常常拿大臣撒气。回到后宫，他也常看这个不顺眼，看那个不顺眼。每当他发飙的时候，马皇后也会装作发怒的样子，然后命令将其移交司法机关处理。事后朱元璋问马皇后为什么要这样做？马皇后意味深长地说：“皇帝不能因为自己一时高兴或生气就给人奖赏或惩罚。当陛下生气的时候，恐怕会给予过重的惩罚。把他们交给司法机关，就能作出公正的判决了。陛下今后要定某人的罪，还是应该移交司法机关的。”

当然，马皇后也深知行动是最好的榜样。她把仁厚道德总结成一个字，那就是爱。为了让丈夫明白什么叫爱，她做了许多细致有效的感化工作。

对于妃嫔宫人，如有因被皇帝宠爱而生下孩子的，她都非常厚待，并“命妇入朝，待之如家人礼之”。马皇后还在勤俭持家方面狠下功夫、大做文章。她以身作则，平常穿的衣服，洗了又洗，早已破旧不堪，也不愿换新的。后来听了元世祖的察必皇后煮弓弦织帛衣的故事，大受启发，又捡起年轻时的手艺，命人在后宫架起织布机，亲自织些绸衣料、缎被面，然后以皇家献爱心的名义赐给那些年纪大的孤寡老人。而剩余的布料，马皇后则裁成衣裳，赐给王妃公主，让她们知道“蚕桑艰难”，老百姓不容易。

马皇后不怕朱元璋的坏脾气，并敢理直气壮地“吹耳边风”。众所周知，朱元璋不喜欢女人干政，他认为“后妃虽母仪天下，然不可使干政事”，因为“宠之太过，则骄恣犯分，上下失序”，因此还特地命人纂述《女诫》，以示警诫。但马皇后是个例外。

有一次，马皇后问朱元璋道：“如今天下老百姓安居乐业了吗？”朱元璋不高兴地回答：“这不是你应该问的。”马皇后振振有词地回敬道：“陛下是天下之父，妾辱为天下之母，那么子民们的安康，为何不能问？”

在殿前议事，朱元璋很容易就暴跳如雷，大发脾气。而发起脾气来，常会要了对方的脑袋。他太过刚愎自用，许多事情不调查，也不研究，盛怒之下就会大开杀戒。马皇后虽然做了不少教化工作，可就是感化不了他。他是皇帝，可以为所欲为，从不改变他的思考方法和处事原则。对此，马皇后只能尽最大努力，想着办法劝他。好在马皇后的话他还能听入耳，因此也救了不少性命。

明太祖孝慈高皇后

有一次，一名叫郭景祥的封疆大吏镇守和州，有人揭发说郭景祥的儿子手持长枪要杀父亲。朱元璋大怒，当场表示要处死这个逆子。马皇后说：“郭景祥只有一个儿子，传言也许不可靠，杀了他的儿子恐怕就断了郭景祥的

后代了。”后来朱元璋派人调查，果然是谣言。

还有一次，大学士宋濂因为孙慎一案受到牵连。逮捕入狱后，按案情严重程度当斩。皇后闻其贤，不忍让他这样无辜死去，便对皇帝说：“老百姓家都知道为子孙而宽待老师，以求礼教有始有终，你是天子，岂能没有这样的见识和肚量？何况宋濂年纪一大把了，退休在家，肯定是不知情的。”朱元璋正在气头上，根本听不进去。过了一会儿，皇后伺候他用餐，但不上酒肉，皇帝问何故。马皇后说：“我是为宋先生做福事呀。”皇帝听了心里一动，恻隐之心顿生，放下筷子饭都不吃了。第二天终于想通了，赦免了宋濂，将其安置到茂州。

另一个关于马皇后贤德的有名故事，与安徽的大商人沈万三有关。当时，沈万三富可敌国，有“财神爷”之称。朱元璋看他有钱，就想诈他一笔，让他为建造南京城墙出点银子。沈万三财大气粗，竟把城墙工程费用的三分之一包下来。后来，沈万三意犹未尽，或是想拍朱皇帝的马屁，又主动提出为朝廷犒军。没想到马屁拍到马腿上，朱元璋一听大怒：“小小匹夫竟想犒劳天子的军队，贼心不小，乱民呀，该杀！”马皇后觉得不妥，一个势利商人，只是有些不知天高地厚罢了，罪不至死。所以就劝道：“妾闻法者，诛不法也，非以诛不祥。民富敌国，民自不祥。不祥之民，天将灾之，陛下何诛焉！”皇帝一听，有理，便改变想法，把这个倒霉的商人发配到山高水远的云南去了。

马皇后身为才女皇后，除了仁慈宽厚之外，还有更深刻的一面。明朝将领攻克了元朝的首都后，把缴获的金宝美玉送回南京。朱元璋看到这些宝物喜形于色，马皇后却在一边泼凉水：“元朝有这些财宝却不能保住国家，我想，大概真正的帝王们另有其他宝物吧？”朱元璋一愣，沉思片刻，说：“我懂了，皇后的意思是人才是宝。”马皇后接着说：“陛下说得对。我与陛下从贫贱出身而能有今天，我常担心骄横纵恣由奢侈而生，国家危亡皆细小之处而起，所以希望广召人才以共同治理天下。法屡更必弊，法弊则奸生；民数扰必困，民困则乱生。”皇帝一听，真是至理名言呀，马上叫来女史录入史册。

马皇后非常爱惜人才。一次朱元璋视察太学回来，马皇后问他太学有多少学生，朱元璋答有数千人。马皇后说：“数千太学生，可谓人才济济。可是太学生虽有生活补贴，他们的妻子儿女靠什么生活呢？”针对这种情况，马皇后征得朱元璋同意，征集了一笔钱粮，设置了 20 多个红仓，专门储粮供养太学生的妻子儿女，生徒颂德不已。

每当遇到灾年，马皇后就率领宫人吃粗茶淡饭，帮助百姓祈祷。朱元璋有时把赈灾救济的事情告诉马皇后，马皇后就说："赈灾救济不如事先有积蓄好。"有时朝廷官员上奏完事情，在宫廷中聚餐，马皇后就命令宦官拿来酒菜自己事先尝一尝。味道不好，于是就告诉朱元璋说："作为人主奉养自己应该差一些，奉养别人应该丰厚。"朱元璋为此整顿了光禄寺的官员。

马皇后有五子，其中朱橚最为年幼，性格放荡不羁，长大后被封到开封做周定王。马皇后对他极不放心，周定王临行时，便派江贵妃随往监督，还把自己身上的旧布衣脱下来交给江贵妃，并赐木杖一根嘱咐："周定王有过错，可以披衣杖责。如敢违抗，驰报朝廷。"从此一见着慈母的旧布衣，周定王便生出敬畏之情，不敢胡作非为。以严为爱是马皇后对待子女的原则。对宁国公主、安庆公主，马皇后也要求她们勤劳俭朴，不能无功受禄。而对待朱元璋的义子沐英、李文忠等，她慈爱有加，细心照顾，视如己出。

诸王的师傅李希颜因一小王顽皮不听话，常用体罚惩治。一天，李希颜用笔管戳了一下一个小王的额角，小王便哭着到朱元璋处诉苦。朱元璋大怒，正要发作，马皇后急忙从旁劝解说："乌有以圣人之道训吾子，顾怒之耶！"朱元璋觉得有理，不但没有惩办李希颜，反而提升他做左春坊右赞善。

马皇后虽贵为皇后，每天仍亲自操办朱元璋的膳食，连皇子皇孙的饭食穿戴，她也亲自过问，无微不至。宫人或被幸得孕，马皇后倍加体恤，嫔妃或忤上意，马皇后则设法从中调停。

洪武十五年（1382 年）八月，历尽磨难，殚尽心力的马皇后也染上了重病。医治无效后，她坚持不肯再服药，朱无璋苦苦劝求，她则说："生死有命，我病已不治，服药何用！"躺在病榻上，她念念不忘地反复叮嘱皇帝："愿陛下求贤纳谏，慎终如始，子孙宜贤，臣民得所！"然后，又把诸位王子公主叫到身边来，嘱咐说："生长富贵之中，当知蚕桑耕作之不易，当为天地惜物，且为生民惜福！"走到了生命的最后一刻，她仍然不忘以她的贤德影响着她的丈夫和子女，为着国家操心不已。八月二十四日，马皇后溘然长逝，享年 51 岁，匆匆走完了她从孤女到母仪天下的一生。

明太祖失去了同甘共苦的结发妻子，也失去了他得力的助手，悲痛之

情，无以言表。为了永远追念可敬可爱的马皇后，明太祖竟然决定不再立后。后宫宫人也十分感念马皇后的贤德，特地作了一首歌来纪念这位贤淑仁慈的皇后，歌词是这样的：

我后圣慈，化行家邦；抚我育我，怀德难忘。
怀德难忘，于万斯年；毖彼泉下，悠悠苍天。

二、贞洁娴静“女诸生”，贤淑恭谨垂后宫

明成祖仁孝皇后徐氏（1362—1407 年），濠州人。明成祖朱棣嫡后，明开国功臣徐达嫡长女。

徐氏，是明朝开国元勋徐达和妻子谢夫人的长女。洪武元年（1368 年），朱元璋在南京称帝后，徐达因战功卓著，被任命为右丞相，后又被封为魏国公。母亲谢氏，知书达理，温柔贤惠。徐氏天资聪颖，幼年时便贞洁娴静，喜欢读书，堪称女中儒生，人称“女诸生”。

洪武八年（1375 年）冬天，女诸生的传说传到皇帝朱元璋的耳朵里，朱元璋想让徐氏嫁给四子燕王朱棣，徐达自然高兴万分。洪武九年（1376 年）正月二十七日，由宫中宣制官在宫中正式宣布：册徐氏为燕王妃。这一年朱棣 17 岁，徐氏 15 岁。婚后，徐氏对燕王关怀备至，燕王对徐氏也体贴入微。徐氏对于朱元璋及马皇后亦十分敬重，谨慎侍奉。在以后 4 年时间里，她直接聆听马皇后的教诲。徐氏待人处事，体贴谨慎，深受明太祖和马皇后的喜爱。徐氏为孝慈高皇后守丧三年，按照礼制素食淡饭；高皇后遗言中可以诵读的部分，徐氏都能一一背诵。

洪武十三年（1380 年）三月，根据父皇的安排，朱棣要到他的封地北平（今北京）就藩，徐氏也一道同行。到了北平后，徐氏把从马皇后那里学到的东西用到燕王府中，将燕王府一整套机构安排得井井有条，为燕王解除了后顾之忧，成为燕王的贤内助。

洪武三十一年（1398 年），朱元璋去世，临终前留下遗诏，告诫子孙及大臣们“同心辅政，以安吾民……诸王临国中，毋至京师”。根据遗诏，朱元璋长子朱标的儿子、皇太孙朱允炆做了皇帝，改年号建文，即建文帝。

明建文帝颇像他的父亲朱标，忠厚仁柔、优柔寡断。而当时被封的 26 个藩王，都是他的叔叔。

这些为明朝江山屡立战功的王爷们，拥有重兵，独霸一方，以燕王朱棣为代表，早就对皇位窥伺已久。

明成祖仁孝皇后

靖难兵起后，朱棣和徐氏商量怎样加强自己的力量，徐氏认为，宁王朱权占据大宁（今内蒙古宁城县西），拥有骁勇善战的突厥族骑兵，按燕王现有军力，完全可以先攻大宁收编宁王军队，然后合力迎击李景隆军更有把握。燕王决定留下徐氏及世子朱高炽守北平，自己率主力奔袭大宁。燕王临行之前，再三叮嘱他们母子说："如果李景隆来攻，只能坚守，千万不能出城迎击。"还特意下令撤去卢沟桥的守兵，装成毫不设防的样子，以诱使南军长驱直入。

李景隆是一个"寡谋骄横，不知用兵"的将军，当他率领军队开到北平城下时，发现卢沟桥上没有守兵，更加得意，好像北平城不用攻打就唾手可得了。他把所部兵马分成三路：一路东去攻打通州，以防止通州宁军与北平相呼应；一路主力在北平与通州之间的郑村坝，准备阻击朱棣的回援之师；一路攻打北平北门。李景隆把主要兵力放在对付朱棣的回援之师上，并且亲自坐镇指挥。这虽然减轻了北平城的压力，但北平 9 个城门前的战斗，仍然十分激烈。南军仗着人多势众，轮番攻击，日夜不停。就在这紧要关头，平素端庄文静的徐氏挺身而出，面对危急局势，不慌不乱，镇定自若。她一面鼓励将士英勇杀敌，誓死守城；一面组织城中健壮妇女，发给铠甲、长矛，上城杀敌，她也亲自登上城墙督战。在她的带动下，守兵士气大振，登城妇女有枪的用枪，没枪的掷瓦、抛石，拼命厮杀。为了使李军不易破城，徐氏让妇女们端来水，泼向城墙，冰天雪地，很快结冰，这样更加增加了攻城的难度。一时间，李景隆军队再无良策。在徐氏的带领下，燕军终于守住了北平这座孤城，为燕王回师消灭李景隆的军队赢得了宝贵的时间。

建文二年（1400 年）十月十六日，朱棣在大宁得知了北平的战况，对自己这位贤妻大加称赞。燕王夺取了大宁，收编了宁王朱权的 8 万军队，火速回师增援，对南军实行南北夹击。李景隆闻风丧胆，生怕祸出不测，

率先遁逃，连夜奔赴德州。第二年的四月初一，朱棣又率军南进。到建文四年（1402 年）六月十三日，攻陷南京城，朱棣在这场叔侄争皇位的“靖难之役”中取得了胜利。

六月十七日，朱棣登上了皇帝宝座，改元永乐，故称永乐大帝。十一月，册封徐氏为皇后。新帝初登基，百废待兴。徐皇后除关心明成祖的饮食起居外，还非常关心朝廷政事。她非常体察民情，关心百姓疾苦，常劝朱棣要与民休息。朱棣当上皇帝后，首先就要清除旧朝廷中反对自己的人，齐泰、黄子澄首当其冲。朱棣乱杀老臣，徐皇后就直言不讳地对明成祖讲：“当代朝廷中的一些贤才，都是高皇帝所遗留下的，望陛下在选拔任用时，千万不要有新旧之分，要对他们一视同仁，他们才能为你所用。”朱棣对徐后的话深为赞同，不久就发布诏谕，安定人心，还破格选用了一批知府。

在徐皇后的辅佐下，朱棣在很多方面进行了改革。徐皇后始终不忘马皇后的教诲，和明成祖一起大胆地对宫廷官员的设置进行了改革，选用那些品行端正、颇有名望的大臣入主宫廷，为明朝宫廷设置开了先河。朱棣即位后，繁忙的政事迫使他夜以继日地操劳。徐后看到明成祖操劳国务很是辛苦，便想尽一切办法为他分忧。

徐皇后不但是位贤妻，而且是位良母。明成祖共有 4 个儿子、5 个女儿。4 个儿子中，长子朱高炽、次子朱高煦、三子朱高燧，都为徐后所生；四子朱高昇早夭，生母不详。5 个女儿即永安公主、永平公主、安成公主、咸宁公主、常宁公主。

在对待子女的教育上，徐皇后因人施教，为后来明室江山的稳定发挥了重要的作用。长子朱高炽，生于洪武十一年（1378 年），从小体弱多病，性格柔弱，沉静好文，为人仁厚、豁达。对长子的性格，徐后深为了解。为了让他将来担当起治理国家的重任，徐氏注意从小就培养他遇事果断、大智大勇的能力，并且经常教育他要体恤百姓，待人宽厚。明成祖本性刚毅、不喜欢拘守礼法，与朱高炽的性格截然相反，并不喜欢这个儿子，而偏爱二子朱高煦。朱高煦凶悍善战，在靖难之役中，随父亲征伐白沟河、东昌之战，皆勇以为战，使父王获安于危急之中。因此，明成祖多次在朱高炽与朱高煦之间权衡，拿不定主意。徐氏认识到朱高煦即位，必是暴君，因而主张立朱高炽为太子。

洪武二十八年（1395 年），朱高炽被册为燕世子。徐皇后为了进一步帮助儿子成就大业，决定给儿子找一位贤德的王妃。她不顾门第观念，竟选中了出身农民家庭的张氏。张氏聪颖贤惠，待人和蔼，举止端庄大方，无论做什么事，都非常细心。张氏入宫后，徐皇后教导她怎样正确处理宫中诸人的关系，怎样支持丈夫成就大业。徐氏的言传身教对张氏影响很大。徐皇后还教育朱高炽要懂得爱民的道理。早在明太祖朱元璋健在之时，曾命他与秦王、晋王、周王等四世子分别检阅皇城卫卒，其他三个世子很快检阅完回来交令，唯独迟迟不见朱高炽回来。待他回来后，朱元璋不太高兴地问他："你为什么这么晚才回来？"朱高炽认真地回答："早晨天气寒冷，卫卒们正在吃饭，我等他们吃完饭才检阅。"朱元璋对他的回答很满意，满肚子的不高兴顿时就消了。永乐二年（1404 年），朱高炽被正式立为皇太子。

对另外两个儿子，徐皇后也极是关心。因为他们性格比较暴躁，恃功骄横，徐皇后就经常教育他们要顾全大局。由于徐皇后的努力，朱高煦、朱高燧虽早有夺位之心，但在母后在世之时，终未敢胡作非为。

身为皇后的徐氏，说服引导亲眷自尊自爱，遵守朝廷法度。每当听说她的亲眷中有谁不守法度、扰害百姓时，便立即传命召之入见，进行教训，促使改正。如听到她的亲眷中有谁奉法循礼有突出表现者，也召其入宫，给予赏赐，以资鼓励。

徐皇后建议明成祖朱棣广纳贤才。徐增寿是徐皇后最喜爱的弟弟，官至右军都督，曾随同朱棣出塞征战。在朱棣起兵发动"靖难之役"前，徐增寿驻守南京城。明建文帝对燕王谋求篡位早就有所察觉，于是想扣留朱棣在南京家中的三个儿子：长子朱高炽、次子朱高煦、三子朱高燧。徐增寿知道后非常着急，就跑到明建文帝那儿，装成一副忠心耿耿为皇帝分忧解愁的样子，对皇帝进谏："你要扣留他的三个儿子，不是逼他造反吗？"明建文帝一听也有道理，就放弃了这个想法。随后，他设法把三个孩子从南京转送至北平，燕

永乐通宝

王朱棣起事就再无后顾之忧了。另外，徐增寿在明建文帝京城内部还经常为朱棣通风报信。明建文帝知道后，很是恼怒，派人杀了徐增寿。朱棣做了皇帝后，决定追赠他为阳武侯，谥号忠愍，并追加功爵。他把这个想法告知了徐氏，满以为她会高兴，谁知徐氏听后不同意赠爵。她非常中肯地对明成祖说："我和增寿是一母同胞，情同骨肉，给他封官晋爵，我当然高兴。可是就是因为他是我的弟弟，我不同意给他任何称号。"明成祖自有他的见地，他认真地对徐后讲："之所以给增寿晋爵，正是因为他有功，绝不是因为你是他姐姐的缘故。如果奖罚不明，立功不能受奖，我这个皇帝可怎么当呢？"明成祖自己决定加封徐增寿定国公，由增寿的儿子景昌世袭。事后告知徐皇后时，徐皇后只是淡淡地说："这并不是我的意愿，我只是希望陛下能将景昌培养成人，让他长大后成为国家有用之才。"在徐皇后在世之时，她没有为一个亲戚争官夺利。

徐皇后积极从事于女子教育事业，极力主张女子入学读书。明朝教育制度、机构已经比较完备了，京城设有国子监，相当于大学；府衙州县，设有中等学校，相当于高中；县以下城乡设有初等学校。各级学校也有了一定的统一教材，选拔了一批学者从事讲学。可是这些学校大多为男子学校，男子 8 岁可入校读书。然而，对于女子如何教育却无明确规定。女子可读的书也很少，像《女诫》《女宪》《女则》等，大部分都是用封建礼教约束妇女，内容空洞无物。为此，徐氏决定编一部适于女子读的书，让广大妇女也受到良好的教育。于是她广泛浏览有关女子教育的现有资料，并结合孝慈马皇后的一些言论，如"求贤纳谏，慎终如始""法屡更必弊，法弊则奸生；民数扰必困，民困则乱生""人主自奉欲薄，养贤宜厚"等，著成《内训》20 篇。书中把德作为首篇，次及修身、谨言、慎行等方面。该书开宗明义地提出了对待子孙的教育要宽严适度的原则，指出："本之以慈爱，临之以严格。慈爱不至于姑息，严格不至于伤恩。"她把自己对子孙教育的经验也写在了书里。另外，她还派人广泛搜集古人的嘉言善行，集成一个集子，命名为《劝录书》。明成祖看了这本书后，深为满意，下令将此书颁行天下。

永乐五年（1407 年）七月，徐皇后病重，她仍不忘劝告朱棣爱惜百姓，广求贤才，对宗室要以恩礼相待，不要骄养外戚。又告诫皇太子朱高炽说："以往北平将校之妻为我负戈守城，我很遗憾没有机会随皇帝北巡，去对她们一一加以慰劳了。"当月初四，徐皇后去世，年仅 46 岁。朱棣十分悲痛，在灵谷、天禧二寺为她举行大斋，接受群臣的祭祀，由光禄寺准备祭奠物品。十月十四日，朱棣封其谥号为仁孝皇后。徐氏死后，明成祖朱棣再也没有册立皇后。

三、新主幼冲定乾坤，光被彤管安社稷

明仁宗诚孝张皇后（？—1442 年），名不详，河南永城人。指挥使张麒之女，明仁宗朱高炽原配，明宣宗朱瞻基之母，明英宗朱祁镇之祖母。

明太祖洪武二十八年（1395 年），朱高炽被立为燕王世子，同时封张氏为燕世子妃。

明成祖永乐二年（1404 年），又册为皇太子妃。张氏孝谨温顺，侍奉明成祖夫妇尽心周到，所以很得明成祖与徐皇后的欢心。

朱高炽生性仁厚端重，举止言行沉静有法度，但因身体肥胖不善骑射，不得明成祖喜爱。明成祖最喜爱次子汉王朱高煦，觉得他最像自己，有心废太子立汉王，但徐皇后和大臣们一直阻拦。而且张氏所生长子朱瞻基聪慧好学，深得明成祖宠爱，明成祖也很喜爱张氏这个儿媳，所以最后为了这些原因，才没有废太子。

永乐二十二年（1424 年），明成祖病逝，太子朱高炽即位，是为明仁宗，张氏被册封为皇后，长子朱瞻基为皇太子。张氏被立为皇后之后，对朝中内外政事，她莫不周知。明仁宗日夜勤于政事，是位贤明的君主，可惜在位不足一年便于洪熙元年（1425 年）驾崩，享年 48 岁。

宣德元年（1426 年），太子朱瞻基即位，是为明宣宗，尊封母亲张皇后为皇太后，张氏因而成为明代第一位皇太后。当时军国大事多受命于张太后，听从她的裁决。当时海内安宁祥泰，明宣宗对母亲入奉起居，出奉游宴，四方有所进献，即便是微小物品，也一定要先奉送给张氏。两宫慈孝天下皆知。

宣德三年（1428 年），张氏出游西苑，皇后、皇妃在旁侍候，明宣宗也亲自扶着车陪母亲登万岁山，并且奉酒拜寿，又过了一年后，张氏前往长、献二陵拜谒，献诗颂德。明宣宗亲自配带弓箭，骑马在前引导，到达河桥时，又下马扶车。京畿百姓都夹道拜观，陵旁老幼也欢呼拜迎。见此情景，张氏回过头来对明宣宗说道："百姓拥戴君主，是因为君主能使他们安居乐业，皇帝应当将此牢记在心。"在返回途中，经过农家，张氏召来农家老妇询问一些生活及农活方面的事，并且赐予钱币。有的农家献上蔬菜酒浆

等东西，张氏便取来赐给明宣宗，还说："这是农家的口味啊。"随行的英国公张辅、尚书蹇义及大学士杨士奇、杨荣、金幼孜、杨溥等到行殿请求谒见，张氏对他们加以慰劳，并说："你们是先朝旧人，要尽力辅助嗣君。"此后的一天，明宣宗对杨士奇说："皇太后拜谒二陵回来后，说起你们的办事能力时非常熟悉。她说，张辅虽是一名武臣，却通晓大义。蹇义忠厚小心，但办事优柔寡断。你呢，非常正直，说起话来直言不讳，先帝有时很不高兴，但最终还是听从你的建议，得以不做错事。还有三件事，当时先帝后悔没有听从你的意见。"

除此之外，张氏对自己的家人也很严格，其弟张升为人淳厚谨慎，但张氏仍不许他参加商议国家大事。

明宣宗宠爱孙贵妃，废皇后胡善祥改立孙贵妃为后，太后怜胡氏无过被废，一直非常照顾胡氏，常召她到清宁宫，在宴席时也命胡氏位居孙皇后之上。

宣德十年（1435 年），宣宗驾崩，享年 38 岁。皇太子朱祁镇才 9 岁，宫中讹传将立襄王朱瞻墡为皇帝。张氏马上召集诸大臣到乾清宫，指着太子哭道："这就是新天子啊！"群臣高呼万岁，流言才得以平息。朱祁镇即位为明英宗，遵明宣宗遗诏，凡朝廷大政均奏请张氏而后行，并于二月戊申尊张氏为太皇太后。大臣请求张氏垂帘听政，张氏说："不要破坏祖宗之法。只须将一切不急的事务全部废止，时时勉励皇帝向前人学习，并委任得力的辅佐大臣就可以了。"

明仁宗诚孝张皇后

一天，张氏在便殿落座，明英宗面西站立，召英国公张辅和杨士奇、杨荣、杨溥及礼部尚书胡濙入内，张氏对他们说："你们都是老臣了，如今皇帝年幼，望你们同心协力，共同维护国家的安定。"将这五位老臣作为了正统政治的核心。张氏又特意召杨溥上前，说："仁宗皇帝念卿忠诚，多次发出叹息，不想今天还能见到你。"杨溥感动而流泪，太后也流泪，左右的人也都很悲伤。过了一会儿，又派人把太监王振叫来，王振跪在地上，张氏突然脸色一变，厉声喝道："你侍候皇帝不循规矩，应当赐死！"身旁的女官们应声而起，将刀放在王振的脖子上，吓得王振浑身颤抖。这时，明英宗和五大臣都跪下为王振讲情，张氏才饶了他。接着警告他说："你们这种人，自古多误人国，皇帝年幼，哪里知道！现因皇帝和大臣为你讲情，且饶过你这一次，今后再犯，一定治罪不饶。"此后，张氏时常派人到内阁询问政事，一旦得知有王振独断而未交内阁商议的，就马上派人召王振来责备他。所以在张氏有生之年，王振一直无法真正擅政。

正统七年（1442 年）十月，张氏病重，召杨士奇、杨溥入宫，命宦官询问国家还有什么大事没有办。杨士奇提出了三件事：其一，建庶人（明建文帝朱允炆）虽死，但应当编修实录。其二，太宗曾下诏凡收藏方孝孺诸臣遗书者死，这条禁令应当解除。第三件事还未来得及上奏，张氏就已经崩逝。她在遗诏中勉励大臣辅助明英宗实行仁政，语气十分诚恳淳厚。明英宗为她上尊谥为"诚孝恭肃明德弘仁顺天启圣昭皇后"。十二月，张氏与仁宗合葬于献陵，祔祭于太庙。

张氏在明代诸后中颇为精明能干。据史书记载，她平时对中外政事、群臣才能及品行都格外留意。明仁宗死后，每遇军国大事，明宣宗都禀明母后再决定。张氏也常询问明宣宗处理朝政的情况，并经常提示明宣宗注意体恤百姓疾苦。由于张氏在朝廷政务的处理上，倚重"三杨"、张辅、胡濙及更早时的蹇义、夏原吉等贤臣名将，协调君臣之间关系，限制内宫对朝廷政事的干预，所以在正统初年，王振虽有宠于英宗，却没有达到专权擅政的程度，朝廷政局大体保持稳定。

四、力挽狂澜应"两变"，德义之茂冠后宫

明宣宗孝恭章皇后孙氏（？—1462 年），山东邹平人。永城县主簿孙忠之女。

孙皇后少年时期就颇有美色。她的父亲孙忠，是永城县的主簿。明仁宗张皇后的母亲彭城伯夫人，也是永城人，她时时出入宫廷，说孙忠的女儿非常贤德，所以孙皇后才得以入宫。

孙皇后刚刚入宫的时候年方十余岁，当时明成祖朱棣命太子朱高炽的正妃张氏（即明仁宗诚孝张皇后）教育她宫中礼仪。不久皇孙朱瞻基大婚，下诏选济宁胡氏（胡皇后）为正妃，而孙氏只能为嫔。彭城伯夫人经常为

此跟张皇后唠叨，而张皇后贤德，不言此事。

宣德元年（1426 年）五月初九，朱瞻基即位之后，孙氏立即被封为贵妃。按照旧时的宫廷礼制，皇后被册封后赐金册宝（印），贵妃以下有册无宝。孙氏与朱瞻基从小朝夕相处，感情很深。朱瞻基特地为孙氏破格，向张太后请示，制金宝赐予孙氏。此后，明朝诸帝贵妃都被册封，均册、宝俱备。

明宣宗即位之后，胡皇后生下女儿顺德公主、永清公主，孙贵妃生下女儿常德公主。宣德二年（1427 年）十一月，孙贵妃生下了明宣宗的长子朱祁镇，明宣宗愈发宠爱孙贵妃，以胡皇后无子所以理应让贤，逼胡皇后上表逊位。

明宣宗为了废后，召见大臣张辅、蹇义、夏原吉、杨士奇、杨荣商议，声称："朕年过三十了还未有儿子，现在孙贵妃有子，母以子贵，古亦有之。但皇后应该如何处置？"于是明宣宗列举了胡皇后多次过失。孙贵妃假装推辞说："皇后病愈之后肯定能生下皇子，我的儿子怎么能先于皇后的儿子呢？"

宣德三年（1428 年），明宣宗废黜胡皇后，让她退居长安宫，赐号"静慈仙师"。三月初一，册立孙贵妃为皇后。明宣宗之母张太后怜悯胡废后，经常召居清宁宫。内廷朝宴，张太后命胡废后位居孙皇后之上，孙皇后亦为此经常感到不快。

明宣宗孝恭章皇后

宣德十年正月初三（1435 年 1 月 31 日），明宣宗朱瞻基逝世。同年二月初九，张太后立皇太子朱祁镇为皇帝，张太后被尊为太皇太后，孙皇后被尊为皇太后。

正统十四年（1449 年），明英宗亲征瓦剌，明英宗朱祁镇被俘之后，孙太后和钱皇后立刻筹措一批珍宝作为赎金送出，以使皇帝获释。八月十八日，孙太后命郕王朱祁钰监国。二十一日，升任于谦为兵部尚书，把备战御敌的重任交付给了于谦。九月初，群臣请皇太后立郕王朱祁钰为帝，以安人心，孙太后准议，郕王却惊让再三，最终朱祁钰得以即位，为景泰帝（明景帝）。同年十二月初四，孙太后加上尊号“上圣皇太后”。

明英宗被俘居于漠北之后，孙太后数次给明英宗寄去御寒的棉衣。明英宗还朝之后，被明景帝幽禁在南宫，孙太后多次前去探视。

景泰八年（1457 年），石亨等将领密谋发动夺门政变，复立明英宗，他们先秘密告知孙太后，得到了孙太后的同意。正月十二日，明英宗复辟为帝，废景泰帝朱祁钰为郕王。为孙太后上徽号曰“圣烈慈寿皇太后”。明代后宫的徽号自此开始。

天顺六年（1462 年）九月初四，孙太后崩逝。上尊谥曰“孝恭懿宪慈仁庄烈齐天配圣章皇后”，与明宣宗合葬于景陵，祔太庙。

明朝前期发生过震惊朝野的“土木之变”和“夺门之变”，孙皇后以丰富的政治经验及无可替代的皇太后之尊，力挽狂澜驾驭两“变”，对维护明朝统治和国家安定发挥了作用。另外，孙太后督促她的儿子明英宗下诏，果断地废除了嫔妃殉葬制度。

五、一生恩爱独得宠，二后不和晚景悲

明孝宗孝康敬皇后张氏（1471—1541 年），北直隶河间府兴济县（今河北沧县），父为张峦，母为金氏。

成化二十三年（1487 年），张氏因姿色出众、知书达理等被立为太子妃，同年九月，太子朱祐樘践祚，即明孝宗，十月，立张氏为皇后，明孝宗笃爱张皇后，因此厚待张皇后的亲族，追封皇后之父张峦为昌国公，张皇后的两个弟弟皆封侯。

弘治十八年（1505 年），明孝宗驾崩，明孝宗与张皇后之子太子朱厚照践祚，即明武宗，尊张皇后为皇太后。正德五年（1510 年），上徽号“慈寿皇太后”。正德十六年（1521 年），明武宗驾崩，因明武宗无子，故张太后与大学士杨廷和迎立明孝宗侄、明武宗堂弟就藩湖广的兴王（今湖北钟祥）朱厚熜践祚，即明世宗，明世宗入继，尊张太后为“昭圣慈寿皇太后”，亦尊其生母蒋氏为太后。张太后与蒋太后不和，明世宗对张太后极为不礼遇。

嘉靖二十年（1541 年），张太后驾崩，谥号“孝康靖肃庄慈哲懿翊天赞圣敬皇后”，崇祯十七年（1644 年），改谥“孝成靖肃庄慈哲懿翊天赞圣敬皇后”。

张皇后性格活泼，一生得到孝宗的宠爱。明孝宗是中国历史上唯一一个只有一个老婆的皇帝，他和张皇后是患难之交，一对恩爱夫妻。两人每天必定是同起同卧，读诗作画，听琴观舞，谈古论今，朝夕与共。但张皇后晚景十分凄凉。

明孝宗孝康敬皇后

明弘治年间画作《张皇后神职之授箓牒任卷轴》

六、半老徐娘得圣宠，独冠后宫万贵妃

历史上得宠的妃子很多，但若论情况之离奇却谁也比不过明宪宗的爱妃万贞儿。一个比皇帝大 17 岁的女人却牢牢占领了丈夫的心，并且拥有他一生的宠幸，据史书记载："自古妃嫔承恩最晚、而最专最久者，未有如此。"（沈德符《万历野获篇》）这真是让旁人百思不得其解。万贵妃到底是怎样一个女人，有这么大的魅力呢？

万贞儿（1430—1487 年），明代青州府（今山东诸城）人。明宪宗朱见深之妃嫔，颇受宠爱，世称万贵妃。

万氏幼年即被选入宫，充当孙太后（明英宗母，明宪宗朱见深的祖母）的宫女。年幼的万贞儿十分懂事乖巧，深得孝恭孙皇后的喜爱。正统十四年（1449 年），当时的皇帝朱祁镇被瓦剌捕去，国不可一日无君，孙太后以郕王朱祁钰暂替皇帝位，立朱见深为太子。而那时的万贞儿已经成了 19 岁的妙龄少女，也被孙太后派去照料年仅 3 岁的朱见深。至此，幼小的太子与万贞儿形影不离。

后来，朱祁钰将朱见深废为沂王，立自己的儿子朱见济为太子。朱祁镇复辟后，朱见深又被复立为太子。

朱见深自小不与母亲一同生活，而万贞儿时常在其身边照顾他，如同母亲一般。因此，朱见深便对万贞儿产生了一种别样的情感。

天顺八年（1464 年），明英宗驾崩，太子继位，是为明宪宗，时年 18 岁。而此时的万贞儿已经 35 岁，虽然年龄差距甚大，但是两人感情甚笃。万贞儿长得丰满艳丽，据说“秀慧如赵合德，肥美似杨贵妃”。而且为人机警，“每（皇）上出游，必戎服佩刀，侍立左右，（皇）上每顾之，辄为色飞”，很受宠爱。

当上皇帝的朱见深要做的第一件事就是册封心爱的万贞儿为皇后。但他的生母周太后强烈反对，万般无奈下宪宗只能屈服，立宗室女吴氏为皇后，改立万贞儿为贵妃。两宫太后又为皇帝选纳了几名妃子王氏、柏氏，个个年轻貌美，令万贞儿深感嫉妒和仇视。

皇后吴氏面对万贞儿的目中无人，也想整治一番。一次，万贞儿晋见的时候，傲慢无礼，进退无序，受到皇后训斥，万氏毫不示弱，出言顶撞。皇后大怒，夺过太监手中的棍子对其杖责数下。万氏委屈之余，在皇帝面前借机诉苦撒娇。皇帝一怒之下把吴氏废掉，另立王氏为后。

成化二年（1466 年），万氏生下一子，明宪宗大喜，立即进她为皇贵妃，并许诺立其子为太子，又派出使者四处祷告山川诸神。谁知偏偏天不从人愿，一年后，她的儿子居然夭折了，这也是她一生中唯一的儿子，以后再也没有生育。自此，她也不许其他后妃有孕，哪个妃嫔怀胎，她就千方百计逼令喝药打胎。

成化五年（1469 年），柏贤妃生下皇子，转年二月，皇子突然暴毙。六年后明宪宗百般无聊中对镜自照，忽见头上已有数根白发，不禁长叹道：“朕老矣，尚无子嗣！”太监张敏突然跪倒，将万贵妃多年来给各嫔妃喝药打胎之事告知陛下，并说：有一纪氏女史在宫外产下皇子，现已 6 岁，一直被秘密养育在西宫密室中。皇子被认领后，被立为太子，也就是后来的孝宗皇帝。万贵妃当然也有想加害过太子，但自幼性格孤僻的太子，具有被害妄想而且不太懂得婉转的宫廷礼节。有次万贵妃让他一起吃饭，他便回答说吃过了；万贵妃让他喝茶，他直接地回答说怕有毒。这可把万贵妃气坏了，可是也没有办法。人们并不十分了解皇太子其人，只知道他是一个出生于冷宫的一个身份卑贱的宫人之子，虽得到明宪宗承认，但一直受

朱见深绘《岁朝佳兆图》

嫉于万贵妃，甚至到成化末年，还有废立之危。

万贵妃派人杀死了纪氏女史和太监张敏，一有机会，就向明宪宗要求废掉皇太子，明宪宗后来答应了她。但因东岳泰山发生地震，钦天监说此兆应在东宫，明宪宗以为废太子会惹怒天意，不敢再提易储之事，这才保住了太子的地位。

后来万贵妃渐渐进入更年期阶段，脾气一天比一天暴躁。成化二十三年（1487 年）正月，她在打骂一名宫女时痰堵住了喉咙一口气上不来，结果就这么死了。得到消息的明宪宗不禁号啕大哭，哀叹道："贞儿不在人世，我亦命不久矣。"他主持万贵妃的葬礼一如皇后之例，并辍朝 7 日。同年八月，郁郁寡欢的明宪宗朱见深驾崩，终年 41 岁。明宪宗留给儿子明孝宗的，是一个紊乱的朝政下的百孔千疮的国家。而明孝宗出奇地宽和善良，对当初迫害其生母的万贵妃家人也表现了极大的宽容。甚至对万贵妃本人，也没有听从臣下的建议对她削谥号议罪。由于幼年生活的坎坷，明孝宗一直体弱多病。但他仍能早朝每天必到。明孝宗对女色一生淡泊，不仅没有宠妃，也没有册立过一个妃嫔，只是与皇后张氏过着民间恩爱夫妻式的生活。

万贞儿以一个卑微的宫女，半老徐娘之身，竟一举夺宠，宠冠后宫，做了 20 多年无名有实的皇后。各种缘由，无人能晓。至于明宪宗的两个皇后吴氏和王氏，一个是新婚伊始便守活寡，一个是当了一辈子的傀儡。仔细分析，宪宗朱见深依恋万贞儿，背后有很扎实的心理和政治因素。

首先是深厚的恋母情结。万贞儿是配犯之后，作为惩罚，她 4 岁就被充入掖庭，身世坎坷，性格外柔内刚，独立坚强，貌似温顺，实质暗藏心机。相反，朱见深虽 3 岁被立为太子，但父母长期被幽禁。几次帝位之争，令他险些丧命，幸好万贞儿与诤臣内外庇护，他才熬到登基之日，但胆却被吓小了，很难摆脱得了对万贞儿的依赖。成年之后，朱见深提起万贞儿，还是毫不犹豫地说："有她在身边，朕觉得安心踏实。"在极度标榜男性权威的古代，一代皇帝能说出这样的话，足以看出他对万贞儿的依赖之深。

其次是初恋情结。万贞儿从小侍奉朱见深，把他看作脚踏青云的唯一出路。当明宪宗情窦初开的时候，她已经年届30，万种风情，很容易摄取少年的心。她占据了明宪宗第一段美妙的回忆，以后巫山云雨再好，也显得不稀罕了。而且，中后期的万贞儿权倾六宫，嫔妃也难得与皇帝见面，偶尔偷一两次腥，也是很难建立感情的。可以说，明宪宗在感情上其实是个没见过多少世面的"土包子"，他也只能爱万贞儿一个。

最后是患难与共。历经三朝的万贞儿见尽了政治上的风起云涌，一直在留心培植身边的党羽，打击异己，毫不留情。这样，各路合力，既能帮助明宪宗，也能管住明宪宗，让他乖乖地待在万贞儿的一亩三分地里。

万贞儿在与明宪宗20多年的感情里，成功地将母亲、初恋情人和政治盟友三个角色融为一体，让宪宗对她依赖、留恋，兼有佩服，更令他们的关系成为一段密不可分的联盟。纠缠之紧，远胜于现代不少同床异梦的夫妻。

万氏能擅宠而终，未受灾害，在历朝的后宫史上确是个奇迹。没有漂亮的外表，年纪大皇帝那么多，却能得到皇帝一生的宠爱，这绝不是一个狠毒无脑的悍妇所能做到的。

七、宫中却有真良佐，封识分明待上闻

明神宗孝端皇后王喜姐（1564—1620年），浙江绍兴府余姚县（今宁波余姚）人，出生于北直隶顺天府（今北京）。永安伯王伟之女，荣昌公主朱轩媖之母。

明太祖朱元璋为预防女宠之祸、外戚乱政的现象形成，进而危及皇权，于是做出了规定："凡天子、亲王之后、妃、宫嫔，慎选良家女为之。"也就是说，只要女子品行端正，容止美丽，就有资格被选为后妃。至于女子的出身门第，则不再作为入选条件。事实上，明朝后来在后妃的选择上，更侧重于清贫之家的女子，以希望借此辅佐皇帝培养节俭勤政的美德。

万历五年（1577年）正月，仁圣皇太后陈氏和慈圣皇太后李氏下诏礼

部为明神宗朱翊钧举行选秀，王喜姐入选。当时的选秀范围在京师及北直隶等地，共450余人参选，最后选出王喜姐及另外一名同龄女子陈氏，又经过严格的相貌生辰言行家庭身世等对比之后，最终选择了王喜姐，而落选的陈氏亦未入宫为妃。

按照明朝选秀一后二妃的惯例，同时还选中了刘氏与杨氏，即后来的刘昭妃与杨宜妃。而当初最有力的竞争者，却放回娘家了，如若当初选择的不是王喜姐，历史则会是另外一个走向。

万历六年(1578)正月，年仅13岁的王喜姐与朱翊钧正式举行大婚仪式，被册立为皇后。

王喜姐在万历九年（1581年）十二月初四，即婚后第二年生下了皇长女荣昌公主朱轩媖，在她怀孕时，慈圣皇太后李氏与明神宗分别下旨派遣内官到五台山和武当山祈嗣。后来屡次流产，终未能再次生育。后来，在“争国本”事件中的万历二十一年（1593年），明神宗曾以王喜姐尚在盛年，有可能会生育嫡子的理由，拒绝了大臣要求册封皇长子为太子的请求。直到万历二十六年（1598年），明神宗才下诏待两宫落成之日正式册封皇长子为太子，并把之前拒绝的原因解释为皇长子身体孱弱和王喜姐年少又曾屡次流产，是以推迟册封稍微等待嫡子出生。

王喜姐成为皇后之后，行事端谨，孝侍婆母孝定李太后（明神宗生母）和陈太后（明神宗嫡母），甚得二太后欢心；宫里的矛盾争端，王喜姐都能够妥善处理调剂；明光宗为太子的时候，由于生母（王恭妃）出身卑微，所以母子皆不受宠，因此明光宗好几次遇到危机，而皇后多次保护了他（具体事迹被魏忠贤删去，史官许士柔上奏告知明思宗）；郑贵妃专宠，王皇后从不计较。

王喜姐在皇后生涯中时时分出后宫的开支用来赈济饥荒和给士兵发军饷，数次在明神宗面前说话让他宽恕直言的大臣褒奖忠臣，采用婉转的方式进言多得到明神宗的认同。

有时候明神宗不批阅奏章，使之堆积放不下，王皇后便留心封藏收好。明神宗每提及一事，喜姐便拿出相应奏章给神宗，毫无错谬。

万历十八年（1590年），王皇后刊刻了《观世音感应灵课》并亲自题记，祈祷宫闱清洁，国泰民安。

王皇后与明神宗伉俪弥笃，长期关系甚佳。王皇后千秋节时，百官为她行庆贺礼，且收到了各王府进的庆贺表笺1000余通。明神宗每年为后妃们采办珠宝宝石花费128万两，允许王皇后使用有着“万寿”字样的簪子。在万历二十四年（1596年）宫殿失火后，明神宗与孝端皇后在宫中同起居，对王皇后始终亲近、恩礼，长期有很好的夫妻之情，并认为王皇后是六宫的典范。因为王皇后的缘故，明神宗始终优待王家。

万历四十八年（1620年）四月，与明神宗同起居的王皇后崩逝，谥号孝端皇后。悲伤的明神宗很快病倒，同年七月晏驾。明光宗即位后，上孝端皇后尊谥曰孝端贞恪庄惠仁明媲天毓圣显皇后。明熹宗时，将其与明神宗皇帝合葬定陵。

八、皇帝乳母客印月，奸宦对食乱宫廷

客氏（？—1627年），原名客印月，又名客巴巴，河北定兴人。明熹宗朱由校的乳母，被封为“奉圣夫人”。

客氏之毒，在于同明代大宦官魏忠贤相互勾结，淫乱宫廷，为祸朝廷。

客氏原是河北农妇，定兴县侯巴儿（侯二）之妻，生子侯国兴。客氏姿色妖媚，为人狠毒残忍，生性淫荡。

客氏18岁入宫，成为皇孙朱由校的乳母，朱由校是当时太子朱常洛的长子。泰昌元年（1620年）九月，刚刚登基一个月的明光宗朱常洛猝死，年仅16岁的朱由校登基。当时魏忠贤、客氏深受恩宠，后宫中无人敢违背他们的意志。未逾月，封客氏奉圣夫人，儿子侯国兴、弟客光先及魏忠贤兄魏钊俱迁锦衣千户。

天启元年（1621年），熹宗下诏赐客氏香火田，叙魏忠贤治皇祖陵功。御史王心一谏阻，明熹宗不听。天启元年（1621年）二月，明熹宗大婚，娶了张皇后，御史毕佐周、刘兰请遣客氏出外，大学士刘一燝亦言之。明熹宗恋恋不忍客氏离去，曰：“皇后幼，赖媪保护，俟皇祖大葬议之。”不久客氏离开宫廷，复又召入。

客氏在朱由校做皇帝期间，作为一个乳母所受到的隆遇，的确是前所未有的。每逢生日，朱由校一定会亲自去祝贺。她每一次出行，其排场都不亚于皇帝。出宫入宫，必定是清尘除道，香烟缭绕，“老祖太太千岁”呼声震天。

客氏“每日清晨入乾清暖阁侍帝，甲夜后回咸安宫”，二人可能有淫乱的嫌疑，客氏常常将龙卵（马的外肾）烹煮给明熹宗食用。客氏曾与魏朝（魏忠贤先前侍奉过的太监）、魏忠贤等宦官对食，“忠贤告假，则客氏

居内；客氏有假，则忠贤留中”。

客氏更害怕皇帝的妃子产下皇子，母凭子贵，从而得到熹宗的喜爱，而使自己失宠。因此，客氏使用各种狠毒的手段残害打压妃子和皇子，致使天启一朝中朱由校生下了不少的皇子，但无一能够长大成人。

张皇后对一手遮天的客氏也是深恶痛绝，经常劝明熹宗惩治两人，但熹宗反而由此对皇后十分厌烦。明熹宗偶尔进入坤宁宫探视，恰巧皇后在案上读书，皇帝随口问道：“卿读何书？”皇后正色答道：“《史记·赵高传》!”明熹宗默然，支吾两句便走开了。

客氏势力滔天，买通了坤宁宫中一名宫女，开始对皇后下手。当时张皇后已经怀孕，腰间疼痛，要求宫女为其捶背，宫女暗中用力，竟然导致皇后小产。

明熹宗总共有过三个孩子。天启三年（1623 年）张皇后怀有身孕，即怀冲太子朱慈燃。张皇后怀孕时突然腰痛，找了一个会按摩的宫女或是宫外的人来按摩。客氏与魏忠贤暗中唆使按摩师使张皇后流产生下死胎，此后张皇后未再生育。次子悼怀太子朱慈焴，慧妃范氏所生，未满 1 岁即夭折。三子献怀太子朱慈炅，容妃任氏所生，未满 1 岁亦夭折。所生二子皆早逝。一些学者认为，这都有可能是魏忠贤和客氏下的毒手。

更有甚者，不少的皇子其实是在胎中已遭客氏的暗算，如裕妃张氏之孕。裕妃张氏因为无意中得罪客氏和魏忠贤，客氏、魏忠贤就假传圣旨，将裕妃幽禁于别宫，逐去宫女，断绝饮食。当时的裕妃已然怀有身孕，却被活活地饿死宫中。临死之前，竟然爬到屋檐下，喝雨水充饥。

明光宗选侍赵氏，与客氏素有嫌隙，客氏便矫旨赐其自尽。赵氏临死之前，大哭一场，将明光宗所赏赐的珍玩陈列案几之上，拜过之后悬梁自尽。

金蝉玉叶

宫中一位冯贵人，素来厌恶客氏卑劣行径，常在皇帝面前痛斥客氏与魏忠贤所为，遭到嫉恨，客氏便以其诽谤圣上为名，逼迫她自尽。

宫中的其他妃子，从此对客氏非常恐惧。如，曾生育二皇女的成妃李氏，担心自己会落得和裕妃同样的下场，就在平时预藏食物，后来果然被客氏幽禁半月之久，靠着私藏的食物活了下来。

随着宫中一个个女人惨遭不幸，昏庸的明熹宗终致绝嗣。

明天启帝

天启七年（1627 年）明熹宗无子而逝。十一月，其弟明思宗即位后，籍没宦官魏忠贤及客氏。魏忠贤自杀，赵本岐奉命将客氏笞死于浣衣局，在净乐堂焚尸扬灰。其子侯国兴、其弟客光先与魏忠贤的侄子魏良卿同日被斩首。

《明季北略》记述，客氏曾在明熹宗逝世前，安排怀孕的宫女进入后宫，以冒充明熹宗子嗣，但张皇后不同意，僵持很久后，张皇后说服了明熹宗，将皇位传给了弟弟朱由检。

魏忠贤与客氏两人，一方面处心积虑地除去宫中一切可能对他们不利的因素，另一方面向明熹宗进献自己的养女，冀图能生得一男半女。然而，明熹宗一生三男二女，都早早夭折，魏忠贤与客氏的如意算盘始终没有拨转。所以，明熹宗的去世，对于客氏的打击是非常沉重的。信王朱由检入宫即位后，客氏就再没有居留宫廷的理由了。九月初三离宫的那一天，客氏早早地起床。五更时分，身着哀服，入明熹宗灵堂，取明熹宗幼时的胎发、痘痂及指甲等物焚化，痛哭而去。两个多月以后，即天启七年（1627 年）的十一月十七日，客氏被从私宅中带出，押解到宫中专门处罚宫女的地方浣衣局，严刑审讯。审讯得出的结果令人诧异：当时宫中有 8 位宫女怀孕，客氏承认这 8 名宫女都是自己从外面带进去的婢女，是想学吕不韦的榜样，觊觎皇位。结合魏忠贤曾在明熹宗死前说已有两名宫女怀孕，宫女怀孕这件事也许真是客氏和魏忠贤精心安排的。如果客氏所说是真的话，那么客氏自然是罪不容诛，于是在浣衣局被活活笞死。

第三章 著名将帅

一、千年不朽勋臣府，万古长青信国祠

汤和（1326—1395 年），字鼎臣。濠州钟离（今安徽凤阳）人。明代开国元勋，军事将领。

汤和与明太祖朱元璋都是凤阳人，从小两人在一个巷子里玩耍。成年之后的汤和身高七尺，举止洒脱，沉稳敏捷，善于谋略。元至正十二年（1352 年），郭子兴刚刚开始起义的时候，汤和带领 20 多个人参加了郭子兴的部队，屡建战功，被提升为千户。汤和给儿时伙伴朱元璋写信，邀请在皇觉寺的朱元璋参加义军。朱元璋入伍后，因功被提升为镇抚之职，级别在汤和之上。后来汤和到了明太祖朱元璋的麾下，跟着明太祖打下了大洪山、滁州（今安徽滁州），被授管军总管。汤和作战勇敢，先后跟明太祖攻克了许多地方，可谓身经百战，在一次追击陈野先的战斗中，汤和被飞箭射中了左大腿，他咬紧牙，把箭从腿上拔下来，连包扎也没包扎，又继续战斗。汤和跟随徐达攻克了镇江后，被晋升为统军元帅。攻下常州后，汤和被提升为枢密院同佥，镇守常州。后来大军大举进攻张士诚，汤和率军攻克太湖

汤和像

水寨。

至正二十五年（1365 年），朱元璋称吴王，建百官司属，封汤和为左御史大夫兼太子谕德。至正二十七年（1367 年），拜为征南大将军，和副将军吴祯率常州、长兴、江阴的大军讨伐方国珍，招降了方国珍，他的 2.4 万多人、400 多艘大船都被汤和收编了。安定住了浙江，汤和又和副将军廖永忠击败了陈友定的大军，活捉了陈友定。

洪武三年（1370 年），汤和跟随大将军徐达攻打定西扩廓，平定了宁夏，向北一直打到察罕脑儿（今河北一带），生擒敌猛将虎陈，俘获马、牛、羊 10 余万头。

洪武五年（1372 年），汤和跟大将军徐达北伐，在断头山打了败仗，还战死了一名指挥官，但明太祖朱元璋没有追究他，命他和李善长营造中都的宫殿，镇守北平。后来汤和因攻打东胜、大同、宣府有功，返回后，被授以开国辅运推诚宣力武臣、荣禄大夫、柱国，封中山侯。

洪武九年（1376 年），伯颜帖木儿成了边疆祸患。汤和被派为征西将军驻防延安，直到伯颜请求议和才还朝。洪武十一年（1378 年），汤和晋封为信国公。洪武十四年（1381 年），汤和以左副将军的身份率军出塞，征讨乃儿不花，攻占敌人的灰山营，俘获平章别里哥、枢密使久通而归。洪武十八年（1385 年），思州蛮族叛乱，汤和以征虏将军的身份跟随楚王征讨，俘获敌军 4 万人，擒获蛮族的首领而归。

汤和为人既沉着又机智，很有心计，在军中，他是仅次于徐达和常遇春的人。洪武二十一年（1388 年），朱元璋年事已高，魏国公徐达、曹国公李文忠也相继故去。明太祖不想再让老将们掌握兵权，但又找不出借口削夺他们的兵权。汤和看出明太祖的心理，就对明太祖说："我已年纪大了，没有能力再领兵了，请皇上收回我的兵权，但希望能让我回故乡养老。"明太祖听后非常高兴，正好解除了他的心病，因此立刻拨给他许多钱，让他在中都（今凤阳）建养老府，而且同时也为其他的公、侯修建好了府第。

洪武十九年（1386 年），倭寇骚扰边海，明太祖非常担心海防，汤和请求让方鸣谦和他一块去，明太祖同意了。方鸣谦是方国珍的养子，很熟悉海上的事情，对海上作战也很精通，经常做海上防御的顾问。在方鸣谦的建议下，汤和在浙江沿海准备修 59 座城。他选了 35000 名壮丁去修筑，并把当地的州县钱粮做资金拿去修筑。因人手不够，还用了一些囚犯。结果囚犯经常骚扰当地百姓，浙江当地的百姓很不满意。有人就对汤和说："老百姓有怨言怎么办？" 汤和说："想要长远安宁就不要看眼前小利益，做大

事就不能照顾小细节，谁要再有怨言，就吃我一剑。”吓得没人敢再提此事。洪武二十二年（1389年），城终于筑成。汤和返京复命，凤阳新宅也已建成。汤和便带领妻子儿女去向皇帝辞行，朱元璋十分高兴，赐他黄金300两、白银2000两、纸钞3000锭、彩币40多套，赐给其夫人胡氏的物品也一样多，并且下诏褒奖，诸功臣无人能与他相比。从此以后，汤和每年一次上京朝见。

汤 和

洪武二十八年（1395年）八月，汤和故去，时年70岁。朱元璋下诏追封汤和为东瓯王，谥号襄武。敕葬安徽蚌埠曹山南麓。

汤和逝后，其子孙改信国公府为汤氏家祠，朱元璋御赐楹联曰：“千年不朽勋臣府，万古长青信国祠。”

二、所向无敌“常十万”，摧锋陷阵鄂国公

常遇春（1330—1369年），明初名将，字伯仁，怀远人，以通武著称于世。他参加元末农民起义军，投在朱元璋麾下。长期的战争锻炼，使常遇春成为一员著名的骁将。朱元璋平定江南、北上灭元时他做统兵副将军立下了赫赫战功。他与当时的主将徐达同称才勇，是朱元璋军事上的左右两臂。他自称“以十万众横行天下”，故军中称其为“常十万”。

至正十五年（1355年），朱元璋率军渡长江向太平开进。军至牛渚矶，遇敌受阻。该地突出江中，背山面水，是渡江南进的要地。元兵屯矶上，列阵以待，朱军船只距岸三丈余，即搁浅不能行。常遇春见此情景，立即执长戈，操轻舟，疾驶矶前，然后挥戈杀向元兵。矶上守兵见常遇春单枪闯阵，故手抓其戈，企图搏斗，常遇春却趁元兵接戈一瞬间，顺势跳上石矶，大呼拼杀。朱元璋督军趁机掩杀，一举攻破敌阵。随后拔取牛渚矶背后的采石，夺占太平。占领太平后，将江中元兵水师，拦腰冲为两段，尽夺其舟，表现了无坚不摧的气概。常遇春孤胆闯阵的行为，博得了朱元璋

的赞扬和诸将的称赞。随后朱元璋封其为总管都督，不久又为统军大元帅。常遇春升为将帅后，丝毫不减当年，挡敌锋，破坚城，常常身于将士之先。战斗中，他数次裹创拼搏，有着许多以勇取胜的事例。至正二十三年（1363年）七月，常遇春随军入鄱阳湖，与陈友谅在湖中康郎山遭遇。陈军舰船高大，且乘上流，占有优势。当时，两军狭路相逢，重要的是看将帅的胆力，勇则进，怯则乱。常遇春针对陈军舟大、行动不便的弱点，驶轻舟率先闯入敌阵。在他的带动下，诸将皆奋勇冲杀，纵火焚烧敌船，接连大败陈军。一天，战至湖口，诸将见陈军尚强，而自身因连日战斗十分疲劳，想放舟东下，纵敌离去。在这关系到能否全歼敌军的关键时刻，常遇春毅然遵照朱元璋的命令溯江而上，切断了陈军的归路。诸将感奋，随其急扼上游，协同奋击，终于获得了击毙陈友谅、俘敌5万余人的大胜利。至此以后，朱元璋对常遇春很宠信，他传谕诸将指出："当百万众，勇敢先登，冲锋陷阵，所向披靡者，莫如副将军遇春。"

常遇春虽然刚勇，但能注意接受批评，遵守统一号令。起初，他在作战中有三个缺点：一是常常轻敌；二是好与部下争执；三是虐杀俘虏。朱元璋曾当众对他进行指责。面对朱元璋的当众指责，他不计较，不固执，而是拜谢遵从，认真改正。至正二十四年（1364年），常遇春率兵进围赣州时，朱元璋又特别告诫他"克城勿多杀"。于是，他切记严格约束部队，在围城过程中，浚壕立栅，屯兵六月，使得守军尽降，没有滥杀。同时，他注意克服与人争执的缺点，注意学习手下将士的长处。1366年攻打湖州时，他的部将薛显用兵机动灵活，大败敌人的援军，迫使旧馆守敌举城投降。常遇春本来是全军副将，又是这次阻击战的总指挥，但事后论功，他一再表示：此次胜利，皆薛显之力，我不如他。常遇春这种谦恭的精神，在将士中博得一片赞誉。

常遇春半身像

常遇春勇而有谋，在他的指挥下，有许多伏击、奇袭等用兵灵巧的战例。至正十九年（1359年）九月，在围攻衢州之战中，他针

常遇春

对城墙坚固、地形复杂的特点，“树栅围其大门，造吕公车、仙人桥、长木梯、懒龙爪，拥至城下……又于大西门城下，穴地道攻之”，表现了布置周密、机动灵活的指挥艺术。在初攻不利的形势下，他一面督军正面攻击，吸引守敌主力；另一面出奇兵，出其不意，突入南门瓮城，摧毁对攻城部队威胁最大的架炮，迫使敌人迅速投降。洪武元年（1368 年），常遇春和徐达在攻克元大都以后，趁元朝太原守将王保保北出雁门之机，直捣太原。当他们千里奔袭，兵抵太原附近时，王保保率军回救，两军不期而遇。常遇春看出，自己的部队由于远道而来，“骑虽集，但步卒未至”。于是他向徐达献策说：“假如我们骤与敌战，必多损失，若采用夜劫敌营的办法，可一举得之。”徐达听后，连声叫妙。恰巧，这时王保保的部将豁鼻马来营投降。常遇春和徐达抓住这一机会，制定了一个里应外合的劫营方案。当晚，他们派豁鼻马率众回王保保营做内应，常遇春则拣选一支精骑，衔枚往袭敌营。常遇春闯入敌营时，王保保正在灯下看军书，丝毫未曾察觉，明军一至，王保保慌乱不知所措，光着一只脚，乘孱马，仅带亲随 18 骑，落荒逃往大同。明军拔除敌营，歼敌主力后，又一举攻克太原，得甲士 4 万。

洪武二年（1369 年），常遇春与李文忠出塞消灭元朝残余，沿途连拔数城，攻克开平。凯旋时，因急病逝于军中。朱元璋闻讯大恸，亲自为其发丧，并追封其为开平王，谥号“忠武”。

三、开国第一功勋臣，才兼文武世无双

徐达（1332—1385 年），字天德。濠州钟离（今安徽凤阳市）人。明代开国元勋。在明代开国功臣排名中，位列第一。

徐达家虽世代务农，但他从小就有远大的志向，决心弃农就武，与汤和、朱元璋都是从小长大的好朋友。至正十三年（1353 年），朱元璋奉郭

子兴命回乡募兵，年仅22岁的徐达欣然应召，从此开始了他的戎马生涯，而且很快就表现出了非凡的军事才能和过人的胆略。

徐达深谙用兵之道，他以用兵持重、勇谋兼备而驰名。在战争中，他既着眼于战役、战斗局部情况的考虑，也注重对战略全局的分析。因此，常常能出其不意地打击敌人，取得战斗的胜利。

元至正十五年（1355年）二月，朱元璋军在峪溪口大败元将海牙，然后准备渡江。渡江前，有人说："金陵是一个盘龙卧虎之地，我们应直接去攻占它。"徐达反对，他对朱元璋说："采石（今安徽当涂北）是金陵的门户，占领了采石，就等于占领了太平，金陵就唾手可得。如果我们直接攻打金陵，既不好打，打下了又不好守。"朱元璋听了徐达的话，命大军进攻采石。六月，朱元璋率领大军攻克了太平。脚跟还没站稳，元军就从水上和陆地分兵两路，纠集了数万兵马包围合击。元军的水军在采石渡口，用大船封锁了出入水路，以堵住朱元璋军后退的归路。陆路的大军在陈野先的率领下，对太平城加紧攻击。朱元璋军腹背受敌，形势十分危急。徐达在和朱元璋商量之后，亲自率领了一支年轻精干的骑兵，迅速绕到陈野先部队的背后，突然向其发起猛烈进攻。太平城中的朱元璋见徐达已开始进攻，亦率军冲出城，前后夹击，元军顿时就乱了阵脚。徐达率骑兵左冲右突，打得敌人丢盔弃甲，狼狈不堪。陈野先此时还没完全明白是怎么回事，正在对他的属下大喊大叫。徐达一见，冲上来将陈野先一把提起，扔在地上，叫手下人绑了。元军一见主帅被擒，全都仓皇逃命，来不及跑的，不是做了刀下之鬼，就是被俘。

徐 达

至正十六年（1356年）三月，朱元璋率军攻克集庆（今江苏南京）后，改集庆为应天府，设天兴建康翼统军大元帅府，升徐达为元帅。七月，朱元璋称吴国公，置江南行枢密院，以徐达为同佥枢密院事。徐达围攻毗陵（今江苏常州），生擒张士诚胞弟张士德，又与常遇春生擒其部将张德。次年二月，先后攻克毗陵、宁国、宣城。

元至正二十年（1360 年）正月，陈友谅率军东侵，占领安庆（今属安徽）、池州、南昌等地，与朱元璋建立的根据地相接壤。徐达请命攻击赵普胜。征得了朱元璋的同意，徐达就派自己手下的将领率领一支精兵去袭击赵普胜，偷袭成功，缴获了敌船数百只，而且乘势夺回了池州。徐达因此被升为奉国上将军、同知枢密院事。徐达又奉命进攻安庆，他率军从无为（今属安徽）出发，趁黑夜袭击了淳山寨，在青山打败了赵普胜的部将，攻克了潜山。回去镇守池州时，经过和常遇春商量，在九华山设下伏兵。陈友谅的大军经过时，徐、常两军把他们打得大败，斩首敌人上万，俘虏 3000 多人。

至正二十一年（1361 年）八月，徐达跟随朱元璋征讨陈友谅，夺取了江州。陈友谅撤到武昌时，他穷追不舍。陈友谅在沔阳派出战舰，徐达便在汉阳沌口宿营，以抗御他。徐达此时被提升为中书右丞。至正二十二年（1362 年）三月，朱元璋的大军又平定了南昌，降将祝宗、康泰叛变。徐达用驻在沌口的部队讨伐他们，把他们平息了，又跟随朱元璋援救安丰，打败了张士诚的将领吕珍，包围了庐州。至正二十三年（1363 年），徐达随朱元璋带兵渡江，北上安丰（今安徽寿县），驰援遭到张士诚进攻的韩林儿、刘福通，陈友谅乘机对朱元璋发动大规模进攻，进军洪都（今江西南昌）。七月，朱元璋亲自带兵迎击，双方在鄱阳湖展开了一场激战。正好陈友谅的汉军侵犯南昌，朱元璋把徐达从庐州召了回来，合兵一处对付陈友谅的汉军。部队在鄱阳湖和汉兵遭遇。汉军当时士气很盛，自觉天下无敌。徐达身先士卒，全军将士无不奋勇拼杀，打败了汉军前锋，杀死汉军 1500 多人，俘获一只大船。朱元璋此时知道，他们可以打败汉军，战胜陈友谅，但是害怕张士诚从后方打上来，如果腹背受敌，那就被动了。于是，朱元璋急令徐达率部赶回去守应天。自己亲自统率众将领和汉军苦战，终于取得了鄱阳湖战役的胜利，全歼陈友谅的 60 万大军，陈友谅战死。

至正二十四年（1364 年）正月，徐达升左相国。二月，平定武昌。八月，徐达会合参政杨璟等人掠取荆湘诸路，连克江陵、夷陵（今湖北宜昌）、潭州（今湖南长沙）、归州（今湖北秭归）、辰州（今湖南沅陵）、衡州（今湖南衡阳）、宝庆（今湖南邵阳）等，肃清了陈友谅的残余势力。

元至正二十六年（1366 年），朱元璋准备讨伐吴王张士诚，拜徐达为大将军，常遇春为副将军，带领水军 20 万人，首先攻克了湖州，接着又攻克了杭州。徐达率大军从太湖进围平江，很快占领了平江，俘虏了张士诚，把他押送到了应天，收编了张士诚的部队 25 万人，最后，张士诚还是在看守之地自缢而亡。徐达班师回朝后，朱元璋封他为信国公。

元至正二十七年（1367 年），吴王朱元璋任命中书丞相、信国公徐达为征虏大将军、中书平章政事，掌军国重事；常遇春为副将军，率步卒骑兵 25 万人，由淮河入黄河，北进夺取中原。十一月，徐达进军山东，经过数次战斗，平定了山东全境。

洪武元年（1368 年），朱元璋在应天（今江苏南京）称皇帝，国号明，建元洪武。任徐达为右丞相兼太子少傅。不久，明太祖朱元璋来到汴梁，召见徐达，设酒宴慰劳他，并计划北伐。从三月开始，徐达一路高歌猛进，最后在河西务（今天津武清西北北运河西岸）大败元军，进而夺取了通州（今属北京），元顺帝仓皇北逃。八月初二，包围大都，然而大都无人守卫，宣告元朝灭亡。朱元璋收到捷报后，下诏将元朝的京城大都改为北平府，设置六个卫，令孙兴祖等留守，而徐达与常遇春进取山西，一路攻城夺寨，山西遂被全部平定。

洪武二年（1369 年），徐达率大军西渡黄河，陕西地区很快被平定。明太祖下诏徐达班师，赐给了他大量的金银和布帛。洪武三年（1370 年）春天，明太祖再以徐达为大将军，平章李文忠为副将军，分道出兵。徐达从潼关出西路，直捣定西，攻打扩廓帖木儿。经过大战，徐达打败了扩廓帖木儿，俘获将士、朝臣、牲口众多，立即率部队从徽州南面出发到略阳，攻克了沔州，进入连云栈，攻克兴元。副将军李文忠从居庸关出东路，穿越沙漠，追赶继位的元主。亦攻克应昌，俘获元嫡孙、妃、公主、将相。捷报先后传了上去。明太祖下诏命令休整军队班师还朝，并亲自到龙江慰劳迎接。十一月，明太祖朱元璋下诏大封功臣，授予徐达开国辅运推诚宣力武臣、特进光禄大夫、左柱国、太傅，中书右丞相参军国事，改封魏国公，年俸禄 5000 石，给予世袭铁券。

徐 达

洪武五年（1372 年）重新发兵征扩廓帖木儿。徐达作为征虏大将军进取中路，左副将军李文忠从东路进

攻，征西将军冯胜从西路进攻，各率领 5 万骑兵出塞。徐达中路轻敌冒进，初战不利，伤亡数万人。朱元璋因为徐达功劳大，并不过问。李文忠军亦不利，不久撤军。只有冯胜统军获全胜。洪武六年（1373 年），徐达又率领诸将远征边疆，胜利后还军北平，戍守边防，过了三年才回到京城。

洪武十四年（1381 年）正月，元将朵儿不花等犯永平。徐达奉命与汤和、傅友德率军讨之。四月，徐达夜袭灰山（今内蒙古自治区宁城县东南），兵临黄河，朵儿不花逃遁。年末，徐达回到北平。

洪武十五年（1382 年）四月，明太祖以其功大，下令命有司于南京徐达府前治甲第，赐其坊曰“大功坊”。

洪武十七年（1384 年），徐达在北平生病，背上长疽。洪武十八年（1385 年）二月，徐达病重，不久去世，享年 54 岁。

徐达死后，朱元璋亲至葬礼以示悲伤，把他列为开国第一功臣，追封他为中山王，谥号武宁，赠三世皆王爵。赐葬钟山之阴，御制神道碑文。

四、好学饬行李文忠，骁勇善战诸将首

李文忠（1339—1384 年），字思本，小字保儿，安徽明光人，祖籍江苏盱眙。明代名将，开国元勋。

李文忠是朱元璋的外甥。李文忠 14 岁那年跟随父亲李贞投奔了朱元璋。朱元璋十分喜欢李文忠，就把这个外甥当成亲儿子抚养，而且给他改姓朱。从此，李文忠刻苦攻读兵法，认真练习武艺。

元至正十七年（1357 年），19 岁的李文忠统领亲军，跟着朱元璋去援救池州（今贵州贵池），大破元军的军队，李文忠也以骁勇善战在诸将中名声大振。接着，他率军攻克青阳（今安徽青阳）、石埭（今安徽青阳西南）、太平（今安徽太平）、旌德（今安徽旌德）等地，又在万年街打败了元将院判阿鲁灰，又在于潜（今浙江于潜西南）、昌化（今浙江昌化）打败元军的地方武装苗军。后来率军夜袭淳安（今浙江淳安北），俘虏了 1000 多敌人。因他作战有功，被授予帐前左副都指挥兼领元帅府事。不久，李文忠又跟邓愈、胡大海等人共同征讨建德，并占领了它，朱元璋下令将建德改为严州府，由李文忠镇守。

元至正十九年（1359 年），李文忠与胡大海率兵攻占了诸暨（今浙江诸暨）。张士诚乘机率兵来攻打严州。李文忠为了尽快战胜对手，使用了奇兵，出其不意地绕到张士诚人马的背后，打败了张士诚。张士诚并不死心，派陆元帅据守三溪，以威胁严州。李文忠率兵攻打三溪，杀了张士诚的守

将陆元帅，烧了他们的营寨。从此以后，张士诚再也不敢打严州的主意了。严州得到了巩固，李文忠被晋升为行枢密院事。

李文忠半身像

元至正二十三年（1363 年），朱元璋的部将谢再兴叛变，投降了张士诚，并率领大军来攻东阳（今浙江东阳）。李文忠与胡深迎战谢再兴军于义乌（今浙江义乌），击溃了谢再兴军。随后，在胡深的建议下，李文忠命人在离诸全 50 里的地方筑起一座新城，和诸全形成了掎角之势，对诸全构成了威胁。张士诚见李文忠新筑一城，立即派司徒李伯升领了 16 万大军，进攻新城，但守军顽强抵抗，竟然没有攻下来。第二年，张士诚率领 20 万大军，大举进攻新城。李文忠率领朱亮祖等人前去援救新城，在距新城十里的地方列阵。第二天双方决战，李文忠会合从处州发来的援军，身先士卒，士兵英勇激战，歼灭了张士诚的队伍达数万人，尸体沿河几十里到处都是，血流把河水都染红了。李文忠在这一战中，俘虏了敌将校军官 600 多人，士兵 3000 多人。铠甲、军械、粮草辎重等不计其数，点了一天还没清点完。

元至正二十四年（1364 年），明太祖朱元璋率大军攻打陈友谅，命令李文忠率朱亮祖等人迅速攻克了桐庐、新城、富阳，又招降了余杭。接着攻打杭州城，守将潘元明也望风投降了。这一次，李文忠得了士兵 3 万人，粮食 20 万斤。明太祖朱元璋加封他为荣禄大夫、浙江行省平章事，恢复他的李姓。后大军征讨福建，李文忠率一支队伍驻扎在浦城（今属福建）以策迎大军。还师后，当地土匪金子隆等到处骚扰百姓，李文忠率兵征讨并平定了他们，金子隆也被生擒。建州、严州、汀州从此平定。

明洪武二年（1369 年）春天，李文忠以征虏偏将军之职跟随常遇春出塞，攻克了上都（今内蒙古正蓝旗东 20 公里闪电河北岸），元帝北逃。追奔数百里，俘虏了宗王、平章等人，收俘将士万人、车万辆、马 3000 余匹，牛 5 万余头。这年七月，常遇春、李文忠奉命入陕，常遇春在柳河川得病故去，李文忠代替他掌管军事。不久，他奉诏与大将军徐达会师攻庆阳（今甘肃庆阳）。李文忠率军走到太原时，听说大同被元兵包围，十分紧急。他立即决定救援大同,派了两支精兵从左右两面夹击元军,一阵冲杀，元军大败，敌将脱列伯被生擒，俘虏和斩首的敌人有1万多人。李文忠一直追击元军至莽哥仓才返回。元帝知道大势已去，从此再也不向南边来了。

洪武三年（1370年），李文忠被拜为征虏左副将军，与大将军徐达分道北征。徐达出潼关取扩廓帖木儿，李文忠出居庸关至沙漠追元帝，使他们彼此不能相互救援。李文忠率大军10万出野狐岭，一路杀到了开平（元上都，今内蒙古正蓝旗内），收降了元平章上都罕等。俘虏了后妃宫人、诸王将相等几百人，还缴获了宋朝、元朝的传国玉玺、金宝共15枚，玉册两本，镇圭、大圭、玉带、玉斧各一个。这一年大封功臣时，李文忠功劳大，在群臣中名列前茅。被授为开国辅运推诚宣力武臣，特晋荣禄大夫、右柱国、大都督府左都督，封为曹国公，同知军国事，年俸禄为3000石，赠给了世袭铁券。

洪武四年（1371年）秋，汤和、傅友德等率大军南进，讨伐四川的明升。李文忠受命在四川平定之后去治理蜀地。他到了成都，修筑了成都新城,派兵在各个要害之处把守,然后还师。洪武十二年（1379年),洮州（今甘肃临洮）18族的少数民族首领反叛，李文忠与西平侯沐英合兵共讨，平定了叛乱。并在东笼山南川修筑了城池，设洮州卫镇守洮州。李文忠返回京师后，向皇帝奏明西安城中的水含盐碱量太大，又苦又咸，不能饮用，希望皇帝能下令引龙首渠的水入城，使城中用水方便。皇帝降旨同意。李文忠返京后，执掌大都督府之事，并且兼领国子监事。

李文忠

洪武十六年（1383年）冬季，李文忠得病，明太祖亲临探视，并命淮安侯华中负责医治。洪武十七年（1384年）三月，李文忠去世，终年46岁。太祖怀疑华中下毒，便降低华中的爵位，将其家属逐至建昌卫，其他医生及妻子儿女都被斩首。太祖亲自写文致祭，追封李文忠为岐阳王，谥号武靖。配享太庙，肖像挂在功臣庙，位列第三。

五、论将之功数第一，坐事赐死丽江王

傅友德（？—1394 年），宿州相城（今安徽淮北）人，后迁居砀山（今属安徽）。明代名将，开国元勋。

傅友德出身农民，家境不是很宽裕。元朝末年，天下豪杰纷纷起义。元至正十年（1350 年），农民起义军领袖刘福通到砀山迎接韩林儿，傅友德即投奔红巾军，成为起义军中的一名士卒。元至正十七年（1357 年）六月，刘福通遣部将出击，傅友德随李喜喜进入关中。后来李喜喜兵败，傅友德又跟了明玉珍。但明玉珍对他丝毫不重视，他就又去武昌投奔了陈友谅，但很长时间也没有什么名气。

元至正二十年（1360 年），朱元璋攻打江州，到了小孤山，傅友德就带领自己的人马投降了明太祖。明太祖和他谈话，觉得他很有才学，就拜他为将军，让他跟随常遇春去救援安丰（今安徽寿县）。元至正二十三年（1363 年），傅友德与常遇春一起在鄱阳湖和陈友谅的部队开战。傅友德率轻舟首开纪录，打败了陈友谅的前锋，自己也多处受伤。但他毫不顾忌，越战越勇，和其他将军一块儿边打边冲上了泾江口，陈友谅也在这一仗中被打死。元至正二十四年（1364 年），傅友德又跟随常遇春去征讨武昌。武昌城东南有一座山叫高冠山，站在山上正好能把武昌城看得清清楚楚，成为武昌的一个屏障。但是上面有汉军把守。常遇春想夺下这座山，众将谁也不敢带兵向上冲，傅友德只率领了几百人，一鼓作气，攻下了高冠山，飞箭射中了他的脸颊和肋骨，但他没有因此退却，一直攻下了武昌城。

元至正二十五年（1365 年）七月，傅友德随朱元璋下淮东，攻取张士诚江北辖区，破张士诚援兵于马骡港，缴获敌军战舰千余艘。闰十月，夺取泰州，围困高邮，转战江淮各地。元至正二十六年（1366 年）八月，攻下湖州，攻破苏州。由于傅友德军功卓著，擢升为江淮行省参知政事。

明洪武元年（1368 年），傅友德又随徐达挥师北上，破沂州，下青州，攻莱阳，取东昌，很快就平定了山东。随后南下，平定汴洛。闰七月，会师河阴。傅友德为先锋，北渡黄河，克卫辉、安阳、磁州及广安，集结临清，分兵北进，攻占德州、沧州，直逼元大都（今北京），迫使元朝降明。十二月，又进军山西，攻占榆次，进军太原，元守将扩廓帖木儿来援，万骑突至，傅友德以 50 骑冲却之，又夜袭其营，扩廓帖木儿仓皇逃走，追至土门关，获其士马万计。又大败元将贺宗哲于石州、脱列伯于宣府。克复太原，山

西平定。

明洪武二年（1369年）三月，傅友德进军陕西，攻克临洮，平定陕西。而后出潼关，西进甘肃，克庆阳，捣定西，大破扩廓帖木儿。而后，移兵伐蜀，领前锋，夺略阳关，克汉中。蜀将吴友仁犯汉中，傅友德率3000骑兵救援，攻其山寨，又令兵士点燃10支火炬布于山上，蜀军惊慌撤退。傅友德因战功受到朱元璋的犒赏，赐白金、文绮。

明洪武三年（1370年）十一月，朱元璋大封功臣。傅友德以其超群的武略，席卷天下之大功，位次列第28勋，授开国辅运推诚宣力武臣，特进荣禄大夫、柱国、同知大都督府事，封为颍川侯，食禄1500石，赐免死铁券，子孙世袭。

洪武四年（1371年），朱元璋任命傅友德为征虏前将军，与征西将军汤和分道伐蜀。虽很快打下汉中，但由于粮草接济不上，大军只好返回西安。蜀将吴友仁趁机骚扰汉中，汉中告急，傅友德带3000人马前去援救，为迷惑敌人，傅友德命士兵在山上点了10堆大火，黑暗之中，擂鼓呐喊，蜀兵以为明大军到了，吓得全都逃走了。

洪武五年（1372年），傅友德随征西将军冯胜北征大漠，大败元将失剌罕于西凉至永昌，大败元朝太尉朵儿只巴，获马、牛、羊10万余匹。而后，又攻占甘肃，射杀平章不花，降太尉锁纳儿等，至瓜沙州，获金银印及杂畜2万余匹。当时，朱元璋共派出三路大军北伐，唯独傅友德大获全胜，七战七捷，创下传奇式的战功。洪武六年（1373年），傅友德出雁门，为大军前锋，俘获平章邓孛罗帖木儿。还镇北平后，傅友德被朱元璋召还，陪太子讲武于荆山，俸禄每年又增加1000石。洪武九年（1376年），傅友德再次率兵北伐，生擒伯颜帖木儿于延安，降甚众。洪武十四年（1381年），随大将军徐达出塞，讨乃儿不花，渡北黄河，袭灰山，斩获甚众。洪武十七年（1384年），朱元璋论功行赏，晋封傅友德为颍国公，食禄3000石，再次授予免死和世袭铁券。洪武二十三年（1390年），随晋王、燕王再征大漠，擒乃儿不花。还军

傅友德

驻元上都开平（今内蒙古正蓝旗东）后，复征宁夏。

洪武二十四年（1391 年），傅友德被授以征虏将军，守卫北平。后随燕王征讨哈昔舍利，傅友德乘敌人不设防时，带领大部人马悄悄潜入黑岭，大破敌军而还。这一年傅友德被加封太子太师。

蓝玉案后，傅友德因为跟蓝玉走得很近而且战功赫赫，更被朱元璋猜忌。洪武二十七年（1394 年）十一月二十九日，朱元璋召集文武大臣参加一个大型宴会，当他走到门口的时候，看到门口的那个守卫者没有按照规定佩带剑囊，当时他很生气，但是没有发作。这个守卫者不是别人，正是傅友德的二儿子傅让。在大宴文武百官的宴会上，朱元璋忽然说对傅友德儿子傅让有些不满，傅友德起身告罪。朱元璋责备傅友德不敬，命他提取二子首级。傅友德随后提着二儿子的头颅来到朱元璋的面前，自己也自刎而死。朱元璋当即暴怒不已，下令傅家所有男女全部发配辽东、云南。崇祯十七年（1644 年）追封丽江王，谥“武靖”。

六、黔宁威名震遐荒，勋名与明相始终

沐英（1344—1392 年），字文英，濠州定远（今安徽省定远县）人，明朝开国功臣，军事将领，明太祖朱元璋的养子。

元至正四年（1344 年），沐英出生在濠州定远县一户穷苦人家。父亲早逝，随母度日，家境贫寒。

至正十一年（1351 年）农历五月，江淮地区爆发红巾军起义，元朝对于红巾军的起事随即展开镇压。由于战事不断，百姓流离失所。沐英跟随母亲躲避兵乱，可是不久母亲就死在逃难的路上。

沐 英

至正十二年（1352 年），9 岁的沐英流浪到濠州城，被当时的农民起义军将领朱元璋发现并收留，当时朱元璋与马氏夫妇膝下无子，就认沐英为义子，沐英改姓朱，在朱元璋夫妇身边生活。朱元璋夫妇待他就像自己的孩子一样，不仅教他识字读书，还教他如何带兵打仗。

沐英在战乱、兵营、征途中度过童年。

至正十六年（1356 年）,朱元璋亲自统率水陆大军,第三次进攻集庆（今江苏省南京市），沐英随军出征，侍奉朱元璋，不辞辛劳。

至正二十二年（1362 年），年仅 19 岁的沐英开始担当军事要任。先是被朱元璋封为帐前都尉，参与镇守镇江（今江苏省镇江市）；后提拔为指挥使，守江西重镇广信（今江西上饶）。

至正二十七年（1367 年），朱元璋派水军和陆军取福建，沐英领兵自西进攻，攻破江西、福建交界处的分水关，占领崇安（属今福建省武夷山市），又攻破闵溪 18 寨，俘虏陈友定部将冯谷保。朱元璋命他恢复沐姓，并命他移师镇守建宁（今福建三明建宁县），节制邵武、延平、汀州三卫（皆属福建）。

洪武三年（1370 年），沐英被授镇国将军，任大都督府佥事；次年升大都督府同知。大都督府是明初军事中枢,掌天下兵马,当时府中积务繁积。沐英年纪虽轻,聪明敏悟,在府中七年,处事果断,解决问题明快,毫无遗漏,马皇后多次称赞他的才干，深得朱元璋器重。

洪武九年（1376 年），沐英被朱元璋给予全权派往关陕，体察民情，布施皇上恩惠。又命他练兵准备征战。同年十一月，沐英担任征西副将军，跟随卫国公邓愈出征吐蕃。

洪武十年（1377 年）农历四月，邓愈、沐英领兵至甘肃、青藏，分三路前进，进攻川藏，一直打到昆仑山。得胜而回，没有久留。回师途中邓愈去世,沐英率领军队返回,因军功获封开国辅运推诚宣力武臣、荣禄大夫、柱国、西平侯，年禄 2500 石，并被授世袭凭证。

洪武十一年（1378 年）农历八月，沐英为征西将军，与蓝玉等统兵征伐西番。开始的时候在土门峡取得胜利,再进攻到洮州（今甘肃省临潭县），俘虏西番 18 族头领阿昌失纳。又在东笼山筑城,擒获酋长三副使瘿嗉子等，平定朵甘纳儿七站，拓地数千里，俘获男女 2 万、各种牲畜 20 余万。

洪武十三年（1380 年），沐英又奉命率兵进击屯兵和林的一支残留元朝势力。沐英由亦集乃路（今内蒙古额济纳旗）渡过黄河，翻越贺兰山，经过流沙，用了 7 天到达距敌营 50 里处。沐英分兵四路前进，一路从后面偷袭敌人，两路左右夹击，沐英亲率精骑正面冲击，四面合围，一举战胜，俘虏元朝国公脱火赤、知院爱足及其全部。

洪武十四年（1381 年），沐英领兵出古北口，随大将军徐达北征。沐英独当一面，攻取公主山长寨，攻克全宁四部，然后渡过胪朐河，俘虏知院李宣及部众。

洪武十四年（1381 年）农历九月，朱元璋以傅友德为征南将军，蓝玉、沐英为副将军，率军 30 万征讨云南的元朝残部。朱元璋亲自安排进军路线，沐英随傅友德等率主力先进逼曲靖。元朝梁王闻讯，派平章达里麻率 10 万军队前去抵御。沐英等人率领士兵冒着雾前进，迅速到达曲靖。

明军突然出现，达里麻大惊。当时达里麻军列阵白石江一岸，明朝军队在另一岸。傅友德欲即刻渡江，沐英不同意，说敌方已兵陈对岸，扼制水面，这样渡江对自己不利。于是只摆出渡江的样子，临江而立，另派几十人从下游潜渡，到达对岸后鸣金吹角，大造声势，致使达里麻军阵势开始动乱，明朝军队趁机渡江。

沐英让勇猛会游泳的士兵在前面，登岸后与达里麻的军队展开大战。达里麻大败被俘，沐英将 2 万被俘士兵都放还故乡，明朝军队声威大振，梁王把匝剌瓦尔密闻讯自杀。沐英、蓝玉率兵直逼昆明，昆明不攻自破。盘踞云南的残元势力被消灭。

云南西部大理一带，存在段氏割据势力。段氏世据大理已数百年。大理后面有点苍山，前面有洱海，号称天险。

洪武十五年（1382 年）闰二月，沐英和蓝玉领兵西攻大理。段氏聚众守在下关（点苍山有上、下二关，又称龙首关、龙尾关）。沐英、蓝玉派遣王弼进攻上关，沐英、蓝玉亲自率兵进攻下关，形成掎角之势；另派一队人马攀缘点苍山背后而上，居高临下作为策应。沐英身先士卒，策马渡河，将士在他的后面跟随。段氏不知背后虚实，阵势溃乱，兵败被俘。攻占大理后，沐英、蓝玉或分兵其他地区，或下谕招降，云南西部大部归附明朝。沐英、蓝玉又取得平定云南西部的胜利。

沐 英

洪武十五年（1382 年）农历七月，沐英率师返回滇池，和傅友德合兵，分道平定乌撒、东川、建昌、芒部诸蛮，设立乌撒、毕节二卫。明洪武十五年（1382 年）农历八月，朱元璋的马皇后病逝，沐英闻讯悲伤过度而咯血。

洪武十五年（1382 年）农历九月，当傅友德、沐英再次领兵征服一些地区时，土官杨苴散布明朝大军已经班师回朝，纠集了 20 万叛军攻打昆明。当时守昆明的是冯诚（冯国用的儿子），昆明城中缺粮，多数士兵生病，形势危急。沐英闻讯，率兵返回昆明，和冯诚合力，打败叛军，斩首 6 万，守住昆明，稳定了局势。

洪武十六年（1383 年），朱元璋下诏命傅友德及蓝玉班师回朝，而留下沐英镇守云南。洪武十七年（1384 年），曲靖酋长作乱，沐英将其征讨降服。并趁机平定普定、广南诸蛮，打通田州粮道。洪武十九年（1386 年）农历九月，沐英上疏朱元璋，请求让军队屯田开垦。朱元璋同意了沐英的建议。洪武二十年（1387 年），沐英平定浪穹蛮族，并奉诏自永宁至大理，每 60 里设一堡垒，留下军队屯田。

洪武二十一年（1388 年），麓川国主思伦发反叛，入侵摩沙勒寨，沐英派遣都督宁正率军将其击败。次年，思伦发再次侵犯定边，军队号称 30 万。沐英挑选骑兵 3 万奔往援救，设置三行火炮劲弩。蛮军驱赶百象，身披甲衣，肩扛栏盾，左右挟着大竹筒，筒中装设镖枪，锐气十足。沐英将军队分成三路，都督冯诚率领前军，宁正率领左军，都指挥同知汤昭率领右军。即将开战，沐英下令道：“今日之战，有进无退。”于是乘风大呼，炮弩齐发，象都掉头而跑。昔剌亦是蛮寇枭将，他殊死而战，左军稍有退却。沐英登高望见此情形，抽出佩刀，命令左右将左帅首级砍来。左帅见一人握刀奔下，心中恐惧，奋力大呼而突入阵中。大军乘机冲杀，斩首 4 万余人，生获 37 头象，其余的象全被射死。蛮贼将帅各遭百余箭，伏在象背死去。定边之战，明军大获全胜，思伦发逃走，诸蛮深受震慑，麓川从此不再被阻塞。不久，沐英会合傅友德讨平东川蛮，又平息越州酋长阿资及广西阿赤部。

沐英命令军队边防守边种田，既解决吃粮又稳固驻守，一举兼得。沐英还招引外省百姓来云南屯田，朱元璋命外省军人到云南屯田，一时云南屯田大兴，粮食收获大有增加。沐英还以屯田的增减考察官吏的政绩，赏罚官员。沐英治理云南期间，屯田总数百万余亩，促进了云南的农业发展。

沐英还组织民工疏浚河道，扩大滇池，兴修水利；招引商人来云南，运进米谷、布匹和盐，发展商业。开发盐井，增加财源。沐英还整修道路，保护粮运，使云南农商都有发展。

沐英增设府学、州学、县学达几十所，择选民间优秀及土官子弟入学，每个月赐给饮食，每年赐给衣服。他本人也经常读书，手不释卷，工作闲暇就找儒生讲说经史。

洪武二十二年（1389 年）冬季，沐英去京师朝见朱元璋，朱元璋在奉天殿(皇帝办公的正殿)赐宴沐英，赏赐黄金 200 两、白金 5000 两、钞 500 锭、彩帛百匹。朱元璋高兴地说："自从沐英镇守在西南，朕就高枕无忧了。"沐英返回云南后，在景东再败麓川，思伦发乞降，进贡土产。阿资又反叛，沐英率军将其击败。云南全部平定，沐英又派遣使者以兵威谕降诸番，番部有通过翻译辗转前来进贡者。

洪武二十五年（1392 年）农历六月，沐英获悉皇太子朱标去世，哭得十分伤心，不久病逝于云南任所，年仅 49 岁。

当沐英的灵柩运抵京城应天府时，朱元璋亲往迎接，并派遣宫中官员，负责安葬，追封沐英为黔宁王，谥昭靖，侑享太庙。此后沐氏子孙世代镇守云南，直到明朝末年。

七、倚剑东冥势独雄，扶桑今在指挥中

俞大猷（1504—1580 年），字志辅，号虚江，福建晋江（今福建泉州）人。明代抗倭名将。军事家、武术家、诗人、民族英雄。

俞大猷一生与倭寇作战，战功显赫，率领"俞家军"能将敌人吓退，与戚继光并称为"俞龙戚虎"。

俞大猷少年时代就特别喜好读书。他先从王宣、林福学习《易经》，也得到蔡清真传。又从赵本学将《易经》推广演绎到兵家的阻截、袭击、交锋，应付各种情况的权术。不久，他又跟从李良钦学剑。家中经常一贫如洗，但他的志向依然豁达自如。他的父亲过世后，他放弃了诸生的身份，继承了世职百户。

嘉靖十四年（1535 年），俞大猷在武举会试中考中了武举，被授为千户，派往金门守御。当地军民常为琐事互相诉讼，很难治理，俞大猷就以礼让来诱导他们，诉讼纠纷便逐渐低落平息。

嘉靖二十一年（1542 年），俺答大举入侵山西。明世宗颁布诏书，在全国选拔武艺高强的勇士。俞大猷到巡按御史那里毛遂自荐，御史将他的名字上报了兵部。当时是毛伯温任兵部尚书，他将俞大猷送到宣大总督翟鹏任所。但是俞大猷仍然没有被重用，只好辞别还家，返回金门，毛伯温委任他为汀漳守备。俞大猷来到武平，在那里筑起了一个"读易轩"，与入学的生员一起建立文会，同时每日教习武士击剑。他率领部队接连攻破海寇康老，俘虏斩杀敌方 300 多人。因此他被提为代理都指挥佥事，分领广东都司事务。

广东新兴、恩平少数民族聚居地的谭元清等多次起义造反，总督欧阳必进委派俞大猷前去处理。俞大猷就命令当地的良民自卫防守，而亲自带领几人走遍少数民族聚居峒寨，告诉他们这其中的利害关系，而且教他们击剑，造反者被吓倒征服。叛反的瑶民中有一个人叫苏青蛇，力大过人，曾经空手凭力气打死过猛虎，俞大猷将他骗了出来斩首，对方于是更加惊恐。俞大猷接着来到瑶民何老猫的住地，命令他归还所侵占的百姓田地，而且还招降了他的几个首领。这两个地方因此安定了下来。

嘉靖二十八年（1549 年），浙江巡抚朱纨受命兼管福建军事，巡视福建御倭情况，推荐俞大猷为备倭都指挥。当时正遇上安南（今越南）入侵广东边境，广东总督欧阳必进奏请留下了俞大猷。欧阳必进传檄书命俞大猷去征讨安南，俞大猷飞马来到廉州（今广西合浦）。当时敌人正急着攻打廉州，俞大猷因为水师尚未集合，就派遣了几个骑兵前去劝降，并且声称大部队来了。敌人不知真相，果然停止了进攻，撤围而去。不多久，大队水军到达，俞大猷便在冠头岭设下埋伏。敌人进犯钦州，俞大猷阻击夺得他们的舟船。追击了几天，斩首敌人 1200 多人。又穷追到海东的云屯。事情平息后，奸相严嵩却压了俞大猷的战功不予奖励进用，只赏赐白银 50 两而已。

俞大猷

俞大猷从军 50 年，一直站在抗倭斗争的第一线，担任过参将、副总兵、总兵，转战今苏、浙、闽、粤诸省。当时，哪里抗倭斗争需要俞大猷，他就出现在哪里，就能在哪里打胜仗，就能在哪里打开抗倭斗争的新局面，直至将东南沿海倭患基本平定为止，俞大猷为保卫我国东南海疆的安全贡献出毕生精力，立下了丰功伟绩，令敌胆寒，令人敬佩。俞大猷率领的军队之所以战斗力强，与他的治军有方有着密切的关系。

俞大猷在治军中，十分重视选将育才。他认为：“人才在天地间，苟爱惜之、培养之，则虽中人之才，可以立上智之功；或求备而凌责之，虽上智之士，亦将俯首帖耳，手足无所措，而终不能以自见矣！”（《正气堂集》卷四）就是说，对人才，要重视培养；如果重视培养的话，虽中等的人才，也可以立上等智力人才所能立的功劳；如果求全责备，就是有上等智力的人才，也不会有大的作为。俞大猷这样讲，也是这样做的。明世宗嘉靖二十一年（1542 年），俞大猷担任汀漳（今福建长汀、漳州）守备，官职并不大，部属不过数百人，他却专设“立马读书轩”，类似现在办的军事学校一样，既读兵书，又习武艺，来培养建军骨干。由于俞大猷对部属结之以诚，教之以义，身体力行，因而他的许多部将，例如，卢镗等智勇双全，在抗倭作战中屡立战功，后升为浙江总兵。

俞大猷对部属既认真培养，又关怀备至。当部属发生过错时，他既能严肃批评教育，帮助分析原因，又能对上主动承担领导责任。嘉靖四十四年（1565 年），时任广东总兵的俞大猷，率军在广东沿海扫荡倭寇，屡获胜利。但有一次，部将汤克宽追击贼首吴平不力，致使吴平乘渔船逃脱。上面为此追究汤克宽的责任，俞大猷勇于承担，还上书说明“克宽忠勇惯战，请保住，不效甘同罪”。（《明书》卷一四一）在汤克宽罢职后，他以自己的财物来接济汤克宽的妻室，还为此被夺职。汤克宽经过俞大猷的保护，不仅免于一死，而且后来成为名将，当上了广东总兵。正由于俞大猷关心部属，因而他的部属对他也非常尊重和信赖，作战时均争效死力。

有一次，兵部官员问俞大猷如何训练精兵，他回答说：“教兵之法，练胆为先；练胆之法，习艺为先。艺精则胆壮，胆壮则兵强。”（《正气堂集》卷十一）俞大猷不仅这样讲，更重要的是身体力行。当时，使用的刀、枪、剑、棍等长短器械，他样样都行；行军布阵，他料敌如神；特别是剑术，他更是精通。据说当他剑法学成时，他的老师李良钦想试试他的本领，特地同他斗剑，比试完了，李良钦非常高兴，称赞他是“异日剑术天下无敌者”。

俞大猷的独轮战车

俞大猷率领的部队，大部分是招募来的农民、渔民和矿夫，能吃苦耐劳。他把他们编组起来，从实战需要出发，严格训练。当时战士们习武的爱好和所长不同，有的惯用藤牌、

镖枪，有的惯用长牌、砍刀，有的惯用长枪，还有的惯用短枪。俞大猷就因人而异，“编立队伍，督习技艺，铯牌铳箭，务使专精，起伏进止，务使谙熟”；然后，他把熟悉各种器械的人按作战需要编组起来，再加上“明号令、严赏罚、懂阵式”，因而经他训练的军队，英勇善战，战斗力强，令倭寇闻风丧胆。

俞大猷把严明军队纪律，作为严格训练军队的一个重要方面。1535 年，他开始担任金门（今属福建）守备时，发现这支队伍纪律很差，风气很坏，打架斗殴无所不有，同群众的关系也很差。于是，他就加强教育，严格整顿，不长时间，就使这支队伍的面貌为之一新，同时也有效地改善了同当地群众的关系。因而，俞大猷在金门民众中的威望也越来越高。后来，当他离开金门时，许多群众痛哭流涕，还为他建立了生祠。

从 14 世纪起，日本倭寇经常窜入我国沿海地区进行抢掠。到了嘉靖年间，倭寇趁明朝政治腐败，军备废弛，侵扰更加频繁，给我国沿海地区人民带来极大的痛苦和灾难。1552 年，时任宁台（今浙江宁波、台州）诸郡参将的俞大猷，针对倭寇从海上来的特点，提出御倭用兵之策，说：“贼由海来，独当以海舟破之。若专备于陆，贼舍此击彼，我不胜其备，贼不胜其击，彼逸我劳，非计也。”（《明书》卷一四一）他改变当时设防陆地、只堪株守的消极做法，指挥从福建调集的舟师，在海上打击敌人。有一次，在温州附近的海战中，遇到台风，战船颠簸得厉害，有些士兵惊慌，而俞大猷却非常镇定，拔刀砍断船桅，使船稳定下来。在他沉着坚定的指挥下，士气大振，一举攻破倭寇据点临山卫和昌国卫，杀虏倭寇千余人，烧毁倭船 50 余只。嘉靖三十二年（1553 年），倭寇大举入侵浙江普陀山，俞大猷率领舟师乘夜前往袭击，先火攻，后肉搏，反复冲杀，俘斩倭寇数百人。由于俞大猷接连打胜仗，歼灭登陆的倭寇，进而收复倭寇盘踞的据点，使浙东沿海慢慢恢复了以前的安宁。

俞大猷还根据江南水网地区的特点，调用河船来打击向内陆窜犯的倭寇。嘉靖三十四年（1555 年）四月底，柘林（今上海奉贤附近）倭寇 4000 余人突犯嘉兴，时任南直副总兵的俞大猷和参将卢镗、汤克宽等率领水陆军联合抗击，互为掎角之势。五月初一那天，当倭寇进至王江泾（今嘉兴市北）时，俞大猷和卢镗前后夹击，汤克宽率水师从中间出击，斩杀倭寇 1900 余名，烧死、溺死者很多，取得了当时抗倭战争中空前的大胜利。接着，俞大猷又在陆泾坝、陶宅等地接连打了胜仗，使淞沪地区的秩序日渐安宁。

训练和率领水师同倭寇作战，是俞大猷抗倭中的得意之作。他专门写了一首题为《舟师》的诗，讲道：

倚剑东冥势独雄，扶桑今在指挥中。
岛头云雾须臾尽，天外旌旗上下冲。
队火光摇河汉影，歌声气压虬龙宫。
夕阳景里归篷近，背水阵奇战士功。

这首诗的字里行间，充分反映出这位抗倭名将统率水师训练和作战的情景，表现出水师的强大气势，充满了战胜敌人的必胜信心。

广东饶平的倭寇张琏几次攻陷城邑，多年来不能平定。嘉靖四十年（1561 年）七月，诏令俞大猷调往南赣，会合闽、广的兵力讨平这支倭寇。这时胡宗宪兼管江西，知张琏远出，便传檄书让俞大猷急速前去袭击。俞大猷说："应该秘密地出兵骚扰他们的老巢，攻其巢穴，张琏必定回救，怎么能用几万大军为追踪一个人而轻率乱走呢？"于是他迅速地带领 15000 人登上柏嵩岭，俯瞰敌寇老巢。张琏果然回来救援，俞大猷连连攻破这支敌寇，斩首 1200 多人。敌人恐惧，不敢再出。俞大猷利用间谍引诱张琏出战，自己从战阵后面将张琏捕捉，同时还抓住了敌人的另一首领萧雪峰。俞大猷又被提升为副总兵，协助守卫南、赣、汀、漳、惠、潮等郡。接着他乘胜去征讨程乡盗贼，在梁宁擒获了徐东洲。有个叫林朝曦的人，单独约了黄积山一起发动了大规模起义。官兵攻打并斩杀了黄积山，林朝曦逃掉了。后来他被徐甫宰消灭，俞大猷被提升为福建总兵官。

隆庆二年（1568 年），海盗曾一本进犯广州，随即又进犯福建。俞大猷奉命联合郭成、李锡的军队，征剿并消灭了这股势力。朝廷为他们记功，俞大猷被晋升为右都督。

广西古田僮族黄朝猛、韦银豹等人，嘉靖末年曾两次抢劫会城库，杀了参政黎民表。巡抚殷正茂征兵 14 万，请托俞大猷前去讨伐，分七路进发，一连攻破了几十个巢穴。盗贼据守潮水，据点建在最高的山顶，俞大猷攻打了 10 多日也没有攻下来。他假装分兵去袭击马浪的盗贼，而密令参将王世科乘黑夜登山设下伏兵。黎明时分，伏兵发炮，敌人大惊。各路军队攀缘而上，敌人都战死了。马浪的各巢穴也相继被攻下。斩俘了 8400 多人，拘捕了黄朝猛、韦银豹，累世百年的寇贼全部都被扫除了，皇帝封俞大猷世荫为指挥佥事。

俞大猷为将清廉，统领部下有恩德。屡建大功，威名震动南方。但是

巡按李良臣弹劾他奸贪，兵部又极力支持这一说法，朝廷诏令他回到原籍听候调遣。后来起用他为南京右府佥事。还没有到任，就以都督佥事身份任福建总兵官。万历元年（1573 年）秋天，海寇突然袭击间峡澳，俞大猷因失利获罪,被夺职。后再以代理都督佥事起用为后府佥书,率领车营训练。

俞大猷先后著有《兵法发微》《洗海近事》《镇闽议稿》《广西选锋兵操法》等，并编辑其师赵本学《韬铃内外篇》等为《续武经总要》。为我国军事发展做出了巨大贡献。

俞大猷著有《剑经》一书，虽然名为“剑经”，但实际上是讲棍法及长兵器的用法。内容包括“剑（棍）”“射”“阵”三法，俞大猷认为“棍为艺中魁首”。强调随时以“奇正相生”的变化，以静制动，后发而先至，在敌“旧力略过，新力未发”时，施以突击，“打他第二下”，“刚在他力前，柔乘他力后，彼忙我静待，知拍任君斗”。戚继光曾称赞《剑经》说：“千古奇秘尽在于此，近用此法教长枪收明效，极妙！极妙！”

俞大猷生平还喜欢写诗，他自己曾说“欲写心中无限事，不论工拙不论多”。俞大猷一生创作的诗歌非常多，抒发自己忧国忧民的思想情怀，表明积极济世报国的人生理想的有《秋日山行》《双千里马于甬道试行》等，描绘沙场征战的动人场面，歌颂战士的丰功伟绩的有《舟师》《与展推府》等,通过抒写真挚的友情,表达自己的爱国情怀的有《杨西洲南征赠以战袍》《哭陈高峰》等，还有其他如《咏牡丹诗》《试剑石》等，俞大猷的诗大多感情豪迈，气势雄伟，抒情与议论相结合，语言风格浑厚质朴，后人将俞大猷生平所作诗歌汇编成《正气堂集》。

万历八年（1580 年），俞大猷卒于家中，享年 78 岁，直至死前还在领兵训练。为表彰俞大猷一生的功绩，明朝赠他为左都督，谥武襄。俞大猷的墓在晋江县磁灶镇苏垵村，明刑部尚书潘湖人黄光升为他写了墓志铭。广东的崖州、饶平，福建的武平、金门，浙江的宁波等地都建有俞大猷的祠堂。

八、南抗倭寇北守边，青史垂名有遗篇

戚继光（1528—1587 年），字元敬，号南塘，晚年又号孟诸。祖籍濠州定远（今安徽定远），后移居山东蓬莱。明代抗倭名将，著名军事家，民族英雄，杰出的书法家、诗人。

戚继光的父亲戚景通是一位为人正直、精通经史、文武兼优的名将。戚继光自幼在父亲的严格要求和精心培养下，诵读诗文，研习兵法，苦练

武艺。17 岁那年，父亲病故，戚继光承袭父职，做了登州卫指挥佥事。在任期间，他仍旧刻苦读书，博览历代兵家名著。

嘉靖三十二年（1553 年）夏天，戚继光被升为署都指挥佥事，负责登州、文登、即墨三营 25 个卫所，以筹办整个山东的海防。

嘉靖三十六年（1557 年），倭寇侵犯乐清、瑞安、临海，戚继光会合了俞大猷之兵，在岑港包围了汪直的余党。但很久都不能将其攻克，因此被撤了官职，戴罪去打击敌人。这些倭寇逃跑后，其他倭寇又到台州焚烧抢掠。给事中罗嘉宾等上奏弹劾戚继光无功，而且勾通外国。正在调查审问，不久即以平定汪直的功劳恢复了原职。

倭寇骚扰浙江时，由于浙江沿海卫所残破，兵力单薄，明王朝从山东、河北、广西等省调来大批军队。这些从外地调来的军队，统称为客兵。起初，浙江人民对这些客兵抱着很大希望，除了表示极大的欢迎之外，并想尽办法为“客兵”筹措粮饷。但这些客兵纪律很差，甚至“掠奸索食，不减于贼”，一旦遇到敌人，则“数里以前，望贼奔溃，闻风破胆”。所以，民间流传着这样的谚语：“宁遇倭贼，毋遇客兵；遇倭犹可逃，遇兵不得生！”

戚继光到浙江不久，即了解到“客兵”的腐败，决心编练一支有战斗力的新军，拣选好兵。戚继光的选兵条件是“第一可用，只是乡野老实之人”，“第一切忌，不可用城市油滑之人”，不以貌取人，要“以胆为主”，要敢于同敌人拼杀。根据这些条件，他于嘉靖三十七年（1558 年）十月在义乌县从农民、矿工中招募了 3000 人，一支新军建立起来了。

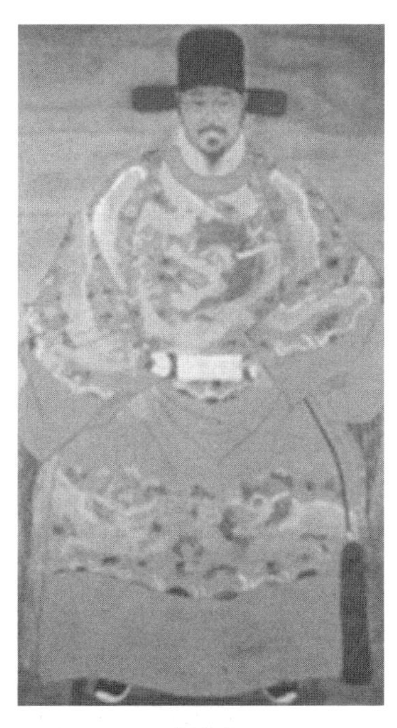

戚继光

由于戚继光治军严格，又有一套比较完整、行之有效的练兵法则，在较短的时间里，这支新军被训练成为纪律严明、组织良好、勇敢善战、常打胜仗的军队，被人民称誉为“戚家军”。

嘉靖三十四年（1555 年）七月，戚继光被调至浙江。第二年七月，出任参将，分守宁波、绍兴、台州三府。这三府辖区倭寇猖獗，倭垒散布，是浙江防务的主要地区。戚继光一边督练部队，一边同分散的倭寇作战，连拔敌垒。

嘉靖三十八年（1559 年）春夏之交，倭寇大举侵犯台州（今浙江临海），包围了桃渚千户所（今浙江台州东）。四月初，戚继光率队起宁波（今浙江宁波），驰赴台州，往解桃渚之围。当他们兵至桃渚时，桃渚城已被围困月余，危在旦夕。为了防止敌人闻警逃散，避开倭寇凶锋，戚继光采取了设疑牵制、暗置伏兵，乘敌撤退之机突然实施攻击的战术。他首先选择了倭寇败逃时的必经之地，派队分头埋伏；然后，选鸟铳手数十人潜入桃渚城，与守军相配合，在城上张旗树帜，作为疑兵。第二天，倭寇攻城。城上鸟铳齐发，击毙大批敌人。倭寇见攻城不得，死伤惨重，又见城上旌旗蔽日，以为戚继光大队已经入城，故仓皇退却。可是，他们万万没有想到，掉头一走，却遭到早已埋伏在路口的大队戚家军的截杀。由于倭寇处于败势，仓皇无备，遭到突然打击后，措手不及，所以死伤惨重。勉强逃出的部分残倭行至灵江北岸的章安（今浙江临海东南章安镇），举火为号，企图引南岸残敌会合，进行顽抗。戚继光早在这里三处设伏，分兵进击，并亲自擂鼓助战。经过半天英勇搏斗，再次大败敌寇。随后，戚继光紧追不舍，终于把这部分残倭，围困在黄蕉山（今浙江松门北海中，又名黄礁山）歼灭。随后，戚继光又相继剿灭了分扎各地、游动不定、时聚时散的倭群，彻底解除了倭寇对桃渚的围攻。五月初，戚继光率师南至海门。在这里，他再次指挥了阻击、追击倭寇的战斗，歼灭窜犯海门的 3000 倭寇。

嘉靖三十九年（1560 年），戚继光被任命为参将，开始独镇一路，负责守卫台州、金华（今浙江金华）、严州（今浙江梅城）等地，驻兵松门（今浙江松门）、海门一带。第二年春，倭寇又出动船只数百，约一两万人，进犯浙江。台州是倭寇进攻的重点。四月十九日，倭船 16 艘由象山（今浙江象山）海口侵入奉化、宁海之间，企图乘虚南下，进攻台州。戚继光清楚地看到，倭寇先发兵宁海，是想等明军一出动，他们乘虚攻打台州。当时，戚继光的主力集结在海门、松门，距宁海有百余里。如果率兵北上，势必后路空虚；如果固守不出，就给敌人以疯狂劫扰的机会。戚继光反复权衡利弊，决定将计就计，采取先北后南、急趋宁海，然后折师回保台州，速战速决的方针。他首先发兵两支，分别加强台州、海门的防范，然后，亲率精锐急速北上，直攻宁海之敌。在宁海一带作恶的倭寇，闻戚家军将至，仓皇逃窜。戚继光一举粉碎了倭寇对宁海的扑犯。

果然，就在戚继光北进宁海之时，又有数千倭寇乘舟船数十艘，从健跳所（今浙江健跳）一带登陆。他们兵分两路：一犯桃渚，一犯新河城，然后气势汹汹地向台州扑来。这时，戚继光已完成了对宁海之倭的打击，

虎蹲炮

遂兵分三路，擂鼓疾行，回师台州。当侵台之倭刚刚行至距台州二里左右的花街时，与戚家军不期而遇。倭寇没有料到戚家军会突然而至，慌乱不堪，仓促排成一字大阵迎战。戚继光以正兵对敌的同时，又与奇兵交相使用，倭寇抵挡不住，收队南撤。为了阻止戚家军的追击，他们在沿途抛出大量金银财物，但戚家军严守军纪，个个奋勇冲杀，无一人拾取。

戚继光虽然杀退了进犯台州的倭寇，但从全局上看，并没有给敌人歼灭性的打击。而且从倭寇一触即逃的迹象表明，其离开台州的目的在于引戚家军移军他走，以便他们再返台州。如果戚家军坐以待敌，倭寇就不会再来。根据这种情况，戚继光很快又施一计：当天夜里戚家军突然离开台州，撤至桐岩岭（今临海北），佯作回宁海。倭寇见戚家军意在图北，果然又来袭击台州。戚继光知敌中计，于四月二十七日晨，突然命令部众再杀回头。戚家军行动迅速，从桐岩岭出发，不及半日就回到了台州。倭寇万没想到戚家军从天而降，故闻讯夺路逃奔。戚家军全力追杀，凡五战五捷，生擒倭酋 2 人，斩敌首级 300 余，余敌全部落水而死。这一战，速战速决，还不到一顿饭工夫。

嘉靖四十一年（1562 年）七月，戚继光被任命为上将军，率兵 6000 余人由浙入闽，投入平定福建倭患的战斗。戚家军数次与倭寇激战，连续胜利，使戚继光威名远播，戚家军也名闻天下。戚继光也被倭寇称为“戚老虎”。这年十一月，戚继光班师回到了浙江。

戚继光回到浙江不久，倭寇又接踵而至。他们说：“戚老虎走了，我们还怕什么？”一时间，福建沿海地区的倭乱又起。

嘉靖四十二年（1563 年）四月十三日，戚家军再一次抵达福清。这时，总兵俞大猷会合广东总兵刘显所部，已屯兵五侯山（又名五虎山，今福建闽侯东南）一带，等候戚家军多日。二十日，戚继光与俞大猷、刘显共同商定了破敌之策。决定三路大军，同时进攻平海。其部署是：戚家军担任中路冲击，俞大猷攻右路，刘显攻左路。

第二天深夜，明军同时出发。戚继光首先粉碎了2000多倭寇的冲击，然后挥师猛追，共斩敌2200多人，救出百姓3000多人。此役大获全胜，巡抚谭纶上奏报功，戚继光排在第一，刘显、俞大猷次之。戚继光因前面收复横屿的功劳，被提升为都督佥事，这次更晋为都督同知，世荫千户，而且代俞大猷任福建总兵官。

十一月上旬，倭寇集中两万多人围攻位于木兰溪畔的仙游城（今福建仙游）。十二月二十四日，戚继光见明军援军齐集，立即组织反击敌人。二十五日，各路大军分道出发。次日晨，共同杀向敌营。由于各路大军配合默契，又在行动时采取了非常隐蔽的方式，给了敌人意想不到的突然打击，故很快拔除南垒。随后，东、西两路协同作战，接连攻克敌东、西、北三垒。这样，戚继光以周密的部署、迅速一致的行动，一举破除仙游之围。倭寇的攻城设施、器械，全被焚毁或缴获。

仙游破围后，戚继光紧追逃敌。嘉靖四十三年（1564年）二月，在同安县（今福建同安）两次大败倭寇。至此，福建境内倭患暂告平息。第二年，戚继光开始把戚家军的锋芒指向广东，消灭了与倭寇紧密勾结的山寇吴平近万人，消除了广东倭患。戚继光与东南沿海军民经过十几年的艰苦作战，终于取得了平息倭患、保卫国土的重大胜利。

隆庆初年（1567年），给事中吴时来因为蓟门经常有警报，请求召俞大猷、戚继光专职负责训练边境的士卒。兵部的意见是只用戚继光，于是召他担任神机营副将。刚好谭纶在辽、蓟指挥军队，遂集中了步兵3万人，征集了浙江兵3000人，请求专门交戚继光训练。皇帝批准了。隆庆二年（1568年）五月，命令戚继光以都督同知的身份，总理蓟州（今天津蓟州区）、昌平（今北京昌平）、辽东（今辽宁辽阳）、保定（今河北保定）几个镇的练兵事宜。不久，又任命戚继光为总兵官，镇守蓟州、永平、山海各处，而停止对浙江兵的调动。

自嘉靖以来，边界的城墙虽然有修筑，但没有建造墩台。戚继光在塞上巡视，提出建造墩台，请准召浙江人独立为一军。皇帝准许，浙江兵3000来到，排列在郊外。天下大雨，从早上直到日西斜，仍然直立不动。边防兵士十分惊骇，从此才知道什么是军令。隆庆五年（1571年）秋天，敌台完工，精细坚固雄伟壮观，2000里间声势相连。戚继光因此得到世袭荫职。

当时，俺答已经来朝贡，宣府、大同以西，全无战事。只有小王子的后人土蛮迁居到插汉之地，拥有10多万军士，经常威胁蓟门。而朵颜董狐狸和他的侄子朵颜董长昂勾结土蛮，时叛时服。万历元年（1573 年）春天，这两股敌人计划入侵。骑兵到了喜峰口，勒索赏赐没有得到，便大肆烧杀抢掠，到边塞附近打猎，以引诱明军。戚继光突然出击，几乎抓到了朵颜董狐狸。随后，又多次击败了朵颜董长昂、朵颜董狐狸，迫使他们投降，归还所抢去的边界百姓，准许他们依旧朝贡。

福州戚公祠中的戚继光塑像

不久，戚继光被升为左都督。又因协助辽东军打退了炒蛮的进犯，在加封了太子太保上又加太子少保。在以后的考核中，他屡受嘉奖。

戚继光在东南沿海抗击倭寇 10 余年，扫平了多年为虐沿海的倭患，确保了沿海人民的生命财产安全；后又在北方抗击蒙古部族内犯 10 余年，保卫了北部疆域的安全，促进了蒙、汉民族的和平发展。此外，还写下了 18 卷本《纪效新书》和十四卷本《练兵实纪》等著名兵书，还有《止止堂集》及在各个不同历史时期呈报朝廷的奏疏和条议。

同时，戚继光又是一位杰出的兵器专家和军事工程家，他改造、发明了各种火攻武器；他建造的大小战船、战车，使明军水路装备优于敌人；他富有创造性地在长城上修建空心敌台，进可攻退可守，是极具特色的军事工程。

戚继光在蓟州镇守了 16 年，边防守备井井有条，蓟门太平安定。这之前，自嘉靖三十八年（1559 年）始，17 年间换了 10 个大将，都因获罪去职，只有戚继光例外。这亦多亏当时朝中执政大臣徐阶、高拱、张居正先后都依靠、信任他。

万历十年（1582 年），张居正死后半年，给事中张鼎思说戚继光不适于在北方工作，执政者马上把他调到广东。过了三年，御史傅光宅上疏推荐他，反受停俸禄的处分。万历十三年（1585 年），给事中张希皋再次弹劾戚继光，戚继光因此竟被罢官回家。万历十五年（1587 年）十二月八日，戚继光因病去世。

戚继光一生戎马，南抗倭寇，北守边陲，战功显赫，青史垂名。然更为后世所尊崇的，还是他利用作战间隙精心撰写兵书，为丰富我国军事理论宝库所做出的贡献。

明世宗嘉靖三十九年（1560 年），戚继光开始撰写《纪效新书》。为了尽快写出书稿，他不顾恶劣的战争环境和简陋的写作条件，经常利用作战、训练间隙，席地而作，有时挑灯夜战，彻夜不眠。不久，书稿写成。开始，写了 14 卷，后又补充 4 卷。全书除卷首外，分为束伍、号令、军法、禁令、禁约、赏罚、行营、操练、出程、长铯、牌筅、剑经、射法、拳经、器图、旗鼓、守哨和水兵等 18 卷，各卷又分若干条。其主要思想“选精兵”。戚继光认为，招募士兵必须挑选那些喜爱武艺、热爱百姓、仇恨倭寇、甘愿为杀贼卫民立功者，切不可招那些专为找出路、混饭吃的油滑人；要招体质黑大粗壮、手面皮肉坚实有力者，不可征那些脸庞洁白的奸巧人；要招反应敏捷伶俐者，切不可挑那种胆气不足的怕死鬼。

戚继光为尽快用新的军事思想武装抗倭将士，遂将《纪效新书》刻印分发，组织将士认真学习，熟记脑中，照着教练。此后，戚家军如虎添翼，屡摧大敌。

明穆宗隆庆二年（1568 年），刚刚结束东南沿海抗倭战争的戚继光，又被朝廷任命为总理蓟州、昌平、保定三镇练兵事。戚继光离开了惊涛骇浪、楼船帆影的大海和朝夕相处的抗倭将士，来到沙荒严寒的北国边塞。战场转换，作战对象改变，这为戚继光尽快训练一支抵御蒙古铁骑的新军，提出了新的课题。戚继光根据自己多年的作战实践和长期训练边塞士卒的经验，于 1571 年写成另一部兵书《练兵实纪》。

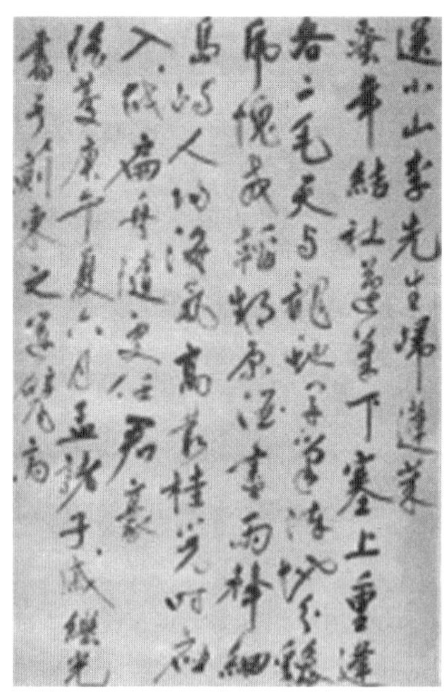

戚继光《送小山李先生归蓬莱诗》

此书分正集、杂集两部分。正集分练伍法、练胆气、练耳目、练手足、练营阵（4 卷）和练将等 9 卷；杂集分储将通论（2 卷）、将官到任、登坛口授、军器制解和车步骑解等 6 卷。

由于此时的戚继光已成为统率十

几万精兵、独当一面的高级将领。因此，在作战经验、治军理论，尤其是育将理论方面有了更深刻的感受，提出了许多真知灼见，使该书具有更深刻的理论性。

戚继光运用《练兵实纪》的理论，指导部队训练，使所属部队军容严整，节制精明，器械犀利，边防巩固，成为明朝北方九边之冠，使蒙古骑兵不敢入塞。

戚继光从东南抗倭到北镇蓟州，上司胡宗宪、谭纶、刘应节、梁梦龙，以及执政大臣徐阶、高拱、张居正等人，对他的工作都比较支持。尤其是张居正，常把那些与戚继光作对的官员调开，有的甚至免除职务，使得戚继光能久镇北边，发挥所长。

万历十年（1582 年），张居正病死，反对派群起攻击，戚继光也受到牵连。万历十一年（1583 年），戚继光被调往广东。万历十三年（1585 年），戚继光被朝廷罢免官职，回到家乡登州。万历十四年十二月初八（1587 年 1 月 5 日），戚继光突然发病，与世长辞。

九、纵横边塞四十载，镇防辽东树藩屏

李成梁（1526—1615 年），字汝契。辽东铁岭卫（今辽宁铁岭）人。明代著名将领。

李成梁家自其高祖李英从朝鲜归附，世代承袭铁岭卫指挥佥事。李成梁为人英毅骁健，袭职后因功升迁为辽东险山参将。隆庆元年（1567 年），土蛮大举入侵永平，李成梁率军驰援，进副总兵。隆庆三年（1569 年）四月，击斩敌将张摆失，杀敌 600 余人。

隆庆四年（1570 年）九月，俺答的儿子辛爱进犯辽东，总兵王治道战死。李成梁被任为都督佥事，接替了王治道。这时，插汉部长土蛮正值势力强盛之时，泰宁部长速把亥、朵颜部长董狐狸与土蛮联成一体，东边还另有王杲等人，也时刻都在伺机入侵。在此之前的 10 余年间，守边的武臣便有殷尚质、杨照、王治道三大将战死。李成梁接替王治道后，一面加固防御工事，一面选拔将领，招募新兵，经过他的一番艰苦努力以后，军队面貌为之焕然一新。自隆庆五年（1571 年）至万历初期，先后败土蛮于盘山驿、卓山、辽阳河北、前屯和铁岭镇西等处，杀死杀伤了大量的敌军。

万历二年（1574 年）十月，王杲大举来犯。被李成梁击败，王杲溃不成军，逃亡到了阿哈纳寨，在南关被都督王台逮捕，献给了李成梁后被处死。李成梁升迁为左都督。自万历三年至万历五年（1575—1577 年），李

明人绘李成梁像

成梁不断与土蛮、速把亥等反复鏖战，多次获胜，于万历五年十二月因功封为宁远伯。

万历十年（1582年）三月，速把亥率部进犯义州。李成梁在镇夷堡设伏等待，速把亥中了埋伏，在战斗中被参将李平胡射中，从马上跌了下来，被李有名当场斩首。速把亥既死，敌阵大乱，残部迅速后撤。速把亥在辽东为患20年，至此终于结束，朝廷和边境百姓都为之欢欣鼓舞。

在此后的数年中，李成梁仍不断在同各部敌军战斗，并屡立战功。但他也同样有过重大失误。万历十七年（1589年）三月，敌犯义州，再入太平堡，把总朱永寿等一军尽没。九月，敌三万骑入侵平虏堡，备御李有年、把总冯文升战死，李成梁的前锋部队牺牲了数百人，敌人在沈阳、榆林等地连续掳掠八天后方才撤走。万历十九年（1591年）闰三月，给事侯先春前往视察部队，李成梁为了邀功，命令副将李宁等潜袭板升，初战尚顺利，但回师的途中和敌军主力遭遇，结果阵亡数千人。李成梁经与总督蹇达商量后，封锁了消息，没有如实将打败仗的情况上报。巡按御史胡克俭原来就已向朝廷揭发了李成梁的不少问题，再加上侯先春回去后也说了他很多坏话，李成梁深感惶恐不安，因而一再请求辞职。当年十一月，神宗解除了李成梁的职务，让他以宁远伯的头衔闲住。

李成梁从多年戎马生涯中，深知为将者，手中握有一支武艺高强、攻守兼备的“选锋”（相当现在的突击队）是至关重要的，到作战时定能发挥重要作用。因此，他一出任总兵，就着手组建“选锋”。为确保这支部队的良好素质，他非常重视选人，明确提出：一要张榜在“四方收召”，不要局限于辽东地区；二要以“个头大、力气强、有绝招、不怕死”为条件，不可滥竽充数。

在李成梁张榜后，慕名前来应召者络绎不绝，不出1个月，人数超过5000人。李成梁得知此情，当天晚上，就命副将陪同，来到应召壮士住处看望。他看到壮士们个个都是背宽腰圆、虎虎生威，心里十分高兴，边走边对副将说："择日让这些健儿登场比试比试，看看他们都有些什么本领，以便今后用其所长。"

时过8日，久雪初晴。副将得到李成梁同意之后，令人在帅府门前广场，摆开比试阵势。帅府附近的驻军和应召而来的壮士依次整队入场完毕，李成梁在侍从的保护下，健步步入比试场，就位坐定。副将宣布："首场比试，分摔跤、举石、攀缘、持械对打4个项目进行。"他话音刚落，全场顿时沸腾起来。摔跤的生龙活虎，各显神威；举石的力举千钧，发力声不住；攀缘的上杆似猴，上下自如；持械对打的更是令人眼花缭乱，目不暇接。在现场的观众，不时为各类精彩比试鼓掌、喝彩。李成梁也多次开怀大笑，并欣然对左右说："看到这么多身怀绝技的壮士，的确使人高兴！今后抗御来敌，确保辽东，大有希望。"说罢，即令副将抓紧时间选配将领，尽快将"选锋"组建起来，归帅府直接统领指挥。

"选锋"驻地离帅府很近，李成梁常能与将士们见面闲谈，因而能及时了解他们的喜怒哀乐。有一次，他路过一幢矮房，无意中听到屋内有人非常气愤地说道："李总兵言而无信，说是对我们选锋，给予特殊照顾，可现在饮食太差，居住太挤，再这样下去，我可要逃之夭夭了。"李成梁听到此言，大为吃惊，心想：如果对此听之任之，要不了多久，这支队伍就会自行瓦解，何言上阵作战呢？他回到帅府大厅，刚刚坐定，就令侍从将主管部队生活的从将叫来。他面对喘着粗气、急步赶来的从将，劈头问道：你懂得'将欲取之，必先予之'之理吗？"停了片刻，又斩钉截铁地说："对于'选锋'将士，食住要从优，待遇要从厚，不然，今后坏了大事，我可要拿你是问！"

过了不久，李成梁在听取"选锋"将领陈述训练情况之后，关切地问道："你们现在膳食、住房情况怎样？部队还有什么抱怨？"领将答曰："饮食尚好，将士满意，只是家属子女住房困难。"李成梁对"选锋"在短期内能取得军事技能的提高和生活的改善，大为高兴，对目前住房困难的问题，又责成有关人员尽速解决。

李成梁对"选锋"将士的确体贴入微，正如史书上所说的："凡衣服饮食，子女住房，有求必予。"他的厚爱，换来将士们的忠诚，"都乐意为他而死"。（见《明史纪事本末·辽左兵端》）

李成梁把这支忠于自己、特别能战斗的部队，视为手中的一柄利器。每到紧急关头，他都遣其去冲锋陷阵，击退敌人，夺取胜利。

明神宗万历七年（1579年）一月的"东昌堡之战"，面临3万敌兵压境，

李成梁石坊

李成梁深知单靠坚守难以取胜，说不定要吃大亏。于是，他一面遣将分屯阻击敌人的正面进攻；一面自率“选锋”将士数百人，日夜兼程，出塞200余里，以隐蔽、迅猛的动作，出其不意地直捣敌人后方营垒，打得敌人晕头转向，伤亡惨重。这次奇袭的成功，打乱了敌军的全盘部署，使8万敌军溃败而去。

万历十年（1582年）三月的“义州防御战”，李成梁在做好整体防御部署之后，遣“选锋”出城，在敌军必经之地设伏，歼灭大批敌人，粉碎了敌军的进攻，再次显示出“选锋”在作战中的重大作用。

李成梁虽然多次打败女真人和蒙古各部的侵扰，巩固了明朝的东北边防。但他居功自傲，奢侈无度，于明万历十九年（1591年）被弹劾解任。万历二十九年（1601年）八月，在大学士沈一贯推荐下，朝廷又命李成梁再次出镇辽东，使辽东再次出现安定的局面。万历四十三年（1615年）闰八月，李成梁病逝，享年90岁。

万历朝的边事一度颇有成效，这有赖于边关的两大名将：东南戚继光，东北李成梁。在当时，李成梁威名远胜戚继光。在明朝将吏贪懦，边备废弛的时代，李成梁纵横北方边塞40余年，前后镇守辽东近30年，屡破强豪，力压各北方游牧部落，拓疆近千里。辽东成了一道坚固的屏障，并在开原、清河、抚顺等地开办贸易市场，与当地部落建立友好关系。清人作《明史》，对其虽颇有贬低之词，也不得不承认“然边帅武功之盛，（明）两百年来所未有”。

十、督师蓟辽功勋著，前劳难泯死义烈

孙承宗（1563—1638年），字稚绳，别号恺阳。保定高阳（今河北高阳）人。明末抗清名将。他既是明末杰出的军事战略家、忠贞的爱国者、民族英雄，同时又是一位优秀的教育家、学者和诗人。他曾为明熹宗朱由校的老师，明清之际的文坛领袖、著名的才子钱谦益终生对其敬服有加，并一

直也视之以师。

青少年时期，孙承宗就十分好学，博览群书，非常关心国家大事。孙承宗曾先后在大理寺右丞姜壁和兵备道房守士等朝廷官员的家中，做家庭教师。后来因房守士升任大同巡抚，孙承宗随行。大同是当时明朝的边城重镇，孙承宗边境教书时，对军事有着浓厚兴趣，喜欢和边关老兵和低级军官交谈，询问一些关于边关防务的问题，慢慢地对边关的军务有所了解。

万历三十二年（1604 年），孙承宗以第二名考中了进士，授翰林院编修，又升中允。孙承宗身为文官，对边境的事却十分关心，经常了解边事。万历四十七年（1619 年），努尔哈赤在赫图阿拉（今辽宁新宾）称汗，建立金国（史称后金），公开向明王朝宣战。结果，明军的主力在萨尔浒之战中被后金军打败，明王朝处于战略被动地位。可是，朝廷中的一些人，仍旧很盲目乐观。只有孙承宗根据自己对边事的了解和分析，认为目前明军的士气不振，而后金军的情况明朝又不了解，如果在军事上盲目轻敌，其结果只能导致失败。

明熹宗天启元年（1621 年）三月，努尔哈赤攻陷了沈阳、辽阳，辽东经略袁应泰自杀。御史方震孺奏请孙承宗主持辽东军务。明熹宗不愿意让他离开京城，于是就任命了熊廷弼为辽东经略。天启二年（1622 年），明军在广宁之役中战败，明熹宗只得命孙承宗以兵部尚书身份经略辽东。从此，孙承宗弃文从武，走上了戍边军旅的生涯。

孙承宗

孙承宗以兵部尚书经略辽东的时候，已经是一个 60 岁的老人了。在到任之前，孙承宗特意备置了酒席告别亲友，但席间他自己吃的却是粗茶淡饭。有一位客人对此不满意，孙承宗就笑着解释说：“其实我这样做并不是为了沽名钓誉。在我做秀才的时候，对华美的衣服和食物并不厌恶，但自从我中了进士以后，朝廷里的事情很多，边关也屡屡吃紧。因此我考虑到如果我自己不能吃苦耐劳，就无法率领大家。

如果我再贪美食、图安逸，怎么能担当重任，为国负起戍边御敌的大任呢？”

孙承宗经略辽东时，镇守前线的明将王在晋打算放弃关外的大片土地，把军队撤到山海关，在那里驻守，而且要在旧城外八里修一新城。但王在晋的这个作战方针却遭到他的属下袁崇焕等的反对。

孙承宗在充分听取了将领们的意见后，坚决否定了王在晋的错误方针，支持袁崇焕等人的正确主张。孙承宗回朝把情况上奏给了明熹宗皇帝，明熹宗就把王在晋调离了辽东。

孙承宗看到辽东边防经略无人，主动提出赴山海关督师，得到了明熹宗的批准。孙承宗一到山海关，首先抓了边关防务的整顿，以安定民心，巩固和强化京东门户。孙承宗在把山海关的防务整顿得井井有条之后，即把全部精力投入修筑宁远城。天启三年（1623年），他先后命令祖大寿、袁崇焕规定城制，派遣诸将分头动工。将士们同心同德，协力营造，第二年就把宁远城修筑得如铜墙铁壁一般。孙承宗在督师辽东4年，前后修复9座大城，45座堡垒，招练兵马11万，建立12个车营、5个水营、2个火器营、8个前锋后劲营，制造甲胄、军用器械、弓矢、炮石等打仗用的装备有几百万，开疆拓土400里，屯田5000顷，年收入15万。朱由校记孙承宗大功,让他的儿子世袭锦衣卫千户。这一时期,由于孙承宗戍边得力，使努尔哈赤无机可乘，三年多没敢轻易在明军守区用兵侵扰。

宦官权奸魏忠贤见孙承宗督边的声望一天比一天高，便借明熹宗派宦官刘应坤去前线犒军的机会，竭力拉拢孙承宗，想让他成为自己的人。但孙承宗报以蔑视的态度，一句话也不与他们说，魏忠贤因此怀恨在心，唆使党羽在明熹宗面前屡次诽谤孙承宗。明熹宗终于在天启五年（1625年）派高第取代孙承宗，撤退关外守军。孙承宗满腔义愤要求辞职。而后关外明军撤退，袁崇焕抗拒高第的命令，不肯撤出宁远城。

努尔哈赤乘机于天启六年（1626年）正月，率领13万大军渡过辽河，进攻宁远。袁崇焕利用孙承宗督师经营的城池、兵马、器械和西洋大炮，取得了宁远大捷。朝廷里的正直之臣都认为，宁远大捷与孙承宗的数年苦心经营关防是分不开的。为了表彰他的功绩，朝廷准备封他的儿子为锦衣卫千户，孙承宗没有接受。宁远一战，后金军不但被明军打得大败，而且努尔哈赤本人也身负重伤，不久就死去了。他的儿子皇太极继位。

明思宗崇祯二年（1629年）十一月，皇太极避过袁崇焕，绕过辽西，从大安口、龙井关、河山口（今河北遵化、迁安北部）等地入塞，很快攻下了守备薄弱的遵化，直逼京城，局势十分危急。明思宗于匆忙之中令孙承宗以原官兼兵部尚书，扼守通州。孙承宗来到通州时，后金军的哨骑已经在通州四郊活动。城里的明军无心坚守，有的甚至想与敌人议和。孙承宗坚决反对议和，大家看孙承宗守城的态度这样坚决，军心就逐渐稳定下来，孙承宗便积极着手部署御敌防务。这时，袁崇焕在北京广渠门外大败后金军。

后金军在广渠门失败后，在退兵途中相继攻占了永平（今河北卢龙）、迁安、滦州（今河北滦县），并在遵化、永平、迁安、滦州四城留下部分兵力驻守。四城驻军皆由了解内地情况、智勇兼备的将领指挥，这四座城就如同四把尖刀，插在北京的脊梁上，若不拔除，北京就不能解除后金军的威胁。孙承宗于崇祯三年（1630 年）五月令马世、祖大寿等率军进攻滦州，自己坐镇九宁督战。由于孙承宗采取了声东击西、攻弱避强的战术，很快就攻克了滦州，迁安、遵化也相继被攻克。明军从攻打滦州到收复四城，只用了十几天时间。

孙承宗收复了四城，即于崇祯四年（1631 年）七月修筑大凌河战略要点。工程尚未完成，后金军突然发起进攻，大凌河失守。大凌河之役失败之后，孙承宗被免职，回到家乡高阳。崇祯十一年（1638 年）九月，皇太极派其弟多尔衮率兵分道入关，十月会师于通州，十一月攻高阳。已经 76 岁的孙承宗率领家人登城作战，但终因寡不敌众，城被攻陷，孙承宗被俘，自缢而死。他的 5 个儿子、6 个孙子、5 个侄子、8 个侄孙战死，孙家百余

孙承宗手书澄海楼匾额“雄襟万里”

人遇难。朱由检闻讯后哀伤悲叹，命有关官员从优抚恤。弘光元年（1644 年）九月十三日，南明弘光帝朱由崧追赠孙承宗太师，谥号“文忠”。清朝乾隆年间，撰《钦定胜朝殉节诸臣录》，追谥孙承宗“忠定”。

十一、明季良将熊廷弼，传首九边究可哀

熊廷弼（1569—1625 年），字飞白，号芝冈。湖广江夏（今湖北武汉）人。明末著名边将。

熊廷弼少时家境贫寒，放牛读书，刻苦强记。万历二十五年（1597 年），熊廷弼参加乡试，取得了第一名。第二年，他考中了进士，被授以保定府推官，不久提升为御史。

万历三十六年（1608 年），熊廷弼受命巡按辽东。当时皇帝诏命要大兴屯田。熊廷弼上章说，辽东有很多荒地，每年只要让规定常驻那里的八万军队中 3/10 的士兵去屯田种粮，就可收获粮食 130 万石。明神宗皇帝特地下诏书称赞褒扬他，并命令在各边境地区推广实行。戍边的将领都喜欢不时主动出击去捣毁敌人的据点、巢穴，因此往往肇启边境争端。熊廷弼上疏说，戍边应以防卫为上策，在边境修筑垣墙、建造城堡，有 15 大好处。皇帝批准了他的奏章让各地施行。熊廷弼在辽数年，杜绝馈赠贿赂，仔细查核军队实际，考查、审决将领官员的政绩和讼狱，治事认真而不无原则宽容姑息，使那里的风纪大为振作。

熊廷弼

万历四十七年（1619 年），杨镐在辽东大败之后，明神宗皇帝与大臣们商议后，认为熊廷弼熟悉边防事务，于是起复他为大理寺丞兼河南道御史，并命前去宣抚、慰劳辽东军民。不久又提升为兵部右侍郎兼右佥都御史，替代杨镐为辽东经略。

熊廷弼在辽东监督军士们制造战车，修制火器，疏浚加深护城的壕沟，修缮加固城墙，为防御坚守做好充分的准备。他号令严明，依

法办事，仅几个月，那里的防御守备就得到了极大的巩固和加强。

熊廷弼身材高大，有胆量又懂军事，擅长左右开弓射箭。自从他在万历三十六年（1608 年）巡按辽东起，就坚持固守边境的主张，到这时他的固守边境防御敌进的主张更加坚决了。但由于他秉性刚烈，好骂人，不甘屈于人下，因此人际关系不太好，附拥他的人不多。

明万历四十八年（1620 年）五月，清兵攻占了花岭，六月攻占王大人屯（今辽宁辽阳北），八月攻占蒲河（在沈阳北）。给事中姚崇文向朝廷传送毁谤熊廷弼的文书，上书陈说辽东地域日益缩小，诋毁他从不听别人的策略和意见，只坚持自己的主意，并攻击他“军马不训练，将领不部署，人心不亲附，严刑有时用到极点”。他还鼓动自己的同伙攻击熊廷弼。御史顾慥弹劾熊廷弼，御史冯三元也奏劾他八条无谋略、三条欺君的罪状。当时正值明光宗驾崩、明熹宗初立，最后缴了他的尚方宝剑，免去他的职务，任命袁应泰代替他。

天启元年（1621 年），沈阳被清兵攻破，袁应泰殉职自尽。朝廷又想起了熊廷弼，但给事中郭巩极力诋毁熊廷弼，并牵涉到内阁大臣刘一燝。不久辽阳又被攻破，河西的军队和百姓全部奔走逃亡。在朝臣的再次荐举下，皇帝于是惩处以前弹劾熊廷弼的人，下诏将他从家中召回复职，同时提拔王化贞为广宁巡抚。王化贞就命令诸将领沿三岔河设六个军营，每营设参将一人，守备二人，划定地界分守。西平、镇武、柳河、盘山等要害地方，都设置营垒防守。这一建议送上后，熊廷弼不同意这样做，上疏分析了不可行之处。奏疏送上，皇帝给予嘉奖。正巧御史方震孺也上章指出沿河设防有六点不可靠之处，于是这一计划就没有实行。而王化贞因为计划没批准，很生气，就把军务推给熊廷弼。熊廷弼于是奏请皇帝告谕王化贞，不得借口要受上级节制而坐失事机。自此以后，王化贞与熊廷弼便有了嫌隙，而经略和巡抚两人不和的议论也起来了。

王化贞为人古板而又执拗，向来不熟悉军事，却又十分轻敌，好说大话。他一厢情愿地以为投降敌人的李永芳会当官军的内应，又相信西部人所讲的，虎墩兔会出援军 40 万，于是就想以不战而取全胜。所有兵器马匹、士兵卫队、军队粮草、建营扎寨等事他一概置之不问，专门讲大话欺骗朝廷。然而兵部尚书张鹤鸣对他深信不疑，他所提的请求没有不同意的，这样熊廷弼就不能实行自己的主张了。广宁有 14 万军队，而熊廷弼在山海关却没有属他指挥的一兵一卒，只是空挂了一个经略的名号而已。从延绥来到卫所的士兵都不堪任用，熊廷弼请求任用佟卜年，张鹤鸣又上书反对。熊廷弼上奏请求派遣梁之垣出使朝鲜，张鹤鸣又故意拖延给他粮饷。两人互相怨恨，事事意见不合。熊廷弼也心胸浅窄而又强硬执拗，脾气火爆，一触即发，又盛气逼人，因此朝中群臣很多人都讨厌他。

当时，熊廷弼主张坚守，并说辽东人不能用，西部少数民族的力量不能依靠，李永芳不可相信，广宁多间谍可能贻误大事。王化贞则一切反而行之，绝口不讲防守，说只要我一渡河，河东的百姓必定会起而响应。他还致书朝廷，大言称仲秋八月，大家可高枕而卧等听大捷的佳音。

到了十月，河道的冰结严实了，广宁的百姓认为清兵一定会渡河来犯，纷纷都想逃跑。王化贞于是与方震孺计议，分兵守卫镇武、西平、闾阳、镇宁等城堡，而以重兵镇守广宁。张鹤鸣也认为广宁值得担忧，就请皇帝下令让熊廷弼出关。熊廷弼于是又一次出关，到右屯，计划用重兵内守广宁，外扼镇武、闾阳。同时下令刘渠带领 2 万人驻守镇武，祁秉忠率 1 万兵马驻守闾阳。又命罗一贯率兵 3000 人守西平。

天启二年（1622 年）正月，员外郎徐大化以莫须有的罪名参劾熊廷弼，说他以大话蒙骗世人，嫉能妒功，不罢免他一定会将辽东的大事弄坏。皇帝将奏疏一并下给六部，张鹤鸣于是召集朝廷大臣议决。还没等讨论出结果，适逢清兵进逼西平，于是停止了讨论，仍然同时任用熊廷弼和王化贞，令他们戴罪立功，以功赎罪。

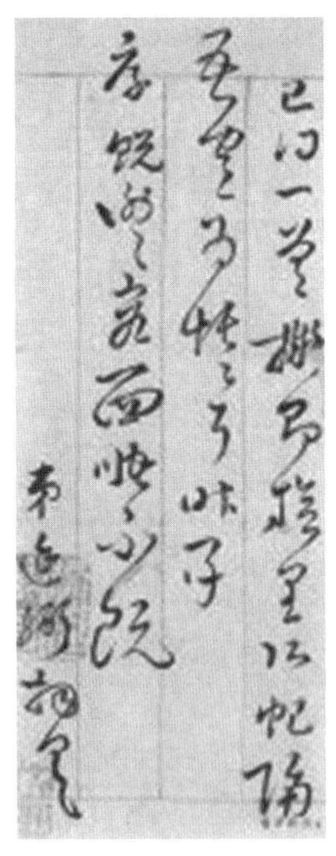
熊廷弼致友人手札

不久，西平围困告急。王化贞听信中军孙得功的建议，将广宁的部队全部发出，交给孙得功和祖大寿前去和祁秉忠会合，然后一起向西平进发作战。熊廷弼也急传命令给刘渠，令他拔营赴援。二十二日，官兵在平阳桥与清兵相遇。两军刚交锋，孙得功和参将鲍承先等就先逃跑，镇武、闾阳的部队于是大败，刘渠、祁秉忠在沙岭战死，祖大寿逃到觉华岛。

王化贞平常把孙得功看作心腹，而孙得功已偷偷地投降了后金。他想活捉王化贞作为自己的功劳，就诈称后金军已到城边。城中一时大乱，人各奔逃，参政高邦佐阻挡也挡不住。王化贞这时还关了衙署的大门在看书，不知道发生的事。参将江朝栋推门闯入，掖持着王化贞上了马，两个仆人步行着跟着逃跑。孙得功率领广宁的叛将迎接清兵入广宁城。

大败的消息传到朝廷，京师大为震惊。二月，逮捕了王化贞，罢免了熊廷弼，令他听候查处。四月，刑部尚书王纪、左都御史邹元标、大理寺卿周应秋等向皇帝奏上案狱的卷宗，熊廷弼、王化贞一起论死。天启五年（1625 年）八月，熊廷弼在闹市被处斩，并暴尸街头，将首级递传九边示众。崇祯二年（1629 年）五月，明思宗颁发诏书允许熊廷弼的儿子拿他的首级回去安葬，谥号襄愍。

十二、委身许国堪柱石，身罹重辟深可悯

袁崇焕（1584—1630 年），字元素，号自如。祖籍广东东莞。明末抗清名将，著名爱国英雄、民族英雄。

袁崇焕自幼勤奋好学，长大后屡次参加科举考试，终于在 35 岁时考中进士，开始踏上仕途。

一开始，袁崇焕在工部任职，不久后他便被调到福建邵武县做知县，虽然在南方做文官，但他更关心北方的战事，认为自己更胜任武将的工作，希望有朝一日能在战场上杀敌立功。1602 年，明神宗驾崩，光宗继位一个月后也离开人世，年幼的熹宗被扶上皇位，后金趁此时机，接连向明朝发起进攻，在短时间内攻下了沈阳、辽阳等地，使明朝关外之地尽失。此时的袁崇焕，正在京城参加官吏考核。御史侯恂见他英风伟略，便推荐他为兵部职方司主事。后来，他又被破格提升为山东按察司佥事，监军山海，开始了他的军旅生涯。

后金在攻下关外之地后，并没有紧追明军，当时关外就只有蒙古驻扎，因此，明朝众将商议在关外修筑一个重镇，以守住关门抵抗后金。辽东经略王在晋认为，应在距离关门只有八里远的八里铺筑城，很多将领都赞成，唯有袁崇焕坚决反对，他认为应筑城宁远，王在晋等不听，袁崇焕便向朝廷提出建城计划。朝廷派大学士孙承宗实地考察后，认为宁远才是山海天然重关，便驳斥了在八里铺筑城的计划，听从了袁崇焕的建议。天启二年（1622 年）八月，孙承宗自请代替王在晋出关督师辽东，他是一位满腹韬略的大将，任职以后，便开始大刀阔斧地整顿关外防务，第一件事就是对袁崇焕委以重任，使袁崇焕的才能得到充分发挥。事实证明袁崇焕的确是深谋远虑的，宁远筑成以后，他又建议重建锦州，使明军的边防再次向前推进 200 里，接连收复了很多失地。

但是，此时的明朝内部，以魏忠贤为首的阉党分子逐渐掌握了朝中大

袁崇焕

权，他们倒行逆施，将正直的东林党官吏打击殆尽。天启五年（1625 年），孙承宗也被阉党割去职务降为平民，其职务由阉党分子高第代替。高第是一昏庸无能之辈，他认为关外根本守不住，到职后便不顾袁崇焕的反对，要将关外守兵尽数撤回关内。袁崇焕深知宁远是后金进入中原的咽喉，誓死要守住宁远，高第就把宁远以东的兵民全部撤入了关内，只留下 2 万余人驻守宁远。努尔哈赤见明朝只留了 2 万孤军留守宁远一座孤城，以为伐明时机已经成熟，便于 1626 年亲率 13 万大军进攻宁远。

面对几倍于己的敌军，袁崇焕沉着应战。他首先把城外的守军全都撤回宁远，命人悉数烧毁了城外的房屋，运回了城外的囤粮，然后命大将严守城池，亲自作战前动员鼓励士兵，并声明了奖罚政策。另外，他还命人认真检查奸细，不放过任何可疑之人，最后，袁崇焕启用了西洋大炮镇守城头。两军开始交战后，金兵在袁崇焕的坚兵利炮抵抗下损失惨重，不仅两天攻下城池的“豪言壮语”没有实现,就连努尔哈赤也受了伤,只好撤军。宁远之战是努尔哈赤领兵以来吃的第一场败仗，回去后不久他便去世了。

宁远大捷后，高第被撤职，袁崇焕因功升为辽东巡抚，负责关内外的防务。他认真总结了明朝和后金作战的经验教训，与众将士一起提出了一系列正确的抗金战术，做了很多新的战前准备。首先，袁崇焕陆续重修了山海关、前屯及松山等重要城池，并调了一批大炮入锦州，做好死守关外的准备；其次，他多次派人与蒙古各部联络，并亲自会见蒙古头领，与蒙古建立了同盟关系，共同对抗后金；再次，袁崇焕将内地的兵力调回，招募了很多辽民入伍，在缩减兵员的同时提高了军队的素质和作战能力；最后，他还积极开田屯种，以备军需，做好长期镇守的准备。在明军积极应战的同时，后金的新首领皇太极也秣马厉兵，准备再次出击。

天启七年（1627 年），皇太极征服了朝鲜，解除了两面作战之忧的同时也巩固了皇帝宝座，便倾举国之力来攻打明朝。五月十一日，后金大军包围锦州，十二日便开始攻城，明军防守严密，又有大炮在手，后金根本无法攻入，只好退兵五里之外，皇太极派人从沈阳调兵援助。此时，明廷见后金兵多将广，唯恐锦州失守，急命袁崇焕调兵援助锦州，而袁崇焕深知宁远就是后金的第二个目标，锦州难攻，敌军必定率军前来攻打宁远，便坐守宁远等待敌军。不出袁崇焕所料，皇太极攻不下锦州便转攻宁远，而此时袁崇焕早已备好大炮，和赶回来的援锦之兵形成犄角之势，任凭后金军怎样猛烈攻击，宁远城仍久攻不下。两天后，皇太极又回师锦州，但锦州也是壕深炮猛，后金损失几千人仍没能攻破锦州，加上暑天酷热难耐，只好班师回朝。

宁锦之战明军大胜，袁崇焕立下了汗马功劳，但是，他不但没能得到封赏，反而被腐败的朝廷冠以不救锦州的罪名。在这种情况下，袁崇焕只好告病回到了东莞老家。袁崇焕本以为自己就这样告别了战场，不料就在同年，熹宗驾崩，崇祯皇帝朱由检继位，这位机智果断的皇帝不仅清除了阉党流派，还重请东林良臣入朝，袁崇焕也被任命为兵部尚书兼右副都御史，总督蓟、辽、天津等地的军务。1628 年，明崇祯帝召袁崇焕入朝，嘱咐他早日克敌，解救百姓之苦，袁崇焕深受感动，给明崇祯帝许下了一个考虑不周的保证：五年之内，东事可平，全辽可复。明崇祯帝听后大喜，袁崇焕提出各项军需，均被获准。但是，袁崇焕离开辽东一年，形势已经发生了巨变。首先，袁崇焕离职后，军中士气大降，锦州等城不战而降，军队的战斗力也因缺粮断饷越来越低；其次，蒙古方面和明军的联络已经中断，明朝失去了蒙古的庇护，京师北面暴露无遗，十分危险；最后，皇太极和明军交战多次失败后，总结了很多经验，不仅提高了八旗军的战斗力，还逐渐缓和了与汉族人之间的矛盾，争取了部分民心。总之，此时的形势已经对明军非常不利了。袁崇焕到任后，加紧了和蒙古各部的联系，甚至将明军自己都缺的粮食拿去接济蒙古喀喇沁部，使他们保证不会背明投金。但是，令袁崇焕没有想到的是，正是这支他在奏章中认同“断不敢诱奴入犯蓟辽”的蒙古部族，日后背叛了自己的诺言，成为后金进攻北京的领路人。另外，袁崇焕对皇太极的实力也估计过低，而这一切都为他日后的失败埋下了诱因。

崇祯二年（1629 年），皇太极亲率大军伐明，趁袁崇焕在中后所之际攻克了宁远，袁崇焕闻讯后悲痛万分。紧接着，后金由遵化出发向京师进军，袁崇焕顾不得朝廷的命令率领将士直趋京师，先于后金抵达城下，使焦急万

分的明崇祯帝深感欣慰。后金抵达京师后与明军大战，虽有少数胜绩，仍敌不过袁崇焕大军的顽强抵抗，皇太极连连叹息。攻城不下，皇太极便让部将鲍承先等智取，鲍承先等故意在被俘的明朝太监面前交谈说："今日撤兵是计策，我看皇上（皇太极）与袁经略（袁崇焕）说了好久，此事肯定能成功。"然后故意将太监放走。这个太监回去果然向明崇祯皇帝禀报了此事，十二月十一日，袁崇焕被捕入狱。主将入狱，明军战况迅速恶化。

崇祯三年（1630 年）八月十六日，袁崇焕被绑赴刑场，临刑前，他用一首诗表达了无限的感慨："一生事业总成空，半世功名在梦中。死后不愁无勇将，忠魂依旧守辽东。"一代名将就这样含冤枉死。袁崇焕的冤案，直到清代时修撰《明史》，真相才大白于天下，原来崇祯帝中了皇太极的反间计。袁崇焕的悲剧，是明朝末年的国家悲剧，但他"仗策只因图雪耻，横戈原不为封侯"的爱国精神，将永远激励和教育着后人。

十三、驱除外夷千秋业，长悬肝胆照波涛

郑成功（1624—1662 年），本名森，又名福松，字明俨、大木。福建泉州南安人，祖籍河南固始。明末清初军事家，抗清名将，民族英雄。

郑成功的父亲郑芝龙是明朝的福建总兵，母亲田川氏是日本人。

少年时代的郑成功，聪慧过人，11 岁时写的诗文就使师长们大为赞赏。15 岁时，郑成功中监生，后来入南京国子监，成为太学生。

清军入关后，南明弘光元年（1645 年），郑芝龙在福建拥立唐王朱聿键为帝（隆武帝）。郑成功因此受到特别的恩遇，被封为忠孝伯，赐皇姓"朱"。随后，百姓就叫他"国姓爷"。

郑成功的军事生涯是从反清开始的。南明隆武二年（1646 年），清军大举进攻福建，郑成功的父亲降清，郑成功的母亲被辱自杀。他悲愤交集，来到南安孔庙，在大殿脱下身上的儒衣将它烧掉，然后向孔子像拜了几拜，表示今后要弃文从武，起兵抗清。随后，他招兵买马，以金门、厦门为基地，开始了反清复明的军事生涯。南明永历二年（1648 年），他在福建同安、

郑成功儿诞石

泉州等地连败清军，队伍不断扩大。南明永历三年（1649 年），他同在西南称帝抗清的永历帝取得联系，被封为威远侯、延平公。永历七年（1653 年），他在福建沿海多次与清军作战，相继取得小盈岭、海澄（今福建龙海）、江东桥等地的胜利，威震闽南；永历十二年（1658 年）至永历十三年（1659 年），他率兵 10 多万、战船 300 余艘开始北伐，连克瓜洲（今属江苏扬州）、镇江，进逼南京，后因麻痹轻敌遭到清军突然反击，败退厦门。永历十四年（1660 年），他在福建海门港（今龙海东）歼灭清将达素率领的水师 4 万多人，军威复振。

永历十五年（1661 年），郑成功在厦门召开军事会议，决定收复台湾作为抗清复明的根据地，揭开了他军事生涯中最辉煌的一页。

台湾，自古以来就是中国领土不可分割的一部分。早在春秋战国时期，大陆人民就知道了这一岛屿。东汉三国时期，大陆流民大批到了台湾，最早开发并建设了台湾。东吴大将卫温、诸葛直也率船队到过台湾，当时，台湾被称为夷州。隋唐时，更有许多大陆人来到台湾，朝廷也派官员多次巡视台湾，当时台湾又被称为琉球。南宋年间，中国政府开始在澎湖一带派兵屯戍。元朝时期，中国政府正式设置澎湖巡检司，管理澎湖和台湾事务。到了明代，中国政府正式改称台湾，并在台湾设立巡检司，同时派兵驻防澎湖。

自明代起，外国侵略者开始入侵中国。荷兰殖民主义者乘明朝政治腐败、海防松弛之机，出兵强占了台湾岛。荷兰人在台湾实行军事镇压、政治分治、经济掠夺，并以台湾为基地在沿海劫商掠货，俘获华人为奴，激起了台湾人民的强烈愤慨和反抗。

郑成功收复中国领土台湾，是中华民族反抗侵略、维护国家领土完整和主权的光辉壮举，得到了台湾同胞的积极响应和全力支持。

出兵之前，一位名叫何廷斌（又名何斌）的人从台湾来到厦门，要求晋见郑成功。何廷斌在台湾多年，曾被迫给荷兰人当翻译。他久闻郑成功忠贞为国，胸怀大志，十分钦佩，于是向郑成功献计说：台湾沃野数千里，实王霸之区。若得此地“国可富”，“兵可强”，“民足食”。接着，他又向郑成功献出了台湾地图，并详细介绍了台湾的地理特征和台湾人民所遭受的压迫和苦难，表示愿做大军收复台湾的向导。听罢何廷斌的一番话，郑成功备受鼓舞，更加坚定了收复台湾的决心。

为确保收复台湾一举成功，郑成功命令将士们抓紧检修战船，筹措军火军粮，并派人前导引港，探测航道，侦察敌情。经过精心筹划，郑成功

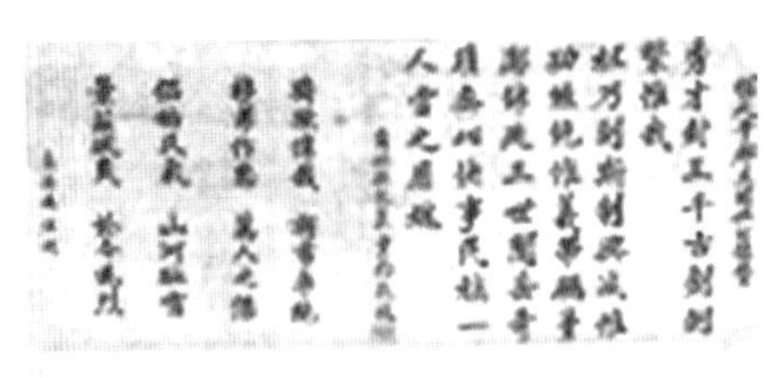

日本人所绘的“郑成功夫妇画像”

还制定了先取澎湖，然后通过鹿耳门港（今台南市安平港北），在台南抢滩登陆，突袭赤嵌城（今台南市）的作战方案。

永历十五年（1661年）三月二十三日，郑成功乘侵台荷军兵力薄弱（当时只有千余人），援军受季风影响难以赴台之机，率领将士25000余人、战船数百艘作为第一梯队，在何廷斌和熟悉航路的渔民的引导下，由金门料罗湾出发，向澎湖开进。经过一昼夜航行，顺利渡过台湾海峡，到达澎湖。不料，此时连天狂风大作，航行受阻。为了抓住战机，三十日，郑成功决定乘风破浪，继续前进。四月初二拂晓，船队到达荷军疏于防守的鹿耳门港外。乘中午满潮之机，郑成功率领船队，在何廷斌的引导下，绕过敌炮台，迅速进入鹿耳门内海。在岛上数千同胞的接应下，船队兵分两路，顺利抢滩登陆。中国军队出现之突然，进展之神速，使荷兰守军措手不及。当时荷军守将描难实叮惊呼道：“中国兵太可怕了，他们都是些神兵，是从天上掉下来的。”

但是，荷兰侵略者并未就此罢休，荷兰殖民总督揆一多次组织反扑。在海上，荷兰海军出动4艘战舰向鹿耳门港湾北线的郑军发起猛攻。在陆上，揆一派出鸟铳兵向登上北线尾岛的郑军进行袭击。郑成功立即督军还击：在海战中，击沉、烧毁、重创荷兰战舰3艘，仅有1艘逃脱；在陆战中，郑成功采取主力正面还击、另出奇兵迂回敌兵夹击的战法，全歼进攻之敌。

四月初三，郑成功乘胜扩大战果，集中12000人的兵力包围了赤嵌城。他命令众将士切断城内水源，在城周围布设大量火器，对荷军形成军事威慑。同时，他还遣送俘获的赤嵌守军头目描难实叮之弟夫妇回城劝降，实施心理攻势。迫于各种“压力”，描难实叮很快便率众出城。郑成功对他予以厚待，又派他去荷兰总督及评议会所在地台湾城（今台南市西安平镇）劝降揆一。揆一提出，每年送郑成功万两税银，后又答应送劳师银10万两，要求郑成功退出台湾，被郑成功严词拒绝。

不久，郑成功率领大军攻到台湾城下。揆一凭借坚城利炮和守兵千人，负隅顽抗。在此之前，郑成功听说台湾城是用糖调灰垒砖筑成，厚处达6英尺，易守难攻。于是，郑成功便改变策略：一方面，对台湾城采取“长期围困，切断联系，迫其自降”的战法；另一方面，分兵收复岛上其他失地，着手台湾的整顿、恢复和建设。根据这一策略，郑成功在围困封锁台湾城的同时，很快收复了鸡笼（今基隆）、淡水等地，并下屯垦令解决军需，还到高山族同胞居住区察访、慰问。

荷兰东印度公司为挽回败局，派12艘舰船和700余名官兵于七月增援台湾，和揆一合兵进行反攻，很快被郑军击退，并毁、伤敌舰7艘。十月，揆一再次向巴达维亚求援。荷兰殖民政府又派兵前来救援，再次被郑军击退。

台湾城被围困8个月后，第二批郑军登陆。永历十六年（1662年）一月，郑成功见时机已到，下令发起总攻。二月初一，荷兰侵略者在孤立无援、兵疲粮绝的情况下，灰溜溜地出城在投降书上签字。被殖民者侵占达38年之久的台湾，终于回到了祖国的怀抱。

郑成功驱逐荷兰，收复台湾后，实行了以下措施：

（1）政治措施。郑成功收复台湾后首先是建立政权，废除荷兰侵略者的一切殖民体制和机构，他以赤嵌为东都明京，设一府二县。府为承天府，县为天兴县、万年县。天兴县管北路，万年县管南路。也在岛上设立了一个安抚司，专门管理这个地区的事务。从此台湾建立起与祖国大陆相同的府县制度。

（2）民族政策。郑成功率部进入台湾后，严以治军，下令不许骚扰高山民族，不许侵占高山民族的耕地。还大力提倡教育，在高山族居住区设乡塾，送子女入学者可减免赋税和徭役。

（3）开发宝岛。首先是积极推行屯垦制度,寓兵于农,以解决缺粮问题。几年以后军队不但可以自给自足，而且还有余粮上缴给政府。其次是鼓励大陆沿海居民到台湾从事开垦。帮助高山族提高生产技术。

（4）发展经济。商业是社会经济的有机组成部分。郑成功利用台湾四面环海，对外贸易方便的有利条件，大力发展海外贸易。在厦门时，他就经常派遣商船到东南亚各国进行贸易，到了台湾后，清朝实行“海禁”，不许大陆商船下海，郑成功更独占了海上贸易，他继续和日本、暹罗、越南、菲律宾、柬埔寨等国家通商，把台湾的土特产，如鹿皮、鹿脯、樟脑、硫黄、蔗糖等外销国外，换回所需要的刀剑、盔甲和生活日用品。海外贸易

郑成功塑像

的发展活跃了商品经济，也增加了郑成功的财政收入。这些贸易措施推动了台湾经济的发展，以至在郑成功之后的20多年里，台湾经济与大陆逐渐同步发展。

在郑成功父子的经营和台湾各族人民的努力下，台湾逐渐摆脱了落后状态，赶上祖国大陆其他富庶地区，成为祖国一座美丽富饶的岛屿。

永历十五年（1661年），清顺治帝崩，皇三子康熙帝继位。郑氏降将黄梧向当权者鳌拜建议“平贼五策”，内容包括长达20年的迁界令，自山东至广东沿海20里，断绝郑成功的经贸财源；毁沿海船只，寸板不许下水；同时斩成功之父郑芝龙于宁古塔流徙处（一说斩于北京菜市口，元代以来的刑场）；挖郑氏祖坟；移驻投诚官兵，分垦荒地。

郑成功接连听闻噩耗，加上在台将士水土不服人心惶惶，其子郑经又在澎湖与乳母私通，使得郑成功内外交困，永历十六年（1662年），五月初八急病而亡，死前大喊：“我无面目见先帝于地下！”抓破脸面而死，年仅39岁。

郑成功死后，儿子郑经自金门发动军事政变，自称延平王（郡王爵位本非世袭），打败了控制台湾的郑成功之弟郑世袭，在台即位。然后改东都明京为东宁；他依陈永华之议，移植明朝中央官制，仍奉已死的永历帝正朔，成了南明抗清的最后根据地。

永历三十四年（1680年），郑经及陈永华先后死去，权臣冯锡范拥郑经幼子郑克塽继位；后施琅领清军攻克澎湖，郑克塽乃于永历三十七年（1683年）降清。总计郑氏政权统治台湾只有23年的时间而已。康熙二十三年（1684年）四月，台湾正式纳入大清帝国版图，隶属福建省，设台湾府，辖台湾县、凤山县与诸罗县。

十四、由来巾帼甘心受，何必将军是丈夫

1. 唐赛儿：杰出的农民起义领袖

唐赛儿（1399—？），明初农民起义军女领袖，山东滨州蒲台县（今山东滨州市蒲城乡）人。

唐赛儿家境贫苦，自幼从父习武，不到 15 岁已武艺超群。明初，山东连年灾荒，饿殍遍野。明太祖朱元璋死后，朱棣又发动“靖难之役”，山东是主要战场。朱棣做皇帝后把京城从南京迁到北京，大修宫殿。为了供养京师官员及军队，又组织南粮北调，修浚运河，开凿会通河，大量征调民夫，山东人民首当其冲。永乐年间，山东又连续发生水旱灾害。百姓吃树皮、草根，苟延生存，但仍然“徭役不休，征敛不息”，广大人民陷入绝境。

当时，唐赛儿的父亲被抓服劳役，她和丈夫林三冲进官府讨粮，林三被杀害。她父亲悲愤而死，母亲也重病身亡。永乐十八年（1420 年）二月，唐赛儿在益都卸石棚寨（今青州市境内）起事。她按地形把卸石棚寨分为 4 寨，她驻地势最高的南寨，以利观敌指挥作战。她还在南北两大悬崖上筑起寨墙，并在寨内修建水池，囤积粮草。起义军首先一举攻克军事重镇青州，夺取武器，开仓赈民，然后胜利返回山寨。青州卫指挥使高凤闻报大惊，疾带兵尾追，被埋伏在山峪中的起义军团团包围。夜间，唐赛儿突然发动袭击，高凤丧命，千余名官兵被歼。

农民军初战告捷，鼓舞了青州以东各地人民。他们纷纷起兵响应，计有宾鸿、董彦皋、丁谷刚、刘信、刘俊、王宣、郝允中、白拜儿、高羊儿、王住儿、杨三等大小数十支起义军。以卸石棚寨为中心的农民革命风暴，席卷青州、莱州、莒州、胶州以及安丘、寿光、诸城、即墨等 9 个州县，队伍迅速扩大到数万人。董彦皋率众 2000 余人，在莒州、日照、诸城一带惩办贪官污吏、土豪劣绅。在寿光、安丘、胶州等地，农民军“毁官府、烧仓库”，打击明军。

唐赛儿雕像

起义军军威大振，山东地方官吏惶恐不安，三司联名报警。明成祖朱

棣闻报后大为震动，立即派遣官员，星夜赶往卸石棚寨招安；但遭到唐赛儿的坚决拒绝。朱棣又疾派安远侯柳升为总兵官、都指挥使刘忠为副总兵官，带领5000人马前来镇压，把卸石棚寨团团围住。柳升曾南平交趾，东破倭寇，北御蒙古，因功封侯。他狂妄自大，根本不把农民军放在眼里。唐赛儿抓住他骄傲轻敌这一弱点，派人到敌营诈降，诳说寨内缺水，陷入绝境，已决定从东寨门突围取水。柳升信以为真，下令集中兵力，扼守东门，妄图断水把起义军困死。起义军趁机于三月十六日夜，突然向防御薄弱的敌营发起猛攻，打得敌军晕头转向，仓皇逃窜，都指挥使刘忠中箭毙命。天亮后，柳升得知中计，疾带大队人马前来镇压，但起义军早已不知去向。同时，在安丘城厢地区，战斗也在激烈进行。宾鸿率领义军猛攻县城，城池即将攻克，因敌人援军赶到，义军作战失利，撤走。

明王朝虽然镇压了这次农民起义，但主要起义领袖唐赛儿、宾鸿、董彦皋等都安全转移。朱棣大为震怒，将柳升下狱，并以“纵贼为乱不言”的罪名，把山东布政使、参议、按察使、按察副使、佥事和出现起义的郡县官吏，统统处死。为追查唐赛儿下落，又于同年三月至五月，两次下令逮捕京师、山东境内的女尼和女道士，后又逮捕全国数万名女尼和女道士，押解京师审查，但终未发现其踪迹。

青州至今还流传着许多有关唐赛儿的传说。当地人民为了纪念她，把卸石棚寨改名为“唐赛儿寨”“唐三寨”。山顶至今还保留有当年起义军用过的石臼、石磨以及寨墙等遗迹。

滨州人民为了纪念唐赛儿，在滨州城南、滨州黄河大桥以北修建了唐赛儿雕像，在原蒲台县西关原址修建了唐赛儿祠，以纪念这位杰出的农民起义女领袖。

2. 瓦氏夫人：壮族土司时代的抗倭英雄

瓦氏夫人（1497—1555年），原名岑花，归顺直隶州人，土官岑璋之女，明代抗倭巾帼英雄。

岑花自幼聪明好学，饱读诗书，习练武艺，精通兵法；生性助人为乐。长大成人以后，按照壮族土司时代官族与官族通婚以及壮族婚姻不避同姓的习俗，嫁给田州（今广西田阳县）土官岑猛为妻，改称为“瓦氏”。明嘉靖六年（1527年），岑猛被指控叛乱，遭朝廷讨伐，与其子岑邦彦战败而亡。岑猛与其子死后，由孙子岑芝承袭田州土官。因岑芝年纪尚幼，瓦氏夫人主政代理知州事。

瓦氏夫人在职期间，克己砺志，善理州政，安定了社会秩序；同时积极发展农业生产，建义学，兴教育，在各方面均有所成就，人民得以安居乐业，赢得了百姓的爱戴和拥护。嘉靖二十九年（1550年），岑芝被朝廷征调到海南岛镇压黎族起义，战死于海南。于是，瓦氏夫人又负担起抚育岑芝之子岑大寿、岑大禄的责任，继续掌管州内一切政务，政绩依旧斐然。

明嘉靖三十三年（1554年），中国沿海频频遭受倭寇侵扰，严重威胁着中国沿海人民的生命财产安全。明朝廷多次派兵征讨都无济于事，皆以残败告终。以致沿海居民人心惶恐，倭寇不可战胜的神话谣传不胫而走。明朝廷不得已委派兵部尚书张经为总督东南国务大臣，征调广西壮族土官所属的"俍兵"和其他少数民族的部队前往东南沿海抗倭。张经曾总督两广军务，深知广西少数民族"俍兵"军队勇敢善战，便传令征调田州土官岑大禄、岑大寿领兵出征。曾祖母瓦氏以岑大禄等年幼不能担任军职，请示督府允许她亲自带兵前往江浙前线征倭。督府知道瓦氏有胆略、有威望，便准其所请，并授予"女官参将总兵"军衔。瓦氏表示决心："是行也，誓不与贼俱生。"

不久，瓦氏夫人率广西田州、归顺州、南丹州、那地州、东兰州等各州组建的军队6800余人，浩浩荡荡开赴江浙前线。当时，广西各州"俍兵"先集中梧州，后经广东南雄、过大庾岭，再坐船至江西南昌，转江苏京口、丹阳，步行到奔中镇，常州官府派船接至嘉兴，历时数月，跋涉数千里，于嘉靖三十四年（1555年）三月十三日到达金山卫。

瓦氏领兵到达江浙前线金山卫后，按照督府张经的部署，以瓦氏所率领的田州兵隶属总兵俞大猷指挥，其余各州队伍则分属游击邹继芳和参将汤克宽等指挥。瓦氏率"俍兵"抵达后多次请求速战，部属"俍兵"个个摩拳擦掌，准备杀敌立功。张经以"俍兵"初到，未熟悉情况，不许轻举妄动。

四月初五，瓦氏奉令到漕泾镇截击倭寇，因敌众我寡，被敌重重围困，战斗激烈，头目钟富、黄维等14人阵亡。瓦氏极为愤怒，亲自挥舞双剑，浴血奋战而出。四月十九日，倭寇2000多人"突出金山卫，从独山往嘉兴。俞大猷先不敢拒，乃率瓦氏兵追其后，被贼反攻，杀伤颇众，大猷先奔，赖瓦氏殿后，得免全覆"。四月二十一日，倭寇2000多人南来金山，都司白泫率兵迎击，被倭围困重重，瓦氏奋身往援，纵马冲杀，破寇重围，白泫乃得脱身。至是，瓦氏勇猛始为敌人所畏服。四月二十八日，倭寇由平望奔王江泾（在嘉兴县北州里），瓦氏对倭寇进行追击围剿，全线斩贼首和溺死者约4000人。这是征倭以来的第一次大胜利，杀得倭寇四散逃命，一战而首次扭转东南抗倭战局，打破了倭寇不可战胜的神话。当倭寇逃回柘林，仅余300余人。五月初五，倭寇经金山卫，又被瓦氏俍兵击溃，死亡甚众。六月，在陆泾坝（今江苏苏州境）战役中，瓦氏夫人率领的“俍兵”又斩获倭首级300余，烧毁海盗船只30余艘，令倭寇闻风丧胆，以为天派神兵驾到，听到“俍兵”临至立刻逃之夭夭。

瓦氏夫人墓

因瓦氏夫人抗倭“三战三胜”，被朝廷封为“二品夫人”。江浙人民尊称她为“宝鬟将军”，当地群众赞誉她为“石柱将军”，视为抗倭“长城”。然而，正当抗倭取得节节胜利，形势顺利发展的关键时刻，调瓦氏夫人到江浙的总领抗倭总督大臣张经被赵文华、严嵩陷害入狱，致使抗倭军队失去了得力的统帅。为此瓦氏夫人含愤患病，特此告假还乡。获准后，乃于七月初班师回田州。瓦氏回到田州以后，便祭告家庙厚恤随军兵丁，以示关怀和慰问。不久，瓦氏夫人病逝于田州土司府署，享年59岁，被追封为“淑人”，葬于州城太婆地。

瓦氏夫人用兵有方，所率部队组织建制严密，标志明显，奖惩分明，部队内部团结一致，秋毫无犯。因此，俍兵在战场上士气高昂，勇猛无比。部队内部十分团结，所至之处，秋毫无犯，深得当地群众爱戴，无不“箪食壶浆”，以迎义师。

3. 秦良玉：白杆纵横万人敌

在四川省石柱土家族自治县档案馆里，保存着一套清朝人编写的地方志，名叫《补辑石柱厅志》，里边辑录了歌颂明末著名女将秦良玉的上百首赞美诗词。其中一首赞道：秦夫人，真将军，将军能武复能文。白杆纵横万人敌，奇功书作垂天云。诗中所说的“秦夫人”，就是秦良玉；诗中所说的“白杆”，就是秦良玉创建的一支英勇善战的白杆兵。

秦良玉（1574—1648年），字贞素。四川忠州（今属重庆忠县）人。为石砫宣抚使马千乘之妻。明朝末期战功卓著的民族英雄、女将军、军事家、抗清名将。

秦良玉生于一个岁贡的家庭，父亲精于刀剑，善于诗文。幼年时的秦良玉，就跟随父亲，每天诵读诗文兵书，清晨早起舞剑挥棒。秦良玉到22岁时，嫁给了一个名叫马千乘的英武青年。他是石砫少数民族的一个头领，当时担任土司宣抚使，是明王朝封的二等武职，手下有兵3500人。秦良玉结婚后，在家中穿便服，是马千乘的贤妻；在军中穿男服，是马千乘的副将。马千乘虽说武艺不凡，但勇武有余，而谋略不足，从有秦良玉做副将之后，越来越聪明，并在秦良玉的协助下，接连打了几个胜仗。过了几年，马千乘遭人陷害，死在狱中。秦良玉袭夫职统率马千乘所属兵马，成了中国历史上少有的一员女宣抚使，同时又是名副其实的女将军。

秦良玉担任主将后，深感这支队伍虽然剽悍勇敢，但缺乏严格训练，纪律松弛，技艺低劣。因此，她决定对这支队伍进行严格整训。一天，她把队伍带至一座山脚下，指着一面百十尺高的悬崖峭壁，对众官说："假若敌人就占据着山顶，我们要从这里攀登上去偷袭敌人，大家说能不能办到？"官兵个个面带愁容，有人干脆说办不到。秦良玉面对队伍中的种种议论，说："你们看我的！"说着，她独自一人戎装束戈，随身带了一根涂了白色、两端带钩刀的木杆，名叫白杆钩刀，从山脚沿着峭壁向上攀登。只见她，一会儿像壁虎，身贴石壁登高；一会儿又像猿猴攀枝，用白杆钩刀插入石缝之中往上攀。不多时，便登上了峭壁的顶端。俗话说，上山容易下山难，何况是悬崖峭壁呢！她借助于白杆钩刀和臂力、腿力，如同猴子下树那样灵巧，不多时，便安全平稳地从峭壁上落在地面。众官兵皆仰头兴叹，佩服女统帅如此高超的技艺和不凡的胆魄。

清·叶衍兰绘《秦良玉像》

从此，秦良良玉给每个官兵都配发了一根白杆钩刀，限令大家一个月为期，抓紧练习，到时限要逐个检验，凡登上山顶者赏，否则罚。时限到了以后，秦良玉穿上帅服，亲临现场检阅。绝大多数人都先后攀上了山顶，但有十几个人未能及格。

其中有个军官叫土登，平时吊儿郎当，凭着与秦良玉沾亲带故，训练时马马虎虎，所以，不仅自己不及格，而且所带的小队成绩最差。秦良玉当场下令把这个不执行命令的军官斩首示众。其他十几个不及格者，分别给予了处罚。对成绩优异者，分等给予奖赏。

当攀登训练过关之后，秦良玉命令官兵利用木杆制成刺锥、镖枪和攀登、刺杀、投掷并用的武器。为便于夜间作战识别和联络，秦良玉命令官兵把自制武器涂以白色。因为用白色木杆为标志，这支队伍被世人称为“白杆兵”。秦良玉还带领队伍，进行各项技艺操练和行军、宿营、列阵等项野战训练，使原是一支松散的地方武装，逐步变成一支训练有素的节制之师，做到有令则行，有禁则止，指到哪里，就打到哪里。一时间，“白杆兵”闻名全国。《明史·秦良玉传》评介说：秦良玉“驭下严峻，每行军发令，戎伍肃然。所部号曰白杆兵，为远近所惮（畏惧）”。

在秦良玉整训白杆兵期间，我国东北地区的后金军屡与明军交战，明军屡战屡败。当时传说：“后金军满万不可敌！”秦良玉对此半信半疑。她主动向朝廷请命，派兵去东北参战，试试白杆兵的锋芒。获准之后，秦良玉遣其兄秦邦屏、弟秦邦民带领白杆兵数千去辽东。在辽河大战中，白杆兵血染疆场，荣立头功。前线总帅向朝廷报告战况，赞称“白杆兵满万不可敌”。不久，秦良玉又亲率3000白杆兵奔赴东北。朝廷深知白杆兵训练有素，便把镇守山海关的重任交给秦良玉。白杆兵屯驻山海关，真是“一夫当关，万夫莫开”，很快稳定了山海关的局势。朝廷鉴于秦良玉治军有方，战功卓著，正式封授她为“夫人”，命为“总兵官”。由此，秦良玉便成了明朝历史上唯一授衔的女总兵官。明思宗崇祯三年（1630年），后金军进攻北京，秦良玉闻讯，献出自己的家财作为军资，亲率白杆兵驰援京师。后金军退去后，崇祯皇帝亲自召见秦良玉，并赐诗四章，盛赞这位巾帼将领。其中有一章诗曰：学就西川八阵图，鸳鸯袖里握兵符。由来巾帼甘心受，何必将军是丈夫！

明隆武二年（1646年），清军攻占北京，大举南侵，秦良玉已年73岁，毅然接受隆武政权赐封太子太保、忠贞侯封号以及“太子太保总镇关防”官印，继续高举扶明抗清的旗帜，准备前往福建抗清，然郑芝龙叛变，隆武帝被捉，未能成行。

明永历二年（1648年），在西南的永历皇帝派人加秦良玉太子太傅，授“四川招讨使”。久卧病床的一代女豪杰，闻之瞿然而起，拜伏受诏，感泣道：“老妇人朽骨余生，实先皇帝（崇祯）恩赐，定当负弩前驱，以报皇恩！”使者大喜，即刻回朝复命，可惜的是，几日之后，秦良玉就因病重抱恨而终，享年75岁。

第四章 名臣权相

一、事业堪同商四老，功劳卑贱管夷吾

刘基（1311—1375 年），字伯温，浙江青田县（今浙江文成县）人，世代书香门第，青田大族名家。刘基自幼就受到良好的教育，天资聪颖。他博通经史，知识丰富，尤为精通天文地理及当时的“象纬预测之学”，因此颇为时人称颂。

元至正十九年（1359 年），朱元璋深知网罗当地名贤人物的重要性，便命人带着丰厚的钱财礼物到青田邀聘刘基出山。刘基饱尝仕途坎坷，不明朱元璋的用心，起初并未答应。朱元璋可谓是礼贤下士的明主，他又派处州总制孙炎再三邀聘。刘基仍不肯出山，但他也逐渐明白：在当今群雄割据的乱世，仅朱元璋有雄才大略，定能成就大业，也只有在其麾下才能施展抱负。所以，当孙炎又写来一封数千字的邀聘信时，刘基便不再犹豫，于至正二十年（1360 年）三月毅然告别故乡青田，雄心勃勃地奔赴应天（今南京），投奔明主朱元璋。这年刘基正好 50 岁。

刘基一到建康，朱元璋立刻召见他，“从容与论经史及咨以时事”，尊之为“老先生”，大有相见恨晚之感。刘基所呈时务十八策，见解精辟，关乎大局。自此以后，刘基便成为朱氏集团智囊中的核心人物。

五月，陈友谅率兵东下，攻占太平（治所在今安徽当涂县），进驻采石，谋取南京，并与张士诚相约东西夹攻，以瓜分朱元璋的领地。一时间，战舰云集，大兵压境，情势严峻，南京城里的文官武将都吓慌了。有人主张投降，有人提议退守钟山，有人建议主动出击太平，牵制陈友谅的兵力，有人则干脆暗里收拾细软，准备逃跑。朱元璋召刘基到卧室内密议。刘基激昂奋然地说：“主张投降和逃跑的人，应当杀无赦！”朱元璋征询抗敌方

刘 基

略，刘基答道："成就帝王之业在此一举。陈友谅正志得意满，刚做了汉王，骄纵无比。我们可诱敌深入，伏兵袭取，后发制胜。打掉了陈友谅的气焰，张士诚就不敢有所动作了。"朱元璋采纳了刘基的意见，设计让部将康茂才诈降，伏兵于江东桥，果然获胜，全歼了陈友谅的主力，乘胜收复了太平等大块领地。陈友谅不服输，于该年 7 月间又遣将攻下安庆。刘基力赞朱元璋发兵讨伐。当得知安庆有重兵把守，难以攻取时，刘基建议暂时放弃安庆转而挥兵直捣陈友谅的老巢江州（今江西九江市），因为那里必然空虚。朱元璋深以为然。不出所料，果然打得陈友谅手足无措而逃往武昌。江州被攻取了。安庆也被收复。这时，陈友谅的龙兴路（治所在今江西南昌）守将胡美迫于形势，派遣儿子前去接洽投降事宜，要求降后不要遣散其私家卫队。朱元璋面有难色，不想同意。刘基从后面踢朱元璋的座椅。朱元璋明白过来，答应了胡美的条件，胡美一投降，江西诸郡都望风而倒。战局就此起了根本变化，朱元璋从此可以和陈友谅一决雌雄了。

后来，朱元璋攻取张士诚，刘基参与策划檄文、文告的撰写；促成朱元璋船沉韩林儿，公开与龙凤政权决裂。其后，朱元璋灭方国珍，平定福建、两广，北伐中原，直到成就帝业，大都用的是刘基的谋略。

朱元璋称帝以后，命为御史中丞兼太史令。朱元璋向刘基询问治国之道。刘基说："生民之道，在于宽仁"，"宋元以来，宽纵日久"，现在"当使纪纲振肃，而后惠政可施也"。他认为治世应该德刑并用而以德治为主，同时也要严明法纪，以建立必要的秩序。而德治的关键是人，他主张量能授职，不拘一格地选用优秀人才。刘基的这套传统的儒家治世理论，颇得朱元璋的赞赏。

刘基是大明王朝的开国功臣，是朱元璋的亲信谋士。但朱元璋有时也受亲信挑唆，冷落刘基。当朱元璋巡幸汴梁归京师时，李善长为首的一些人交相诬告刘基。朱元璋竟然借故斥责刘基。刘基只得以丧妻为名请假回乡。临行前还劝告朱元璋不要在中都凤阳大兴土木，而应以国情为重，认为凤阳虽是帝乡，却非合适的建都之地；并且告诫说不可轻视残元势力。朱元璋听不进去，留下遗患。后来刘基虽然被召赴京中，封赠赏赐甚厚，却屡屡不得志。经多次上书请求，终于在洪武四年（1371 年）获准退休。

刘基见识广远，足智多谋，深谙鸟尽弓藏的历史教训；也深知自己得罪了很多当政权要，还是急流勇退，及早抽身为好。回到青田，隐居山中，每日里只是饮酒下棋，口不言功，并谢绝一切官府往来。当地县令求见不得，便化装成平民上门求见，一旦身份暴露，刘基竟然称自己是属下子民，惊恐地躲了起来。其韬光晦迹也够可以的了。然而终究还是未能逃脱奸人胡惟庸的陷害，于洪武八年（1375 年）在故乡去世，终年 65 岁。

后来胡惟庸案发被诛。传闻说刘基在京卧病时，胡惟庸派医生来诊视。刘基就是吃了这个医生开的药后肚胀，“有物积腹中如拳石”。连朱元璋在和刘基儿子的谈话中，也活灵活现地描述这件秘闻，承认是胡惟庸毒死了刘基。一代开国功臣、卓然谋士，其生辉煌，其死却悲凉！

二、开国之功胜萧何，连坐逆案遭族诛

李善长（1314—1390 年），字百室，濠州定远（今安徽定远县）人。明朝开国功臣，著名宰相。

李善长自幼家境尚可，无须为衣食担忧。他从小读书不多，只能算是粗通文墨，但为人机智，善谋划，“策事多中”，喜好法家学说。他虽没有得过功名，但在家乡，颇有些名气，很受乡人的敬重，曾被推选为祭酒（举行仪式时酹酒祭神的人）。

至正十一年（1351 年）五月，在刘福通的号召下，有近 20 万农民在颍州（今安徽阜阳）发动起义，共同反抗元朝的腐朽统治。这就是历史上著名的“红巾军起义”。在转瞬之间，起义之风就席卷了中原各地，各处频频爆发新的起义。

元末乱世，朱元璋以红巾军起兵。在他帐下，有一位淮西老乡，随他鞍前马后，出谋划策，此人就是明朝开国丞相李善长。凭着出众的才智和忠心，李善长很快就赢得了朱元璋信任，并被委以重用。

朱元璋曾称赞李善长：“昔汉有萧何，比之于尔，未必过也。”李善长的功绩，主要在后方供应给前线充足丰盛的补给，为朱元璋开创帝业提供了必要的基础。也正因为此，朱元璋建立明朝后，李善长论功居第一。

在攻克镇江之后，朱元璋派李善长留守应天府，自己亲率部队继续在

葵石图

前线作战。至正二十一年（1361 年），朱元璋取得一系列胜利，先后攻克江州（今江西九江）、洪都（今江西南昌）、救援安丰（搭救小明王韩林儿）、取得鄱阳湖大捷、攻破庐州和武昌。

在朱元璋在外作战的时期，奉命留守应天府的李善长，深知此地是朱元璋的重要根据地，只有管理好这个大后方，才能让朱元璋无所顾虑地全心征战。朱元璋之所以将应天府交给李善长，自然是出于对他的信任，而李善长也没有让朱元璋失望，他全力以赴，尽忠职守。将应天府管理得妥妥当当，百姓安居乐业，生产稳定，社会治安良好，各种行业都蓬勃发展，充足的军需补给不断地送往前线，让将士们毫无后顾之忧。

其实，在李善长刚刚留守时，曾经号称富庶之地的应天府早因连年战乱而遭到极大破坏，各种生产陷于停顿，经济状况也堪称糟糕。李善长在了解了具体情况后，积极谋求对策，重建应天府。

李善长十分清楚，当务之急是要将当地的农业生产恢复和发展起来，以保证前方军队的粮草补给。他以朱元璋所制定的屯田垦荒措施为基础，普遍推行屯田制度，同时大兴水利建设，鼓励农民耕种和开荒增加田地。

在帮助农民恢复、发展农业生产的同时，李善长还颇有远见地采取措施控制城市中的手工业和商业。他对比元制，并改革弊端，最终提出了一系列具有实效的措施，比如立盐茶课、制钱法、开铁冶、定鱼税等。至正二十一年（1361 年），在李善长的推动下，开始实施茶盐法，即统一由政府控制茶、盐产的买卖，商人可以出钱请引贩卖。盐税为二十取一，茶税每百斤纳钱二百。这一年，他还推行了制钱法，即在江西行省置货泉等三局，设大使、副使各二员，颁布大中通宝大小五等钱式，最初铸钱 400 余万，短短两年后，这个数额就猛增了近 10 倍。至正二十七年（1367 年），实行铁冶，一开始以湖广地区为主，由政府直接招募工匠冶炼。

针对各种重要的经济发展，李善长都深入调查，而后精心制定措施加以实行。这实在是一个细致而繁杂的工作，但李善长“裁取由衷”，条理分明，成效显著，使得朱元璋的临时政权“国用益饶，而民不困”。也为明朝建立后的经济典制，作了示范和先导，影响极为深远。

经过长期的征战，朱元璋消灭了各地的割据势力，已经具备了称帝的条件，以李善长为首的文臣谋士为朱元璋登基而积极筹备开来。刘基与陶安等人建议先行制定完善的律令，以整顿纲纪，获得朱元璋的许可，朱元璋还特别指出旧朝律法中的连坐法过于残酷，可考虑改变。李善长便提请除大逆以外都予以废止。随后，李善长与刘基等裁定律令，李善长为总裁官。至正二十七年（1367 年）十月，律令成，颁布于天下。

至正二十八年（1368 年）的正月初四，朱元璋在六朝古都南京的南郊，于刘基事先勘选的一块“风水宝地”上祭祀天地，登基称帝，是为明太祖。李善长率领百官和百姓跪拜庆贺，连呼万岁。在登基仪式结束后，明太祖到太庙追尊四代祖父母、父母为皇帝皇后，再祭告社稷。封结发妻子马氏为皇后，世子朱标为皇太子，接着册封诸王。所有的仪式，都是由李善长充当大礼使来主持进行的。

朱元璋称帝后，李善长被任命为明朝第一位宰相，统领朝臣，他一跃而为一人之下，万人之上的开国勋臣。

洪武元年（1368 年）五月，明太祖去汴梁（今河南开封）视察三个月，命李善长在京留守，其间大小事务都可由李善长按照律法来决断。后来，朱元璋将军事以外的朝中事务都交给李善长负责管理，如建置地方各级职官、制定官民丧服仪礼、三师朝贺东宫仪礼、规定朝臣大小服色、俸赐以及封建藩国、功臣爵赏、民间诉讼等，大事小事，细则烦琐，但李善长全都耐心处理，安排妥当。

明朝初期，军事作战还是暂居重要的位置，由于元朝的残余势力还在北方活动，明朝必须时时提高警惕，并且长期北伐。徐达、常遇春等开国大将常常在外征战，率部队北伐中原，南取闽越，仍然兵戈铁马、出生入死。

朝中有一些文臣武将，认为和徐达等大将相比，身为文臣的李善长，长期留守在安全的后方，却安享着高官厚禄，实在是不公平。其中，杨宪、高见贤等并非淮人的大臣，就常在明太祖前指责李善长不具备宰相的才能。但明太祖不为他们的议论所动，表示李善长在连年征战中身在后方却为前线将士做出了极大的贡献，其功劳不可磨灭。故而，明太祖在朝堂上当着满朝文武的面，坚持道：“我既为君，善长当为相。”

洪武三年（1370 年），明太祖大封功臣。他再次公开表示：“善长虽无汗马劳，然事朕久，给军食，功甚大，宜进封大国。”于是，授李善长开

国辅运推诚守正文臣，特进光禄大夫、左柱国、太师、中书左丞相，封韩国公，岁禄4000石，子孙世袭。另外赐予铁券，可免两次死罪，子孙免一死。那一次，明太祖一共封了六位国公，分别为徐达、常遇春、李文忠、冯胜、邓愈及李善长，其中以李善长位居第一，但年给岁禄4000石，要比徐达少1000石。明太祖采用位比徐达高、俸禄比徐达少的方法，来求得文臣武将间的平衡。

另外，又特赐李善长文绮帛百匹。明太祖对李善长的厚爱，充分说明了他对李善长多年来忠诚奉献的认可。

无可否认的是，李善长确实为创建明朝立下不少功劳，但当他位极人臣之后，他身上的一些缺点就暴露无遗了。从李善长到胡惟庸当权的17年里，以李善长为首的淮人集团在朝中占了统治地位，处处排斥其他大臣。生性猜忌的朱元璋当然不愿见到淮人集团权力膨胀，威胁到自己的皇权。最终导致了李善长的悲剧结局。

在胡惟庸案败露后，作为其举荐者的李善长，按律难辞其咎，应当连坐。但明太祖还是感怀其旧日的功勋，并没有查办他。

洪武十八年（1385年），有人告发说，李善长的弟弟李存义父子为胡惟庸余党，明太祖下诏免李存义父子一死，但徙置崇明。

洪武二十三年（1390年），胡惟庸一案已将相关人等追查殆尽，此时的李善长已古稀之年，“耄不检下”了，监察御史却再次状告他本人与胡惟庸案有牵连。偏偏此时，李善长向信国公汤和借调了300士兵，来为自己营建私宅，这件事情也被人禀报给明太祖，并指称李善长私自借兵，心怀不轨。一直对李善长心怀不满的明太祖，终于决定痛下杀手。于是，他假称天生异象，必须要杀一名德高望重的大臣来消除天灾，以此为由逼李善长自杀。

年迈的李善长并不糊涂，他很清楚明太祖的用意，自觉“进亦疑，退亦疑，东西南北惟命是从，毋宁束身以听于上耳”。返回家中后，李善长当天就自缢而亡，终年77岁。

崇祯十七年（1644年），南明弘光帝追补开国名臣赠谥，李善长获追谥“襄愍”。

三、仁宣盛世赖名臣，我朝贤相曰“三杨”

杨荣、杨溥、杨士奇担任内阁成员的洪熙、宣德以至正统时期的内阁被称为“三杨内阁”。他们在任辅臣期间，安定边防、整顿吏治、发展经济，使明朝的国力继续沿着鼎盛的轨道发展，并使明代阁臣的地位得到空前提高，由原来的皇帝办事员转变为具有丞相性质的辅臣，他们因此被史家视为名臣。明人焦竑《玉堂丛语》卷七中有言："正统间，文贞（杨士奇）为西杨，文敏（杨荣）为东杨，因居第别之。文定（杨溥）郡望，每书南郡，世遂称南杨。西杨有相才，东杨有相业，南杨有相度。故论我朝贤相，必曰三杨。"

在三杨影响下宣宗颇能勤政爱民、信用贤良，内阁阵容强大而高效，配合默契。洪熙与宣德的11年间，在内政上极可称道，天下清平，是为仁宣盛世。

1."西杨"杨士奇

杨士奇（1365—1444年），名寓，字士奇，号东里。江西泰和（今江西省吉安市泰和县澄江镇）人。明代大臣、学者，官至礼部侍郎兼华盖殿大学士，兼兵部尚书。历5朝，在内阁为辅臣40余年，首辅21年。

杨士奇自幼丧父，随母改嫁罗家，后恢复原来的杨姓。虽然家境贫寒，但杨士奇刻苦攻读，终于学业有成，为了生计，杨士奇便设馆以教授学生为业。

明建文帝初年，召集各地儒生纂修《太祖实录》，杨士奇被召入翰林院，担任编纂官。不久，明建文帝命吏部考试评定史馆中各位儒生的文化程度和素质修养。吏部尚书看到杨士奇写的对策，说："这不是平常儒生所能说的话"，于是上奏他为第一名。朝廷由此任命杨士奇为吴王府副审理，但仍然让他在实录馆里供职。明成祖朱棣即位，改任编修。后来，选入内阁，掌管机密的军国大事，几个月后提升了侍讲。

永乐二年（1404年），明成祖立长子朱高炽为皇太子，按惯例要挑选品行学问俱佳的大臣入太子东宫，对太子进行教育辅导。杨士奇被任命为左春坊左中允（东宫官），成为太子诸多老师中的一员。

当初明成祖起兵靖难时，其次子汉王朱高煦屡建战功，明成祖曾许诺朱高煦，靖难成功后立他为太子。朱棣很喜欢这个类似于自己的英武善战的儿子。但是这个朱高煦不喜欢读书。长子朱高炽身体肥胖，不善骑射，并有足疾，朱棣不喜欢他。但朱高炽笃好经史，仁爱宽厚，这一点很得他的那些文人出身的老师们的喜爱。后明成祖在群臣的建议和习惯法统的压力下，不得不立长子朱高炽为皇太子，但他本人内心依然不满。汉王朱高煦也为此心中怨恨。成祖又很怜爱次子汉王，恩宠有加。永乐六年（1408年），明成祖北巡，命杨士奇与蹇义、黄淮一同留守辅佐太子监国。

永乐十二年（1414 年），明成祖带兵北征，杨士奇等人仍辅佐太子留守京师。这时汉王朱高煦更加激烈地诬陷、中伤皇太子，明成祖班师回京时，太子迎驾迟缓，一气之下，朱棣下令将东宫官员黄淮等人都缉拿下狱，唯独宽免了杨士奇。明成祖把太子严厉申斥一顿，又把杨士奇叫来问太子的状况。杨士奇说："太子的孝顺诚敬一如既往，所以接驾迟缓，都是我们臣子的罪过。"经过杨士奇的一番好言相慰，明成祖的怒气才慢慢平息下来。在杨士奇的竭力进言下，皇太子又度过了一次信任危机。

永乐十四年（1416 年），明成祖在北京听说汉王朱高煦有异心，有图谋取代太子等不轨迹象，立即从北京赶回，召问太子詹事蹇义。蹇义说不知此事。明成祖又召见杨士奇，问及汉王之事时，杨士奇则直言不讳地请皇上认真考虑汉王的用心。明成祖默然不语。王子谋反之事，关系重大，蹇义不敢说，但机智的杨士奇含蓄而有分寸地向朱棣暗示了汉王的异心。

汉王朱高煦图谋反叛的事情完全败露。朱棣大怒，下令削夺汉王的护卫，将他安置在乐安州（今山东广饶）。乐安州距离北京较近，即使作乱，也能很快将他擒获。至此，汉王朱高煦对太子地位的威胁基本解除。

永乐二十二年（1424 年）秋，明成祖朱棣最后一次北征蒙古，于南返途中病逝。同年，太子朱高炽即位，是为明仁宗，杨士奇晋升为礼部侍郎兼华盖殿大学士。

明仁宗刚一即位就令杨士奇草拟诏书，将诸如制造下西洋的宝船，在云南取宝石，在交阯（今越南）采金珠，在撒马儿等处取马和其他采办、烧铸、进贡等事项一概停办，以节省财政开支，同时减轻了百姓的负担。

洪熙元年（1425 年），明仁宗驾崩。六月，明宣宗即位。明宣宗继承其先父的事业并将其推向前进。

明宣宗即位后很快就改革了科举制度。新的科举取士法是由杨士奇提出的。明仁宗在位时，杨士奇建议科举考试兼取南、北士人。原来由于文化水平高低的不同，严重出现了会试多取南方士人的现象。改革后，朝廷将考卷分南卷和北卷，让考生在试卷上标明，并分配录取比例，北四南六，从地域上加以平衡。明宣宗继位后，就按这一改革方案录取士人。科举取士的改革，扩大了明王朝的统治基础，在一定程度上控制了地区差距的扩大。

这时，明王朝同安南（越南）的关系又趋恶化。安南企图独立，明军几次征讨都失利，王通损失约 3 万人，柳升损失 7 万人，物资损耗则不计其数。是否放弃安南的议题摆到了内阁的桌面上。英国公张辅、尚书蹇义以下的大臣都认为放弃安南，只能表明明王朝向其示弱。出于现实的考虑，杨士奇和杨荣都主张放弃安南，并以汉代放弃珠涯为例，向明宣宗说明了利害关系。明宣宗下令遣使承认安南独立。双方罢兵，明王朝因此每年节省了大量军费。

宣德十年（1435 年）正月，明宣宗病死，年仅 9 岁的太子朱祁镇即位，是为明英宗。而 70 岁高龄的大学士杨士奇受命辅佐，又开始了他辅佐第四个君主的历程。

杨士奇

皇帝年幼，军国大政实际上由张太皇太后裁决，太皇太后又委任德高望重的“三杨”——杨士奇、杨荣和杨溥主持政务。凡朝廷政务，都先决于内阁“三杨”，而后送太皇太后核准，最后交百司执行。而“三杨”从政日久，经验丰富，精明强干，也很自信，指挥若定，锐气不减当年。

正统元年（1436 年），逐渐强大起来的蒙古瓦剌部严重威胁着明朝的北部边境。杨士奇深知北方边军物资短缺，武备松弛，担心边患一起，无力抵御。因此在正统初年他所建议实施的第一件事就是训练士兵，巩固边防力量。

不久，太监王振为明英宗所宠信，逐渐干预朝廷政务，诱导明英宗用严酷的手段驭臣下，大臣们往往被投入监狱。朝廷大臣个个胆战心惊，如履薄冰，面对如此局面，杨士奇心急如焚，却也无能为力。

杨士奇的儿子杨稷傲慢狠毒，曾经侵害平民并用暴力杀人。主管监察的官员纷纷上奏弹劾杨稷。朝臣议论应立即对他依法惩处，于是便将杨稷押入监牢候审。杨士奇此时年老生病休假在家，明英宗害怕他一时难以接受而伤了身体，便急忙下诏予以安慰勉励。杨士奇十分感动，但又因忧虑而使病情加重，卧床不起。正统九年（1444 年）三月，杨士奇去世，享年 80 岁。追赠太师，谥“文贞”。

2.“东杨”杨荣

杨荣（1371—1440 年），初名子荣，字勉仁，福建建安（今福建建瓯）

人。明初著名政治家、文学家、内阁首辅。

建文元年（1399 年），杨荣参与福建乡试，中第一。建文二年（1400 年）中进士，授编修之职。建文四年（1402 年），燕王朱棣取得“靖难之役”胜利。进入南京时，杨荣迎谒在朱棣马前说：“殿下是先拜谒太祖（朱元璋）陵呢，还是先即位？”朱棣便马上驱驾拜谒明太祖陵后才回宫登上帝位，从此视杨荣为心腹。朱棣即位之后，杨荣立即被命入值文渊阁。

当时在文渊阁入值的七人之中以杨荣年龄最少，但最为机敏。有一天晚上，宁夏有战报送来，说宁夏一城被叛兵所围，当时只有杨荣一人在值，明成祖向其询问应对之策。杨荣说，宁夏被围之城十分坚固，人也英勇善战，此奏从该地到此已 10 有余日，如没有问题城围已解，如有问颢应早已被攻破，再怎么商议，也无济于事了。果然到半夜另有奏报送来，说城围已解。明成祖非常赞赏他预测的准确，升他为侍讲。永乐二年（1404 年），朱高炽被立为太子后，杨荣升任太子右谕德，仍兼前职。

永乐五年（1407 年）杨荣被派往甘肃经略军务。杨荣对所过山川形势多有所了解、审核，对当地军民多方安抚。回京之后，将所见所闻所做之事汇报给朱棣，朱棣大为高兴。第二年杨荣因其父丧，请求丁忧归葬，明成祖令其葬后立即回朝任事。不久其母又亡，杨荣乞求为父母守制，明成祖以大军即将北征，朝中期以重任为由没有批准。

永乐八年（1410 年），明成祖率军出塞，北征蒙古，特意精选勇士 300 人为前卫，直接由杨荣指挥，作为大军的前导，后大获全胜而返。永乐十一年（1413 年），明成祖再一次北征，并命胡广、金幼孜与杨荣共同随行。在征战期间，凡大军的诏令及旗帜符验，必得杨荣验看之后才得发出。当时大军北征，多因粮草缺乏，半途而退。杨荣向明成祖建议说：“我军要得持久之胜利，必须在所占之地屯军、屯田，如此不仅减少转输之劳，且可使兵食无忧。大军远征，要想取得决定性的胜利，必须处理好粮草的问题。所以我建议在当地进行屯军、屯田，这样可以减少周转运输的过程，保障军士的粮草供应。”这一建议获得明成祖同意。

明永乐十六年（1418 年），胡广病卒，明成祖命杨荣掌翰林院，对其亲任无比，因此引起众大臣的嫉妒。有人上疏举荐杨荣为国子监祭酒，其实是想让朱棣疏远他。朱棣对众臣说：“朕知道杨荣担任这一职务是非常合适的，但朕需要他时刻在朕左右。”大臣们由此得知杨荣被明成祖的信任程度，不敢再对他有任何微词。

为了从根本上解决北部的边患，明成祖决定迁都北京。明朝官吏大多生在江南，要他们远离故土，远赴塞下，困难重重。一些官吏便利用这种情绪，反对迁都。杨荣看到迁都北京对于解除蒙古部的威胁有不可低估的战略作用，与户部尚书夏原吉、吏部尚书蹇义等坚决支持迁都。永乐十八年（1420 年），杨荣进为文渊阁大学士。永乐十九年（1421 年）朱棣正式迁都北京。

永乐二十二年（1424 年），明成祖再次率大军出征，此次因敌情不明，粮草运输接应不上，士兵死亡十之二三，大军不得不班师回京。明成祖因为此次远征的失败，加上年事已高，郁闷成疾，到榆木川时病逝。当时众人不知如何是好，手足无措，杨荣与随军的金幼孜等人立即商议说，大军在外，离京师尚远，恐朝中发生不测，应该秘不发丧。因而每天为明成祖进膳如常，每天仍以明成祖的名义发布诏令，同时秘密派人驰赴京师密告皇太子。随后，杨荣和少监海寿先回京师，向太子朱高炽报告情况，决定处理方法。结果，朱高炽顺利地即位，国家政局未发生丝毫的骚动。明仁宗朱高炽即位之后，杨荣进职为太常寺卿，谨身殿大学士。不久由于杨荣在明成祖去世时所决定的诸事得到褒奖，并厚予赏赐，擢升为工部尚书，享受三职俸禄。

宣德元年（1426 年），汉王朱高煦谋反，明宣宗朱瞻基诏杨荣商议计策。杨荣请帝亲征，他说："汉王以为陛下新立，威不服众，必不敢亲征。如果我们在此时由陛下亲自进行征讨，一定会打乱叛军的部署，到时天下必将为之震动,叛军也就会从内土崩瓦解了。"明宣宗认为他说得很有道理，果然大军行至汉王叛乱的乐安，朱高煦的叛军立即如鸟兽散，汉王朱高煦不得不出降。大军凯旋回师，杨荣由于决策英明也受到厚赏。

宣德十年（1435 年）正月，明宣宗驾崩，太子朱祁镇即位，即明英宗。明英宗继位之后，杨荣仍然受到倚任如故。正统三年（1438 年），加杨荣太子少师。正统五年（1440 年），杨荣乞求回乡扫墓，明英宗特命中官及大批人马护送。七月初二（7 月 30 日），杨荣在扫墓完后归途中病故，享年 70 岁。明英宗为他辍朝一日，追赠杨荣为光禄大夫、左柱国、太师，赐谥号文敏。

3."南杨"杨溥

杨溥（1372—1446 年），字弘济，号澹庵。湖广石首（今湖北石首）人。明朝著名政治家、诗人、内阁首辅。

杨溥与杨荣同时于建文二年（1400 年）中进士，授职编修。永乐初年，改任皇太子洗马，成为皇太子朱高炽的东宫僚属。永乐十二年（1414 年）

九月，因东宫官属迎接明成祖北征凯旋迟缓，明成祖大怒，将杨溥等一并下狱，家人也被囚禁，在狱期间随时均有被杀可能。但杨溥毫不在意，在狱中发奋自励，每天读书不止。因而在狱10年，他把经书史籍通读了好几遍，学识大长。

永乐二十二年（1424年）八月十五日，太子朱高炽即位，是为明仁宗。明仁宗即位之后杨溥获释出狱，被授官翰林学士。之后数月之间，连授三职，足见明仁宗对于杨溥的关切之心。同年，明宣宗朱瞻基即位，罢设弘文阁，把杨溥召入内阁，与杨士奇、杨荣等人共同主管枢机事务。四年后，因母亲去世辞职，守孝期满后又出来任职。宣德九年（1434年）升任礼部尚书，仍以学士衔在内阁当值。

宣德十年（1435年），明宣宗驾崩，太子朱祁镇即位，即明英宗。明英宗即位之后，杨溥与杨士奇、杨荣共同奏请为其开设经筵讲习，要求讲官必须学识渊博，言行端重，老成练达；又请求慎重选择在宫中朝夕侍从皇上的内臣，太皇太后（诚孝张皇后）对此非常高兴。

一天，太后在便殿落座，明英宗面西站立，召英国公张辅和杨士奇、杨荣、杨溥、礼部尚书胡濙入内，太后对明英宗皇帝说："此五位老臣历仕三朝以上，忠心耿直，皇帝今后事无论巨细均要与五位大臣共议而行。"

正统三年（1438年），《明宣宗实录》修成，杨溥升太子少保、武英殿大学士。此时大太监王振，尚未形成势力，皇帝亦在年幼，故朝政在三位大臣的主持之下，天下清平，人民安居乐业，中外臣民无不称颂，并称为"三杨德政"。

正统六年（1441年）之后，杨荣、杨士奇相继去世，此时在内阁的马愉、高谷、曹鼐是新进大学士，人微言轻。杨溥独木难支，权宦王振便开始进一步专权用事。杨溥年老力衰，势单力孤，无力阻止。

正统十一年七月十四日（1446年8月6日），杨溥病卒。追赠特进光禄大夫、左柱国、太师，谥"文定"。

正统十四年（1449年），王振引导明英宗北征，结果在土木堡陷入包围，遭遇惨败（即"土木之变"）。时人因而怀念"三杨"，认为如果他们还在，绝不会发生这样的事。

此外，"三杨"还是明代"台阁体"诗文的代表人物。三人均历仕永乐、洪熙、宣德、正统四朝，先后位至台阁重臣，正统时加大学士衔辅政，人称"三杨"。以"三杨"为代表的台阁体诗文，内容上歌功颂德，粉饰现实；艺术上追求雅正，流于平实。永乐至成化年间，明代文坛几乎为台阁体垄断。

时人皆称杨士奇有学行，杨荣有才识，杨溥有雅操。

四、太平十策纾民意，文章煊赫百代尊

解缙（1369—1415年），字大绅，一字缙绅，号春雨、喜易，江西吉水人。明朝宰相，文学家。

解缙的父亲曾参加元末朱元璋农民起义军，明朝建国之后，朱元璋曾召见他，要委任其官职，但为其婉言拒绝而回乡务农。解缙自幼颖悟绝人，又受父母的良好教育，有“神童”之称。洪武二十年（1387年）参加江西乡试，名列榜首。第二年京都会试考中进士，任中书庶吉士。

解缙有治国安邦之才，初入仕时，就鲜明地表示了自己的政治见解，显示了他的正气和才干。后由于他知识渊博，回答皇帝的咨询准确得体，甚受明太祖宠爱，常奉侍左右。明太祖常称赞解缙有经邦济世之才、治国平天下之略。解缙曾指责兵部僚属玩忽职守，尚书沈潜对此极为恼怒，上疏诬告解缙。明太祖斥责解缙恃宠，散漫自恣，当应薄惩，贬为江西道监察御史。不久韩国公李善长因参与胡惟庸谋反案，议罪当死，解缙代郎中王国用上奏为其申冤；又为同官夏长文起草文书，弹劾都御史袁泰，因此遭到袁泰等的深深嫉恨，多次寻其一些过失加以攻讦。洪武二十四年（1391年），明太祖召解缙父亲进京，对他说：“解缙当大器晚成，你带子还乡，

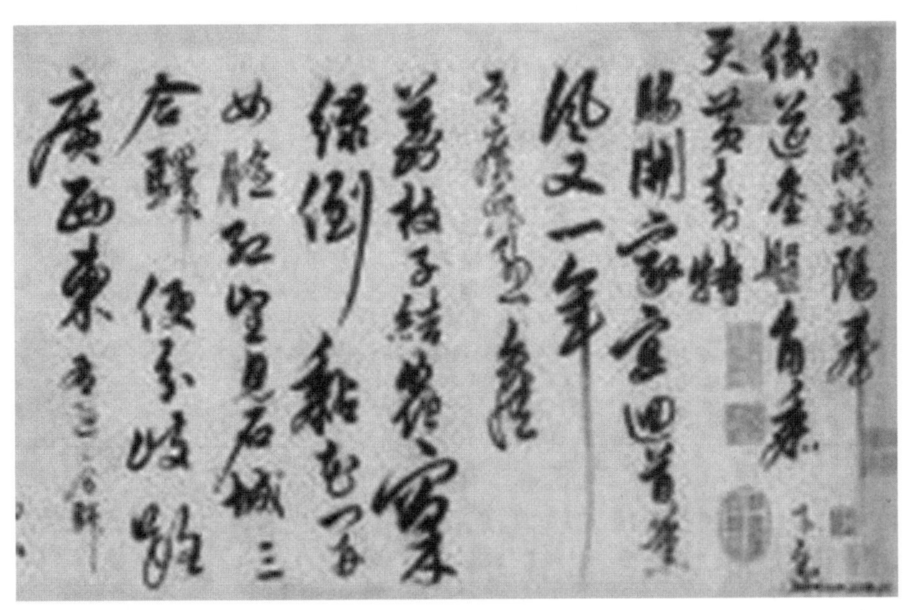

解缙《自书诗卷》

督令其再学。过十年后再来，当大任亦未晚也。”解缙只好随父回归吉水，在老家 8 年，闭门著述，校改《元史》，补写《宋书》，删定《礼记》。

洪武三十一年（1398 年），明太祖病逝，解缙进京吊丧。时明惠帝朱允炆临朝，袁泰乘机进言，责其此时母丧未葬，父年 90，却为其官职不事子孝。朱允炆听信谗言，贬解缙为河州（今甘肃兰州附近）卫吏。建文四年（1402 年），当时的礼部侍郎董伦为朱允炆所信任，在朱允炆面前为解缙说了不少好话，这样，解缙才被召回京师复职，任翰林待诏。十一月任内阁首辅。

永乐元年（1403 年），明成祖朱棣登基，擢解缙为翰林侍读，与黄淮、杨士奇、胡广、金幼孜、杨荣、胡俨等参与机务，奉命总裁《太祖实录》《列女传》。这时，明成祖对解缙很信任，曾对大臣们说：“天下不可一日无我，我则不可一日少解缙。”此时的解缙依旧是刚正不阿、坚持正义的气节，对不合礼仪之事，他还是要反对的。解缙在朝时，以贤德论士，好就说好，坏就说坏，毫不掩饰自己的观点。

永乐二年（1404 年），解缙晋升为翰林学士兼右春坊大学士，为内阁首辅，这是他仕途最得意之时。一日明成祖召解缙等人说：“你们七人与朕朝夕相伴，朕嘉奖你们勤于职守，但慎初易，保终难，愿你们共勉。”

永乐三年（1405 年），明成祖召解缙入宫，磋商立太子之事。当时明成祖的意思是想立次子汉王朱高煦为太子，解缙说：“皇长子朱高炽仁孝，天下归心已久。”明成祖听后，默默不语，解缙又跪下磕头说：“况且皇上还有一个好圣孙（指朱高炽的儿子朱瞻基）！”明成祖听到，这才决定立朱高炽为皇太子。这件事后来被汉王知晓，因此对解缙恨之入骨。

当时恰逢朱高炽带兵平定安南，解缙予以力谏，但朱棣未予采纳。以后经过艰苦征战予以平定，明在安南设置了郡县。此时明成祖对于皇太子常有不满之处，而汉王朱高煦却一天比一天得宠，大有夺嫡之势，解缙为此忧心忡忡。一天，他又对明成祖说：“如果易嫡引起朝争，国家为此不宁，不可擅行。”这次明成祖听后大怒，认为解缙有意离间其骨肉。

永乐四年（1406 年），明成祖提升黄淮等为二品官衔，却让解缙仍以原品供事，此事为其政敌提供了攻击解缙的信心。淇国公丘福等把解缙反对立汉王为太子的事传与外庭，汉王朱高煦遂向其父多次造谣说：“解缙经常泄露宫中秘事。”第二年解缙又被人告发他廷试中读卷不公，因此被贬职到广西任布政司参议。途中又被人告发对这次贬职心怀不满，因此又被改到交趾。永乐八年（1410 年），解缙入京奏事。此时正值明成祖率军北征蒙古，解缙只好在进谒了皇太子之后返回。这一事情被汉王朱高煦得知之后，向明成祖上奏说："解缙伺机在皇帝外出期间进京私见太子，而后不经请示又自行返回，这是目无君上。"明成祖得知这一消息后大发雷霆，命令逮捕解缙下狱，严刑拷问，并将与解缙有关的一大批官员皆逮捕下狱，很多人被拷打而死。

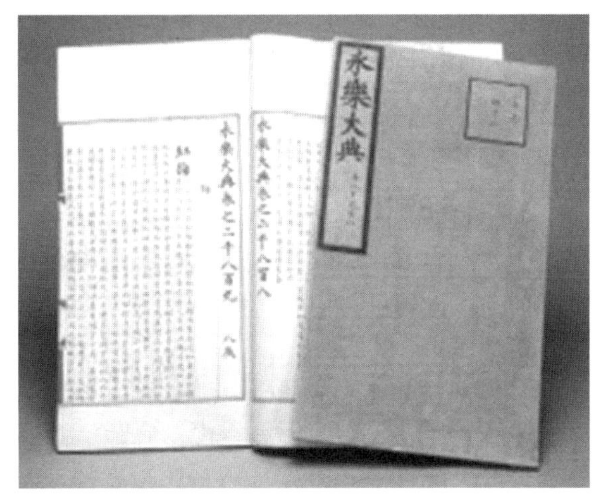

《永乐大典》书影

永乐十三年（1415 年）正月十三日，锦衣卫指挥使纪纲向皇帝呈送在押狱囚名册，明成祖见有解缙的姓名，就问解缙还在牢里关着呢？解缙的政敌听到这一消息后，大为恐慌，他们怕解缙将被重新放出重用，遂指使纪纲将解缙用酒灌醉，埋入雪中冻死。解缙去世后，家中财产被抄没，妻子、儿女、宗族都流放到辽东。

解缙一生最大的功绩是他亲自主持了《永乐大典》的编纂工作，这是解缙在中国文化发展史上的一大贡献。作为总负责人的解缙，白天参与朝政，晚上参加修纂，统领全书。他学识渊博，才华卓著，领导 3000 纂修人员得心应手，并且亲自翻阅资料，查检经典，认真补写、勘校无错。经过四年的通力合作，书稿在永乐五年（1407 年）十一月编辑就绪，明成祖亲自撰写序言。这部卷帙浩繁、规模庞大的类书计有 22877 卷，凡例、目录 60 卷，装订成 11095 册，共 3.7 亿字，辑入经、史、子、集、释藏、道经、北剧、南戏、平话、医学、工技、农艺、志乘等各类著作七八千种。这是我国最大的一部类书，在世界文化史上，《永乐大典》被誉为编纂最早，规模最大、内容最广的百科全书。

解缙除了主持编纂《永乐大典》之外，他还具有多方面的才能，在学术、诗歌、书法、散文等方面也很有成就。

正统元年（1436 年）八月，明英宗朱祁镇下诏赦还所抄家产。成化元年（1465 年），明宪宗朱见深下诏为解缙平反昭雪，恢复官职，赠朝议大夫，谥文毅。

五、襟度渊澄正直臣，成化贤佐称第一

商辂（1414—1486 年），字弘载，号素庵。浙江淳安人。明朝名臣、内阁首辅。

商辂自幼天资聪慧，才思过人。宣德十年（1435 年），乡试第一为解元，正统十年（1445 年）会试、殿试皆为第一。整个明朝的官员，三试都是第一的，只有商辂一人而已。由于其科举高中榜首，先任修撰，不久即被选入东阁，为侍讲学士。

正统十四年（1449 年）八月，“土木之变”爆发，明英宗被俘，由郕王朱祁钰监国。此时，商辂经阁臣陈循、高谷推荐，得以进入内阁，参与机要事务。翰林院侍讲徐珵倡议迁都南京，商辂与兵部侍郎于谦等持相同立场，极力反对南迁。不久后，朱祁钰即位为帝，即明代宗，并尊明英宗为太上皇。同年冬，商辂进升为翰林院侍读。景泰元年（1450 年），商辂等奉命前往居庸关，迎接被瓦剌释放的太上皇朱祁镇，进升为学士。景泰三年（1452 年），明代宗将太子朱见濬废为沂王，改立自己的儿子朱见济为太子。太子改换后，商辂进升为兵部左侍郎兼左春坊大学士，获赐一处位于北京南薰里的宅第。

景泰八年（1457 年）正月，明代宗病重，群臣都请求立太子，但明景帝不许，商辂再次上疏说：“陛下为宣宗皇帝之子，当立宣宗皇帝的子孙。”群臣对于商辂的直言切谏非常感动，但商辂的奏书还未达朝廷，当天夜里石亨等拥立太上皇明英宗复辟。第二天，大学士王文、兵部尚书于谦被捕。因商辂与高谷皆主张立明英宗之子为太子，明英宗将二人诏入便殿，慰勉之后命其草拟复位诏书。石亨等得知之后，把商辂叫出，让其在复位诏中为己表功。商辂说：“诏书拟定，自有定制，不敢轻易。”石亨等人听后相当不满，不久就指使人弹劾商辂结党朋奸，把他逮捕下狱。明英宗念及商辂为三试榜首并为其亲取，不忍处死，将其贬职为民，逐出京师。终明英宗天顺一朝，商辂最终没再被任用。

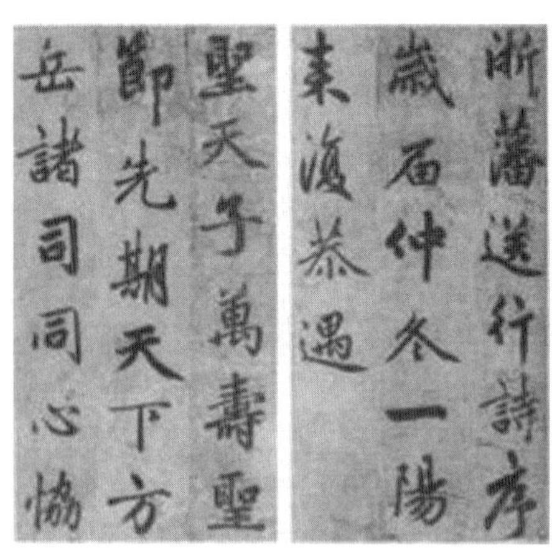

商辂书法《浙藩送行诗序》（局部）

成化三年（1467）二月，商辂

被召回京师，明宪宗朱见深命以原官入阁办事。商辂上疏委婉予以拒绝，明宪宗特地使人对商辂说："先帝已知卿等受冤枉，请进京勿辞。"商辂进京之后，立即上疏提出八事：勤学、纳谏、储将、备边、裁冗官、设仓、崇先圣、重科举。这些都被明宪宗所采纳。不久被升职为兵部尚书，后又转任户部尚书，并改任文渊阁大学士。成化七年（1471 年），皇子朱祐极被立为皇太子，商辂获加官太子少保，进升为吏部尚书。仁寿太后名下的田户与百姓争夺田地，皇帝想把百姓迁徙到塞外。商辂说："天子以天下为家，哪里用得着庄园。"事情于是得到平息。乾清宫大门发生火灾，工部请求到四川、湖广采集木材。商辂进言说应该稍微延缓一下，以保持警戒畏惧，皇帝听从了他。

成化八年（1472 年），太子朱祐极去世，明宪宗因继承人的事而忧虑。纪妃生有皇子（即后来的明孝宗朱祐樘），现今已经 6 岁，左右侍从畏惧万贵妃，没有人敢进言。直至成化十一年（1475 年），才被报告给明宪宗，明宪宗非常高兴。商辂请求下诏礼部拟定上报皇子的名字，朝廷大臣相互祝贺，明宪宗于是命令皇子出宫会见朝廷大臣。过了几日，明宪宗又御临文华殿，皇子侍奉，召见商辂及众内阁大臣。商辂叩首说："陛下在位十年，未立太子，天下盼望已久了。应当立即立为太子，安定朝廷内外的人心。"明宪宗点头同意。同年十一月，皇子朱祐樘被立为皇太子。

其间，商辂又上奏消除灾祸的八件事：为番僧国师法王，不要滥赐印章；四方日常的贡奉之外，不要接受玩赏的物品；允许众臣直言进谏；分别派遣刑部使者审查囚犯案卷，减少冤假错案；停止不急需的修建项目；充实三边军队的储备；守卫沿边的关隘；设置云南巡抚。明宪宗一一采纳，并下诏嘉奖。成化十三年（1477 年），商辂晋升为谨身殿大学士。

中官汪直监督西厂时，多次造成大案。商辂率领同僚分条列出汪直的 11 条罪状，汪直一日不除，天下一日不安。九卿阁臣一起弹劾汪直，明宪宗于是罢免了汪直在西厂的职务。汪直虽然不管理西厂事务，但还是像原来那样受到宠幸。他诬陷商辂曾收受指挥使杨晔的贿赂，想解脱自己的罪行。商辂于是竭力请求致仕。明宪宗同意，下诏加商辂为少保，赐命用驿车送他回去。

商辂为人平易持重，待人宽厚，每到重要时刻却毫不含糊，当机立断，受到同僚的尊重。商辂致仕后，刘吉前去探望。刘吉见他子孙众多，感叹说："我与您共事多年，未曾见您笔下妄杀一人，上天回报您如此礼厚，实是应该的。"商辂谦逊说："只是不敢让朝廷妄杀一人而已。"

家居十年后，商辂于成化二十二年七月十八日（1486年8月17日）去世，享年73岁。明宪宗深加悼惜，辍朝一日，追赠特进荣禄大夫、太傅，谥号“文毅”。

六、国朝阁臣三杨后，相业无如李原德

李贤（1409—1467年），字原德，邓（今河南邓州市）人。明代名臣。

宣德七年（1432年），李贤考中乡试第一名。宣德八年（1433年），登进士第。奉命到河津考察蝗灾，被任为验封司主事。正统初年，他曾上奏疏给英宗，建议将塞外投降的蒙古人逐步迁出北京之外，这样不仅可减少费用支出，且可以消除遗患于未萌。但这一正确建议未被采用。正统十四年（1449年），朱祁镇在权宦王振的怂恿下下令亲征瓦剌，当时本应随征的吏部侍郎因病告假，于是由李贤扈从。同年，“土木之变”爆发，明军全军覆没，李贤等少数人死里逃生，回到北京。

景泰二年（1451年），李贤又向皇帝上奏，提出建议十策：一曰勤圣学，二曰顾过警，三曰戒嗜欲，四曰绝玩好，五曰慎举措，六曰崇节俭，七曰畏天变，八曰勉贵戚，九曰振士风，十曰结民心。景帝对此非常赞赏，命翰林官员将其写成条幅挂于左右，以便随时阅览警醒自己。不久李贤又上疏建议改革军队，广泛采用车战、运用火器以提高军队战斗力，也受到明景帝的赞赏。同年冬他被提升为兵部右侍郎，不久转任户部侍郎。李贤曾上书陈述边防守备松弛的情况，兵部尚书于谦请将他的奏章传阅到边塞，以激励诸将。改任吏部右侍郎后，他选取古代22位君主可以效仿的行事作风，编成《鉴古录》，上呈给朱祁钰。

李 贤

景泰八年（1457年），石亨等发动“夺门之变”，迎接被囚禁在南宫的朱祁镇复位。明英宗复位后，李贤仍任翰林学士，不久为文渊阁大学士，与徐有贞同预机务。不久又提升为户部尚书。由于李贤性格端庄，出言谨慎，每有奏时都能切中时弊，故深得皇帝的信任。

天顺三年（1459年），山东发生

灾荒，明英宗诏徐有贞与李贤商议，徐有贞说：“负责赈灾的官员，多有贪污中饱之人。应该立即停止赈灾。”李贤说：“如果仅考虑有贪污中饱而不赈灾，那么视民于水火而无动于衷，也是因噎废食。”明英宗听到这里，立时下定了决心，命增加赈济的钱粮。

“夺门之变”后，石亨、曹吉祥日益骄横，引起了明英宗的厌恶，曾将所有人摒退后对李贤说：“这班人现在专横干政，四方奏事先要至其府内，这样一定会出乱子的，怎样解决才好呢？”李贤说：“陛下应当机立断，否则日久必生祸患。”不久石亨与曹吉祥果然密谋叛乱，为李贤发觉，他协助明英宗将其平叛。一日明英宗与李贤议及夺门之变，李贤说：“这一事件应该叫作迎贺，而不能叫作夺门。天下本来就是陛下的，如果叫作夺门就不能体现顺应天意了。”明英宗醒悟，认为李贤的提法一语中的，从此之后明英宗对李贤更是言听计从。终天顺年间，李贤一直为内阁首辅。

天顺五年（1461 年），曹钦举兵造反，击伤在东朝房当值的李贤，并要杀他，逼李贤起草奏章为自己开脱罪行。依赖王翱一力相救，李贤才得以幸免，秘密上疏请擒拿贼党。当时正纷扰不安，不知道李贤在哪。朱祁镇得到奏疏后，非常高兴。李贤裹伤入宫觐见朱祁镇，朱祁镇加以慰劳，特加李贤为太子太保。李贤于是说叛军既已伏诛，应尽快下诏天下停止不急之务，广求直言以疏通被困塞的政事，朱祁镇一一采纳。

李贤务持大体，尤其以珍惜人才、广开言路为急务。他所推荐的年富、耿九畴、李秉、程信、姚夔、崔恭、李绍等人，都是名臣。李贤时常劝朱祁镇召见大臣，凡有所推荐，必定先与吏部、兵部讨论后再定。他入宫应对朱祁镇时，朱祁镇询问文臣情况，李贤请他问王翱；问武臣，则请他问马昂。这两人在左右辅佐，因此李贤言无不行，而人们也不担忧李贤专权，只有众小人与李贤为难。

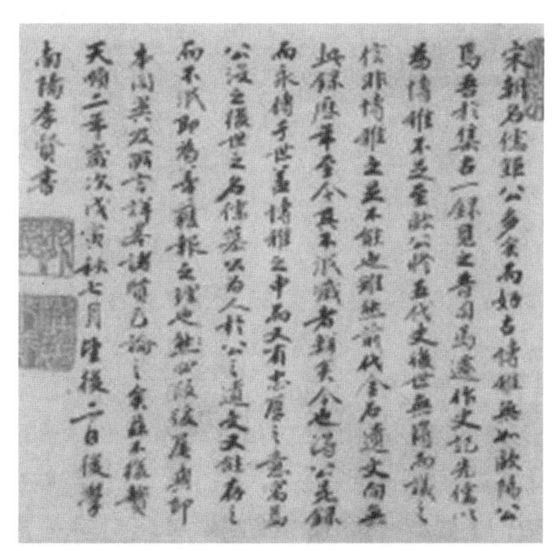

李贤跋欧阳修《集古录跋尾》

当时，锦衣卫指挥使门达弄权，而锦衣卫的官校也恣行残暴，造成严重的祸患。李贤多次请求禁止，朱祁镇召

来门达，予以告诫、劝谕。然而门达恃宠更加骄横，李贤找机会又向朱祁镇陈述门达之罪，朱祁镇又召门达前来，多加告诫。自此以后，门达对李贤恨之入骨。他曾在朱祁镇面前进谗，称李贤接受大臣陆瑜的贿赂，助其升任刑部尚书。朱祁镇颇感疑惑，以至于在半年内都没有下达陆瑜升官的诏命。

不久明英宗生病，这时有人向明英宗挑拨太子与皇帝的关系，明英宗犹豫不决，特将李贤秘密诏入宫内向其询问。李贤听到这件事后，跪拜在地说："外间小人，流言蜚语，不足为据。太子为天下根本，如此大事望陛下三思。"明英宗又问是否只有传位给太子，他最合适吗？李贤又跪拜回说："如此宗社幸甚。"明英宗听到这里后，扶病立起，立即召见太子。太子来后看到明英宗病重抱明英宗哭泣，明英宗也泪流满面。经此事故，明英宗方才信任太子，而谗言也不攻自破。

天顺八年（1464 年）正月，明宪宗继位后，李贤被进太子少保衔，华盖殿大学士。门达被逐出后，他的党羽多投匿名信陷害李贤，李贤因此请求辞官，明宪宗下诏慰留，特命侍卫保护其家，护送其出入。后由于李贤后多病，多次请求退休才获朝廷批准。

成化二年十二月十四日（1467 年 1 月 19 日），李贤去世，终年 59 岁。明宪宗闻讯后，十分悲痛，为其辍朝一日，按例赐祭葬。并追赠特进光禄大夫、左柱国、太师，谥号"文达"。

七、粉骨碎身全不怕，要留清白在人间

于谦（1398—1457 年），字廷益，号节庵。杭州府钱塘县（今浙江省杭州市上城区）人。明朝政治家、军事家，是两袖清风的救世名臣，中国历史上有名的"清官"，民族英雄。

于谦的祖父于文明洪武年间任工部主事，父亲于彦昭隐居家乡钱塘不仕。他少年时就十分仰慕文天祥，他希望有朝一日像文天祥那样报效祖国。永乐十九年（1421 年），于谦考中了进士。之后，他为官 35 年真正做到了一尘不染。

宣德元年（1426 年），汉王朱高煦在乐安州起兵谋叛，于谦随明宣宗朱瞻基亲征。于谦被任命为御史，待朱高煦出降，明宣宗让于谦数落他的罪行。于谦正词崭崭，声色俱厉，朱高煦在这位御史的凌厉攻势下，被骂得抬不起头，趴在地上不停地发抖（伏地战栗），自称罪该万死。明宣宗大悦，当即下令派于谦巡按江西，平反数百起冤狱。

宣德五年（1430 年），明宣宗知道于谦可以承担重任，当时刚要增设各部右侍郎为直接派驻省的巡抚，于是亲手写了于谦的名字交给吏部，越级提升为兵部右侍郎，巡抚河南、山西。于谦到任后，轻装骑马走遍了所管辖的地区，访问父老，考察当时各项应该兴办或者革新的事，并立即上书。一年上书几次，稍有水旱灾害，马上上报。

正统年初，杨士奇、杨荣、杨溥主持内阁朝政，都很重视于谦。于谦所奏请的事，早上上奏章，晚上便得到批准，都是“三杨”主办的。到了“三杨”去世，宦官王振专权，朝廷上下贿赂成风。当时，地方官进京办事都要先给上司送礼，只有于谦从来不送礼。有人劝他说：“你不肯送金银财宝，难道不能带点土特产去？”于谦甩动两只袖子，笑着说：“只有两袖清风。”之后他还写了一首诗表明自己的态度，诗的后两句是：“清风两袖朝天去，免得闾阎话短长。”于谦的廉洁刚正让王振极为不满，便想尽办法给于谦安了一个罪名，把他投进了监狱。河南、山西的地方官员和百姓听到于谦入狱的消息，联名向明英宗请愿，要求释放于谦。迫于压力，王振只好放了于谦，并让他官复原职。正统十三年（1448 年），于谦被召回京，任兵部左侍郎。

正统十四年（1449 年）七月，蒙古草原上鞑靼瓦剌军南下侵犯明朝边境。明英宗听信太监王振的建议，带兵亲征。结果全军覆没，明英宗被俘，史称“土木堡之变”。明英宗被俘的消息传到北京后，一时间京城里人心惶惶。有人主张南逃，有人主张投降，这时于谦站出来，义正词严地说：“京城是国家的根本，朝廷一撤，国家就完了。大家难道忘了南宋的教训吗？”最后，皇太后将守卫北京城的重任交给了于谦。接受重任后，于谦一面调兵遣将，加强京城的防御兵力，一面整顿内部，逮捕了一批瓦剌军的奸细。

于　谦

瓦剌军俘虏了明英宗后，以他为人质不断骚扰明朝边境，对此，于谦等大臣力荐郕王当皇帝，不久，皇太后正式宣布郕王登基，他就是明代宗。瓦剌军知道此事后，便大

举进攻北京。于谦决定主动出击，他分派将领带兵出城，在京城九门外摆开阵势，又叫城里的守将把城门关闭，表示有进无退的决心。将士们被于谦的勇敢和坚定感动，士气大振，经过五天五夜的激战，终于打退了瓦剌军。北京保卫战取得了辉煌的胜利。

景泰元年（1450 年）八月，太上皇被留在北方已经一年。也先见明朝没有什么事端，更想讲和，使者接连前来，提出把太上皇送回。大臣王直等商议派使者前往迎接，明代宗不高兴地说："朕本来不想登大位，当时是被推上来的。"于谦从容地说："帝位已经定了，不会再有更改，只是从情理上应该赶快把他接回来罢了。万一他真有什么阴谋，我就有话说了。"明代宗看看他便改变了面色说："听你的，听你的。"先后派遣了李实、杨善前往，终于把太上皇接了回来。

景泰八年（1457 年）正月，明代宗病重，石亨和曹吉祥、徐有贞迎接太上皇恢复了帝位。宣谕朝臣以后，立即把于谦和大学士王文逮捕入狱。正月二十三日，于谦被押往崇文门外处斩。

于谦死后，人们传诵着他年轻时写的一首诗："千锤万凿出深山，烈火焚烧若等闲。粉骨碎身全不怕，要留清白在人间！"人们认为，这正是于谦一生的写照。

明宪宗成化初年，于谦的儿子于冕被赦免回来，他上疏申诉冤枉，得以恢复于谦的官职。

明孝宗弘治二年（1489 年），采纳了给事中孙需的意见，追赠于谦为特进光禄大夫、柱国、太傅，谥号肃愍。赐在墓建祠堂，题为"旌功"，由地方有关部门年节拜祭。万历十八年（1590 年），改谥为忠肃。

八、明中天下三贤相，李谋刘断谢侃侃

1. 李东阳

李东阳（1447—1516 年），字宾之，号西涯。祖籍湖广长沙府茶陵（今属湖南），因家族世代为行伍出身，入京师戍守，属金吾左卫籍。明朝内阁首辅大臣。

景泰元年（1450 年），4 岁的李东阳即工书法，曾被明景帝召见，赐给他许多物品。景泰六年（1455 年），8 岁时以神童入顺天府学。天顺六年（1462 年）八月，李东阳参加顺天乡试中举。天顺八年（1464 年）三月，考中进士，选为庶吉士，后授编修，以后历任侍讲学士、东宫太子讲官。成化元年（1465 年）八月，李东阳被授编修之职，参与修纂《英宗实录》。

成化三年（1467 年）八月，《英宗实录》修纂成书，皇帝赐李东阳白金文绮，品秩升为从六品。

进入仕途之初，李东阳升迁很不顺利，基本上是九年任满一迁，而且做了很长时间的侍讲学士，却仍没有参与经筵和日讲等活动，这是因为李东阳“以貌寝，好诙谐，不为时宰所重”以至于“士论哗然不平”。但是李东阳年轻时对此毫不在意，表现出宽阔的心境和难得的政治成熟。

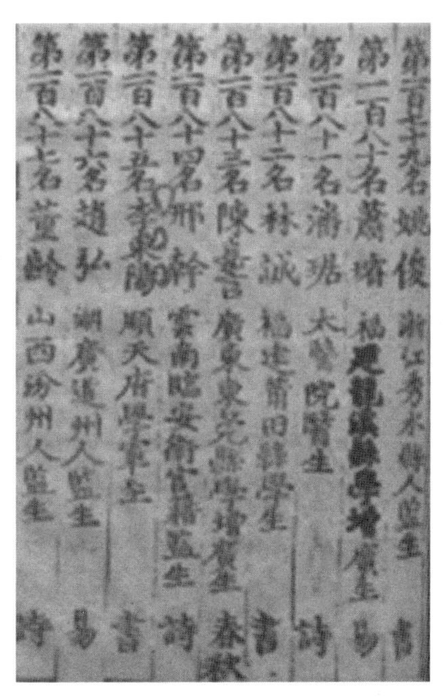
第一百七十九名 姚俊 浙江秀水縣人監生 書
第一百八十名 蕭[illegible] 福建龍溪縣學增廣生 易
第一百八十一名 潘琚 太醫院醫生 詩
第一百八十二名 林誠 福建莆田縣學生 書
第一百八十三名 陳喜 廣東東莞縣學增廣生 春秋
第一百八十四名 邢幹 雲南臨安衛官籍監生 詩
第一百八十五名 李東陽 順天府學生 書
第一百八十六名 道弘 湖廣道州人監生 易
第一百八十七名 董齡 山西汾州人監生 詩

天顺七年会试榜单

弘治四年（1491 年），升任左庶子兼侍讲学士，连又擢升太常寺少卿。弘治八年（1495 年），以本官进入文渊阁参与机务，后不久晋升为礼部尚书兼文渊阁大学士。当时在内阁共同办事的有首辅刘健及谢迁等，李东阳与他们一起，兢兢业业辅助皇帝，对政务的缺失尽力极谏。由于李东阳工书法擅长诗文，故内阁中的各种诏谕都由他草拟。诏谕传出之后因朗朗上口，为天下人传诵。

弘治十一年（1498 年）二月，皇太子出阁读书，赐李东阳太子少保、礼部尚书衔，兼文渊阁大学士，负责教导太子。弘治十八年（1505 年）二月二十一日，李东阳以疾病原因乞求退休，皇帝不准。三月，李东阳充殿试读卷官。五月，明孝宗下召李东阳与刘健、谢迁入乾清宫共同领受顾命，明孝宗死后，明武宗即位。七月，李东阳以辅导太子之功与谢迁同升少傅仍兼太子太傅。八月十三日，李东阳与谢迁同授光禄大夫，勋柱国。正德元年（1506 年），十二月十六日，皇帝赐李东阳少师兼太子太师、吏部尚书、华盖殿大学士。正德五年（1510 年）九月，李东阳因为宁夏民乱平定，被皇帝加勋为特进左柱国，恩荫其继子李兆蕃为尚宝丞。

明武宗继位之后，刘瑾成为司礼监秉笔太监，不久专权骄横。李东阳与刘健、谢迁多次向明武宗劝谏，均未能被采纳。为抗议刘瑾的胡作非为，三人同一天向明武宗提出辞职。在刘瑾的授意下明武宗同意刘健、谢迁去职，而独留李东阳。李东阳深感耻辱，再次上疏恳请但仍未获准。刘瑾为何对李东阳网开一面，这是由于当初刘健、谢迁坚持要明武宗诛死刘瑾，

言辞激烈，只有李东阳言辞稍微舒缓的缘故。刘瑾除去刘健等人后，更加飞扬跋扈，将其死党焦芳升入内阁，将原内阁中的老臣、忠直之士驱逐殆尽。李东阳在内阁中抑郁不得志，为保身家性命，只得与宦党虚与周旋。由于刘瑾专权擅政，使得朝纲紊乱，民不聊生。李东阳在任期间，力求补救，尽可能保护朝中一些正直臣子。

李东阳秉政以后，虽然贵为内阁大学士，又“以文章领袖缙绅”，但他平易近人，广交朋友，终日“谈文论艺，绝口不及势力”，可见李东阳在政治人更多采取忍让的态度，不管和士林还是宦官、外戚等相处都还算不错，在政治上没有明确的个人主张，特别是在正德年间，更被世人讥为“伴食宰相”。

正德七年（1512 年），李东阳以京师山西、陕西、云南、福建等相继发生地震，而明武宗帝长期朝政不听，经筵不讲，宗庙不祭，而终日或沉溺于后宫，或佚游无度，因而上疏切谏，指出由于帝德不修而上天示警，要求皇帝改弦更张，勤于政务，关心民生，但明武宗仍不听。不久李东阳以老病坚决乞休，在多次坚请之下，终获批准。正德十一年（1516 年）七月二十日，李东阳病逝。明武宗追赠李东阳太师，谥文正。

2. 刘健

刘健（1433—1526 年），字希贤，号晦庵。洛阳（今河南洛阳）人。明朝中期名臣、内阁首辅。刘健历仕明英宗、明宪宗、明孝宗、明武宗，为四朝元老。他入阁 19 年，任首辅 8 年，对明朝中叶弘治、正德两朝政治产生了较大的影响。他崇儒兴学，注重实务，居官敢言，为当时世称的“天下三贤相”之一。

刘健的父亲刘亮，官至三原教谕，有学问品行。他少年时就端正持重，曾跟随著名理学家薛瑄读书。明英宗天顺四年（1460 年），刘健中进士科，被选为庶吉士，授任翰林编修。进入翰林院后，他闭门读书，谢绝交游，众人都称他为“木头”。他熟读经书，有经世济民之志。

明宪宗成化（1465—1487 年）初年，刘健升为翰林修撰，不久再升迁至少詹事，并担任东宫（太子朱祐樘）讲官，和朱祐樘关系十分融洽。

弘治元年（1488 年），朱祐樘即位为帝，刘健也升为礼部右侍郎兼翰林学士，进入内阁，参与国家大事。弘治四年（1491 年），升为尚书兼文渊阁大学士，加太子太保，改武英殿大学士。弘治十一年（1498 年）春，成为首辅，加少傅兼太子太傅。

刘健学问博大精深，敢于仗义执言，以天下为己任。当时太监李广因清宁宫火灾而畏罪自杀，刘健与李东阳、谢迁上疏说："古代帝王没有不遇到灾害而恐惧的，向来奸人佞臣炫惑圣明皇帝的视听，贿赂流行，赏罚失当。灾异的积累，正是这些原因，现在所幸首恶消除，陛下开始醒悟，然而余恶尚未除尽，过去的积弊尚未革除，臣愿意奋发有为于政事，举荐贤才，贬退奸恶，赏罚分明。凡是所应当施行的，果断处置毫不犹豫，不再因循守旧，以免后悔。"明孝宗正赞赏接纳刘健的意见，而李广同党蔡昭等却随即取到圣旨，给予李广祭祀安葬和祠堂牌匾。刘健等极力劝谏，仅停祠堂牌匾。

由于他位高权重，朝中谏官有时候弹劾他专权，但他从不放在心上。弘治十一年（1498 年）三月，国子监学生江瑢弹劾刘健、李东阳阻塞言路。明孝宗为了安慰二人，将江瑢下狱，刘健、李东阳二人不计较私人恩怨，大力为江瑢辩护，将他救了出来。

弘治十三年（1500 年）四月，蒙古骑兵南下侵犯明朝，大同告急，京师戒严。刘健建议提拔有军事才能的将领守卫京城，保卫了京城的安全。弘治十四年（1501 年），明孝宗想增加军饷，让大臣们商议。刘健力主减轻百姓负担，通过缩减宫廷费用、土木工程、裁减冗官等保证军饷供应，都被明孝宗采纳。弘治十五年（1502 年），《大明会典》修成后，刘健加少师兼太子太师，任吏部尚书、华盖殿大学士。

当时，刘健、李东阳、谢迁三人同心辅政，尽职尽责，竭尽所能，知无不言。开始的时候明孝宗还不是全部接受，后来由于他们所奏都见成效，于是再有所奏，明孝宗无所不纳，还尊敬地称呼刘健为"先生"。刘健每次进见，明孝宗都屏退左右和他密谈。无论是刘健提出或是罢免文武大臣，还是他所建议实行的政治措施，明孝宗绝大部分都能接受。

弘治十八年（1505 年），明孝宗驾崩，遗诏命刘健等辅政。明孝宗死后，朱厚照即位，即明武宗。明武宗被身边以刘瑾为首的宦官诱惑，贪玩享乐，不理政事，刘瑾便与马永成、谷大用、魏彬、张永、丘聚、高凤、罗祥等八人乘机干预朝政，时称"八党"。刘健等人多次上书要求明武宗上朝处理政务，清理后宫的玩乐设备，明武宗总是表面答应，实际并不执行，反而变本加厉地在后宫玩乐。身负先帝重托的刘健看着年轻的明武宗这么不争气，十分自责，于是只得上书请求退休，明武宗婉言相留，但仍然不理朝政。于是，刘健等人不断上疏，指出政令错误的地方，尤其指斥贵戚、宦官。由于奏章很多，呼声很高，明武宗迫不得已，假装命令下面商议。刘健十分失望，再次请求退休回家养老，李东阳、谢迁也跟着提出退休。明武宗没有办法，只得按刘健等人的意见处理朝政。

刘 健

刘健等人眼看明武宗被宦官诱惑，沉迷享乐，不理朝政，于是决心铲除“八党”，朝中大臣纷纷响应。刘瑾等人非常害怕，于是哭着向明武宗求救。明武宗听了他们的哭诉，非常恼怒，于是下令将部分反对宦官很积极的官员下狱。“八党”不仅没有除掉，刘瑾还被任命为司礼监，大权在握。在努力没有结果的情形下，失望的刘健、谢迁再次请求退休回家，这次明武宗批准了，于是刘健告老还乡。

刘健回家后，刘瑾等人更加嚣张，增设特务机构，四处活动，镇压异己，排斥忠臣，引进私党。由于大肆掠夺农民土地，导致阶级矛盾迅速激化，河北、河南、山东、山西、湖广、江西等地都爆发了大规模的农民起义。退休在家养老的刘健痛心疾首，却毫无办法。而刘瑾也一直在寻找机会想陷害刘健。在他退休的第二年三月，刘瑾等人诬陷 53 人为奸党，榜示朝堂，而刘健位列第一。正德五年（1510 年），刘健被削职为民，并夺去一切封号。同年，刘瑾被诛杀，刘健官复原职。刘瑾被杀后，明武宗仍然宠幸宦官张永等人，数次南下巡游，沿途不断骚扰人民。刘健听说后，气得吃不下饭，连连叹息说：“我辜负了先帝的重托啊！”

嘉靖元年（1522 年），明世宗朱厚熜即位后，专门命行人来慰问刘健，把他比作北宋名臣司马光、文彦博，并大加赏赐。这年刘健已年满 90 岁，明世宗下诏命令大臣专门到刘健家里送上束帛、饩羊、上尊等，并封他的孙子刘成学为中书舍人。

嘉靖五年十一月六日（1526 年 12 月 9 日），刘健逝世，享年 94 岁。刘健死后，留下数千言的奏章，劝明世宗正身勤学，亲近贤才，远离奸佞。明世宗闻讯后，十分悲痛，为其辍朝一日，派官员按例赐祭葬，并追赠刘健为太师，谥号“文靖”。

刘健前后辅佐四帝，忠于职守，呕心沥血，气度威严，以身作则，《明史》称其“事业光明俊伟，明世辅臣鲜有比者”。

3. 谢迁

谢迁（1449—1531 年），字于乔，号木斋。浙江绍兴府余姚县人。明代中期著名阁臣。

成化十年（1474 年），谢迁参加科举乡试，取第一。成化十一年（1475 年），考中状元，授编修之职，后累迁至詹事府少詹事兼侍讲学士。

弘治八年（1495 年），与李东阳一起入内阁参与政务。时逢谢迁正在家守丧，故力辞其职，后明孝宗同意其服丧期后任职。任职后不久升任兵部尚书兼东阁大学士,并任太子的老师。皇太子出阁时,又加封为太子少保、兵部尚书兼东阁大学士。谢迁劝告太子亲贤者，远佞臣，勤学问，戒安逸，明孝宗闻知后对谢迁大加赞赏。明孝宗在其晚年，对于当政时的某些弊政有所醒悟，想予以革除，谢迁乘机进言说："仅想设禁无益，宜命令有关衙司搜求弊端，明白奏闻。后宜严立条文，有犯必诛，如此诸多弊端，即可根除。"明孝宗听后采纳其建议。当时谢迁与刘健、李东阳同为大学士辅政，而谢迁遇事果敢，为人沉毅，善发议论，当时世人都说："李公为谋，刘公善断，谢公尤侃侃。"意思是说谢迁善于出谋划策。因此，天下人称其三人为贤相。

明武宗继位之后，加谢迁为太子太傅衔，谢迁多次坚决推辞，未获许。宦官刘瑾乘皇帝年幼，独揽大权，排斥忠良。谢迁认为事关国家兴亡，决心"触危机而罔恤，当逆峰而直犯"，多次向皇上陈述己见，但都遭到拒绝。直到要求诛杀刘瑾的建议没有被采纳，谢迁就同刘健一起辞官回家了。回乡不久，刘瑾以莫须有的罪名，兴起大狱，打算把刘健、谢迁等逮捕入狱并剿灭其家产，后由于李东阳从中力劝乃止。一个叫焦芳的人由于投靠刘瑾而挤入内阁，对谢迁也深感不满。这时焦芳大声说："就是不将他们下狱，亦当予以薄惩。"为此周礼等人被发配戍边。

谢 迁

正德四年（1509 年）十二月，刘瑾倚仗权势，撤销了皇帝给予刘健、谢迁等人赐爵授官的诏命，并追回皇帝赏赐的玉带、官服等物品。此时人人皆为谢迁的安危担忧，而谢迁在家中与朋客弈棋如故。以后刘瑾被诛除，谢迁被官复原职，但他推辞不受。

明世宗即位后，派遣使者慰问谢迁，起用他担任参议。谢迁派儿子谢

正入朝谢恩,并劝明世宗要勤奋学习,效法祖宗,善于纳谏。嘉靖六年(1527年),明世宗亲自下诏令派传令官到谢迁家去征召他入阁复职,并命令浙江的巡抚、按察使敦促谢迁起程赴京。此时,谢迁已是79岁的高龄,不得已只好奉命北上。明世宗待谢迁十分优厚,天气寒冷时叫他不用上朝参见。一旦得知谢迁生病,又是派太医,又是送药物,还叫专管酒宴的光禄卿送上美酒佳肴。第二年三月谢迁终算告老还乡。

嘉靖十年(1531年),谢迁在家去世,享年83岁。明世宗特赠太傅的官衔,谥号文正。

九、专擅国政二十年,窃权罔利一场空

严嵩(1480—1567年),字惟中,一字介溪。分宜(今江西分宜)人。明代著名的权臣,擅国专政达20年之久。

明太祖朱元璋废除了宰相制度,改设华盖殿、谨身殿、武英殿、文华殿、文渊阁、东阁等大学士,备皇帝顾问,分掌原宰相的职权。明成祖时,命一些官员在文渊阁当值,参与机务,称内阁。明仁宗时,内阁权位渐高,入阁者多为尚书、侍郎,实际掌握宰相权力。其中,一人为内阁首辅,就是宰相,其他人则是副宰相。明世宗朱厚熜时,奸臣严嵩为内阁首辅,专权乱政,祸国殃民,使明朝的社会危机进一步加深,国家几乎到了崩溃的边缘。

严嵩自幼聪颖,被誉为神童。明孝宗弘治十八年(1505年)中进士,步入官场。严嵩小有文才,明武宗时任南京翰林院事、国子祭酒。明世宗嘉靖七年(1528年),出任礼部右侍郎,改吏部左侍郎,再任礼部尚书兼翰林学士。

明世宗迷信神仙道学,渴望长生不老,常命朝臣写些"青词"(祭文之类),祭祀天地神灵。严嵩善于此道,所写青词多合皇上口味。明世宗因此器重严嵩,加其官为太子太保。严嵩之子严世蕃,聪明狡诈,专摸皇帝的脾性。明世宗批阅大臣的奏书,爱用道家和佛家语言,群臣莫知其意。唯独严世蕃懂得其中奥妙,并让父亲按照旨意去做。这一招果然灵验,明世宗觉得满朝文武,只有严嵩才是具有真才实学的忠臣。

嘉靖二十一年(1542年),夏言被罢相,明世宗便任命严嵩为武英殿大学士,成为内阁首辅。这时,严嵩已60多岁,"不异少壮,朝夕值西苑椒房,未尝一归洗沐"。明世宗庆幸得到一位勤劳能干的宰相,从此20多年不举行朝会,只在宫中求神拜佛,寻欢作乐,所有军国大事,统统交给

严嵩处理。

严嵩迅速在自己身边培植了一群党羽，除了儿子严世蕃外，还有赵文华、鄢茂卿、罗齐文等。这几人无耻地认严嵩为义父，甘愿充当严嵩的政治打手。严嵩奉行“顺我者昌、逆我者亡”的哲学，凡是跟他过不去的人，一律贬黜和杀害。因此，百余位正直的、有功的大臣均栽在他的手里，大多死于非命。

嘉靖二十九年（1550 年），蒙古大举入侵，兵锋进至北京郊区，烧杀抢掠，气焰十分嚣张。严嵩奏请明世宗，让自己的亲信仇鸾为大将军，节制各路兵马。兵部尚书丁汝夔、兵部侍郎马守谦向严嵩请示战守之策。严嵩说：“塞上打了败仗，可以隐瞒；失利辇下（指京城），皇上必知。敌虏抢掠够了，自会退去，不用管他。”丁汝夔、马守谦二人以为这是皇上的旨意，自然不敢言战，只命将士坚壁守御，甚至不发一箭。蒙古军队纵横京郊，烧杀抢掠整整八天，然后押着掠得的无数辎重返回大漠。严嵩欲使仇鸾建功，命其追击。不想仇鸾是个草包，追击受挫，死伤千余人。为了冒功，他竟收斩遗尸 80 余具，谎称大捷。严嵩立刻报告明世宗，使仇鸾加官为太保。丁汝夔、马守谦感到事关重大，准备奏报实情。严嵩大怒，先发制人，以“消极怯战”为由，把丁汝夔、马守谦两位高官弃市。那个仇鸾也与严嵩约为父子，得意忘形，居然到处吹嘘严士蕃贪婪暴虐的内情，这引起了严嵩的愤恨。两年后，仇鸾病死。严嵩指使锦衣都督陆炳，揭发仇鸾曾经通敌纳贿。于是，明世宗命把仇鸾破棺戮尸，传首九边。

严嵩创作的百寿图

严嵩的儿子严世蕃，其貌不扬，身体肥胖，一目失明，无功无德，却任尚宝少卿，进至工部左侍郎。他的能耐就是揣摩皇上的心理和爱好，然后指导父亲的言行，千方百计地讨好皇上。因此，时人称严嵩为“大丞相”，严世蕃为“小丞相”。这个恶少依仗父亲的权势，招权纳贿，专干卖官鬻爵的勾当，行贿求官之人，络绎不绝，

门庭若市。严世蕃由此聚敛了巨额财富，自家居所富丽堂皇，犹如宫禁。而且欺男霸女，拥有数十房妻妾，遇见美貌女子，一概强抢入府，恣意凌辱。什么天理，什么法纪，在严世蕃眼里，都不存在，一钱不值。

严嵩父子操纵权柄，败坏朝纲，杀戮大臣，呼风得风，唤雨得雨。很多人上书弹劾过他们的罪行，均遭严嵩的毒手。嘉靖三十二年（1553 年），兵部员外郎杨继盛满腔怒火，愤然上书，再次弹劾严嵩的“十罪五奸”。弹劾奏书最后请求或将严嵩正法，或令严嵩致仕，说：“陛下奈何爱一贼臣，而使百万苍生，陷于涂炭哉？”明世宗看到了这份奏书，召问严嵩。严嵩假装惶恐，大喊冤枉，并且反咬一口，攻击杨继盛心怀叵测，无端诬陷辅臣，恳请皇上明察。明世宗一门心思向往成仙，根本不知朝事，袒护严嵩，反命将杨继盛处以廷杖，再交刑部审讯定罪。审讯进行了三年，人人以为杨继盛蒙冤。严嵩的心腹胡植、鄢茂卿说：“公不见养虎者邪？将自遗患！”严嵩咬着牙说：“不错，是这个理！”恰巧，明世宗决定杀害抗倭将领张经和李天宠。严嵩把杨继盛的名字添加进去，获得“朱批”（皇帝御笔）。可怜杨继盛、张经、李天宠三人，同日被弃市。

凡是权臣必有野心，严嵩已是老态龙钟，便寄希望于儿孙。严世蕃幼子严鹄，深得严嵩喜爱。严嵩竟然在府中仿设朝廷，让孙子戴金冠，穿龙袍，做起了“小皇帝”，全家人跪拜，高呼万岁。

嘉靖四十一年（1562 年），严嵩父子的种种不法行为终于暴露。御史邹应龙掌握了大量证据，义正词严地弹劾严嵩父子。术士蓝道也在宫中进言，陈述严嵩的罪恶。明世宗说：“天下为何不治？”蓝道假装求神，说：“原因在于严嵩父子弄权。”明世宗说：“上仙为何不惩治他们？”蓝道说：“上仙明示，留待陛下惩治。”这使明世宗下了决心，诏令严嵩罢职，严世蕃下狱。

刑部官员大多是严嵩党徒，审讯严世蕃，只将其流放雷州（今广东海康）。严嵩回归老家分宜，请求把儿子流放至老家近处，未获批准。谁知严世蕃神通广大，滞留在南昌，派人把北京家产全部运走。有人说：“南昌具有王气。”严世蕃便在那里修建府第，大治园亭，“势焰不少衰”。嘉靖四十四年（1565 年），严世蕃的猖狂行径激怒了新任宰相徐阶等人，他们联名上书，再次揭露其“阴伺非常，多聚亡命，南通倭寇，北通贼虏”的罪行。明世宗这才下令，逮捕严世蕃，弃市，籍没家产，抄得黄金 3 万两，白银 300 万两，其他珍玩无数。严嵩及孙子贬为庶民。严嵩风光一世，到头来却贫困交加，遭人厌恶，寄居于一处看墓人的石房中，两年后活活饿死，终年 88 岁。

十、救世宰相张居正，锐意改革独断行

张居正（1525—1582年），字叔大，号太岳，幼名张白圭。湖广江陵（今湖北荆州）人，时人又称张江陵。明朝中后期政治家、改革家，万历初期的内阁首辅。

张居正从小就被全家视为掌上明珠，爱护备至。无论是生活和启蒙学习方面，都得到特殊的照顾。由于天资聪颖，5岁时即被送到学校念书，入学后，张居正的天赋更加彰显，加之其学习用功，因此，不到10岁就懂得经书大义，诗词歌赋更是出口成章，信手拈来。

嘉靖十五年（1536年），12岁的张居正才华出众，以童试考中头名秀才，成为名震荆州的小秀才。嘉靖十六年（1537年）八月，恰逢三年一度的举人考试，张居正应试未中。嘉靖十九年（1540年），16岁的张居正又参加乡试，此次，张居正终于如愿高中举人。当时的主考官顾嶙对张居正说："古人说，大器晚成，此为对中才的说法罢了。而你并非中才，乃是大才。你千万不能以此为满足，再不求进取了。"嘉靖二十六年（1547年），张居正23岁时又考中二甲进士，授庶吉士，从此进入官场。

庶吉士只是一种见习的官员，没有实际的政务。而且作为一个新科进士，张居正没有发言权，也左右不了政局半分。但他那时却目睹了内阁大学士夏言与严嵩等人之间的明争暗斗，尤其是严嵩为了取得首辅地位竟然置国家利益于不顾，借收复河套之事陷力主抗蒙的夏言和曾铣于死地。残酷的现实使张居正认清了当时局势的紧张和政治的腐败。嘉靖三十九年（1560年），徐阶从少傅晋升为太子太师，张居正也从翰林院编修升为右春坊右中允兼国子监司业。此时的国子监祭酒是新郑人高拱。1562年5月，御史邹应龙给了严嵩致命一击，在他的弹劾下，严嵩政权倒台了，徐阶进为首辅。不久，徐阶和高拱的对立逐渐尖锐起来。在明争暗斗中，高拱和徐阶相继罢职而去。

清人绘张居正像

隆庆元年（1567年）二月，张居

正晋升为左侍郎兼东阁大学士，入内阁参与机要政务。张居正凭那套谨慎小心的作风，还是时时感到位置不稳。徐阶离任时曾托张居正照应自己的三个儿子，后来他的三个儿子都因犯事被问罪。在严重的局势下，张居正还是尽力为他们周旋。高拱的心腹们便在这件事上寻找机会，搜求张居正帮助徐阶的动机。

隆庆六年（1672 年）五月，明穆宗中风而亡，皇太子朱翊钧才 10 岁。这又是一个权力重新更替组合的时期，高拱和张居正的决战就在这个时期展开了。

冯保在这一时期起了重要作用。明穆宗在世时，冯保屡次想升任司礼监掌印太监，都因高拱从中作梗而告吹。他现在有了报复的时机，他乘明穆宗新丧的机会，在皇后、皇贵妃和张居正之间频繁活动起来。六月十六日，冯保向众臣宣读了皇后、皇贵妃和皇帝的手谕，指陈高拱揽权专政，蔑视幼主，下令革职回乡。

高拱被革职后，文渊阁仅剩下张居正一人独守，他也因此顺理成章地升为首辅。

张居正出任内阁首辅后，对朝中空议盛行、不务实事、人浮于事、政令不通的现状很是担忧。他下决心要彻底改革吏治，为其他改革铺平道路。万历元年（1573 年）十月，张居正上疏请行考察绩效的“考成法”，明神宗批准了他的请求。由于考成法赏罚分明，官员们办事的效率大大提高。明朝中叶以来，随着土地兼并的发展和吏治的腐败，豪强地主与衙门吏胥相勾结，大量隐瞒土地，逃避税粮，无名征求，多如牛毛，致使民力殚竭，不得安生。为削除这种现象，他首先在全国丈量清查土地。万历十年（1582 年），全国土地丈量工作基本完成。这次清丈查出隐占的田地 300 万顷，达到了预期的成功。虽然执行丈量的官吏有的改用小弓丈量以求田多，有的地方豪强也千方百计进行抵制，致使这一数字不很准确，但毕竟把大地主隐瞒的土地清查出一部分，对他们起了一定的抑制作用。

万历九年（1581 年），张居正在清丈土地的基础上，在全国范围内实行赋役改革，推行著名的“一条鞭法”。早在嘉靖年间，潘季驯、海瑞等人就在广东、江南等地推行过“一条鞭法”，但把“一条鞭法”推向全国，并使其在中国历史上产生重大影响的却是张居正。

“一条鞭法”，即是将赋役中的各项名目，如杂泛、均徭、力差、银差等合为一种，一律征收银两，并以田赋分担徭役钱，二者有一定比例，或“丁四粮六”（即将徭役钱的十分之六摊入田赋征收），或“丁粮各半”。同时简化征收手续，由地方官直接征收赋役银。

推行“一条鞭法”时，张居正采取了循序渐进的策略。他在嘉靖、隆庆年间局部地区推行“一条鞭法”的基础上，于万历四年（1576 年）先把“一条鞭法”推行到湖广。当时有人提到“一条鞭法”的不利，甚至有人说“一条鞭法”便于官而不便于民。张居正只是说：“法令贵在利民……所以近来拟旨说，如果有利于民，则听任推行，如果不利于民，就不必强行实施。”经过一年的推行，情况有了好转，说“一条鞭法”不利于民的人只有十之一二了。张居正对“一条鞭法”更加有兴趣，他说：“‘一条鞭法’如果真能适宜于人民，何须分什么南方与北方呢？”于是他下令将“一条鞭法”向更广阔的地域推广，至万历九年（1581 年）正月，再用诏令通行全国，“一条鞭法”逐渐成为通行的制度。

张居正在改革整顿中得罪了不少人，他们对张居正的改革触及自己的利益十分仇恨，也有的人是因为与张居正政见不和，甚至嫉妒其才能和权力。他们认为张居正以宰相自居，挟天子以令天下，太专权霸道了。这些人都在伺机向张居正发难。后来，张居正的父亲去世，按旧例他要在家守孝三年，明万历帝诏令张居正不必回家守制。正在张居正犹豫不决的时候，以吏部尚书张瀚为首的一批张居正的门生却对他刀剑相逼，逼他离阁回家守制。经受了几次门生发难的沉重打击和为父奔丧的长途跋涉，张居正不幸身患重病，卧床不起，经多方医治也不见好转。

张居正自知行将不起，遂连上两疏，恳求明神宗允准致仕归去，以求生还江陵故土，但明神宗始终不准，万历十年（1582 年）六月二十日，张居正撇下老母去世，终年 58 岁。

张居正病重期间，明神宗十分伤心，送给他许多珍贵药物和补品。张居正病逝后，明神宗罢朝数日，并赠他为上柱国，赐谥“文忠”。然而没过几个月，明神宗就变脸了，加上那些在改革中被张居正得罪的人添油加醋地告状，张居正立刻遭到自上而下的批判，万历十一年（1583 年）三月，明神宗诏夺张居正上柱国封号和文忠谥号，并撤销其第四子张简修锦衣卫指挥的职务，还抄了他的家。

明神宗御赐张居正匾额

但是，张居正的改革业绩有目共睹，不可磨灭。因此，天启二年（1622年），明熹宗下诏为张居正平反昭雪；崇祯三年（1630年），礼部侍郎罗喻义挺身而出为张居正论冤；崇祯十三年（1640年），崇祯皇帝终于下诏恢复张居正长子张敬修官职，并授予张敬修的孙子张同敞为中书舍人。

十一、滔滔恶浪掀天涌，清廉刚正“海青天”

海瑞（1514—1587年），字汝贤，号刚峰，海南琼山（今海口市）人。明代政治家。著名清官。

海瑞一生，经历了正德、嘉靖、隆庆、万历四朝。嘉靖二十八年（1549年）海瑞参加乡试中举，初任福建南平教谕，后升浙江淳安和江西兴国知县，推行清丈、平赋税，并屡平冤假错案，打击贪官污吏，深得民心。历任州判官、户部主事、兵部主事、尚宝丞、两京左右通政、右佥都御史等职。他打击豪强，疏浚河道，修筑水利工程，力主严惩贪官污吏，禁止徇私受贿，并推行一条鞭法，强令贪官污吏退田还民，遂有“海青天”之誉。

海瑞虽然出生于官僚家庭，但童年时期的家境并不富裕。在他4岁时父亲不幸病逝，他和母亲相依为命，生活异常清苦。母亲很刚强，勤俭持家，教子有方。在她的亲自督导下，海瑞获得了良好的教育，这使海瑞很早就有了报国爱民的思想。

明朝嘉靖年间，海瑞任浙江淳安县知县。淳安县是十分贫穷的山区，老百姓们苦不堪言。但地处长江下游的淳安县，水陆交通便利，经常有官员经过，自然就免不了对官员的接待，这就更加重了地方的负担，百姓们叫苦不迭。

海瑞上任后，严格按标准接待，无论官职多大都一视同仁。一天，江浙总督胡宗宪的儿子在驿站指手画脚地骂人，说驿站供应的马太瘦，马鞍太旧，菜食太差，还把驿吏捆起来吊在树上示众。驿站的人慌了，忙跑到县衙告知海瑞。

海瑞了解了情况后，马上带人赶到驿站，喝道：“哪里来的狂徒，竟敢如此放肆？捆起来！”几个衙役应声上前，当即把胡公子捆了。“谁敢捆我？我是胡总督的儿子！”海瑞不理睬他，命人从树上放下驿吏，又叫人将胡公子行装里的几千两银子统统没收。这时，海瑞把脸一沉，喝道：“你这刁徒！竟敢冒充总督的公子，想那胡总督一向清廉，教子有方，哪会有你这样的儿子！来人，打他二十大板。”打完之后，海瑞又痛骂了胡公子一通，便将他赶出了淳安县。

胡宗宪知道这件事后，明知道儿子吃了大亏，却担心把这件事声张出去有失体面，只好作罢。很快，这件事传了出去，很多官吏都对海瑞忌惮起来。

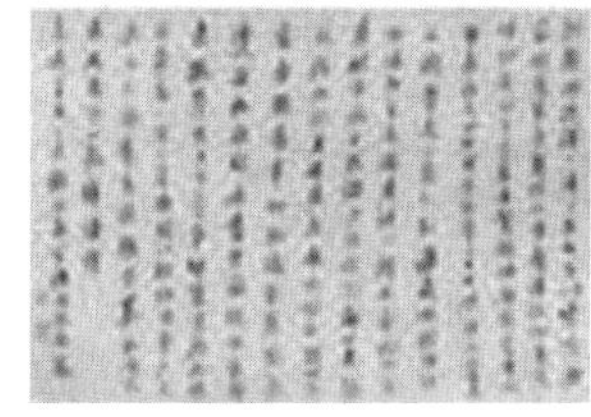

清·顾尊焘《海瑞像》

后来，海瑞被调到京城做官。那时候，明世宗已经有20多年没有上朝，朝臣谁也不敢说什么。海瑞虽然官职不大却毫不畏惧地写了一道奏章，批评明世宗生活奢靡，不理朝政，并毫不留情地揭露出明王朝的腐败。写完奏章后，海瑞估计这样会触犯明世宗，可能保不住性命，便在回家的路上，顺道买了一口棺材。果然，海瑞这道奏章在朝廷引起了一场轰动。明世宗下令把海瑞抓了起来，直到明世宗死去，海瑞才被放了出来。

海瑞一生居官清廉，刚直不阿，深得民众的尊敬与爱戴。按照当时官场的风气，新官到任，旧友高升，总会有人来送些礼品礼金，以示祝贺。这些礼品礼金只要数额不大，也是人之常情。然而海瑞公开贴告示说“今日做了朝廷官，便与家居之私不同”。然后把别人送的礼品一一退还，连老朋友贺邦泰、舒大猷远道送来的礼也不例外。至于公家的便宜，更是一分也不占。海瑞临终前，兵部送来的柴金多算了七钱银子，他也要算清了退回去。

在断案技巧上，海瑞不能明察秋毫，料事如神。对于那些疑案，他不是慎重调查，而是“与其冤屈兄长，宁愿冤屈弟弟；与其冤屈叔伯，宁愿冤屈侄子；与其冤屈贫民，宁愿冤屈富民；与其冤屈愚直，宁愿冤屈刁顽”。

在争产业的案件中，“与其冤屈小民，宁愿冤屈乡宦”；在争言貌的案件中，“与其冤屈乡宦，宁愿冤屈小民”。

在南京当吏部尚书时，海瑞就被民众称赞甚至拿他的画像当门神。如今，在人民心中，海瑞成了正义的象征，各地共有十几种地方戏在传唱着他的故事。

万历十五年(1587年),海瑞病死于南京官邸。他没有儿子,所以去世后，佥都御史王用汲去主持海瑞的丧事，看见海瑞住处用葛布制成的帏帐和破烂的竹器，有些是连贫寒的文人也不愿使用的，因而禁不住为之悲泣不已，凑钱为海瑞办理丧事。海瑞的死讯传出，南京的百姓因此罢市。海瑞的灵

柩用船运回家乡时，穿着白衣戴着白帽的人站满了两岸，祭奠哭拜的人百里不绝。朝廷追赠海瑞太子太保，谥号忠介。

海瑞的事迹千百年来一直被人们传颂着。他不畏权贵，对于不正之风给予无情地打击，令贪官污吏为之畏惧；他敢于犯颜直谏，对社会弊病，甚至是皇上的过失都直言不讳，即使面对牢狱之灾也毫不畏惧。海瑞一生清廉、正直，一心为民谋福利，是一位备受民众爱戴的大清官。

十二、数点梅花亡国泪，二分明月故臣心

史可法（1602—1645 年），字宪之，号道邻。开封府祥符县（今开封市双龙巷）人。明末抗清名将，民族英雄。

史可法早年以孝闻名于乡，师从左光斗。崇祯元年（1628 年），27 岁的史可法金榜题名,成为“天子门生”,被任命为西安府推官,从此踏上仕途。后迁户部主事、员外郎、郎中。

由于岳父病故，史可法从崇祯十二年到崇祯十四年（1639—1641 年），回家服丧守孝。丧期一满，朝廷立即予以重任，升任他为户部侍郎兼右佥都史，总督漕运，巡抚凤阳、淮安、扬州等地。当时漕运每年总是误期，难以准时上交运载物资，缺额以百万计。史可法到任后，马上罢免了三个不称职的督粮道，增设漕储道七人，亲自组织民工大规模地疏通南河，慎重挑选运官，革除漕运中侵钱占粮的种种弊端，使漕运的面貌焕然一新。

然而明朝已是百孔千疮，少数忠臣良将的励精图治已难挽其颓势。崇祯十七年（1644 年）三月，李自成攻进北京城，明崇祯帝知大势已去，连杀数名妃嫔，并刀劈爱女长平公主，最后自缢而亡。五月初三，众大臣议国事，推举内阁大臣，于是文武大臣推举史可法为吏部尚书兼东阁大学士，仍掌管兵部，高宏图为礼部尚书。

史可法任首辅，开始一系列的治理。在政治方面，主张裁撤东西厂、锦衣卫、西北镇抚司等特务机构，肃立官纪，以安人心；军事方面，主张裁汰南京内外守备、参赞等空费粮饷的虚衔，制定京营制度，充实海防；经济方面，主张在江北招募流亡百姓，开垦屯田，又制定新税法，废除“练饷”。大奸臣马士英本想通过拥立无能的福王以猎取权位，但谁知仍被派去督师凤阳，首辅之位由史可法担任。他顿时妒意大发，满腔怨气，最终把史可法排挤出内阁。史可法则以忠奸势不两立的姿态，自动请求督师江北，出朝镇守淮、扬。

弘光元年（1645 年）三月，雄踞武昌的左良玉打着“清君侧”的旗号

率师东下，声讨马士英、阮大铖，途中病死，其子左梦庚继续向南京进兵，马士英急调黄得功抵御左军。四月初，清军由亳州（今亳州）下颍州（今阜阳），兵锋锐不可当。史可法连章告急，乞请朝廷选将添兵，阻止清军南进。但史可法的呼请得不到支持，马士英认为:“北兵至犹可议款，若左逆得志，若辈高官，我君臣独死耳。”弘光帝诏令史可法率军援助南京。史可法率军到达近郊，黄得功已破左军，弘光帝又命史可法回守防地，不必入朝。史可法登上燕子矶头，望着滚滚东去的长江，不禁泪流满面。

清豫王多铎久闻史可法大名，多次致书史可法，要其为清廷效力。史可法采用国书形式予以拒绝，言辞慷慨。他随即呈报弘光帝，既激励朝廷自励，也表明自己忠于弘光帝的决心。

同年四月，清军已渡过淮河，每日推进 50 里，情势紧迫。史可法急忙回师扬州。四月二十一日，清豫王多铎率军进占泗州（今安徽泗县）后，直逼扬州。总兵李栖凤和监军副使高岐凤投降清军，抗清力量大大削弱，且军心动摇。

史可法屡次上疏朝廷得不到支援，血书请援也没有结果。正在史可法焦急万分之际，有一位谋士向他建议，请决高邮湖，以灌清军。史公摇头回答说:“民为贵，社稷次之。”献策的人又向他建议，借湖水灌城，以作背城之战，史公拒不答应。他命刘肇基守北门，施凤仪守便义门，黄位守钞关门，自己则坚守城墙低矮的西门。

当时，围城的清军兵力在 10 万人以上，而扬州守兵只有一万多人，尽管兵力悬殊，清兵仍遭受较大伤亡。清豫王多铎先派降将李遇春带招降书到城下，史可法痛斥他“辜负朝恩”，表示坚守不屈。首次诱降未成，后来又数次派人送招降书至城内，史可法原封不动地将招降书扔入火中，毅然说:“我为朝廷首辅，岂肯反面事人？”二十五日，多铎下令总攻，城西北角被清军密集的炮火轰开缺口，清兵蜂拥而入。城陷，史公拔剑自刎，被参将许瑾双手抱住，鲜血已浸湿衣襟。史公又令史德威杀之，史德威已泣不成声，不忍下手。众将护卫史公到小东门，清兵迎来，他大呼:“史可法在此！”清兵将史可法绑至豫王营帐，临刑前，请求豫王多铎:“扬州百万生灵，既属于你，当示以宽，万不可杀。”说罢，他慨然就义于南城楼上。

史可法就义后，他的部将、扬州百姓仍在苦战，不愿屈服于清军。文武官吏壮烈殉难者在 200 人以上，悲壮场景到处可见。

清军占领扬州以后，多铎以不听招降为由，下令屠杀扬州百姓。清军的大屠杀延续了十天，死亡逾 80 万人，史称“扬州十日”。尸骨堆积如山，史可法遗体难以辨认，不知下落，一年后，其义子史德威以袍笏招魂，将其衣冠葬于扬州城天宁门外梅花岭。后来全祖望曾写《梅花岭记》描述此事。

史可法殉国后，南明赠谥“忠靖”。乾隆三十七年（1772 年），赠谥“忠正”。

第五章 权阉大宦

一、明代宦祸最惨烈，专权擅政乱朝纲

在中国历史上，如果皇帝将君主权力赋予一部分给自己的家奴——宦官，让他们去干预朝政，就会形成宦官专权。这种现象的形成可能有两个决定因素，一个是皇帝受到来自外朝文官集团（包括带兵武将）的威胁，另一个是皇帝个人权力与文官集团权力的对比。前一个因素决定皇帝重用宦官的权利有多大，他感觉到来自文官的威胁越大，就越有可能提拔宦官，让他们去制约外朝群臣。后一个因素决定宦官干政多大程度上能够实现，就算皇帝极力想提拔宦官，但如果文官集团足够强大，就能挫败皇帝的努力。

对于中国的历代王朝而言，如何处理好宦官问题，是一个颇为费脑筋的事情。君不见，强如汉唐，也因十常侍之乱和甘露之变而加速了王朝的

古代绘画中的宦官形象

灭亡。然而，与汉唐相比，明朝的宦官问题颇有特色。在明朝，宦官们虽然没有东汉末年和晚唐时宦官动辄废立皇帝的巨大权力和嚣张气焰。但有明一代，宦官们得势之久，巨监权监数量之多，可谓世所罕见，为其他王朝所不及。

洪武初年，朱元璋规定宦官不得读书识字，不得干预政事，对宦官控制很严。朱棣因夺帝位曾得助于宦官，故视他们为亲信，设东厂，由宦官主持。宦官开始取得出使、专征、分镇等大权，为后来的宦官专政提供了条件。此时，虽然宦官参与了不少政治活动，但还没有达到专权的程度。但到明英宗时，开始形成宦官专权的局面。

综合来看，明代宦祸的主要表现有：

（1）利用司礼监干预朝政。在宦官 24 衙门中，司礼监提督、掌印、秉笔、随堂等太监，权力极大，“掌印掌理内外章奏及御前勘合。秉笔，随堂掌章奏文书，照阁票批朱”（《明史》卷 72《职官一》），势焰在内阁之上。

（2）操纵政府官员的任免，甚至左右内阁大臣的去留。

（3）提督京营和监军统兵。

（4）担任镇守和守备等职务。

（5）操纵厂卫，实行特务统治，残害官民。

明代宦祸，可以划分为四个时期：即成化以前的王振专权；成化年间的汪直专权；明武宗时期的刘瑾专权；明熹宗时期的魏忠贤专权。

正统年间，王振在朝中擅权，屡次对麓川用兵，劳师糜饷；挟明英宗亲征瓦剌，致遭土木之败。

成化年间，由于明宪宗耽于逸乐，不问政事，遂使宦官得势。有名的宦官有汪直、尚铭、梁芳、钱能、韦兴、陈喜、王敬等人，其中以汪直最为有名。汪直在皇帝授意下，建立西厂，所领缇骑倍东厂，势力大大超过东厂和锦衣卫。逮捕朝臣，有时先下狱而后奏闻，有时旋执旋释，竟不奏闻。屡兴大狱，激化了朝臣与宦官的矛盾。宦官依仗权势胡作非为，人们“只知有太监，不知有天子”（《明史纪事本末》卷 37）。

明武宗时，宦官刘瑾、马永成、谷大用、魏彬、张永、丘聚、高凤、罗祥等，称为“八党”，也称为“八虎”。刘瑾最为专横跋扈，大臣的奏章要写两份，必须先送刘瑾，然后才送通政司转给皇帝。内阁大学士焦芳、曹元都是刘瑾的党羽，焦芳甚至跑到刘瑾家中去办事。北京城内外都说有两个皇帝，“朱皇帝”“刘皇帝”，或者叫“坐皇帝”（武宗）、“立皇帝”（刘瑾）。明末皇帝不亲理朝政，大权由贪婪的宦官集团把持。

明熹宗时宦官魏忠贤炙手可热，权倾朝野，“自内阁六部，四方总督巡抚，遍置死党”（《明史》卷 364《魏忠贤传》），许多官僚认他为义父干爷。他凭借厂卫广布侦卒，陷害百姓。并勾结明熹宗乳母客氏，专断国政，兴大狱，杀东林党人。自称九千岁，下有 5 虎、5 彪、10 狗等徒子徒孙，阉党遍布全国，权势达到了顶峰。宦官不仅在政治上弄权，而且在经济上贪污受贿，巧取豪夺，勒索大量财富。王振家藏金银 60 余库，刘瑾家有黄金 24 万锭又 57800 两。宦官专权，加剧了明朝政治上的腐败，加重了人民的苦难和社会不安。

为什么明朝宦官势力在明朝 200 多年的历史上你来我往，得势如此之久呢？

明朝宦官势力存在之久，权监巨监数量之多，其首要原因，仍然在于皇权的加强。太监虽然干涉朝政，但是在皇权与文官集团的较量之中，太监始终是皇帝的一个助手，帮助皇帝压制文官集团。为了对付文官集团，皇帝就开始重用太监，由太监去制约文官。太监因为没有子嗣，他们唯一的依靠就是皇帝，所以太监的忠诚度比文官要高很多。更重要的是，别看明朝那些太监权倾朝野，一旦他们让皇帝觉得不自在了，皇帝一纸诏书，这些太监往往就是万劫不复。这比处理关系盘根错节的文官要简单方便很多。

其次，明太祖朱元璋虽然严厉禁止宦官干政，但恰是其加强皇权的诸多措施为后来宦官势力的崛起埋下了隐患。

最后，明成祖以后的明朝皇帝们多荒于朝政，将宦官作为亲信，使得宦官有了可以干涉朝政的机会。

二、王宦狡黠得帝欢，罪魁祸首变土木

明英宗朱祁镇是明朝的第六个皇帝，年号为正统。正统十四年（1449 年），北元蒙古瓦剌部首领也先率兵南下攻明，明英宗统兵 50 万亲征。双方战于土木堡（今河北怀来东），结果明军大败，明英宗竟被蒙古军俘虏。这一重大事件，史称“土木之变”。宦官王振是导致这场变乱的罪魁祸首。

王振（？—1449 年），蔚州（今河北蔚县）人。明朝初年宦官。

王振本是一个落第秀才，略通经书，在私塾教书，后来又做了教官。或许是认为中举人、考进士这条荣身之路过于艰难，他便在明成祖永乐末年自阉入宫，当了宦官。明宣宗时，王振因聪明伶俐，进入内书堂充当侍读太监，伺候皇家子弟读书。当时，皇子朱祁镇亦在内书堂读书，王振倾

心巴结朱祁镇，二人结下了非比寻常的亲密关系。接着，朱祁镇被立为太子，王振随太子住进了东宫，二人的关系更进了一层。

明宣宗 38 岁驾崩，年仅 9 岁的朱祁镇登上皇位，就是明英宗。小皇帝年幼贪玩，王振生性狡黠，尽量投其所好，因而极受明英宗的宠信。其时，明英宗的祖母张太后还健在，朝臣中有杨荣、杨士奇、杨溥、张辅、胡濙等人辅政，王振虽受宠信，但还不敢放肆。他很快升任司礼监太监，唆使明英宗滥用刑罚，以防受到欺诈和蒙蔽。一批朝臣无辜获罪下狱，或冤死，或流放，王振逐渐窃取了一部分权力。

张太后对王振算是有所认识的。一次，王振公开指斥内阁大学士杨士奇，狂妄傲慢，一副盛气凌人的架势。杨士奇非常气恼，跑到张太后那里告状。张太后大怒，命人鞭笞王振，逼其向杨士奇赔罪，并警告说："若再如此，杀无赦！"王振心里不服，嘴上还是软的，说："奴才不敢再犯前错。"又一次，王振引逗明英宗玩耍，彻夜不眠。张太后得知情况，喝令将王振推出去斩首。王振吓得魂飞魄散，幸亏明英宗跪地求情，才使他保住性命。

正统七年（1442 年），张太后病死，辅政大臣亦相继亡故或致仕。这时候，王振依仗明英宗的支持和庇护，开始飞扬跋扈起来。明太祖建国之初，曾在内宫门前竖立铁牌，铁牌上铸有 11 个大字："内臣不得干预政事，预者斩！"明成祖等沿袭其制，内宫门前亦竖此牌。王振嫌铁牌碍眼，鼓动明英宗，硬是将这个铁牌拆除了。此举意味着王振决心干预政事了，而且不会受到任何约束。

王振首先在皇城东侧，为自己修建一处豪华的府邸，又建一座智化寺，穷极奢丽，耗费无数。另将搜刮的部分钱财转移到蔚州，在家乡购置了庄园、良田等家产。接着着手惩治异己官员，恣逞淫威，穷凶极恶。

侍讲刘球上书明英宗，奏陈朝政得失，其中隐约提到宦官专权的隐患。王振大怒，立即将刘球逮捕下狱，用刑致死，随后又肢解其尸。大理少卿薛瑄、祭酒李时勉为人正直，见了王振从不低三下四。王振怀恨，予以报复，随便捏了个罪名，便将薛瑄、李时勉二人贬官。御史李铎一次遇见王振，没有下跪。王振马上派人将他捉进锦衣狱，严刑拷打，然后谪戍铁岭（今辽宁铁岭）。驸马都尉石璟在自己家中责罚奴仆，这个奴仆恰是阉人。王振以为阉人与自己同类，竟然莫名其妙地将石璟下狱拷问，要治他个伤害下人之罪。户部尚书刘中敷，侍郎吴玺、陈瑞，私下议论过王振的诸多过恶。王振得到密报，将这三人罚跪长安门外，当众杖笞，直把他们打得死去活来。内侍张环、顾忠，锦衣卫卒王永，打抱不平，投寄匿名信，揭露王振的罪行。

王振查出事情原委，残酷地将这三人磔于闹市。

当是时，王振一手遮天，为所欲为，凡他所忤恨的人，上自王公大臣，下至役吏平民，任其处治，或杀或贬，或囚或打，顺者昌，逆者亡，一片血惺恐怖气氛。而明英宗对这个阉贼却是十分恭敬。他不直呼王振的名字，专门称“先生”，多次发布褒奖敕谕，文字达到令人肉麻的程度。公侯勋戚慑于王振的威势，一律尊称他为“翁父”。奸佞小人争相投机钻营，拜倒在王振的脚下，极尽逢迎之能事。工部郎中王祐因为善于谄媚，凭王振一句话，立马升任工部侍郎。王振的养子王山、王林，不学无术，却官任都督指挥。王振更有一批爪牙，如马顺、郭敬、陈官、唐童等人，狗仗人势，狐假虎威，鱼肉百姓，横行无忌，专门干杀人放火的勾当，坏事做绝，恶贯满盈。

当明英宗宠信王振恣意妄为的时候，亡元残余势力北元蒙古瓦剌部首领也先征服漠北各部，成为明朝北方的强敌。也先原先还向明朝进贡，随着势力的增强，反过来向明朝勒索重赏，稍不满足便挑起事端。也先知道王振在明英宗心目中的地位，多次派人和王振拉关系，提出这样那样的要求。王振用心险恶，总是有求必应。正统十四年（1449 年）春，也先派使臣向明朝“贡马”，名义上是“贡”，实际上是勒索，以此换取优厚的赏赐。王振嫌马匹质量低劣，故意压低马价。不想此举激怒了也先，也先遂于七月发动四路大军，全面寇掠明朝边境。

王振雕像

警报传来，明英宗慌了手脚，集合朝臣会议。朝臣分作两派，一派主战，一派主和。王振这时首先想到的是他的家乡蔚州，北元南侵，他蔚州的家产必然蒙受损失。同时，他也小瞧了北元，一心想滥冒军功，显示能耐，出出风头。因此，就在明英宗是战是和，举棋不定之时，他却竭力主战，而且怂恿明英宗亲征，大言不惭地说：“皇上亲征，军民响应，区区北元贼寇，何足道哉？”

兵部侍郎于谦等人也是主战，但不同意明英宗亲征，说：“兵马不齐，粮草未备，皇上亲征，那会有很大的风险。”

明英宗年轻气盛，加上王振的鼓动，根本听不进反对意见，说："朕重文治，也重武功，亲征就亲征，难道惧他北元不成？"

轻敌、盲目、草率、仓促，决定了明英宗兵败被俘的厄运。

七月十六日，明英宗亲率50万大军，以王振为总领，浩浩荡荡地离开京师，取道居庸关，向西北方向进发。二十三日到达宣府（今河北宣化），恰遇大风大雨，道路泥泞，行军艰难。鉴于此，成国公朱勇、兵部尚书邝林、吏部尚书王直等，果断地建议回军。朱勇甚至跪地恳求王振，说："天时不利，敌情不明，圣驾万万不可冒进，还是回军为好。"王振凶神恶煞，说："回军？朝廷的威仪何在？皇上的体面何在？"他给朱勇等人定了个怠慢军心的罪名，罚跪于草丛中，大肆加以凌辱。

八月初一，明军到达大同，镇守太监郭敬告以前线实情：敌人来势凶猛，明军前锋3万人，屡战屡败，以致全军覆没，无一人生还。王振这时方知领兵打仗并非儿戏，随时都有生命危险。他吓出一身冷汗，想来想去还是保命要紧，所以奏告明英宗，掉转方向，回军北京。明英宗没有主见，听任王振摆布，进军回军，都是王振说了算。

回军本应取道紫荆关（今河北易县紫荆岭），可是王振却下令取道蔚州，意在让皇帝临幸他的家乡，借以炫耀权势，摆摆威风。大军已经东行40里，王振忽然想到兵马经过，可能踩坏自家田里的庄稼，故又下令大军由原路折回，绕道宣府。这一折腾，使将士疲惫不堪，而且贻误了回军的时间。大军行至土木堡，天近黄昏。众多将领主张继续前进，扎营怀来（今河北怀来），那里比较安全。而王振却考虑他的千车辎重还在后面，武断地决定，就在土木堡扎营。

土木堡处于丘陵地带，缺少水源，驻军连夜打井，深至两丈，仍不见水。数十万兵马又饥又渴，诅天咒地。次日，也先铁骑抵达土木堡，明军顿时紧张起来。也先实行麻痹计策，一面派人和明军议和，一面催促后续部队快速前进。王振表示同意议和，派出通事前去谈判，同时下令移营就水。正当明军移营之时，也先指挥他的部队向明军发起攻击。一方是兵精将勇，一方是人困马乏；一方是有备而来，一方是仓促应战。结果可想而知，明军大败，尸横遍野，死伤过半，丢失的骡马达20余万头，遗弃的衣甲、兵仗、辎重物资不计其数。

明英宗和王振哪里见过这种阵势？吓得胆战心惊，犹如缩头乌龟。明军将士拼死奋战，无法使他们的皇帝突围。护卫将军樊忠一眼看到王振，恨从心头起，恶向胆边生，愤怒斥骂说："皇上遭此危难，将士伤亡，生灵涂炭，都是你王振一人所致。为了朝廷，为了天下，我这就杀了你这个阉贼！”说着，他抡起手中铁锤，朝着王振砸去。王振躲闪不及，脑袋开裂，脑浆飞溅，一命呜呼。王振死了，明英宗还是没能突围，被蒙古军活活俘了去。

“土木之变”的消息传到北京，百官恸哭，纷纷要求族灭王振。王振全家老小均被杀，籍其家，金银珍宝多达60余库，其中精美的玉盘就有100多个，六七尺高的珊瑚树就有20多株。

王振作为一个宦官，惹出这样一个天大的变乱来，实在发人深省。它说明，明英宗之类的皇帝昏庸荒唐，是封建政治腐朽、黑暗的根本原因；而王振之类的宦官一旦得势，必定祸害国家和人民。更让人哭笑不得的是，明英宗八年后复位时，仍然怀念王振，不仅恢复其官爵，而且立祠刻像供人祭祀，这个祠居然称作“精忠祠”。王振“精忠”在哪里？除了明英宗外，恐怕无人能说清楚。

三、夺门功臣曹吉祥，谋反伏诛刀下鬼

明英宗在“土木之变”中被北元俘，对堂堂大明朝来说，犹如天塌地陷，朝野惶恐。明英宗的同父异母弟弟、郕王朱祁钰留守监国，任命名将于谦为兵部尚书，组织北京保卫战。九月，朱祁钰遥尊明英宗为太上皇，自己即位为帝，他就是明代宗。

也先活捉明英宗，原先以为奇货可居，以此可以要挟明朝，获取最大的利益。不想明朝又有了新皇帝，新皇帝并不关心明英宗的死活。这样一来，奇货反成赘疣，也先决定送还明英宗。也先派人与明朝交涉，明代宗私心很重，根本不想让哥哥回来。于谦等人大力进谏，迫使明代宗转变了态度，不过有个条件：明英宗回来不能再当皇帝，只能居住南宫，当他的太上皇去。景泰元年（1450年），灰头土脸的明英宗回到北京，闲住于南宫。实际上，他是被软禁了，一举一动都受到监视。他回想在位期间的无限风光，长吁短叹，感慨系之。然而这又怪得了谁呢？一切的一切，不都是他自己造成的吗？

明代宗坐稳了皇位，私心更加膨胀。他不仅自己当皇帝，而且要儿孙也当皇帝。因此废黜了明英宗所立的太子朱见深，改立自己的儿子朱见济为太子。明英宗看到这种情况，又气又恼，却又毫无办法。他是一个下台的皇帝，自己的命运尚且难料，哪有力量顾及儿子呢？明英宗却也没闲着。他有一名贴身宦官叫阮浪，这个阮浪或许能够改变处境。为此，他特意赠给阮浪一把镀金小刀和一条绣带，说是留作纪念。阮浪得了这两件御物，

本该郑重收藏，而他却转赠给了皇城使王尧。这下子便闯下大祸，明代宗据此大做文章，声称阮浪、王尧私通太上皇，蓄意谋反，断然将二人斩首，并要追究太上皇的罪责。大学士商辂等尽力劝阻，这场风波才得以止息。

明英宗心情懊丧，度日如年。景泰四年（1453 年），太子朱见济忽然得病而死。一些大臣又跃跃欲试，主张重立明英宗之子朱见深为太子。明代宗感到十分恼火，对持有此议者，一律处以廷杖，御史钟同竟被当场杖死。这时，明代宗意识到：太上皇父子广有人缘，他们留在京师，终将是个隐患。因此，他暗打主意，准备把明英宗和朱见深迁到外地居住，那样可能会减少许多麻烦。

这一方案未及实施，明代宗突然患了重病，不能理事。明英宗抓住这个机会，积极活动，准备发动政变，夺回失去的皇位。他想到一个关键人物，就是宦官曹吉祥，分掌京军，握有一定的兵权。此人若能站在自己一边，那么事情就会大有转机。

曹吉祥（？—1461 年），滦州（今河北滦县）人。原是王振的部下，与明英宗的关系相当密切。正统初年，曹吉祥出任过监军，熟悉军队的情况，而且镇压过邓茂七领导的农民起义，以凶狠残暴出名。曹吉祥每次出征，总要精心挑选一批英勇善战的年轻士兵充实队伍，班师后即把他们改编为家丁，并私藏了很多兵器。明代宗朝，曹吉祥分掌京军，心中还时时牵挂着原先的皇帝明英宗。所以，当明英宗派人和曹吉祥联络时，他满口答应，同意参加政变。应约参加政变的还有总兵石亨和右副都御史徐友贞等人。他们经过秘密策划，制订了政变计划：石亨坐镇指挥，徐友贞去南宫迎接太上皇，曹吉祥率领京军千余人潜入皇宫，里应外合，奉迎明英宗复位。

明代宗正在病中，对即将发生的政变一无所知。景泰八年（1457 年）正月十六日夜间，徐友贞前往南宫接出明英宗，由全副武装的士兵护卫，向皇宫进发。皇宫里，曹吉祥的京军早已夺取了各个宫门，严阵守卫。明英宗行至东华门，京军向前盘问。明英宗说："朕是太上皇！"京军赶忙放行。明英宗行至奉天门，又有京军向前盘问。明英宗还是那句话："朕是太上皇！"京军立刻放行。这样，明英宗一路通行无阻，进了皇宫。次日凌晨，曹吉祥、石亨、徐友贞簇拥着明英宗，直入奉天殿，重新登上皇位，明英宗终于实现了复辟的梦想。

明英宗复辟，积恨难平，历数明代宗的无情和罪状。将他降为郕王，并很快将他处死。曹吉祥、石亨、徐友贞得到重用，把持了朝政大权。尤其是曹吉祥，被视为“夺门功臣”，升任司礼太监，总督京军三大营。曹吉祥的养子曹钦，从子曹铉、曹铎、曹睿等，均升任都督，其中曹钦还被封为昭武伯。

明代宦官铜像

曹吉祥一夜之间暴发了。他的权势和石亨不相上下,时人称为“曹石”。

曹吉祥和石亨很快勾结起来，狼狈为奸，干权乱政。他俩把全部朝官梳理了一遍，凡异己者统统贬谪，一个不留。御史吴祯等 36 人，同时被驱逐出朝廷，分别贬作州判官和知县。御史杨瑄指责这种做法，他俩立刻将杨瑄逮捕下狱。就连和他俩一起发动政变的徐友贞，也因为政见不同，照样被下狱治罪。

曹吉祥和石亨恣意专权，朝野侧目。久之，明英宗逐渐觉察到曹、石心怀叵测，绝非忠臣。天顺四年（1460 年），石亨获罪，明英宗颁下敕谕，断然将他斩首。曹吉祥大有一种兔死狐悲的感觉，且惊且恐。他不想重蹈石亨的覆辙，由此动起了谋反的念头。他与养子、从子、家丁们反复商量，觉得明英宗是个忘恩负义的皇帝，今日可以杀石亨，明日就可以杀自己，与其束手待毙，不如铤而走险。如果谋反成功，那么不仅可以自保，而且没准儿还能……

曹吉祥向往谋反成功的那一天，心血来潮，激动不已。他的养子曹钦心中没底，一天悄悄地问门客冯益说:“历史上有宦官子弟当天子的吗？”

冯益说:“有啊！魏武帝曹操的祖父曹腾就是宦官。曹腾在后汉桓帝时为中常侍，曹腾的养子叫曹嵩，曹嵩的儿子叫曹操，曹操的儿子便是魏文帝曹丕。”

曹钦听了大为兴奋，说:“好！养父谋反若能成功，就当皇帝。养父当了皇帝，我就是太子。太子意味着什么？就是日后的皇帝。哈哈，真是天助我也！”因此，曹钦积极鼓动养父谋反，只有谋反，才有可能当皇帝。

天顺五年（1461 年）七月，曹钦牵扯到一件抢劫大案。明英宗命锦衣卫指挥逯杲进行调查，并颁下敕谕，告诫群臣。曹钦心慌意乱，说:“上次

颁下敕谕，杀了一个石亨；这次又颁下敕谕，难道要杀我不成？”他惶惶不可终日，哭丧着脸央求曹吉祥：赶快行动，迟则生变。

曹吉祥恨死了明英宗，当即招来最得力的心腹、太常少卿汤序，选定日期，确定行动方案。届时，曹钦率兵从外面攻打皇宫，曹吉祥潜入宫内接应，里应外合，推翻明英宗。

方案既定，曹钦有点得意忘形，夜间在家中设宴，招待党羽。酒宴上口无遮拦，什么话都说。家丁马亮发觉他们的图谋，感到事关重大，必须有所表现。可是，如此大事，跟谁去说呢？想来想去，想到两个人：吴瑾和孙镗。

原来，这一年，西北羌人首领孛来很不安分，屡屡入侵河西，称“套寇”。明英宗已任命恭顺侯吴瑾和怀宁侯孙镗为将军，率兵西征套寇，部队尚未出发。马亮连夜找到吴瑾，报告了曹钦等人酒宴上的谈话。吴瑾大惊。迅速把情况转告孙镗。当时正是深夜，宫门关闭，无法见到皇帝。情急之下，吴瑾、孙镗只能在一张纸条上写了六个大字：“曹钦反！曹钦反！”然后把纸条塞进宫门，叮嘱宫门内侍说：“快，快送给皇上！”

明英宗很快见到纸条。他很震惊，但并不慌乱。他知道，曹吉祥当夜正在宫中，果断命令侍卫先把曹吉祥扣押，同时命令加强皇城城门和皇宫宫门的警戒，宣谕吴瑾和孙镗：利用西征军，镇压叛乱分子。

曹钦发现消息走漏，感到事情不妙，狗急跳墙，立即采取行动。他首先派人杀了锦衣卫指挥逯杲，随即率领党羽攻打皇宫。在东朝房，他砍伤大学士李贤；在西朝房，他杀了都御史寇深。然后攻打东、西长乐门，久攻不下，遂令放火，顿时烈焰腾空，火光烛天，京城大乱。

吴瑾、孙镗的西征军临时集结起来，因为时间仓促，没有形成什么战斗力。曹钦改攻东安门，途中遇到吴瑾，一阵乱刀乱剑，将吴瑾杀死。孙镗和两个儿子指挥士兵攻击曹钦。曹钦原指望曹吉祥能在宫内接应，没料想天快明时，仍不见接应的动静。他知道情况发生了变化，曹吉祥不是被杀害，就是被软禁。他的党羽毕竟人数有限，早已七零八落。危急时刻，曹钦脚底抹油，溜回家中，以做垂死的挣扎。

天色大亮，突然下起瓢泼大雨。孙镗的士兵攻入曹钦家中。曹钦走投无路，跳进一口深井，溺水而死。孙镗捉住曹府老小，斩尽杀绝。曹吉祥的从子曹铉、曹铎、曹睿等，无一幸免。

明英宗依靠吴瑾、孙镗的西征军，总算平定了曹吉祥父子发动的叛乱。三天后，曹吉祥被磔于市，汤序、冯益亦伏诛。那个马亮，因揭发曹钦的密谋有功，破格升任都督。

曹吉祥曾是“夺门功臣”，最终成为刀下之鬼，这是他应得的下场。

四、掌印太监督西厂，专掌禁军开先河

在明宪宗成化年间，京城内外盛传“只知有汪太监，不知有天子”的说法。这里所说的汪太监，便是汪直。明宪宗即位于内忧外患交织、社会动荡不安的年代，为强化专制统治，于锦衣卫、东厂特务机构外，另设一个新的特务机构西厂，派汪直去掌管。他利用刺探官民奸宄的权力，利用奸邪，排斥善良，屡兴冤狱，不仅乱了朝政，而且祸及黎民。他激怒了官民，他的狰狞面目也得到了应有的揭露，被钉在历史的耻辱柱上。

汪直（1432—？），广西大藤峡（今广西桂平西北）瑶族人。明英宗正统九年（1444 年），广西发生瑶民起义，明英宗派韩雍前往镇压。汪直时年约十二三岁，被捕入宫，阉割而为宦官。因他年幼，先让他在内书堂学习文化和礼法。随着年龄的增长，逐渐让他干一些杂活。明宪宗即位时只有 18 岁，对 35 岁的万贵妃却宠爱有加。帝每驾幸，万贵妃总是戎装前驱。万贵妃见汪直机灵，就叫他在昭德宫侍奉自己。汪直假借万贵妃的名号，苛敛民财，倾竭府库，以讨好万贵妃，奇计淫巧，靡费无数。汪直因此得到万贵妃的好感，由一位普通的宦官升为御马监太监。

成化十二年（1476 年），有位叫李子龙的人与宦官韦舍相勾结潜入宫内，被抓获处死。此事之后，明宪宗对宫外的事十分关心。他见汪直机巧伶俐，经常让他化装外出探听消息。汪直也十分尽心，对街头巷尾之事，无所不报。这样侦察了将近一年，外人竟然都不知道，由此汪直也受到了明宪宗的信任。

明代早期青花釉里红龙纹坛

成化十三年（1477 年）正月，设置西厂，由汪直督领厂事，伺察阴私，进行特务活动。南京镇监覃力朋进贡归还，用 100 艘船载运私盐，沿途州县深受骚扰。行至武城县时，受到县典史的诘问，覃力朋竟痛打典史，击断其齿，并杀死一位办事人员。汪直查得此事后，将覃力朋逮捕治罪，

并主张判以死刑。明宪宗虽未同意处死覃力朋，但对汪直忠心耿耿，办事认真负责的态度十分欣赏，对他更加宠信。汪直也恃宠无忌，任用锦衣百户韦瑛为心腹，屡兴大狱。

建宁卫指挥杨晔，是先朝重臣杨荣的曾孙，与父亲杨泰一起被仇人告发，逃入京师，隐匿在妹夫董玛的住所。董玛向锦衣百户韦瑛求助，韦瑛表面答应帮助，暗中却报告给汪直。汪直得知后，立即逮捕杨晔与董玛，严刑审讯，对杨晔、董玛三次使用残酷的琵琶刑。琵琶刑就是用数根木棍夹住犯人的骨节，用力枷压，使浑身骨节松脱。杨、董二人受刑不过，多次昏死过去。杨晔不胜其苦，胡乱招供，说把金银财宝寄放在担任兵部主事的叔父杨士伟家中，汪直也不上报明英宗，就将杨士伟下狱，并掠其妻子，没收财产。结果杨晔被打死在狱中，杨泰被诛杀，杨士伟被贬官，行人张廷纲、参政刘福等都无辜受到株连。

汪直为了树立自己的威信，竭力扩大西厂的势力，京师内外到处都有西厂的特务，致使民间打鸡骂狗的琐事，也动用重刑，弄得人心惶惶。汪直每次外出，总是跟随着一大批随从警卫，公卿百官都避道两侧。兵部尚书项忠因为没有避道，多次受到汪直的凌辱。汪直的权焰已超过了东厂。

是年五月，大学士商辂与万安、刘吉等上书奏劾汪直。其奏疏说："陛下将政事委于汪直，汪直又寄权于韦瑛等群小，他们自称密承圣旨，大兴刑狱，擅作威福，贼虐善良。自从汪直用事，士大夫不安其职，商贾不安心经营，庶民百姓不安心生产。如果不铲除汪直，天下安危将不可预测。"明宪宗看罢奏疏，面带怒色说："朕任用一位宦官，怎么会危害天下呢？谁是奏疏的主谋？"说着，命太监怀恩传旨，诘责厉甚。

太监怀恩、覃昌、黄高到内阁，责问谁是上奏疏的主谋，商辂严肃地说："臣等同心一意，为国除害，不分先后。"并进一步说："朝臣不分大小，有罪都应请示皇上收审。汪直竟敢擅自抄没三品以上的京官，是何等狂妄。大同、宣府等边城要塞，守备将帅顷刻不可缺少，汪直一天之内械枷数人。南京是祖宗的根基之地，留守大臣皆国之老臣，汪直竟擅自收捕。皇上身边的侍从，汪直经常调换。汪直不去，天下怎么会没有危害呢？"万安、刘吉等也都慷慨泣下，表示支持商辂的意见。

怀恩是一位比较正直的宦官，对汪直提督西厂亦有所不满。听了商辂、万安等阁臣的慷慨之语，十分叹服。商辂也表态说："如果宫中宦官都像怀恩，我商辂还有什么忧虑呢？"

怀恩将商辂等人的话如实向明宪宗作了汇报。次日，九卿项忠等人也上疏弹劾汪直。明宪宗不得已，只好下旨罢革西厂，使怀恩列数汪直的罪行，令其重回御马监，其亲信韦瑛等也被调到边疆卫所。朝廷内外，一片欢悦。

明宪宗虽然罢革西厂，对汪直却依然宠信。汪直遂诬告商辂曾纳杨晔贿，所以才为杨晔开脱罪责。汪直又说商辂的奏疏是司礼监黄赐、陈祖全为杨晔报复而出的主意，明宪宗于是将黄赐、陈祖全外放南京。明宪宗的心意被一位无耻之徒戴缙侦得，便上书讨好明宪宗，称赞汪直的功劳，说汪直功高盖世，不仅是时人的榜样，也是万世人的榜样，并请求恢复西厂，重新让汪直提领西厂事宜。商辂见汪直重新用事，辞职归去，后死于家中。

汪直重新提督西厂，以千户吴绶为镇抚，汪直的气焰又嚣张起来。未几，授意东厂官校诬奏不买账的项忠，又指示言官郭镗、冯贯奏论项忠违法事宜。明宪宗让刑部、都察院、大理寺与锦衣卫联合会审。项忠据理力争，抗辩不屈。审理项忠是汪直的意思，他人不敢违抗，也不敢替项忠讲情，明宪宗竟把清正廉洁的项忠革职为民。左都御史方宾、尚书董芳、薛远及侍郎滕昭、程万里等数十人，都因忤汪直意被贬官。与汪直关系密切的王越被升为兵部尚书兼左都御史，陈钺为右副都御史，巡抚辽东。

成化十五年（1479年）秋，明宪宗命汪直巡视边事，汪直率飞骑日驰数百里，所到之处，御史、主事等官都迎拜马首，竭力讨好。汪直则以朝廷命官自居，地方官吏稍有不周，动辄笞挞。各边都御史畏惧汪直，争相奉迎，极尽讨好之能事，有的设置供帐百余里。汪直来到辽东，陈钺到郊外仆伏拜迎，招待酒菜十分丰盛，除对汪直重贿外，对汪直左右的人也都送了礼品，汪直十分高兴。当时，兵部侍郎马文开抚谕辽东，汪直到来后，对汪直不买账，对陈钺也有轻视的意思，马文升竟受汪直的陷害，被捕入狱，后谪戍重庆。河南巡抚秦纮对汪直的所作所为深为不满，密奏汪直巡边扰民，明宪宗竟然不理。由是汪直威势倾天下。

汪直年少，好大喜功，又喜兵事。陈钺劝汪直讨伐伏当加，以树立军功，扩大影响。汪直令抚宁侯朱永总兵，自己为监军，出征伏当加。兵还，虚报战功，朱永封保国公，陈钺晋升为右都御史，汪直再次增加禄米。不久，又听从王越的意见，诈称亦思马因进犯辽东，明宪宗不明真相，下令朱永同王越一同讨伐，汪直仍为监军。结果一无所获，并且劳师伤财，但汪直仍虚冒军功，因而再次增加了禄米。不久，伏当加进犯辽东，亦思马因寇掠大同，汪直虚冒军功的事才暴露出来。辽东巡按强珍上疏揭露汪直的罪行，汪直又授意王越、陈钺攻击强珍。王越、陈钺投在汪直门下，为其卖命，被时人称为“二钺”。

有一位叫阿丑的小宦官，擅长演戏。有一天给明宪宗表演，故意装作喝醉了酒，大骂不止。有人说皇上驾到，阿丑故意大骂如故，有人说汪太监来了，阿丑才赶快避开，并说："我只知道汪太监来了才躲避在一边，现在天下人只知道有汪太监，不知道有皇上。"又装作汪直的样子，手持两钺走到明宪宗面前。旁边的人问他为何这般，阿丑回答说："我将兵，靠的不过是两钺罢了。"有人问是什么钺，阿丑认真地说："是王越和陈钺。"明宪宗听后，哈哈大笑，后来才悟出阿丑的意思。

汪直满以为使用酷刑监禁以及罚俸等高压手段，可以迫使人们屈从，不敢去揭发他们的劣迹，其实不然。就在他利令智昏、为所欲为的时候，为他提拔重用的另一个特务头子尚铭，对他发动了突然袭击。

太监尚铭提督东厂。他是汪直举荐的，但是权势不及汪直，他看到汪直心狠手毒，只怕汪直陷害他。一天夜里，西内发生一起盗窃案件。窃贼越过皇城潜入西内作案，被东厂校尉拿下。尚铭未向汪直通报，直接奏于皇上，受到重赏。汪直非常恼火，指责他事先不打个招呼。于是，想设计陷害尚铭。尚铭先发制人，暗中派人收集汪直泄露宫中秘密，与王越、陈钺互相勾结的材料，乘汪直监军在外，报告给了明宪宗。明宪宗大吃一惊，决定疏远汪直。

成化十七年（1481 年）秋天，明宪宗以宣府边镇不断遭受侵扰为名，命王越为总兵官、汪直监军以行。敌退后，汪直奏请班师，明宪宗不准。陈钺这时在明宪宗面前极力为汪直美言，受到明宪宗的斥责。王越、陈钺见势不妙，如坐针毡。不久，明宪宗改派王越镇守大同，让汪直总镇大同、宣府，将其他京营将士召回京城。

明代坐几

汪直久镇大同，不在京城，日渐失宠，科道官员纷纷上书历数他的罪行，并且强烈要求撤去西厂。这时，阁臣万安也坚决支持这一建议。于是，明宪宗便于成化十八年（1482 年）三月初五，正式下诏撤销西厂。没过多久，又让汪直的心腹、兵部尚书陈钺致仕以去。

成化十九年（1483 年）六月，

明宪宗决定调汪直到南京御马监任职。随着汪直的失宠，他的劣迹与罪行也得到深入的揭发。这年八月，科道官员将他的劣迹综合为八款："一孤负圣恩，忍心欺罔；二妄报功次，滥升官职；三侵盗钱粮，倾竭府库；四排斥善良，引用奸邪；五擅作威福，惊疑人心；六招纳无藉，同恶相济；七交结朋党，紊乱朝政；八轻挑强虏，擅开边衅。"御史徐镛在上疏中也怒斥汪直弄权祸国的罪行，说"而今朝中内外，人们只知有西厂而不知有朝廷，只知畏汪太监而不知畏陛下"，疏中最后呼吁"乞将汪直等明正典刑，籍没家产，以为奸臣之戒"。明宪宗于是决定降汪直为奉御。他的党羽陈钺前已令其致仕，不再查究，王越、戴缙、吴绶等人也都在官民的谴责下，被撤销官职。

成化二十年，大同败仗泄露，明宪宗大怒，命锦衣卫执大同总兵许宁、巡抚郭镗、镇守太监蔡新于午门前门，后免了他们的死罪，改为各降官六级，永不起用。汪直走后，许宁等人消极抵御，后又中了小王子的诱兵之计，明军死伤数千人，差点丢掉了大同。朝中当路者都知道败在不该调走汪直王越，害怕明宪宗责怪，只推说是因为调兵未集，与满朝科道官一起把败仗瞒了下来。直到一年后，终究人心不平，才有人将实情报给了明宪宗。

后来史书上就少有关于汪直的记载了，只有零星提到。弘治元年，南京户部员外郎周从时上奏说应追究前朝遗奸汪直、钱能等人，抄其家以济边用，明孝宗以奏疏格式不对为由将周从时下狱，不久又放出，原来奏请的事也不了了之。弘治十一年左右，明孝宗召回汪直、梁芳等人，满朝哗然，吏部员外张彩愤而弃官。

五、"八虎"之首势熏天，"立地皇帝"遭凌迟

在中国宦官史上，刘瑾无疑是死得最惨的一位权阉。他伴随的是中国历史上最荒唐的一位皇帝——明武宗朱厚照。这对主仆在朝堂上一个坐着、一个站着，但在百官眼中俨然是两位皇帝。刘瑾人称"立地皇帝"，曾经权势熏天、显赫一时，最终却落个千刀万剐的结局。直到此时，他才真正明白伴君如伴虎的道理。

刘瑾（1451—1510年），陕西兴平人，明朝正德年间宦官。刘瑾本姓谈，出身于一个农户家庭，在家中排行老二。他6岁净身，投靠在镇守太监刘顺门下，遂改姓刘，成为刘顺的义子。刘顺把他带回宫中，先在内书堂读书识字，学习宫中的规章制度，同时干一点杂活。在明英宗、明宪宗两朝，刘瑾只不过是宫中当差的小奴。明孝宗在位时，刘瑾因行为不慎，犯了宫

禁，几乎丧命，被派到茂陵司香。他竭力巴结司礼监掌印太监，结果不仅转危为安，还得到了一个美差，从茂陵被调到太子东宫，服侍太子朱厚照。刘瑾善于察言观色，很快便成为朱厚照的贴身心腹。朱厚照品性顽劣，但他是明孝宗唯一的儿子，明孝宗对他溺爱有加，管束不严。刘瑾瞅准机会，千方百计引诱太子吃喝玩乐，深得朱厚照欢心。

弘治十八年（1505 年）五月，明孝宗朱祐樘去世，15 岁的太子朱厚照即位，是为明武宗。明孝宗临终前，紧急召见内阁大学士刘健、谢迁、李东阳等大臣，对他们嘱托说："朝中诸事拜托诸位。太子年轻好玩乐，望能教他读书，辅佐成人。"明孝宗又给太子朱厚照留下遗言，要他遵守祖制，举贤用能，依靠老臣，治理国家。明武宗继位后，虽给刘健等人加官晋爵，但并没有重用老臣，而是亲近奸小，玩乐如故。明武宗宠信刘瑾、马永成、高凤、罗祥、魏彬、丘聚、谷大用、张永等八名太监。他们都是朱厚照当太子时的贴身太监，在太子当皇帝后，更加肆无忌惮地引导皇帝玩乐，并互相勾结，欺上瞒下，干尽坏事，人称"八虎"。在八人之中，刘瑾资格最老，也最得宠，因此被称为"八虎"之首。

明武宗继位后，刘瑾时来运转，几个月内，三次升迁。刚开始时，刘瑾只是钟鼓司的掌印太监，主管钟鼓、内乐、杂戏，地位并不重要。但他利用职务之便，迎合明武宗喜欢奇歌异舞的嗜好，日进鹰犬、歌舞、角抵之戏，深得明武宗的宠信。不久，刘瑾升为内宫监掌印太监，负责营造宫室、陵墓、冰窖，制造妆奁器物诸事。随后，明武宗又让刘瑾提督团营。团营是当时京城禁军的主力，刘瑾掌握了禁军大权，为日后的专权打下了坚实基础。

刘瑾塑像

明武宗是历史上一位著名的荒唐皇帝，他一心玩乐，根本无心治理国政，这为宦官专权提供了机会。刘瑾等人恃宠而骄，除了自己纵情享乐外，还想方设法让皇帝高兴。他们引诱明武宗乔装打扮出宫寻欢作乐，使明武宗乐不自禁。为了供明武宗挥霍，刘瑾怂恿明武宗在京城强征民田，扩建皇庄。

这种皇庄有300余所，使“畿内大扰”，引起了京城百姓的强烈不满。

朝臣见“八虎”引诱皇帝终日宴乐，又急又恨。内阁大学士刘健、谢迁、李东阳等辅命大臣多次上书，规劝明武宗遵循先帝遗训，割断私爱，及早除掉“八虎”，明武宗不予理睬。几天后，一些尚书、科道官也纷纷上书，劝皇帝以国事为重，勤政讲学，亲贤臣、远小人。明武宗仍置若罔闻。这时，国内出现了一系列异常天象：京师接连淫雨三个月，陕西、南京及江南一带地震，天鼓鸣，白天见星斗，暴风雨，雷震孝陵白土冈树，彗星亘空等。根据儒家“天人感应”之说，自然界的灾异现象是上天用来警示统治者。五官监侯杨源则以星象之变来劝导明武宗，明武宗这才有些害怕。刘健、谢迁抓住这个机会，再次上书请诛刘瑾等人。接着，户部尚书韩文不顾个人安危，联合朝中九卿大臣共同上书，请明武宗处死刘瑾等“八虎”，以肃纲纪。直到此时，明武宗才知道自己犯了众怒，惊恐之余，泣不成声，食不甘味。为平息这场风波，他决定免去“八虎”现职，安置在南京任闲职。

明武宗派司礼监掌印太监王岳等人急赴内阁，与阁臣们商议处置刘瑾等人的方案，但阁臣们都不赞同这个方案。刘健等人了解明武宗的性格，只要刘瑾等人不死，明武宗迟早有反悔的一天。当天，王岳三次进出内阁，阁臣的态度非常坚决。刘健声泪俱下地说：“刘瑾如此弄权，我死后何以面见先帝？”户部尚书韩文也说：“不杀刘瑾，怎能平民愤呢？”王岳秉性刚直，又嫉妒“八虎”专权用事，听了阁臣的慷慨陈词，非常感动，回宫后如实向明武宗禀明阁臣要求。明武宗迫于内外舆论的强大压力，决定第二天处死“八虎”。刘瑾的死党、吏部尚书焦芳得知这个消息，连夜奔告刘瑾。刘瑾大惊失色，匆忙率马永成等7人夜赴乾清宫，在明武宗身边跪成一圈，痛哭流涕，乞求饶命。刘瑾悲戚地对明武宗说：“今日非圣上开恩，我等就要被碎尸喂狗了！”明武宗从小跟他们混在一起，感情深厚，见他们一个个泪如雨下，不禁恻隐之心大动，便安慰说：“朕尚未降旨拿问，何出此言？”刘瑾见明武宗态度缓和，趁机挑拨说：“外臣联合弹劾奴辈，全由王岳主使。皇上富有四海，玩几只鹰犬，岂能损伤国事？王岳掌司礼监，领东厂，勾结阁臣，企图挟制皇上，怕奴才等人从中阻拦，所以先发制人，欲置我等于死地。刘健、谢迁、韩文等大臣以为圣上年幼可欺，肆意横行，也唯恐我等说出实情，才加害于奴辈。”明武宗是一个逆反心很强的少年天子，对阁臣逼迫自己本就不满，听刘瑾这么一说，不禁勃然大怒道：“朕为一国之主，岂能受制于阁臣？！”刘瑾等人又火上浇油：“王岳勾结朝廷命官，旨在限制皇上自由出入。倘若司礼监与皇上一心，阁臣怎敢如此逼

迫圣上？”明武宗一听，当即令刘瑾入掌司礼监兼督团营，丘聚提督东厂，谷大用提督西厂，张永等人都分别掌管要害部门。刘瑾当夜就到司礼监上任，并传令锦衣卫逮捕太监王岳、范亨等人。

第二天早朝时，朝官们兴致勃勃地来到左顺门，等候明武宗颁诏重治“八虎”。没想到诏书颁布后，“八虎”不但未受惩处，反而纷纷加官晋级。一夜之间，风云突变，诸大臣面面相觑，大惊失色。明武宗为安抚众人，派太监李荣传旨：“诸位先生说得都很对，但是这些奴才服侍皇上已久，皇上不忍一下子置之国法。请各位稍微宽放一下,皇上日后自会处置。”刘健、谢迁等辅臣大失所望，一气之下，含泪上表请求致仕。刘瑾唆使明武宗当即批准刘健、谢迁致仕离休，只留下比较软弱的李东阳。根据刘瑾的提议，升焦芳兼任内阁大学士，掌管内阁事务。焦芳称刘瑾为“千岁”，自称“门生”，完全是刘瑾的走狗。这样，刘瑾控制了宫廷内外，从此开始专擅朝政。

刘瑾当权后，开始疯狂报复自己的政敌。刘瑾最恨太监王岳、徐智、范亨。这三人被逮捕下狱后，受到严刑拷讯，押往南京充净军。为了斩草除根，刘瑾暗中派人追踪行刺，在山东临清将王岳和范亨刺死；徐智被打断双臂，虎口余生。都御史巡抚山东朱钦为王岳等人鸣不平，疏请“明察王岳之无辜，诛刘瑾之谗贼”。结果，朱钦被逮捕械送京师，罢官削籍，罚米 300 石，亲输大同。

对于曾经弹劾过自己的朝官集团，刘瑾也恨之入骨。刘健、谢迁辞职后，给事中吕种、刘玉及南京给事中戴铣、御史蒋钦等 20 人，上书恳请挽留两位阁老，结果全遭杖责后下狱。兵部主事王守仁见刘瑾如此对待谏官，上书乞求皇上“追收原旨，使（戴）铣等仍旧供职”。刘瑾见到疏文，不奏明武宗，就派人将王守仁抓来，重打 50 大板，然后贬官流放去贵州龙场驿做驿丞。王守仁既行，刘瑾又派人伺机行刺。多亏王守仁急中生智，制造星夜投江的假象，将冠带衣履投之于江，将鞋子置于江岸，骗过刺客，才免遭一死。

户部尚书韩文是弹劾“八虎”的挑头人，被刘瑾视为心腹大患。刘瑾专门派人收集韩文的“黑材料”，但韩文居官谨慎，始终找不出像样的罪证来。正在这时，刘瑾发现户部交给内府的银子成色不足，就以韩文玩忽职守为由，将他降了一级，并令他致仕，回家闲居。在韩文起程后，刘瑾又暗中派人寻机行刺。韩文深知刘瑾之狠毒，不乘官车，不宿官驿，使刺客无从下手，从而逃过一劫。后来，刘瑾还是找借口将韩文逮捕下狱。韩文的两个儿子——高唐州知州韩士聪、刑部主事韩士奇都被革职。

户部郎中李梦阳是一个文人，曾为朝臣起草弹劾“八虎”的奏疏，当然也难逃厄运。刘瑾先矫诏将他降职外调为山西布政司，勒令致仕；继而又将他逮捕下狱，准备处死。李梦阳善于著文，名重京师，与翰林院编修康海关系甚密。康海与刘瑾是陕西老乡，由于康海的周旋，才使李梦阳得以幸免，获释出狱。

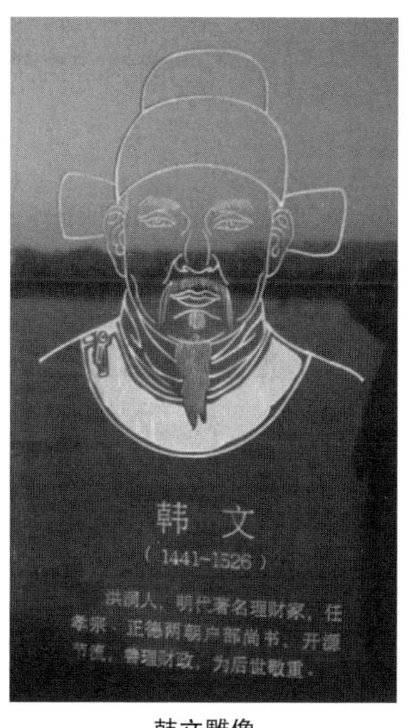

韩文雕像

为了彻底整垮与自己作对的朝官集团，刘瑾及其心腹炮制出了一个所谓“奸党”的“黑名单”，把反对或不阿附自己的官员，都列入这个“黑名单”，作为打击的主要对象。他还唆使明武宗于正德二年（1507年）三月将这个名单公之于众，榜示朝堂，又颁示各地。在这个名单中，有大学士刘健、谢迁，尚书韩文、杨守随、林瀚，都御史张敷华，郎中李梦阳，主事王守仁、王纶、孙磐、黄昭，检讨刘瑞，给事中汤礼敬、吕翀、戴铣，御史陈琳、史良佐、刘玉等53人，大多是正直的朝臣。刘瑾要求这些人立即上辞职书，回乡养老。

刘瑾在排斥异己的同时，大肆结党营私，不断扩充自己的势力。与他作对的朝官都受到贬斥或抑制，对他摇尾乞怜的官员则一律升官。一些无耻的官员纷纷投靠刘瑾，霎时间擢升的官员多达1560余人。刘瑾还假借明武宗旨意，授锦衣卫官数百名。这样，朝中上下便成了以刘瑾为首的阉党的天下。刘瑾窃权，焦芳入阁，列卿献媚，一时间，阉党权倾天下。

刘瑾为了达到专权的目的，迫使大臣将上呈的奏文先送到他的内宅，由他裁定是否送皇帝批阅。他根据自己的意愿，把要送皇上批阅的奏文放在红袋中，称为“红本”；把退回通政司的奏文放在白袋中，称为“白本”。刘瑾是个不学无术的人，自己不能批答奏章，便由他的妹婿——礼部司务孙聪和张文冕商量裁决，再由心腹尚书修改润色。宰相李东阳只能点头称是，不能提出意见。正因为此，人们称刘瑾为“立地皇帝”，明武宗反倒成了一个有名无实的傀儡。当时京城内外流传说，金銮殿中有两个皇帝，“一个坐皇帝，一个立皇帝；一个朱皇帝，一个刘皇帝”。

刘瑾的权势达到了顶峰，其骄横跋扈的程度也达到了顶峰。每天清晨，

朝官们要在刘瑾宅第门口侍立等候，对他行面见皇帝的跪拜之礼。大小官吏奉命外出办差，都要先拜见刘瑾之后才能成行。刘瑾的专横引来人们的普遍不满，但大多敢怒不敢言。正德三年（1508 年）六月，有人写匿名信贴在皇宫的墙壁上，揭发刘瑾的暴行。刘瑾大怒，立即唤来 300 多名相关官员，在奉天门前罚跪。当时正值盛暑，大家从早跪到晚，当场有三人晕死过去，倒下的达数十人之多。直到日暮时分，刘瑾才把全部官员投入狱中。第二天，查明写匿名信的原来是一个太监，他才把这些官员释放出来。

刘瑾依靠手中的权力，大肆卖官鬻爵，谁给他的贿赂多，就封谁的官，重贿者则可越级升迁，他的乡朋亲友获官者不计其数。有个叫刘宇的下级官员一下子贿赂刘瑾万金，刘瑾立即封他为兵部尚书，后来又提拔为太子太傅。当时，地方上的布政使上京朝觐，至少要向刘瑾献银两万两，如果拿不出这笔钱，不仅会丢掉官职，还可能引来更大的祸事。一些官员暂时凑不够钱，只好去京师富豪之家举借，复任之日，再取官府库银加倍偿还，称为“京债”。刘瑾曾向自己的亲信夸口说，其聚敛的财富可与皇上一比高下，事实确实如此。500 多年后，刘瑾被《亚洲华尔街日报》评选为 1000 年来世界最富的 50 人之一，其财富至少比当时明朝国库的年收入多 30 倍以上。做到这一切，刘瑾只用了 5 年时间。

刘瑾专权的有力工具，除了手中的军队外，便是东厂、西厂两个特务机构。他指使两厂特务对官员进行秘密侦查，搜罗证据，然后加以处置。然而，两厂提督虽然都是刘瑾的亲信，但刘瑾心中仍然没底。随着权势的日益扩大，刘瑾的猜疑心也越来越重。正德三年（1508 年）八月，他干脆新设了一个特务机构——内办事厂，简称内行厂，由他直接控制，以监视官吏，锦衣卫，东、西厂的动静。刘瑾在内行厂内，设置了许多特殊的刑具。其中一种叫枷法，枷具重达 150 余斤，一旦套在身上，受刑之人就会被活活压死。他搞的“连坐法”，不仅邻里要受株连，甚至河对岸的人也要连坐。刘瑾还想出“罚米法”来罚处廉洁刚直的官员。户部尚书韩文一生清廉。他的部下丢失了一本账册，刘瑾责令韩文交纳罚米 2000 石。韩文毫无积蓄，为此倾家荡产。有韩文一样遭遇的官员不下数十人。由于内行厂用刑酷烈，人们一听到内行厂就会毛骨悚然。东厂、西厂、内行厂三大特务机构沆瀣一气，争相侦缉罗织，滥杀无辜。几年内，被处死的官民竟达几千人之多。京城中的官员见到太监登门，第一感觉无不是祸事临头。京外官吏、百姓的神经更为紧张，遇着衣着华丽、操京腔、打马狂奔的人，无不纷纷传告躲避，犹如惊弓之鸟。一些官员为了避祸，长期称病不朝，用休假来对抗刘瑾。刘瑾便发出布告:“生病缺勤三年者免官为民”，逼迫这些人为自己效劳。

正德五年（1510年）四月，宁夏安化王朱寘鐇反叛，起兵的名义就是清除刘瑾。他发布檄文，列数刘瑾的罪行。消息传到北京，刘瑾藏匿起檄文，只报朱寘鐇起兵反叛。明武宗起用前右都御史杨一清率军平叛，并派太监张永做监军。叛乱在19天后就被平定，朱寘鐇也被生擒。杨一清在路上极力结交张永，两人相交甚得。

杨一清

杨一清是一个作风正派、颇有能力的大臣。刘瑾恨他不阿附自己，便用诬陷手法将他逮捕下了锦衣卫狱，多亏大学士李东阳等人竭力营救，才得获释，令其致仕，先后罚米600石。因此，杨一清对刘瑾极为不满。

张永本是“八虎”之一，但与刘瑾并不是一条心。原来，刘瑾得势后，为了垄断君恩，对其他七人进行压制，使众人对他产生了不满。刘瑾担心自己失宠，于是经常在明武宗面前说他们的坏话。在这几个人中，张永与刘瑾的矛盾最深。在刘瑾的挑拨下，明武宗想调张永到南京闲住。圣旨还没下达，刘瑾就迫不及待地驱逐张永出宫。张永跑到明武宗面前申诉，刘瑾与之对质时，张永气得要挥拳打刘瑾，被谷大用等人拉开。明武宗令两人摆酒和解，但两人嫌隙渐深。

杨一清在与张永相处的过程中，发现张永对刘瑾非常不满，就乘机鼓动张永除掉刘瑾。在返程途中，杨一清试探性地对张永说:“这次平叛旗开得胜，全靠公公的功劳。但是，平息藩王叛乱容易，消除宫廷内患就难了。”张永问:“何为内患？”杨一清在手掌上写了一个“瑾”字。张永心领神会，感慨地说:“刘瑾日夜陪伴皇上，独得恩宠，皇上一天不见他就闷闷不乐。何况他耳目众多,要除掉他可没那么容易啊！”杨一清鼓励他说:“这次平叛，皇上不用别人而用你,说明皇上宠信你。这次平叛回朝,皇上问及宁夏事时,你可奉上朱寘鐇的檄文，并把刘瑾擅权矫旨的劣迹，奏明皇上。皇上必然会除掉刘瑾。然后，由你取代他掌握兵权，从此天下太平，你也可以名垂史册。”张永怦然心动，但仍然心存顾虑，惧怕明武宗不听，反降罪于己。

杨一清为他献计说："这件事由你来揭发，必会成功。万一皇上不听，你就顿首乞死，这样皇上就会被打动。一旦皇上应允，你要立刻去办，切不可拖延，否则后果不堪设想。"张永点头称是，遂下决心除掉刘瑾。

八月十五日，张永等人献俘完毕，明武宗格外高兴，赐宴慰劳。刘瑾、谷大用等人也参加了宴会，君臣开怀畅饮，直至深夜。刘瑾及群臣离去后，张永遂跪在明武宗面前，呈上朱寘鐇的檄文。这时，明武宗已喝得半醉，俯身问道："刘瑾果真负我？"张永又呈上弹劾刘瑾的奏章，历数刘瑾17条罪状。明武宗问："刘瑾想要干什么？"张永回答说："取天下。"明武宗又问："天下能由他去取吗？"张永立即答道："刘瑾夺取了天下，圣上可怎么办？"在座的马永成等人也都历数刘瑾不法之事。明武宗再昏庸，也不愿别人夺了自己的天下。他火冒三丈，愤怒地说："朕一向待他不薄，他竟敢如此负义！"于是，传令捉拿刘瑾。张永牢记杨一清的嘱咐，立刻行动，带领卫卒，直趋刘宅，一举擒拿了刘瑾，将他囚禁于内狱菜厂，并派人查封了他在宫内、宫外的住宅。

第二天早朝时，明武宗临朝，诏示群臣。这天晚朝时，明武宗又将张永的奏疏交与内阁，下令降刘瑾为奉御，发配凤阳。由于事发突然，朝野无不为之震惊，衙门街巷喧嚣鼎沸。刘瑾被捕后，还在试探明武宗的态度。他装出一副可怜巴巴的样子，上书诉说自己赤身被绑，请求给一两件衣服遮体。明武宗见状，马上心又软了，下令让人送去衣服百件。张永闻讯大惊，便极力怂恿明武宗亲自去抄刘瑾的家。抄家时，抄出私刻玉玺一枚、穿宫牌500，以及金甲、弓弩、蟒衣、玉带等违禁物品。此外，还有金24万余锭、元宝500万锭、宝石两斗，其他财富无数。士兵们还在刘瑾常用的折扇内，搜出两把锋利的匕首。明武宗勃然大怒道："这个奴才果然想造反！"气极之下，明武宗照着刘瑾连挥数拳，并下令将他押赴锦衣卫狱。

朝臣得知刘瑾被下狱，纷纷上书请求诛杀刘瑾。明武宗见群情激愤，决定将刘瑾交三法司和锦衣卫会审。审讯那天，刘瑾的态度十分傲慢，面对参加会审的官员公然叫嚣："满朝三公九卿都出自我的门下，谁敢审问我？"刑部尚书刘璟平时十分惧怕刘瑾，竟不敢审问。这时，驸马都尉蔡震拍案而起，厉声喝道："我是皇亲国戚，不出于你的私门，我来审问你！"说罢，令人痛打刘瑾嘴巴，总算制服了刘瑾。接着，蔡震等人追问："公卿都是朝廷命官，为朝廷所用，怎么说是出自你的门下？你又为什么私藏甲仗武器？"刘瑾回答："用来保卫皇上。"蔡震问："那为什么要藏于私宅？"刘瑾哑口无言。于是定案，刘瑾画招。审讯结束后，宣布了对刘瑾的判决：

“凌迟三日，剉尸枭首，仍画影图形，榜示天下。”

八月二十五日，专权4年、曾经不可一世的“立地皇帝”刘瑾被押赴刑场。当时参与监刑的刑部主事张文麟向武宗复命时，有详细记述：

凌迟刀数例该3357刀，每10刀一歇一吆喝，头一日例该先剐357刀，如大指甲片，在胸膛左右起。初动刀则有血流寸许，再动刀则无血矣。人言犯人受惊，血俱入小腹、小腿肚。剐毕开膛，则血皆从此出，想应是矣。至晚，押瑾顺天府宛平县寄监，释缚数刻，瑾尚食粥两碗。反贼乃如此！次日押至东角头。先日，瑾就刑，颇言内事，以麻核桃塞口，数十刀气绝。时方日升，在彼与同监斩御史具本奏。奉圣旨，刘瑾凌迟数足，剉尸，免枭首。剉尸，当胸一大斧，胸去数丈。然受害之家亦争取其肉以祭死者。

刘瑾一生设计出许多酷刑，结果自己品尝了酷刑的滋味！行刑之时，许多人争相向刽子手买刘瑾的肉，或生吃，或祭坟，以泄心头之恨。刘瑾死后，其党羽包括内阁大学士焦芳、刘宇、曹元等60多人或被处死，或削职为民。

六、十恶不赦魏忠贤，恶贯满盈皆切齿

在明代有个被人们称为九千岁、九千九百岁的宦官，他就是魏忠贤。这个称号形象地说明了他的地位与权势。魏忠贤本是一个目不识丁的赌徒、无赖，入宫后居然飞黄腾达，权倾朝野。他擅权7年，把明代宦官擅权推向了顶点，给国家和人民带来了深重的灾难。

魏忠贤（1568—1627年），字完吾，河间肃宁（今河北肃宁）人。他从小不务正业，吃喝嫖赌。一次赌输了无法交付，在赌徒追逼下走投无路，自行阉割。万历十七年（1589年），他抛妻别女，化名李进忠，投靠一个叫魏朝的宦官，入宫当了太监。他开始时在孙暹手下干活，通过讨好巴结管事的太监，很快便转入甲字库，后又转到明神宗的皇长孙朱由校的生母王才人宫内管理伙食。不久，魏朝把他推荐给大太监王安。魏忠贤在宫内站住脚后，恢复了自己的本姓，不再姓李。

因为侍候王才人，魏忠贤有机会接近朱由校，常哄他玩，给他送好吃的、好玩的。这时明神宗已死，由朱由校的父亲明光宗朱常洛继位，是为明光宗。朱由校被立为太子。不久，明光宗病逝。朱由校继帝位，是为明熹宗。魏忠贤成为明熹宗的亲信，“忠贤”的名字也是明熹宗给起的。

明熹宗有个乳母客氏，原是郊区农民侯二的妻子，18岁入宫当明熹宗的乳母。她人长得漂亮，嘴又乖巧，很得太后的喜欢。两年后，丈夫死去，

她便留在宫中。明熹宗继位后，不忘客氏乳育之恩，把客氏封为奉圣夫人，连她的儿子侯国兴、兄弟客光先都受封及任职，客光先当上了锦衣卫千户。

明朝后期，宫中有一种风气，即每个宦官都交结一个在宫内服役的宫女（或宫人）一起开伙吃饭，叫“对食”。魏朝找的是客氏。可是不久，魏忠贤拉拢客氏，客氏就把魏朝踢开，转和魏忠贤对食。从此，魏忠贤和客氏打得火热，一个会溜须拍马、猜忌险毒，一个淫荡、毒辣。两人狼狈为奸，干了不少坏事。不久，魏忠贤这个目不识丁的宦官，靠着客氏的关系，当上了司礼监秉笔太监，兼提督保和三殿。

天启元年（1621 年），明熹宗赐客氏香火田，肯定了魏忠贤治理明神宗的陵墓定陵的功劳。明熹宗即位后，还照样要客氏在宫内照顾起居饮食，客氏也大摆皇帝乳母的架子，常常轿来轿去，随便入宫。后宫的嫔妃看不过去，朝臣们也认为不合适。御史王心一上疏，以乳母不得随意入宫为理由，劝谏明熹宗遣客氏出宫，明熹宗不听。

明熹宗成婚后，御史毕佐周、刘兰、大学士刘一燝又劝明熹宗。明熹宗以皇后还年幼，需有人照顾为理由，还是不愿意，要等皇祖（即他的祖父明神宗）安葬后再说。后来，明熹宗虽出于无奈，曾一度遣客氏出宫，但没过多久，就把她召回宫。客氏回来后，对朝臣和嫔妃们恨死了，抓住机会就进行报复。

王安为人正直，是魏忠贤独断专行的障碍，便派人谋杀了他，并把他手下的宦官全部排斥掉。接着，又把魏朝赶走。魏忠贤把明熹宗哄得服服帖帖，得到明熹宗的百般信赖，言听计从。他和客氏的势力越来越大。魏忠贤又拉拢了司礼监的其他宦官，如王体乾、李永贞、石元雅、涂文辅等，与他们结为死党，宫里的人都不敢冒犯他们，只能眼睁睁地看着他们胡作非为。

明神宗在位后期，只顾玩乐，不理朝政，朝臣们逐渐分成了几派，相互间都是压制对方，抬高自己。他们曾为立朱常洛还是朱常洵为太子争论不休。宰辅大臣为言官所攻击，便借口有病辞职不干。吏部郎中顾宪成在东林书院讲学，许多读书人和官员都很敬重他，常和他往来，便有了“东林党”的叫法。后来宫内连续发生了“梃击”“红丸”“移宫”三件大案，闹得沸沸扬扬的。和“东林党”人看法不同的，被认为是“邪党”。明熹宗继位后，和“东林党”不和的官员几乎都被排斥了。这些人不服气，便想依靠魏忠贤与“东林党”作斗争。当时正直的朝臣如叶向高等，敢于直谏的官员如左光斗、魏大中、黄尊素等都在任，魏忠贤一时还不能得逞。

天启二年（1622 年），魏忠贤的侄子魏良卿受荫为锦衣卫指挥佥事。天启三年（1623 年），魏忠贤兼管东厂。魏忠贤不仅手中有了权，还有了打手特务。他还在紫禁城内练兵，以宦官 3000 组成一个内营，设在五凤楼内，由他的亲戚和党羽任教官和主管，每天在宫内练兵骑马，钲鼓之声一天叮叮咚咚响个不停。这些兵是魏忠贤训练的亲兵。在宫内练兵，又是由宦官掌握的兵，是史无前例的。后来，操练的人数增至上万人。

魏忠贤是看着明熹宗长大的，对明熹宗的脾气爱好摸得一清二楚。明熹宗不爱读书理政，只喜欢做木工活，刨、凿、锯、漆样样精通，对做家具、盖房子尤其感兴趣。他干起来，全神贯注，雷打不动。魏忠贤便专门在这种时候，给明熹宗上奏章。明熹宗只顾做活，哪会愿意看奏章，便总是随口说："我知道了，你去办吧！"时间一长，魏忠贤便代明熹宗理起政来。魏忠贤不识字，他处理奏疏，只能由王体乾念给他听，遇到重要的地方，夹一张白纸条或是用指甲划上一道痕；需加御笔朱批的，由王体乾代笔。朝臣们明知是魏忠贤批复或决定的，也不敢吭声，也只好作为圣旨去执行。于是，魏忠贤利用这种机会，常常随意更改奏章，假传圣旨，发号施令。

魏忠贤实际已代理了明熹宗的皇帝权力，但他还嫌不够，和客氏一起，对内宫后妃加以迫害。张皇后几次发现魏忠贤、客氏的不正当行为和过失，向明熹宗诉说，想以皇后身份惩处客氏。他们便怀恨在心，处处与皇后作对。皇后怀了孕，他们使皇后流产。又诬蔑皇后不是其父张国纪亲生，是强盗孙二之女，出身不正，要明熹宗废掉她。这个阴谋没得逞，便又诬告张国正要谋反，想以此株连皇后。幸好明熹宗和皇后的感情好，才没中魏、客二人的奸计。皇后的地位是保住了，但她所生的三男二女却都被他们暗中害死了。魏忠贤、客氏对皇后都敢如此加害，对妃嫔就更不在话下了，只要他们知道哪个妃子怀了孕，就准定设法害死，对裕妃就是这样。当他们知道裕妃有身孕后，便把她囚禁起来，不给饭吃，不给水喝，活活把她饿死。冯贵人因劝明熹宗制止宦官在宫中的操练，魏忠贤以诽谤罪将她逼死。连明光宗的妃嫔也不放过，一个假圣旨，赵选侍便被逼自杀。整个后宫，从皇后到妃嫔的性命，都操纵在魏忠贤、客氏的手里，因为他们的迫害，明熹宗始终没有儿子。

魏忠贤利用手中的权力，对大臣们进行控制，他使用一打一拉的手段，凡是顶撞过他、反对他，曾就他的所为向皇帝进谏过的，都受到他的打击报复，如刘侨被削籍，李应昇、霍守典、沈惟炳等受斥责。副都御史杨涟给列了魏忠贤 24 条罪状，魏忠贤跑到明熹宗面前哭诉，并以辞去东厂职

务要挟。明熹宗极力挽留魏忠贤而斥责杨涟，并把他贬退。先后有 70 多位大臣上疏揭发魏忠贤的罪行，叶向高等还建议把魏忠贤逐出宫，但明熹宗一概不听。

魏忠贤对大臣们恨死了，用廷杖来处分报复大臣，万燝被杖死，叶向高受侮辱，被迫辞职。先后几十人像枯叶落地一样，被罢了官、革了职。

魏忠贤利用厂卫等特务机构，随意抓人杀人，不论有罪无罪，捉了就打，连皇亲国戚也不例外。天启四年（1624 年），魏忠贤制造了第一次迫害东林党人的冤狱，以受熊廷弼贿赂的罪名逮捕了杨涟、左光斗、魏大中、周朝瑞、袁化中、顾大章六人，向他们追赃。锦衣卫北镇抚司对六人施以械、镣、棍、夹杠等各种酷刑，使顾大章自杀，杨涟被铁钉通耳，左光斗筋骨全被打断裂，疼痛而死，尸体腐坏长满了蛆，连称赞杨涟奏章写得好的吴怀贤，也被杀头抄家。杀了辽东经略熊廷弼，破坏了辽东防务。

天启六年（1626 年），又掀起第二次迫害东林党人的冤狱，魏忠贤指使他的死党李永贞伪造奏章，把前应天府巡抚周起元，及江苏、浙江籍的大臣高攀龙、缪昌期、周顺昌、周宗建、黄尊素、李应升 7 人逮捕入狱。苏州市民见周顺昌无故被捕，为之抱不平，殴打前来捉人的校尉，巡抚毛一鹭立即扑杀了颜佩韦等 5 个市民。将周顺昌的衣服剥光，对他施刑，压扁了他的鼻子，打断了缪昌期的 10 个指头，用铁钉钉周宗建的全身，其余 3 个人都被打得骨断肉烂。除高攀龙在被捕时投水自尽外，其余 6 人被活活折磨而死，家被抄，家属受株连。

魏忠贤的爪牙遍布全国各地，连一般老百姓也不放过。只要听到有人私下议论，便行逮捕，施以惨无人道的酷刑，甚至剥皮、割舌，搞得人人自危，在路上碰见，也不敢打招呼说话，只能用眼睛示意，全国处于一片恐怖之中。有一次，有 4 个人在密室内喝酒，一个喝醉后骂起魏忠贤来，其他 3 人不敢出声，还没说完，东厂的特务便到了，把他们四人捉到魏忠贤家里，骂魏忠贤的那个人被剥了皮，剁成碎块，把其余的 3 个人吓得魂不附体，昏了过去。

正直的大臣受排斥、受迫害，阿谀奉承之徒于是得势。魏忠贤把他的亲信死党安插进内阁六部和都察院等重要部门，连本该充军的崔呈秀也委任为御史。受他提拔重用的自然为他卖命，崔呈秀编造了《天鉴录》《东林同志录》，王绍徽编了《点将录》，把顾宪成、叶向高等一批正直大臣说成是反对魏忠贤的集团头目，把不愿依附魏忠贤的大臣诬蔑为“东林党人”，然后按名单逐个加以迫害。上面提到的两次冤狱都是根据《天鉴录》等三录所列名单进行的。

不少官吏，为保自己的乌纱帽，不惜出卖气节，投到魏忠贤门下，甚至跪倒在魏忠贤的膝下。如给事中傅櫆，先是与魏忠贤的外甥傅应星结拜为兄弟，继而认魏忠贤为干爹；礼部尚书顾秉谦怕魏忠贤不肯认他为干儿子，一天带着他的儿子到魏忠贤家，进门就叫儿子跪下，叫魏爷爷。顾秉谦本已老态龙钟，还恬不知耻地说："我本想当您的儿子，可惜胡子都白了，不好意思了，就让我的儿子当您的孙子吧！"这不是一样吗？魏忠贤听后很高兴，马上赏银 200 两。魏秉谦很快入阁当了首辅大臣，他的儿子当了尚宝丞，协助掌管皇帝的玉玺、符牌、印章等。文臣魏广微，都快当爷爷了，他无法仿效顾秉谦让老大不小的儿子去当魏忠贤的孙子，只好托阮大铖为他说情，说自己愿当魏忠贤的侄子。魏忠贤见他岁数和自己差不多，同意和他结为兄弟。不久，魏广微入阁当上了大学士。对这种丑态，近人岳鸿举写了一首讽刺诗："干儿义子拜盈门，妙语流传最断魂；强欲为儿无那老，捋须自叹不如孙。"翰林冯铨因和"东林党人"不和，与魏妻（宦官可娶妻，做名义夫妻）同姓，和魏妻认了同宗，也当上内阁首辅大臣。先后有 80 多个大臣投到魏忠贤门下，形成阉党，其中的"五虎""五彪""十狗""十孩儿""四十孙"是阉党的骨干。"五虎"是文官中的崔呈秀、田吉、吴淳夫、李夔龙、倪文焕。"五彪"是武官中的田尔耕、许显纯、崔应元、杨寰、孙云鹏，他们不是都督就是锦衣卫、东厂的官员，是杀人不眨眼的刽子手。"十狗"中有周应秋、顾秉谦、魏广微等，魏忠贤迫害正直大臣都是由他们起草诏令、以皇帝的名义颁布。魏忠贤在宫内还有王体乾、李朝钦、王朝辅等 30 多个宦官为心腹。里里外外，从内阁到六部，从中央到地方，遍布魏忠贤的死党亲信。

魏忠贤屡次受封赏，封为上公，恩加三等，诏赠祖先四代。祖父荫都督同知，弟为锦衣千户，族叔为都督佥事，外甥为左都督。侄子魏良卿早当上锦衣卫佥事，掌管南镇抚司，先后被封为肃宁伯、肃宁侯、晋国公。族孙魏希孔等 5 人，姻戚董芳名、杨六奇等都当上左右都督、都督同知、都督同佥，掌握了军权。连 2 岁的侄孙也封为伯，3 岁的侄儿封为侯，还加太子少师、太子太保的衔，真是滑天下之大稽。

魏忠贤把明熹宗架空了，成为没坐在天子座上的天子，自称为"九千岁"。他根本不把明熹宗放在眼里。有一次，明熹宗想划船，到了西苑，魏忠贤和客氏已坐在皇帝用的龙船上，见明熹宗来了，也不让开，照样大模大样地在湖中荡船。明熹宗无奈，只好叫两个小宦官替他划一只小船。

不料起风了，小船被掀翻，明熹宗掉到湖里，险些被淹死。事后，明熹宗也不敢处分他，放任他如此无礼。

每逢正月三十日魏忠贤生日，可谓兴师动众，热闹非凡。元宵节一过，宫内就人来人往，都是给魏忠贤送礼祝寿来的，乾清宫门外台阶上，站满了人，堆满了礼物。到了三十日那天，有的人为挤到魏忠贤跟前，当面向他祝福一番，连衣袍撕破、脚腿挤坏也在所不惜。“九千岁”“九千九百岁”“千岁！千岁”之声不绝于耳。这也是明朝历史上前所未有的。

外朝官员也想通过巴结魏忠贤得到好处，他们冥思苦想，办法终于想出来了。天启六年（1626 年），浙江巡抚潘汝桢写了个奏本，提议给魏忠贤建生祠（即在魏忠贤还活着时，给他立庙、祭祀）。魏忠贤当然乐于接受，马上以明熹宗名义批准了。潘汝桢勒令百姓出钱建造。两个多月，祠在杭州西湖畔建好了，建得和宫殿一般讲究，用金子铸的塑像，内脏用珠宝镶成，衣袍和皇帝所穿的差不多，魏忠贤赐名为“普德祠”。在落成典礼上，潘汝桢率本地官员向魏忠贤的塑像行三跪五叩礼。杭州一地建了，南京、宣府、大同、遵化、天津、开封、淮安、固原、北京城内外纷纷仿效，到处给魏忠贤建生祠。魏忠贤的人像，有用沉香木的、有用金子的、有的还给头像戴上皇帝才能用的冠冕。各地相互攀比，每建一座，要花上数万两甚至数十万两银子。开封为建祠，拆掉了 2000 多间民房，临清拆了 10000 多间。官员如对生祠塑像不恭，就要被罢官削爵。蓟州道胡士容不同意修祠，遵化道耿如杞对魏忠贤的塑像没有下拜，被捕入狱，活活打死。甚至有人提议魏忠贤的塑像可放入孔庙，和孔子一样受人拜祭。

天启七年（1627 年）秋八月，年仅 23 岁的明熹宗终因荒淫无度而死去，遗命五弟、信王朱由检即帝位，是为明思宗。信王一向熟知魏忠贤的罪恶，非常警惕，魏忠贤一伙自知危险了。阉党杨维垣首先攻击崔呈秀以试探皇帝，主事陆澄原、钱元悫，员外郎史躬盛便先后上奏章抨击魏忠贤。皇帝仍然不表态。接着，嘉兴贡生钱嘉徵弹劾魏忠贤十大罪状：（1）和先帝相并列；（2）危害皇后；（3）大搞宫内操练；（4）目无高祖、成祖和皇帝其他祖先；（5）克扣削减对藩王的封赠；（6）目无圣人孔子；（7）滥授爵位；（8）掩盖边疆将士的功劳；（9）搜刮老百姓；（10）行贿、说人情。奏疏上呈给皇帝后，明思宗把魏忠贤召来，让太监读给他听。魏忠贤非常害怕。回到家里，急忙以极贵重的珍宝利诱原来在信王邸跟随皇帝的太监徐应元解救他。徐应元过去是魏忠贤的赌友，明思宗知道后，斥责了徐应元。十一月，将魏忠贤安置到凤阳，看守皇陵。不久，因发现魏忠贤在明熹宗去世后有密谋篡位的企图，下令逮捕法办。魏忠贤在去凤阳的途中刚走到阜城，听到风声后，和亲信李朝钦一起上吊自杀。明思宗下令断尸碎骨，把头砍下来，挂在其家乡河间示众。把客氏鞭死在浣衣局。魏良卿、侯国兴、客光先等都被弃市，并暴尸街头，没其家产。查抄客氏的时候，在她家搜出 8 个宫女。

崇祯二年（1629 年），明思宗命令大学士审定这起叛逆案件，才把魏忠贤的党羽全部赶走，重新起用东林党人。但逆案中阮大铖等人始终搞门户之见，流毒南明弘光小朝廷，直至南明灭亡。

七、压制神宗称大伴，贪财取祸冯双林

冯保（1518—1583 年），字永亭，号双林，衡水市赵家圈乡冯家村人。明代著名太监、政治家、音乐家、书法家。

冯保不知何时阉割入宫，嘉靖十五年（1536 年），入选内书堂读书，嘉靖十七年（1538 年）拨至司礼监六科廊写字，嘉靖三十二年（1553 年）转入内书房，嘉靖三十九年（1560 年）升管文书房，任司礼监秉笔太监。隆庆元年（1567 年），明世宗死，明穆宗即位，冯保提督东厂，兼管御马监。不久，司礼监掌印太监空缺，按资历冯保当任此职，但内阁大学士高拱却推荐御用监陈洪掌印司礼监，从此冯保与高拱结怨。

高拱是嘉靖进士，明穆宗为裕王时任侍讲学士，经常给明穆宗讲古论今，很得信任。明穆宗即位后，无为而治，付权于大臣，高拱被留任内阁，位高权重，冯保虽痛恨他，却也无可奈何。陈洪罢职后，冯保以为这回司礼掌印之职非己莫属了，不料高拱又推荐孟冲补缺。孟冲本是掌管尚膳监的小宦官，升任司礼掌印后，与司礼太监滕祥等共得宠，争献奇技淫巧，为了固位保宠，对冯保多有排斥。冯保由此更加痛恨高拱和孟冲，便在朝中寻找同盟，以共同对付高拱。此时，内阁大学士张居正正欲取代高拱的地位而独揽大权，遂与冯保一拍即合，两人关系日益密切。

隆庆六年（1572 年）春，明穆宗患病，张居正与冯保合谋准备处理后事，草拟遗诏，不料被高拱发觉。高拱责备张居正，张居正无言以对，只好谢罪。由此高拱对冯保十分厌恶，必欲除之而后快，高拱与张居正的矛盾也公开化了。在张居正、冯保与高拱矛盾激化之际，明穆宗皇帝的病日甚一日。五月二十五日，正在坐朝的明穆宗皇帝突然中风，只见他站起来走了几步，嘴不断地张动，却说不出话来。司礼太监冯保与大学士张居士赶忙将其扶住，架入乾清宫。随即明穆宗召见阁臣高拱、张居正、高仪等同顾受命。此时，明穆宗已十分虚弱，无法说话，便由冯保宣读顾命说："朕继位仅仅

高　拱

六年，如今病重，行将不起，有负先帝的托付。太子年幼无知，只好将国家大事托付给各位大臣。诸位要协助太子，遵守祖训，列位都功在国家啊！”明穆宗虽口不能言，仍用悲凉的目光看着三位阁臣不断地点头，表示诏书是自己的意思。高拱等哭拜而出。

次日，36 岁的明穆宗病逝。年仅 10 岁的太子朱翊钧即位，是为明神宗，因其年号为“万历”，又称为万历皇帝。一个 10 岁的孩子掌政，不能不令人担心，因此明穆宗死时，内阁首辅高拱哭着说：“太子才是个十岁的孩子，怎么治理天下呀？”表现出一个老臣对国家前途的忧虑。冯保听到后，学给了后妃、明神宗听，并添枝加叶地说高拱根本没把皇上看在眼里。明神宗听后，自尊心受到伤害，感觉到高拱的存在威胁着自己的权力，因此对高拱产生了不满情绪。

冯保抓住这一时机，竭力讨好明神宗生母李贵妃和大学士张居正。当时，陈太后与李贵妃俱在宫中，陈太后地位高于李贵妃。冯保为了讨好李贵妃，建议二人并称皇太后。张居正遂与群臣议尊陈太后为仁圣皇太后，李贵妃为慈圣皇太后，两宫并称皇太后，没有差别。由于冯保得到了李太后的支持，竟假传明穆宗遗诏说：“阁臣与司礼监同受顾命。”又日夜守护在明神宗左右，深得信任。明神宗即位的第六天，就命冯保代孟冲掌司礼监。冯保的权力一天天大起来，有时甚至敢伪传诏令。有一次，一位小宦官向内阁传达诏令，内阁首辅高拱声色俱厉地说：“这到底是谁的旨意？先帝已去世，皇上年纪还小，一切都是你们这些宦官做的吧，我迟早要把你们都赶出去。”小宦官将高拱的话学给了冯保，冯保便加紧了排斥高拱的步伐，经常向李太后和万历皇帝告发高拱专横不臣。

面对冯保的行径，高拱也十分忧虑。他指使十三道御史刘良弼等上疏攻击冯保，又命给事中洛遵、程文合上疏攻击冯保，准备一旦劾疏下到内阁就下令驱逐冯保。高拱为了取得张居正支持，便将此事告知张居正。张居正表面答应，却又将情况泄露给冯保。冯保便在太后面前哭诉委屈，说高拱擅权乱政，排斥异己。李太后点头称是，准备召见群臣，宣布处置高拱。

六月的一天早上，万历皇帝召内阁、五府、六部大臣们到会极门。高拱以为是皇帝听从了自己的建议要铲除冯保，兴冲冲地赶到，却见冯保得意扬扬地站在小皇帝身边，高拱觉察出事情不妙。群臣班序以后，冯保传达李太后和万历皇帝的谕旨说："先帝临死前曾召见阁臣高拱等人，嘱其太子年少，用心辅政。不想大学士高拱揽权擅政，自专威福，什么事都不让皇帝知道，使我们母子日夜担惊受怕。现令高拱回家养老，不许停留在京师。"高拱听后，如晴天霹雳，一时不知如何是好，竟瘫软在地上不能起来。张居正假惺惺地将他扶起，高拱急忙乘骡车出宣武门离开京师。张居正又装模作样地与高仪一起奏请挽留高拱。明神宗不许，张居正又请求用官府的驿车送高拱回籍，得到了许可。

高拱出朝后，冯保和张居正都如愿以偿，冯保终于担任了司礼掌印，提督东厂，张居正也晋居内阁首辅。但冯保对高拱罢官仍不解恨，又一手制造了王大臣的事件。

万历元年（1573 年）正月，有个叫王大臣的人，身着太监服装潜入乾清宫，被捕送东厂。冯保让亲信辛儒设酒宴招待王大臣，并送给他一包银子，将准备好的刀子放在王大臣袖内，要他陷害高拱，说高拱对罢官归家心怀不满，派他来行刺皇帝。并许以事成之后，给予重赏，保其一生富贵。王大臣贪图财货，利令智昏，竟然答应下来。一天后，锦衣都督朱希孝等会审王大臣。王大臣看到刑具十分害怕，连声大喊："许我富贵，怎么还拷打我？我根本不认识高阁老？"朱希孝听后知事情复杂，不敢再审。左都御史葛守礼与吏部杨博竭力为高拱辩解。张居正闻知后，气愤地说："你们两位以为我甘心陷害高拱吗？"杨博回答说："公虽不想陷害高拱，然而非公不能使高拱解危。"万历皇帝又让葛守礼与朱希孝一起审讯王大臣。杨博的校尉恫吓王大臣改供，又让高拱的奴仆杂乱在众人中让王大臣辨认，王大臣茫然不能识。众人才知道了事情的真相。张居正怕把事情搞大不好收场，也劝冯保就此罢手。冯保不得已，用生漆将王大臣灌成哑巴，然后送法司问斩，杀人灭口。

冯保为人善于心计，也有一定的文化素养，工于书法、乐理，他在司礼监时刻印了不少书，万历皇帝也多次赐给他象牙图章，刻有"光明正大""鱼水相逢""风云际会"等，以示宠信；加之内有李太后撑腰，外有张居正支持，所以冯保的势力越来越大。有时他出行的仪式，竟"俨若天子"，连皇帝都怕他几分，称他为"大伴"。

冯保贪于财货，多方聚敛，广收贿赂，御用监每年采购珍宝要花十几万两银了，冯保总是将贵重的贪为已有，每当籍没犯罪官吏的家产时，冯

保也乘机将值钱的东西拿入自己府中。张居正了解他这一习性，多次让儿子张简修给冯保送礼。有一次送名琴 7 张、夜明珠 9 颗、珍珠帘 5 副、金 3 万两、银 10 万两。其他官员贿赂冯保的，也不在少数。如吏部左侍郎王篆，先后送给冯保银子 1 万两、玉带 10 围等。所以冯保对张居正极力支持。张居正针对时弊进行改革，整饬吏治，实行一条鞭法，如果没有冯保和李太后的支持，恐怕难以推行。在政治上，冯保与张居正结成了牢固的同盟。

由于皇帝年幼，冯保对皇帝也不买账。明神宗贪图玩乐，经常外出。有一次，小宦官孙海、客用带皇帝到西城饮酒，皇帝令内侍唱支新歌，内侍不会，明神宗就要杀死他，随从一再劝说，皇帝才只割下小内侍的头发，算是对他的惩罚。冯保知道后，向李太后告了状。李太后对小皇帝教育相当严格，希望他能有所作为，便将小皇帝痛斥一顿，并让张居正代写了罪己诏。明神宗认为受了凌辱，由是内心里对冯保和张居正也有不满情绪。

万历十年（1582 年），明神宗的妹妹永宁公主招驸马，冯保受了京师富室梁某数万金的贿赂，于是选他的儿子梁邦瑞为驸马。其实，梁邦瑞已是大病将死。举行婚礼的那一天，他大流鼻血，染湿喜袍，但冯保却说是“挂红吉兆”。梁邦瑞不到一月便卧病不起，公主几年后也郁郁而终。

六月，张居正病死，朝中形势发生了变化，被冯保和张居正排挤出朝的太监张诚重新入宫。早在张诚辞拜万历皇帝时，万历就曾暗中嘱其离宫后留意冯保、张居正二人劣迹。冯保为恶，神人共睹，张居正虽然精于政务，多有建树，但也多有招权树党、收受贿赂的行为，这些都被张诚侦知。此次张诚重新入宫的主要目的就是陈奏冯保、张居正的罪行。

在这种情况下，冯保仍不甘心，企图取得新阁臣的信任。张居正在遗疏中曾推荐潘晟入阁，冯保忙召见潘晟，但一些对张居正不满的人极力反对，御史雷士桢、王国，给事中王继光都说此人不可用。阁臣张四维也持反对意见。潘晟见自己不得人心，竟不敢入阁，多次上疏恳辞，张四维拟旨同意，于是冯保拉拢潘晟的计划破产了。

张四维本是张居正引荐的人才，冯保也与其友善，遂以礼部尚书兼东阁大学士入赞机务。当时，政事决于张居正，张四维小心谨慎，不敢置可否。张居正死后，张四维当国，对张居正多有诋毁，于是张居正的同党十分害怕，便厚结首辅申时行为助，冯保也企图乘皇太子诞生之际，通过李太后封自己为伯爵。但张四维以无此惯例为由竭力反对，只同意荫其弟侄一人为都督佥事。冯保大怒，斥责张四维说：“你靠谁才有今天？反而负我，真是忘恩负义。”张居正的同党王篆、曾省吾知道后，乘机厚礼贿赂冯保，多次攻击张四维。御史曹一夔也劾吏部尚书王国光谄媚张四维，使其表弟王谦为吏部主事，是结党营私。内阁首辅申时行遂拟旨罢王国光，贬王谦。张四维十分窘迫，无可奈何，只好请求冯保的心腹徐爵、张大受贿赂冯保，冯保对张四维的怒气才稍有缓和。

不久，张诚揭发冯保与张居正交结，专横朝廷，请求查处冯保，明万历皇帝惧怕冯保余威，同时又担心张居正的同党闹事，有些犹豫，不敢轻举妄动。张诚又说冯保家资饶富，胜过皇上，贪于财货的明万历皇帝这才动了心。就在这时，张四维授意他的学生江西道御史李植弹劾冯保，列举其 12 大罪，主要有坑陷公主、贪赃枉法、收受贿赂、广建府第、聚敛财富等。明神宗见疏后，下旨曰："冯保欺君蠹国，罪恶深重，本当显戮，念系皇考托付，效劳日久，始从宽着降为奉御，发南京闲住。"并命锦衣卫查抄其家产，得金银百余万，还有大量奇珍异宝。冯保弟冯佑、从子冯邦宁都是都督，被罢官入狱，久之死于狱中。其党羽张大受、周海、何忠等 8 人，贬往孝陵司香。徐爵与张大受之子，谪戍到烟瘴之地，永远不准回来。

当发配冯保到南京时，李太后曾问为什么要这样处置冯保？明神宗说："老奴为张居正所惑，并无其他过失，以后就将他召还。"冯保遭谪之时，正是潞王即将大婚之时，所需要的珠宝还没有准备好，李太后乘机对皇帝说了。李太后想从抄得冯保的财宝中得到一批，明神宗回答说："奴才很狡猾，先偷了后逃跑，所以那些东西不能全部拿到了。"当年冯保倚附李太后，深得她的信任，而今当冯保落难之际，她却想从中捞一笔财富，这对冯保来说，实在可悲可叹。以后冯保死在南京，葬于皇厂。先前，冯保于万历四年（1576 年）在北京西直门外选好一块墓地，并在附近建了一座寺院，以自己名号称之，曰双林寺，如今却再也无法派上用场了。

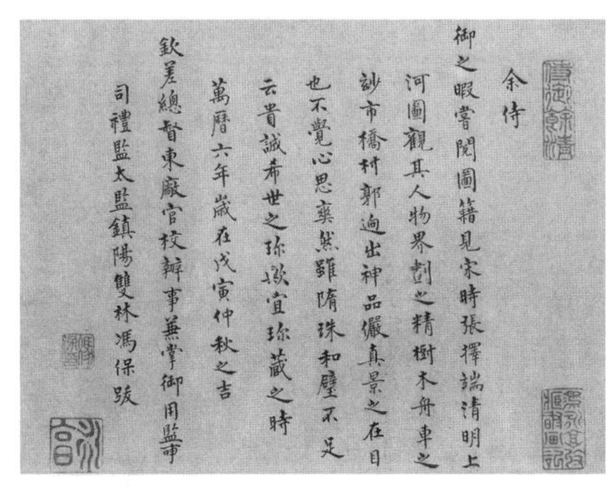
余侍
御之暇嘗閱圖籍見宋時張擇端清明上
河圖觀其人物界劃之精樹木舟車之
妙市橋村郭迥出神品儼真景之在目
也不覺心思爽然雖隋珠和璧不足
云喻誠希世之珍歟宜珍藏之時
萬曆六年歲在戊寅仲秋之吉
欽差總督東廠官校辦事兼掌御用監事
司禮監太監鎮陽雙林馮保跋

冯保手迹

冯保学识不凡，颇有文人风骨。他在好友张居正的规劝与引导下，一刻不敢或忘自己的职责。对待明神宗皇帝，他既是一名忠仆，又像一位严师。时刻督促着新皇进步（朱翊钧幼年时曾一度醉心于

书法，就是受到他的影响）。他混迹深宫数十年，深明“伴君如伴虎”的道理。明知天威不可触犯，但是为了报答李太后的知遇之恩，丝毫不计较个人得失。最终，他也因此遭到皇帝的忌恨，落得个抄家贬谪，老死江南的下场。

冯保是一名出色的政治家，万历新政的一等大功臣，同时也是一名奸诈弄权的大贪官。包括《明史》在内的诸多正史记载：他因泄私愤陷害高拱，还假传圣旨“司礼监与内阁同受顾命”。他“贪财好货”，曾经接受张居正“七张名琴、九颗夜明珠、珍珠帘五副、金三万两、银二十万两”等贿赂。他花费巨款，给自己建造生圹。在北京和河北深县（今衡水市）的老家，分别建造了两座叫作“双林寺”的家庙。而在他的手上，各种卖官鬻爵的事也时有发生。

除了政治上的表现外，冯保还是一个出色的音乐家、书法家。根据明代崇祯年间太监刘若愚的《酌中志·三朝典礼之臣纪略》记载：“冯保书法颇佳，通乐理、擅弹琴。”他亲手制作的琴，被当时的人当作宝贝来收藏。

八、内相出巡虎捕人，敲骨吸髓矿税使

高淮是明神宗万历年间的矿税使。他在辽东任事 10 年，恣行威福，使辽东官民遭到一场严重浩劫。他被人们认为是明代最骄横的矿税使，当时辽东地区民间盛传“辽人无脑，皆淮剜之；辽人无髓，皆淮吸之”的民谣，这里所说的“淮”，即是高淮。

高淮（生卒年不详），直隶宝坻（今天津宝坻）人。他本是一个市井无赖，有妻有子。青年时代，他包揽北京崇文门的税课。崇文门位于京师，税课是个不小的数目，并不是任何人都能承揽的。高淮能够得手，说明他的家境并不穷困，他在京师与官府、商界都有一定关系。但是后来，他丢下了这个肥缺，舍弃了妻儿，自阉入宫，做了宦官。这是他一生的重大转折。其原因是什么，史书中未见记载。有人认为，很可能与他和太监有密切关系有关。

高淮入宫后，由于具有活动能力，所以被派去尚膳监任监丞。尚膳监是明代宦官十二监之一，掌管御膳及宫内饮食、宴会等事。它与其他诸监一样，设掌印太监一人，正四品，负责全监事务。下设左、右少监各一人，从四品。监丞为从五品，系中级管事人员。高淮能得到监丞这个职务，已是相当不错了。可是，作为曾经包揽京师崇文门税课的高淮，却不以此为满足。为贪心所驱使，他无时无刻不在窥测时机，以求一逞。

万历二十四年（1596 年），是明代财政困难继续加剧的一年。持续了

6年的援朝抗倭战争，以及镇压国内此起彼伏的各种反抗斗争的军费支出，已使明政府难以应付；而皇宫火灾后，也急待修复。值此，有个名叫仲春的副千户，上奏提出开采银矿，可助大工。明神宗喜出望外，立即允行，从而启开了奏请开矿的幸门。接着，批准天津等处太监征收店税，又打开了滥征杂税的大门。

明神宗的开矿、征税决策，为那些奸佞之徒的献媚取宠提供了有利条件。随着这些诏令的颁行,在全国矿区和广大城乡出现了开矿、征税的狂热。高淮看准了这个千载难逢的时机，急忙贿赂义勇卫千户阎大经，让他代为奏请前往辽东开矿征税。明神宗见奏，非常高兴，马上批示遵行。

辽东位于京师之东北，北部与女真族相连，西部与蒙古族相接，东部隔江与朝鲜相望，民族关系极为复杂，战略地位十分重要。当时户科都给事中包见捷闻知阎大经奏请要在辽东地区开矿、征税，就认真地分析了当时形势与辽东地区状况，指出在此开矿、征税“有八可虑”；辽东巡按及山海关主事吴钟英等也上疏请求圣上收回成命，罢去开采、征税之令。由于不符合明神宗的心意，遭到严厉斥责。包见捷因此被调出京城，其他上疏谏止的一律被扣发薪俸一年。

万历二十七年（1599年）三月，高淮以钦差辽东矿税使的身份，带领随从，金鼓齐鸣，耀武扬威地前往辽东就任。高淮自然明白他的地位与权力是明神宗给的。为了报效主子,他来到辽东之后,施展全身解数搜刮财物,不到两个月，弄到500两银子，进呈明神宗。山海关旧有镇守府，后改为军务衙门，是负责山海关军事防务的指挥部。适应征税的需要，他奏请改军务衙门为税店。明神宗看到这白花花的500两银子，乐得眉开眼笑，马上准了高淮的这一奏本，还特意赐给这个税店名叫“福阳店”。有明神宗皇帝撑腰,高淮就更加放心,无所顾忌地恣行威福，侵夺地方官的权力，不择手段地搜括财物。

万历通宝

这年九月，高淮委派爪

牙叶相国到金州（今辽宁大连金州区）、复州（今辽宁复县）开矿，遭到当地矿夫和官吏的抵制。高淮当即下令将矿夫沙景元等 33 人、官吏 3 人逮捕押至复州卫监禁，并且以“聚众抗拒、违误国课”“惑乱屯民”等罪名，判处沙景元徒刑 5 年，危希儒徒刑 3 年，沙功等 34 人各杖 70。后来，又责令他们纳米、纳银赎罪。

廖国泰是高淮的得力干将。他忠实地依从高淮的吩咐，在征税过程中，任意派征，还无中生有地捏造谎言，说民众抢夺矿税银子，打死皂隶，进而逮捕仗义执言的诸生数十人。山东巡按杨宏科察知其事后，上疏斥责廖国泰的不法行为，为被捕的诸生鸣冤，要求圣上严惩廖国泰，释放诸生。结果，被扣压未予进呈。参随杨永恩贪污受贿，确有真凭实据，被揭露出来之后，官民义愤填膺，一致要求予以严惩。明神宗无奈，只好降旨责成有关方面会查，实际上只不过是虚应故事，以此封堵众人之口，不了了之。

来到辽东后的高淮，身为钦差矿税使，手中握有开采、征税的大权，但他还嫌自己权小，又向明神宗奏讨镇守头衔，把辽东军务大权也抓在自己手中。对此，贵州道御史徐宗璿坚决反对，要求明神宗“严旨戒饬高淮以后只理税务，至于地方军兵边情，应专听督抚裁决，不许有一毫干预”。辅臣沈一贯还以正德年间太监典兵，几危社稷，明世宗革除镇守，天下始得安枕为借鉴，上奏明神宗，说明辽东为神京右臂，最为孤悬，最为要害，断不可让高淮执掌这里的兵权。明神宗则不以为然，他以为高淮掌握兵权有利于开矿、征税，还是按照他的请求，命他为辽东镇守。他的官号全称为“大明国钦差镇守辽东等处协同山海关事督征福阳店税兼管矿务马市太府”。从而，集开矿、征税与典兵于一身。

高淮兼任辽东镇守后，胁迫将官，干扰军务，把斗争矛头指向辽东总兵官。他采用无中生有、夸大其实的手法，劾奏总兵孙守廉，结果，孙守廉被罢官削职。他又疏劾总兵马林，明神宗不行查核，遂降旨将马林革职，令其闲住，永不叙用。兵科给事中侯先春力主正义，上疏为马林鸣不平。明神宗很生气，即刻批复：马林着发边卫充军，侯先春降二级，调极边安置。并且特意申令：再有上书申辩者，一律重惩不贷。侯先春因此而被调往广西按察司中去当知事。职方司郎中张主敬、员外郎宁时镆、主事桑学夔、王惟简也因为马林鸣不平而被降调，革职为民。

高淮利用手中的权力，大力招降纳叛，网罗地方恶棍，私养家兵数百名，时时操练。每次出巡，携带家兵、家丁，耀武扬威，连同书记、夜役、门府、星相、医士、戏子、歌伎及杂色人员，往往在千人以上。万历三十一年（1603

年），他不经奏请，擅自带领家丁300余人，打着飞虎旗，金鼓之声震天动地，由辽东回至京师，驻于广渠门外。这是明代建国以来从未有过的事。由于事出突然，京城内外人们颇感不安。当时朝中九卿科道及抚按联名上疏，指斥高淮“擅离信地罪一，潜匿京师罪二，拥兵城下罪三，违旨犯禁罪四，骚扰道路罪五”。工科给事中宋一韩也在奏疏中历数他蓄养死士、恃宠弄权的不法劣迹，明神宗对此不闻不问，这就更加助长了高淮的嚣张气焰。

明神宗是一个贪婪的君王，在明代帝王中是首屈一指的。高淮为了巩固明神宗对自己的宠信，多次向明神宗进献金银、财物。仅以万历二十九年（1601年）、万历三十年（1602年）为例，据《定陵注略》所记：万历二十九年四至六月，高淮进内库银1万两，羡余银502两，又龙、鞍、马、方物等；又盘获漏税貂皮、布匹等物。七至十一月，进内库样银200两，达马21匹，马14匹。万历三十年一至三月，进内库貂皮58张、夷人皮袄10件、存积银500两。八至十一月，进内库无碍银680两，马40匹，又进人参4000斤，转呈商民张柱献银1万两等。由高淮所进献的这些金银财物，只不过是他及其爪牙掠夺所得的十分之二三。当时辽东巡按、御史何尔健曾说，高淮及其爪牙将掠夺所得的十分之七八都吞为己有。

进献是讨好的手段，而进献又是以掠夺所得为前提的。高淮为了讨得明神宗的欢心，在掠夺金银财物上，手段之凶狠毒辣，方法之多种多样，比其同时代的矿税使有过之而无不及。

包矿包税是高淮及其爪牙聚敛财物的基本手段。为了确保进献矿税数目的完成，他实行包矿包税。把采矿与征税数额分摊给民户，多者数千，少者数百，再少者几十两、十几两，逼使民户按期按数完纳，稍有怠慢，就喝令爪牙绳捆索绑，押送辽阳天王寺，严刑拷打，或悬头系井，或抽脚朝天，惨不忍视。不仅使其本人家产荡尽，而且往往祸及别家，株连无辜。海州（今辽宁海城）韩善友，以制盐谋生，在南关赁房居住，年已80岁，丧失劳动能力。高淮在海州征税，还将这个80岁的老头定为上等，每年逼他交纳银子1两。

敲诈勒索也是高淮及其爪牙聚敛财物惯用的方式。辽阳指挥李守廉，原在他手下征税。这天，他突然向李守廉索要银子2万两。李守廉知道他心黑手毒，虽然手中没有银子，又不敢说不给，哀求说：“不须拷打小的，待小的调停，不敢少老爷二万两罢了。”这才好生放过。李守廉回到辽阳，想来想去，实在凑不够2万之数。为了免遭皮肉之苦，他将辽阳各处管事、指挥以及各城富商张柱、尚文、马良、陈实等，还有当地伶妓之家的姓名，

一一开出，交给了高淮委任的官吏傅朝豸、丁孟。高淮拿到这个名单之后，暗自欣喜。他先令其爪牙将名单上所列之人，不论官民，一律逮捕关押，然后责令他们交纳银两。他的胃口极大，仅向商人张柱一人就索取银子达 4 万两。他拿出 1 万两献给圣上，神宗赐给张柱一个武英殿中书的虚衔。对于其他被关押之人，有的逼迫交纳银子数百两，有的逼迫交纳数十两。总之，一个也不放过。凡是如数交出银子者，即行释放。没有银子交纳或纳不如数者，则悬吊拷打，断绝饮食。

傅朝豸还向指挥孙遇春索取银两，孙遇春没有应允，当即被拘，要行责打，由于学校生员劝阻，才免遭皮肉之苦。孙遇春不堪于这种凌辱，遂向抚院告发了傅朝豸一伙敲诈勒索的劣迹。傅朝豸等恼羞成怒，夜间自己将墙上挖个空洞，说是强盗进屋，盗去税银 830 两。当地官吏生怕傅朝豸等歹徒制造事端，就借库银 830 两抵数。两个月后，又对孙遇春实行报复，滥施酷刑，把孙遇春打得体无完肤，奄奄一息，送监三日后，方才复苏。无奈，又将辽阳商民、指挥王成芝、高敏学等百余人的姓名开出，报给税使。税使按照名单，逼取银两。

这时候，高淮的兄弟族人也粉墨登场，为虎作伥。他的哥哥高仲、高洋，弟弟高臣、高三、高大小、高二小等，分别被派往山海关、广宁、镇江等地，每处纠集恶棍 300 余人，分据要地，巧立名目，以抽分为名，敲诈勒索，无所不用其极。更有甚者，商税征收不及额数，扣取官俸，官俸不够，扣取军粮，军粮不够，就向辖区的城邑、各个村屯、各家铺店，以至草舍、茅庵摊派。真可谓是“穷天罄地，靡所不税矣”。

高淮还亲自出马带领家丁进行公开抢劫。万历三十一年（1603 年）春，辽东大雪，有的地方积雪厚一丈多，交通受到严重阻塞，路上很少有行人。这时，他带着家丁数百人，由前屯出发，经辽阳、镇江、金州、复州、海州、盖州（今辽宁盖县），对沿途拥有百金以上的人家进行搜索，仅这一次，就掠得银子 10 万两以上。辽人编成歌谣说：“内相出巡，如虎捕人，上天无路，钻地无门。”

在高淮的残酷掠夺下，辽东地区的工农业生产遭到严重破坏，社会秩序混乱，广大民众生活在水深火热之中。譬如，海州地区在明初以来，社会经济得到明显发展，每年税收总额达 2500 两。高淮到辽东后，几年时间内，由于他百计搜求，商人罢市，盐厂罢工，军民逃亡，税额骤然减少到 350 两。辽阳城内原有富户 47 家，经过高淮的层层盘剥，有的被迫迁往他乡，留在城内的竟变成一贫如洗。驻扎在辽东的 10 万士兵，也因高淮收受贿赂、将官克扣军饷而挣扎在饥饿线上。广大军民被逼得走投无路，因而，兵变、民变此起彼伏。

万历三十六年（1608 年）四月，高淮及其爪牙在前屯卫索取马，拷打军士，激怒了军士，军士们歃血盟誓，准备聚众北投女真。面对这种情况，他不仅不采取措施，抚恤军士，反而派心腹在军士中进行刺探，寻找领头的军士。为此，军士们发誓与高淮血战到底，不杀高淮誓不罢休。五月，锦州、松山地区，相继出现兵变。参加兵变的军士们，也发出了誓杀高淮的怒吼。

山海关内外的民众，对于高淮一伙，更是恨之入骨。这时，数千民众联合起来，包围了福阳店。看到这些满腔积愤的民众，他急得如热锅上的蚂蚁，生怕自己也步杨荣等人的后尘，被骚乱的民众粉身碎骨。多亏管关主事李如桧、通判王修行的护送，他才逃出山海关，此时，他对李如桧、王修行感激涕零，称他们二人为再生父母。可是，没过几天，他就滥施淫威，诬告同知王邦才、参将李获阳逐杀税使，抢夺御粮。王邦才、李获阳因此被捕下狱拷讯。

王邦才、李获阳二人被捕下狱之后，群众非常气愤。科臣陈治则、熊鸣夏与道臣史学谦、方大美等纷纷上疏揭露高淮的卑鄙手法，俱被压下不予进呈。蓟辽总督蹇达也再次上疏历数高淮的种种罪行。迫于舆论的压力，明神宗不得不在诏书中承认：高淮擅自出巡，骚扰地方，又克扣军饷，致使各军边士卧雪眠霜，劳苦万状，九死一生。可是，明神宗并不想处理他，只是宣布让督抚镇守巡按等差官护送高淮返京，交司礼监听候处理。回到京城后，明神宗并没有治他的罪。由于他在辽东坏事做尽，名声太坏，也没有敢再起用他。自此，史书对其再无记载。

第二编

大明盛衰

明朝时期君主专制空前加强，多民族国家也进一步统一和巩固。明初废丞相、设立厂卫特务机构，加强了专制主义中央集权，但同时也为中后期宦官专政埋下伏笔。明朝时期农民反封建斗争也进入了一个新阶段。

明朝期间出现了继周朝、汉朝和唐朝之后的几个“盛世”，史上称“治隆唐宋”“远迈汉唐”。在大明朝，无汉唐之和亲，无两宋之岁币，无城下之盟，天子御国门，君主死社稷。创立了令后辈之人所敬仰的优秀历史。明朝前期和中期经济文化极其发达，规模居全世界第一。然而到了明朝后期，皇帝怠政，官员腐化，到处搜刮民脂民膏，导致民怨众愤，人们揭竿而起，欲推翻已经腐朽的明王朝。崇祯十七年（1644 年），李自成率军攻克北京，明崇祯帝自缢，同年清军入关，明朝灭亡。

第一章　大事纪要

一、明初洪武四大案，诛杀功臣惩贪墨

明初四大案亦称洪武四大案，是指明太祖朱元璋为消灭他认为对他的统治有威胁的人、整顿吏治、惩治贪污而策划的著名四大事件或屠杀。

洪武四大案分别为：洪武十三年（1380 年）的胡惟庸案，洪武九年或洪武十五年（1376 年或 1382 年）的“空印案”，洪武十八年（1385 年）的郭桓案，洪武二十六年（1393 年）的蓝玉案。胡惟庸与蓝玉案件习称“胡蓝之狱”，是朱元璋诛杀开国功臣的政治事件，而“空印案”与“郭桓案”则是对涉嫌贪墨的官吏进行大规模的镇压。

1. 空印案

空印案，发生在明代洪武年间。空印，就是在文书上预先盖上印章，需要用时再填写上具体内容。此案在当时受到明太祖朱元璋相当程度的重视。朱元璋认为官吏可以利用空白文书簿册作弊，所以要严惩使用盖有官印空白文书簿册者，因为牵连人数众多，为明朝初期一著名大案。

按明朝规定，每年各布政司、府、县都要向户部呈送钱粮及财政收支、税款账目。户部与各布政司、府、县的数字须完全相符，分毫不差，才可以结项。如果有一项不符，整个账册便要被驳回，重新填报，重新盖上地方政府的印章。

朱元璋时明朝的首都在南京，全国各地官员都要到南京来报送账册。当时上缴的是实物税款即粮食，运输过程中难免有损耗，出现账册与实物对不上的现象是大概率事件。稍有错误就要打回重报，江浙地区尚好，而云贵、两广、晋陕、四川的官员因当时交通并不发达，往来路途遥远，如果需要发回重造势必耽误相当多的时间，所以前往户部审核的官员都备有事先盖过印信的空白书册以备使用。这原本是从元朝即有的习惯性做法，也从未被明令禁止过。

明代铜官印

朱元璋发现空印这种做法后，极为敌视。部分原因是，他非常不喜欢蒙古元朝时代已经出现的官僚们的舞弊行为。他严厉地对付带有这种意味的行为，认为使用空印会给贪污大开方便之门。

发生“空印”事件后，史载，朱元璋的反应是“盛怒”，认为这是欺罔行径，丞相、御史都不敢谏言。下令，主印官员处死，副手以下杖 100 充军。

同年有星变，朱元璋下诏求言，有浙江宁海人郑士利上书朱元璋。郑士利兄,乃湖广按察使佥事郑士元,受空印案连累坐牢,为避免被认为是“有假公言私者”，等到郑士元出狱后，郑士利这封上书才上交到朱元璋手上。郑士利上书数千言，言数事，其中空印事尤详。

郑士利认为，陛下欲治罪这些空印的官员，是唯恐奸吏得到空印纸，弄虚作假危害老百姓，但这是不可能的，并提出了四个观点：其一，空印账册盖的是骑缝印，具体到每张纸上印迹并不完整，与一纸一印不同，即使流散出去，也办不成什么事，何况这盖了章的白纸也是轻易拿不到的。其二，钱粮这些账目数字，府必合省，省必合部，出入对错，最后户部说了算。而部省间距离，远则六七千里，近亦三四千里，一旦有错，一次往返差不多要一年时间。先印而后书，这是权宜之计，且由来已久。其三，国家立法，必须要有明确的法律，而后根据法律惩处违法者。但是，立国至今并没有针对空印的法律，大家一直是这么做的，并不知道有罪。如今一旦治罪，不能服人。其四，国家培养一个合格的官员很难，能位至郡守的官员，都是数十年培养所成，这些官员并非草木可割而复生。

朱元璋看罢郑士利的上书后，大怒，命令丞相御史追查幕后主使者。郑士利笑道：“顾吾书足用否耳。吾业为国家言事，自分必死，谁为我谋？”最终没查出幕后主使，郑士利被流放。不但空印案中的官员没有因此被赦免，就连已经释放的郑士元也受此连累被抓起来流放了。

空印案的案发时间，以及涉案被杀人数，至今还存在争议。在案发时

间上，有洪武八年（1375年）说、洪武九年（1376年）说、洪武十五年（1382年）说。在涉案被杀人数上，有杀数万之说，有与郭桓案共计杀七八万人之说，有被杀数百人之说。

2. 胡惟庸案

胡惟庸（？—1380年），濠州定远（今属安徽）人。明朝开国功臣，最后一任中书省丞相。

胡惟庸与李善长是同乡，而且，娶了李善长弟弟李存义的女儿，算是李善长的从女婿。当初朱元璋领兵南下，经李善长推荐，胡惟庸到了朱元璋手下，历任主簿、通判、知县等官。明太祖开国后，胡惟庸进位太常少卿。

洪武三年（1370年），还是李善长的推荐，胡惟庸升任中书省参知政事。此人心术不正，渴望拥有更大的权力，出任左丞相后，明里暗里排挤汪广洋。洪武六年（1373年），汪广洋出镇广东，胡惟庸独专中书省事。这时，他故意显能，迎合上意，宠遇日隆。明太祖受其蒙蔽，当年就提升他当了右丞相，而且一当就是7年。

洪武十年（1377年），明太祖曾再任汪广洋为右丞相，胡惟庸改任左丞相。但是，汪广洋为人平庸，生杀黜陟，皆由胡惟庸专断。大臣奏事，必先告知胡惟庸，否则就无法见到皇帝，更严重的是，胡惟庸利用权势，拉帮结派，陷害忠良，名臣刘基就是被他派人毒死的。胡惟庸的种种恶迹，汪广洋知情不报，实际上起到了庇护和帮凶的作用。洪武十二年（1379年），明太祖追查刘基的死因，遂把汪广洋处以流放，继而赐死。

胡惟庸从汪广洋之死中嗅出了凶险的气味。他由此萌生出异志，网罗党羽和武士陆仲亨、费聚、涂节、陈宁、刘遇贤、魏文进等，私下招兵买马，偷阅天下兵马图册，积极为谋反做准备。他甚至派人称臣于北元政权，密通倭寇，请兵为外应。他还通过岳父李存义，拉拢李善长参加谋逆集团。李善长大惊失色，说：“尔言何为哉？若此，九族皆灭！”可是，这位年老的故相也忒糊涂，对于这样的大事，居然不向明太祖报告，从而铸成大错。

明代官服

洪武十三年（1380

年）正月，胡惟庸准备就绪，只需一声号令，便可造反。恰在这时，他的儿子在大街上驰马，坠车而死。胡惟庸怪罪于车夫，杀了车夫偿命。明太祖大怒，追究宰相的罪责。胡惟庸请求多给车夫家属金帛，不获允许。这样，胡惟庸只有狗急跳墙，铤而走险，孤注一掷了。

胡惟庸暗设计谋，决意杀害皇帝。这天，他奏告明太祖说："臣府井中冒出一股醴泉，古云：天降甘泉，地出醴泉，国家瑞兆也。故请皇上驾幸臣府，一睹为快。"明太祖一时高兴，忘了胡惟庸还是戴罪之身，乘车就要前往。一名叫作云奇的宦官知道内情，向前拦住车驾，因为过分紧张，舌头发直，急得说不出话来。明太祖怒他失礼，命人拉开，处以杖击。云奇被打得气息奄奄，仍然手指胡惟庸府第的方向。明太祖顿有所悟，返回宫中，登高远眺，但见胡府隐隐伏有甲兵。他不由得冒出一身冷汗，立刻发兵包围胡府，把胡惟庸及其家人都杀了。

胡惟庸伏诛，罪有应得。明太祖从中悟出个道理：大臣哪怕是开国大臣，一个也不可信。因此，他改革官制，废除中书省，也废除了秦汉以来的宰相制度，改设大学士，分掌宰相的职权；把原来由宰相统辖的六部（吏、户、礼、兵、刑、工）升格，直接听命于皇帝；同时改革兵制，使所有大权全都集中到自己一人手中，皇权统治达到了登峰造极的地步。

胡惟庸死后，其谋逆的罪行陆续被揭露出来，触目惊心。10年后，明太祖为了翦灭功臣，借机兴起大狱，凡与胡惟庸有牵连的人，全部处斩，共杀死3万多人。李善长尽管有免死铁券，也被赐死。

"胡党"而受株连至死或已死而追夺爵位的开国功臣有李善长、南雄侯赵庸、荥阳侯郑遇春、永嘉侯朱亮祖、靖宁侯等1公、21侯。胡惟庸被杀后，朱元璋遂罢丞相，革中书省，并严格规定嗣君不得再立丞相；臣下敢有奏请说立者，处以重刑。丞相废除后，其事由六部分理，皇帝拥有至高无上的权力，中央集权得到进一步加强。

明代史籍关于胡惟庸案记载多有矛盾，关于其是否确有谋反当时便有质疑，明代史学家郑晓、王世贞等皆持否定态度。

3. 蓝玉党案

蓝玉党案是胡惟庸案的继续。蓝玉（？—1393年），凤阳定远人，英勇善战，深得朱元璋器重。但在其功高位显之时，蓝玉在4件事情上引起了朱元璋的不满：一是不把朝廷命官和朝廷制度放在眼里，二是逼奸元王妃，三是说过燕王朱棣的坏话，四是权力欲过强，最终导致了杀身之祸。

洪武二十六年（1393年），锦衣卫指挥蒋瓛告蓝玉谋逆，蓝玉下狱被杀。

吏部尚书詹徽曾奉旨参与审讯。蓝玉不肯认罪，詹徽呵斥，要他从速招来，不要株连他人。蓝玉大呼：“徽即臣党。”于是，詹徽由执法官变成阶下囚。还有些士人，仅仅因为是蓝玉的家庭教师，或仅仅因为替蓝玉题画，也作为奸党被杀。当然，追究蓝党，主要的目标是勋臣。朱元璋颁《逆党录》，布告天下，有国公1、列侯13、伯2、都督10余人列名其中。被治罪的勋臣，许多与蓝玉共过事。因蓝玉案被杀的人数达15000名。

朱元璋借蓝玉案彻底铲除了将权对皇权的潜在威胁，将军权牢牢地控制在自己手中。军权皆出于朝廷，不敢有所专擅。通过胡惟庸、蓝玉党案，勋臣武臣被扫除殆尽。洪武年间封侯，也就在50人左右，两案即除去30多人。朱元璋为了巩固朱氏家庭的统治，同时也是为了平息新兴贵族地主集团同社会各个阶层之间的矛盾，有必要进行反对勋臣的斗争。但杀人太多，造成朝中无将的局面，对以后的政治斗争产生的影响也是他始料不及的。

4. 郭桓案

郭桓案发生在洪武十八年（1385年），以其涉案金额巨大，对经济领域影响深远而为世人瞩目。

《明史·刑法二》在记载郭桓案的起因时，曰：

郭桓者，户部侍郎也。帝疑北平二司官吏李彧、赵全德等与桓为奸利，自六部左右侍郎下皆死，赃七百万，词连直省诸官吏，系死者数万人。

洪武十八年（1385年），朱元璋怀疑北平承宣布政使司、提刑按察使司的官吏李彧、赵全德伙同户部侍郎郭桓等人共同舞弊，吞盗官粮，于是下旨查办。洪武十八年（1385年）三月，御史余敏、丁廷举告发户部侍郎郭桓利用职权，勾结北平承宣布政使司、提刑按察使司官吏李彧、按察使司官吏赵全德、胡益、王道亨等，私吞太平、镇江等府的赋税外，还私分了浙西的秋粮，并且巧立名目，征收了多种水脚钱、口食钱、库子钱、神佛钱等的赋税，中饱私囊。朱元璋令审刑司拷讯，此案牵连全国的12个布政司，牵涉礼部尚书赵瑁、刑部尚书王惠迪、兵部侍郎王志、工部侍郎麦至德等。总计一共损失精粮2400万担，“自六部左、右侍郎以下，赃七百万，词连直、省诸官吏，系死者数万人”“核赃所寄借遍天下，民中人之家大抵皆破”，史称“郭桓案”。朱元璋在《大诰》中感叹说：“古往今来，贪赃枉法大有人在，但是搞得这么过分的，实在是不多！”

此案有明显不合逻辑的地方：这些贪污的粮食是被贪污者倒卖私分了，但是收入粮仓的粮食并没少那么多。因为大户、粮商、富户等被贪赃者要求补了空。所以朱元璋在《大诰》中明确质问了这些贪污者你们向商人大户借粮用什么来还？但是这些被逼无奈补空缺的大户粮商富户却被定罪为了协同者，遭到了杀头抄家的命运。“核赃所寄借遍天下，民中人之家大抵皆破”正是当年此案的真实写照。这起案件的主审官吴庸在完成了此案后也被朱元璋处死平民愤。此案更像是有预谋的一场国家剪天下羊毛的行动。

此外，“郭桓案”促成了大写数字的出现。“郭桓案”后，朱元璋将记账的汉字“一、二、三、四、五、六、七、八、九、十、百、千”改为“壹、贰、叁、肆、伍、陆、柒、捌、玖、拾、佰、仟”，以杜绝贪官污吏通过篡改数字贪赃枉法。

二、太祖始开文字狱，无惭名教方孝孺

明初对用字的避讳很多，如不用“元”字，洪武元年改写成洪武原年。朱元璋过分看重字词的使用，在更多的情况下，不是出于礼仪的规定，而是出于他本人的特殊心理。有人因用了他所忌讳的字词，而招来杀身之祸，这种情况叫“文字狱”。

文字狱的残忍，不仅“千古所未有”，其荒谬绝伦之处，已到匪夷所思之境地。凡上奏表中有下列文辞者，皆被杀：“作则垂宪”“垂子孙而作则”“仪则天下”“建中作则”“圣德作则”，因为“则”音若“贼”，朱元璋有心病，故以为是讽刺他曾为贼。另外的如：“睿性生知”“天下有道”被解释“生”为“僧”，“道”为“盗”。而“藻饰太平”被解为“早失太平”，皆处斩。杭州教授上表有“光天之下，天生圣人，为世作则”的话，太祖“览之大怒曰：‘生者，僧也，以我尝为僧也，光则剃发也，则字音近贼’，遂斩之”。有位远方僧说来自“殊域”，太祖认为“殊”分开为“歹朱”，也被砍头！尚有以言语得祸者。明太祖微服出访，有个老妪称皇帝为“老头儿”，结果那一带的居民都被抄家。有人绘一大脚女怀中抱一西瓜，贴在墙上。因朱元璋常自称“淮西布衣”，马皇后是天足，故被释污辱皇后为淮西大脚，搜主绘者不得，屠其街坊。

文字狱是朱元璋在思想统治上走向极端的产物，特别集中地表现出朱元璋的多疑性格和复杂心理。

明成祖时期，最著名的文字狱便属方孝孺案了。

方孝孺（1357—1402 年），字希直，一字希古，号逊志。曾以“逊志”名其书斋，因其故里旧属缑城里，故称“缑城先生”；又因在汉中府任教授时，蜀献王赐名其读书处为“正学”，亦称“正学先生”，浙江台州府宁海县（今浙江宁海）人。明朝大臣、学者、文学家、散文家、思想家。

方孝孺

方孝孺自幼聪明好学、机警敏捷，长大后拜大儒宋濂为师，为同辈人所推崇。洪武三十一年（1398年），明太祖死，明惠帝即位后，即遵照明太祖遗训，召方孝孺入京委以重任，先后让他出任翰林侍讲及翰林学士。燕王朱棣誓师“靖难”，挥军南下京师。明惠帝亦派兵北伐，当时讨伐燕王的诏书檄文都出自方孝孺之手。建文四年（1402年）五月，燕王进京后，文武百官多看风使舵，投降燕王。方孝孺拒不投降，结果被捕下狱。

后因拒绝为发动“靖难之役”的燕王朱棣草拟即位诏书，被朱棣灭十族，共计873人。方孝孺强忍悲痛，始终不屈，被施以凌迟杀害于江苏南京聚宝门外，时年46岁。南明弘光帝时追谥“文正”。

朱棣全面继承了他父亲文字狱的暴政，杀了方孝孺后，立即下令“藏方孝孺诗文者，罪至死”，方孝孺的门人不得已，将方孝孺的诗文改名为《侯城集》，才得以行于后世。永乐三年（1405年）十一月，庶吉士章朴家藏方孝孺诗文，被斩。

其他跟方孝孺有关的文字也不行，比如方孝孺的老师宋濂（《元史》的作者）诗集中有“送方生还宁海”，全部被删节涂墨。还有练子宁的《金川玉屑集》也在查禁之列，还有明建文帝的殉难诸臣的诗文一律被禁止发行，一切有关明建文帝的文字都不许露面，还鼓励告密，如永乐九年（1411年），黄岩县告发有人持建文时士人包彝古所进楚王书，下法司严惩。

明武宗时，浙江佥事韩邦奇因为看到宦官掠夺富阳茶鱼，为害一方，作歌哀之，被当地的镇守太监王堂认为诽谤圣上，下诏狱，罢黜为民。

明世宗时，河南巡抚胡赞宗因为写迎驾诗中“穆王八骏”语为诽谤，被革职，杖40。

南京工部尚书吴廷举因为引用白居易、张永诗句“朝廷雇我做闲臣”“江南闲煞老尚书”，明嘉靖帝大怒，将其革职。

嘉靖十六年（1537年），应天府试，考生答卷多讥讽时事，考官评语失书名。明嘉靖帝大怒，将考官江汝璧、欧阳衢下诏狱，罢黜为民，府尹孙懋下南京法司。

三、开科取士南北榜，平衡政治出“乡党”

明洪武三十年（1397 年）二月，明王朝迎来了其三年一度的科举会试。在主考官的选择上，朱元璋经反复斟酌，终圈定了 85 岁高龄的翰林学士刘三吾为主考。

刘三吾在当时可谓大儒，此人是元朝旧臣，元末时就曾担任过广西提学（相当于教育厅厅长），明朝建立后更是多有建树。明王朝的科举制度条例就是由他制定，明初的刑法《大诰》也是由他作序，此外他还主编过《寰宇通志》，这是当下中国人了解当时中国周边国家的百科全书。他与汪睿、朱善三人并称为“三老”，《明史》上更说他“为人慷慨，胸中无城府，自号坦坦翁”，可谓是人品才学俱佳的士林领袖。选择他为主考，既是朱元璋对他本人的认可，也是朱元璋对这次科举的期望。

洪武三十年（1397 年）丁丑科，二月会试，以翰林学士刘三吾、王府纪善白信蹈为考试官，取录宋琮等 51 名，经三月廷试后，以陈䢿为第一名、尹昌隆为第二名，刘仕谔为第三名，是为春榜。因所录 51 名全系南方人，故又称南榜。

这个结果在一定程度上反映了当时南方经济、文化比北方发达的实际情况，但是北方人一名未取，则为历科所不见。然而仅仅 6 天过后，会试落第的北方举人因此联名上疏，跑到明朝礼部鸣冤告状，告考官刘三吾、白信蹈偏私南方人。而在南京街头，更有数十名考生沿路喊冤，甚至拦住官员轿子上访告状。因此街头巷尾各式传言纷飞，有说主考收了钱的，有说主考搞“地域歧视”的，种种说法让主考们说不清楚。

消息传来，朝堂上下震撼，先后有 10 多名监察御史上书，要求朱元璋彻查，朱元璋的侍读张信等人，也怀疑此次科举考试有鬼。朱元璋本人自然恼怒，三月初十，朱元璋正式下诏，成立了 12 人的“调查小组”，命侍读张信、侍讲戴彝赞、右善王俊华、司直郎张谦、司经局校书严叔载、正字董贯、王府长史黄章、纪善周衡

刘三吾

和萧揖，以及已经廷试取录的陈郊、尹昌隆、刘仕谔等，于落第试卷中每人再各阅十卷，增录北方人入仕。

然而调查小组经过数日的复核，到该年四月末做出的调查结论，再次让朱元璋瞠目结舌，经复阅后上呈的试卷，文理不菲，并有犯禁忌之语。以考生水平判断，所录取 51 人皆是凭才学录取，无任何问题。

结论出来，再次引起各界哗然。落榜的北方学子们无法接受调查结果，朝中许多北方籍的官员们更纷纷抨击，要求再次选派得力官员，对考卷进行重新复核，并严查所有涉案官员。有人上告说刘三吾、白信蹈暗嘱张信等人故意以陋卷进呈。

朱元璋大怒，五月突然下诏，指斥本次科举的主考刘三吾和副主考白信蹈等人为“蓝玉余党”，尤其是抓住了刘三吾 10 多年前曾上书为胡惟庸鸣冤的旧账，认定刘三吾为“反贼”，结果涉案诸官员皆受到严惩，刘三吾被发配西北。曾质疑刘三吾的张信更惨，因他被告发说曾得到刘三吾授意，落了个凌迟处死的下场。其余诸人也被发配流放，只有戴彝、尹昌隆二人免罪。此二人得免的原因，是他们在复核试卷后，开列出的中榜名单上有北方士子。

六月，朱元璋亲自策问，钦点韩克忠为状元，王恕为榜眼，焦胜为探花，是为夏榜。因所录 61 人全系北方人，故又称北榜。

朱元璋用“搞平衡”的办法处理了这次震撼明王朝的科举大案，在一定程度上体现了全国统一形势发展中南北政治平衡的要求，也体现了朱元璋打击和限制江南地主的政策。

南北榜案开明朝分南北取士之先例，至明仁宗以后遂成定制。明仁宗洪熙元年（1425 年），以 10 分为率，南人取 6，北人取 4。再后，又分为南、北、中卷，北卷包括北直隶、山东、山西、河南、陕西；中卷包括四川、广西、云南、贵州及南直隶的凤阳、庐州 2 府和滁州、徐州、和州 3 州；南卷包括浙江、江西、福建、湖广、广东及南直隶除凤阳等 2 府 3 州以外的地区。以百人为率，规定南卷取 55 名，中卷取 10 名，北卷取 35 名。这是明宣宗宣德年间（1426—1435 年）以后的事情了。

自“南北榜”划分之后，明朝官场上的官员关系，除了师生关系外（座师与门生），老乡关系也呈越演越烈之势，同期中榜的考生，地域之间的亲疏尤其明显。甚至同榜而出的考生间拉帮结派，也渐成常态。明朝万历时期大臣邱瞬就曾总结道：“而今朋党有三途，同榜而出为其一，座主门生为其二，同年而出为其三。”“乡党”关系，反而凌驾于师生关系之上。万历末期至天启初期令后人诟病的“党争”,朝中分为“齐党”“楚党”“浙党”相互攻击,“分榜”制度，确是其温床之一。

四、议皇储国本之争，君臣斗两败俱伤

国本之争又称争国本，是明朝明神宗册立太子的问题，由于中国古代历来有“太子者，国之根本”之说，所以被称为国本之争。

明神宗的皇后王氏一直没有生育，而明神宗因为非常宠爱郑贵妃，便想立她生的儿子朱常洵为太子。可众多大臣不同意，认为太子理应是长子朱常洛。于是，朝廷上围绕立谁当太子，爆发了“争国本”的斗争。

按照封建礼制，皇位的继承是有嫡立嫡，无嫡立长。在皇后无子的情况下，朱常洛被立为太子是合乎规矩的。然而，朱常洛的生母是一个宫女，出身微贱，而郑贵妃仗着明神宗的宠爱，千方百计地想立自己的儿子为太子，因此争斗不断。

围绕立太子而展开的这场斗争，统治集团分裂为两派。一派以东林党人为主体，坚定地主张立朱常洛为太子；另一派则会合了郑贵妃家族以及一些朝臣，主张延缓立储，等候时机，拥立朱常洵。东林党人之所以支持朱常洛，一方面是因为要遵循礼教，更重要的是，东林党人大多数只是一些中小官吏，许多人还处居林野，他们在政治上迫切需要一个坚强的靠山，以施展自己的抱负。

明神宗见状，便以种种借口敷衍拖延。万历二十一年（1593 年），明神宗封皇长子常洛、皇三子常洵、皇五子常浩为王，待以后再择其善者立为太子。

“三王并封”的目的，是使朱常洵有被立为太子的机会。此旨一出，群臣哗然，礼部主事顾宪成、礼部郎中于孔兼等东林党人纷纷上疏反对。由于朝臣们的反响之强烈大大出乎明神宗的预料，因而他不得不收回了“三王并封”的成命，但也把立太子一事束之高阁。

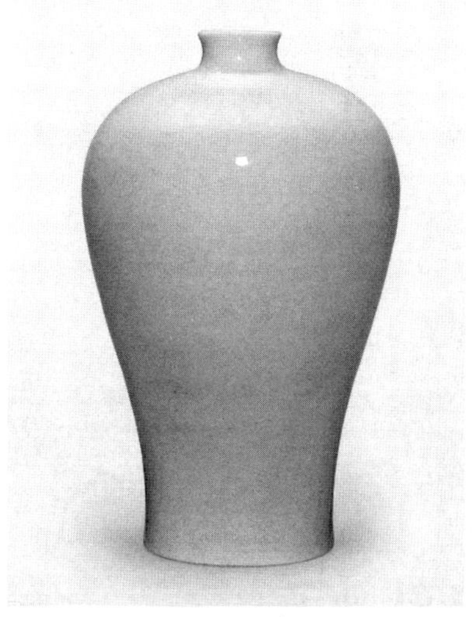
明永乐甜白釉暗花缠枝牡丹纹梅瓶

万历二十九年（1601 年），在朝臣们力争了 15 年之后，明神宗皇帝无计可施，年届 20 岁的朱常洛终于被立为太子。同

时，朱常洵被封为福王。虽然东宫已定，但国本之争却仍未结束。朱常洵迟迟不去封国，太子属官也不完备，朱常洛的太子地位仍处于风雨飘摇的状态之中。直到梃击案发生，舆论对郑贵妃不利后，福王才离京就藩，太子朱常洛的地位也因而稳固。

至此，前后争吵达 15 年，无数大臣被斥被贬被杖打，明神宗身心交瘁、郑贵妃悒郁不乐，整个帝国不得安宁的“国本之争”，才算告一段落。争国本的官僚多是后来的东林党人，因此它又是东林党争的一项内容。

这场万历年间最激烈复杂的皇储争议政治事件，共逼退内阁首辅 4 人（申时行、王家屏、赵志皋、王锡爵）、部级官员 10 余人、涉及中央及地方官员人数达 300 多位，其中 100 多人被罢官、解职、发配充军。

国本之争对万历政局产生了深远的影响，首先是造成皇权事实上的下降。明神宗不理朝政，以至于最后对内阁、地方官员的缺官现象视而不见，给晚明政治的正常运行造成极大的破坏，而他又大兴敛财之道，派用的矿监、税监为害百姓，以致激起民变。

“国本之争”，决定了万历以后明朝政治的走向，成为晚明三大案的诱因，在一定程度上加剧了党争的形成，甚至加速了明朝的灭亡，是晚明最具影响的政治事件之一。

五、东林书院东林党，针锋相对斗阉党

明朝后期，朝臣结党，派系林立。万历三十二年（1604 年），落职还乡的原吏部郎中顾宪成在地方官员的资助下，与高攀龙同讲学于无锡东林书院。他们讽议时政，裁量人物，其言论形成了广泛的社会影响，在朝在野的各种政治人物和东南城市势力以及一些地方实力派都聚集在他们周围，形成了一个声势浩大的东林党。

东林书院旧址

早期与东林党对立的主要是一批代表大地主集团利益的官员。东林党与各党派的斗争是以争“京察”为发端的，以后争论的中心逐渐转移到太子废立问题上来。后期党争

主要是与以魏忠贤为首的阉党的斗争。魏忠贤原是当地有名的市井无赖，后因赌博输尽了家产，做了太监。明熹宗时，魏忠贤与明熹宗乳母客氏勾结，日益得宠，成为新的政治集团，被称为“阉党”。

京察是明代考核京官的一种制度，6年举行一次，称职者予以奖励或晋升，不称职者予以处罚或斥退。因此，京察就成为东林党与反东林各党进行权力之争的焦点。

在万历十五年（1587年）的京察中，东林党人初露头角。顾宪成支持左都御史辛自修；顾允成、彭遵古、诸寿贤支持南京右都御史海瑞。由于辛自修、海瑞都希望借京察的机会澄清吏治，所以受到了顾氏兄弟等人的尊敬。但这次京察却由于大学士申时行的阻挠，最后失败。顾宪成被降3级调外任，顾允成被夺冠带。他们虽然受到权臣的压抑，但却为以后东林党的发展奠定了基础。

万历二十一年（1593年），京察之争更为激烈。这次京察由东林党人吏部尚书孙铣和考功司郎中赵南星主持，时任考功司主事的顾宪成也参与其事。根据明朝的制度，考核官吏是吏部和都察院的职责。但明中叶以后，内阁的权力日益增大，二者之间的矛盾日益突出。孙铣、赵南星、顾宪成等人试图带个好头，因此孙铣罢黜了自己的外甥，赵南星斥退了亲家。一时间，贪官污吏几乎被贬斥殆尽，时人还称赵南星为“铁面”。但这触犯了王锡爵等权臣的利益，赵南星以“抑扬太过”被贬三级，孙铣被夺俸。朝中有正义感的官吏，如于孔兼、顾允成、薛敷教等东林党人纷纷上疏申救，但最后赵南星仍被革职为民，为赵南星申冤鸣不平的官吏也被一一贬斥。

万历三十三年（1605年）的京察，东林党人再次得以主持，由一贯办事严正的吏部侍郎杨时乔全权负责。杨时乔不讲情面，在京察中提出要处分的人中，不少是沈一贯的私党，沈一贯见事不妙，慌忙密言蒙蔽明神宗，将处分意见长期不下发。如此将近半年，主事刘元珍、庞时雍，御史朱吾弼等东林党人上疏力争，结果杨时乔反被严旨斥责，刘元珍等人被除名。不过，由于东林党人一再弹劾沈一贯结党营私，沈一贯也被迫于次年下台。

万历三十九年（1611年），京察中北察的主计人是东林党人——吏部尚书孙丕扬。被察的主要对象，一是被沈一贯包庇下来的贪官污吏，二是其他各党的骨干，如汤宾尹、顾天峻等。东林党人在北察中以暂时的胜利告终，但不久即遭到浙、齐、楚等党人的反攻，孙丕扬被迫辞职。东林党人在南察中更是大败而回。南察的主计人是吏部右侍郎史继偕，此人是齐、楚、浙党的党羽，东林党人俱被排斥。

顾宪成

终万历一朝，东林党人大部分时间都未能真正掌握朝政，因此在京察之争中基本上处于不利的地位。

东林党曾为明熹宗登基之事出过大力，他们当政后，开始整顿朝纲，将很多腐败官员罢免。这些人便纷纷投靠魏忠贤，魏忠贤把东林党人看成阻止他实现野心的重要障碍。天启四年（1624 年），魏忠贤在宫内基础已牢固，开始向外廷出击。六月，素以刚直敢谏著名的左副都御史杨涟上疏参劾，列举魏忠贤 24 条大罪，并请求驱逐客氏出宫。魏忠贤设计使明熹宗下旨严责杨涟。不久，杨涟和东林党另一重要成员左光斗一起被罢了官。天启五年（1625 年），阉党爪牙许显纯捏造口供，将杨涟、周朝瑞、左光斗、袁化中等人下到锦衣卫大狱中，不久又将他们杀害。天启六年（1626 年），魏忠贤捏造了“七君子”事件，把东林党人周启元等 7 人迫害致死。此外，为了打击反抗和不肯依附他们的官员，魏忠贤的党羽们还编列了黑名单如《东林点将录》等，将不肯同流合污的官员指为东林党，列在黑名单上。当时开列黑名单已成为一大风气，东厂西厂都照单捕人，并把他们弄死。一时间，朝廷上下乌烟瘴气，魏忠贤的权势达到了顶峰。

天启七年（1627 年）熹宗病逝，明崇祯帝继位。魏忠贤大势已去，自知被天下人所憎恨，难以自保，便自缢而死，阉党势力也遭到严重打击。东林人士逐渐返回朝廷。

东林党人主张改良政治、开放言路，反对横征暴敛，提倡减轻人民负担、缓和矛盾，并为此进行了坚持不懈的斗争。他们敢于揭露批判黑暗腐败政治，为民请命，为挽救明朝危机做出了巨大努力，反映了社会进步势力的要求。

六、巡查缉捕滥酷刑，缇骑四出贼杀良

明朝主要的情报机构包括锦衣卫、东厂和西厂，明武宗时期还一度设有内行厂。明代的刘瑾、魏忠贤等专权的宦官，大多倚靠锦衣卫、西厂、

明《出警入跸图》(局部)

东厂等类带有特务性质的专设监察机构，不断陷害、诬杀正直大臣，多用酷刑，魏忠贤的党徒拷掠杨涟、左光斗等正直官僚，用尽酷刑。

1. 锦衣卫

锦衣卫是明朝专有军政搜集情报机构，前身为明太祖朱元璋设立的“拱卫司”，后改称“亲军都尉府”，统辖仪鸾司，掌管皇帝仪仗和侍卫。洪武十五年（1382 年），裁撤亲军都尉府与仪鸾司，改置锦衣卫。锦衣卫负责侦查国内外情报，直接对皇帝负责，拥有可以逮捕任何人，并进行秘密审讯的权利。

洪武十五年（1382 年），朱元璋设置锦衣卫。初始职能为三项：其一，守卫值宿；其二，侦查与逮捕；其三，典诏狱。此三项职能在一段的时期内并未设立供其稳定实施的制度。

洪武二十年（1387 年），朱元璋认为锦衣卫有滥用职权，依势作宠之态，便从此时至洪武二十六年（1393 年）将内外刑狱从锦衣卫职责中废除，交由法司处理。

明初，“胡蓝之狱”“郭桓案”“空印案”多有锦衣旗校奉命活跃其间。

此期锦衣卫的职权有所扩大。一些在朝廷中由宪司负责的事项逐步由锦衣卫处理。镇抚司由卫的下属独立于锦衣卫，权力扩大，可直接向皇帝上奏。

正德初期，太监刘瑾操握政权，将心腹布于朝廷各要位上，锦衣卫指挥使石义文也常对刘瑾阿谀奉承。随着刘瑾权势的进一步扩大，锦衣卫不得不依附于东厂，厂卫格局形势发生变化。在由钱宁治理卫事时，锦衣卫权势再一次上升。

明世宗嘉靖时期是锦衣卫权力鼎盛时期。此期的锦衣卫权力呈逐步上升趋势，待陆炳执掌卫政之时，锦衣卫权力达到顶峰，卫权甚至超越厂权，东厂亦为之低头俯首。

史书上对隆庆、万历时期的锦衣卫人事变迁少有记载。以万历时期为例：万历初期，朱希孝为锦衣卫指挥使。其对权力的行使可谓规规矩矩，不扩大事态，严格遵守规矩，对事务的处理比较谨慎。万历十年（1582 年），刘守为锦衣卫都督，其与东厂狼狈为奸，作威作福，虽对锦衣卫的发展产生不利的影响，造成了锦衣卫与东厂互利互惠、相互合作的局面。万历后期，明神宗久久不理朝政，此时非法羁押、长期监禁的情形普遍存在。此时锦衣卫权力不及东厂之势。

锦衣卫权力低于东厂，沦为其附庸。自万历年间，明朝的社会矛盾逐渐加深，朝廷分崩离析，大臣们结党自拥，大太监魏忠贤权倾内外。明熹宗初期，刘侨为锦衣卫镇抚司指挥，因为人正直，“不肯献媚，不肯杀人”，遵纪守法，魏忠贤便借势将其削官免职。随后，田尔耕投靠魏忠贤，甘愿做其义子。其为人“阴险狡诈”，又因其“缉捕有功”升为锦衣卫都督。

崇祯初期，朱由检虽已拨乱反正，但社会矛盾一时并未消除。此期由董琨治理锦衣卫之事，此人急功近利，不久便被罢免。随后由吴孟明掌管锦衣卫，此人虽公正不阿，但行事时总观望东厂之态。崇祯末期，骆养性掌管锦衣卫。

由于锦衣卫是由皇帝直接管辖，朝中的其他官员根本无法对他们干扰，因而使得锦衣卫可以处理牵扯朝廷官员的大案，并直接呈送皇帝。所以，朝中官员多畏惧锦衣卫。但是，锦衣卫的刑讯范围只针对官员士大夫，所以一般不会审讯以及捉拿普通百姓。普通的百姓刑、民事案件只通过正常的司法进行处理。

洪武时期，因为锦衣卫有非法凌辱、虐待囚犯的行为，朱元璋下诏焚毁锦衣卫刑具，废除了他们的这项职能。明成祖朱棣登基之后，恢复了锦衣卫的所有权力，并有所加强。他设置了北镇抚司，专理“诏狱”，可以直接逮捕和拷问犯人，刑部、大理寺、都察院这些司法机关无权过问。明宪宗成化年间又增铸了北镇抚司印信，一切刑狱专呈皇帝，无须通过指挥使转达，使锦衣卫北镇抚司成为皇帝直辖的司法机构，权力达到极致。

负责侦查、缉捕的锦衣卫官校称为“缇骑”。由于权力缺乏限制，他们为了邀功请赏而罗织罪名，不择手段地扩大牵连范围，制造的冤假错案不胜枚举。

左锦衣卫校尉金牌；右锦衣卫指挥使腰牌

另外，锦衣卫拥有特权，无形中令他们可胡作非为、贪赃枉法而又得到了皇帝的“屏障”保护，造成了社会的混乱不堪。所以说，厂卫是间接引起明朝灭亡的原因之一。

2. 东厂

东厂，明代官署名。即东缉事厂，中国明代的特权监察机构、特务机关和秘密警察机关。东厂主要职责就是监视政府官员、社会名流、学者等各种政治力量，并有权将监视结果直接向皇帝汇报。东厂权力在锦衣卫之上，只对皇帝负责，不经司法机关批准，可随意监督缉拿臣民，从而开明朝宦官干政之端。

朱棣在靖难之役中用武力非法推翻了建文帝政权，在南京自行登基，改元永乐，是为明成祖永乐皇帝。但当时社会上对永乐政权的合法性异议纷起。一方面明建文帝未死的流言不时出现，另一方面朝廷中的很多大臣对新政权并不十分支持。而朱棣亦对朝廷大臣多不信任。

他觉得设在宫外的锦衣卫使用起来并不是很方便，于是决定建立一个新的机构。在朱棣起兵的过程中，一些宦官和和尚出过很大力（如著名的郑和、道衍），所以在他心目中，还是觉得宦官比较可靠，而且他们身处皇宫，联系起来也比较方便。于是朱棣一反明太祖关于宦官不得干预政事的禁令，重用宦官。

永乐十八年（1420 年）十二月，明成祖朱棣为了镇压政治上的反对力量，决定设立一个称为“东缉事厂”，简称“东厂”的新官署，命所宠信宦官担任首领。建立东厂还有监视锦衣卫的意图。东厂建立更深的背景是明代加强中央集权。起初直接受明成祖指挥，后来统辖权移到宦官手里，其权力在锦衣卫之上。

明朝后期，阶级矛盾、民族矛盾、统治集团内部矛盾日益激化，封建专制的皇权面临严重危机，明熹宗重用宦官魏忠贤，把中国历史上的宦官专权推到登峰造极的地步。魏忠贤在宫内选会武艺的宦官组成一支万人武装队伍，作为羽翼；在外收罗齐、楚、浙党为主的官吏做义子走卒，人称“阉党”。文臣有崔呈秀等“五虎”，武将有田尔耕等“五彪”，还有“十孩儿”“四十孙”等，“自内阁、六部至四方总督、巡抚，遍置死党”。秉笔批红，掌握朝政，从首辅至百僚，都由他任意升迁削夺；他握有军权，可随意任免督、抚大臣；他也握有经济大权，派亲信太监总督京师和通州仓库，提督漕运河道，派税监四出搜括民财。“内外大权一归忠贤”。出门车仗，形同皇帝，所过之处，士大夫都跪在道旁高呼魏忠贤九千岁。阉党和无耻官吏还竞相在各地为他修建生祠，一祠耗银数万乃至数十万两，祠成后，地方官要春秋祭享，官、民入祠不拜者论死。魏忠贤专权时，厂卫特务更是空前嚣张。

明熹宗天启三年（1623年），他自任东厂提督；锦衣卫的都督，则是他的干儿子田尔耕。厂卫勾结，大兴冤狱，残害异己官吏，勒索钱财，暴虐百姓。“民间偶语，或触忠贤，辄被擒僇，甚至剥皮、刲舌，所杀不可胜数，道路以目。”（《明史·魏忠贤传》）一次，京城四个平民在密室夜饮，一人酒酣耳热，大骂魏忠贤，其余三人不敢出声。骂者话音未了，突有隶役数人冲入，捉四人面见魏忠贤，魏下令将骂人者当场剥皮，另三人赏钱放回。生还者吓得魂飞魄散，险成疯疾。魏忠贤肆虐专政七年，使明末各种社会矛盾更加激化，加速了明王朝的崩溃。明思宗即位后，虽然逮捕了魏忠贤，罢逐了阉党，但积重难返，他仍然任宦官、倚厂卫，还振振有词地埋怨大臣：“苟群臣殚心为国，朕何事乎内臣”（《明史·宦官传》），就这样直到明朝灭亡。

东厂铜印

东厂的首领称为东厂掌印太监，也称厂公或督主，是宦官中仅次于司礼监掌印太监的第二号人物。通常由司礼监中排名第二或者第三的秉笔太监担任，其官衔全称为“钦差总督东厂官校办事太监”，简称“提督东厂”。东厂的属官有掌刑千户、理刑百户各一员，由锦衣卫千户、百户来担任，称贴刑官。

除此以外，设掌班、领班、

司房40多人，由锦衣卫拨给，分为子丑寅卯12颗，管事戴圆帽，着皂靴，穿褐衫。其余的人靴帽相同，但穿直身。

具体负责侦缉工作的是役长和番役，役长相当于小队长，又叫“档头”，共有100多人，也分子丑寅卯12颗，一律戴尖帽，着白皮靴，穿褐色衣服，系小绦。役长各统率番役数名，番役又叫“番子”，又叫“干事”，这些人也是由锦衣卫中挑选的精干分子组成。

东厂不仅在机构及人员配置上更加精干合理，而且在侦缉行动上制定了相当严密的制度。如每月初一东厂都要集中布置当月的侦缉工作，厂役在东厂内抽签决定所负责的地盘。在文献记载中可以发现，东厂厂役的工作种类都有特殊的名称。例如监视朝中各部官员会审大狱及锦衣卫拷讯罪犯者名为“听记”，在各处地方官府访缉者名为“坐记”，还有某位官员有何举措，或某城门捕得要犯，胥吏记录上报东厂者名为“打事件”。

东厂第一任厂主已不可考，《明史·成祖三》记载“是年，始设东厂，命中官刺事”。

明代大太监王振、刘瑾、冯保、魏忠贤都曾统领东厂。到了明末，东厂也有了自己的监狱。

由于东厂镇压的手段极其残酷，且有因向独裁者邀功或其私利而为之，所以容易制造大量的冤假错案，以致东厂在明代社会上的口碑极差。

3. 西厂

西厂是明朝特有的官署名称，全称“西缉事厂”。明宪宗时为加强特务统治，于成化十三年（1477年）于东厂之外增设西厂，与东厂及锦衣卫合称厂卫，用太监汪直为提督，其权力超过东厂，活动范围自京师遍及各地。后因遭反对，被迫撤销。正德元年（1506年）短暂复开五年后又被撤销。

这个机构“不特刺奸之权，薰灼中外，并东厂官校，亦得稽察”。其后虽因内阁大学士的“谏阻而罢”，但至明武宗时“西厂复设”，形成东西“两厂对峙”的局面。更有甚者，未几又设立“内行厂”，以大宦官“刘瑾躬自领之”，东厂、西厂皆受监临。

西厂的成员和东厂一样都是由锦衣卫中选拔出来，明宪宗钦定西厂所领缇骑（即锦衣卫校尉）的人数要比东厂多一倍，又把东厂与锦衣卫的职权包揽起来，它的职权比东厂和锦衣卫更大。而西厂的职务是侦查民臣的言行，并可以对疑犯进行拘留、用刑，西厂又把监狱以及法庭混为一体，而且可随意逮捕朝中大臣，可不向皇帝奏请。西厂作为一个短命的特务机构，前后只有两任提督，分别是汪直和谷大用。

4. 内行厂

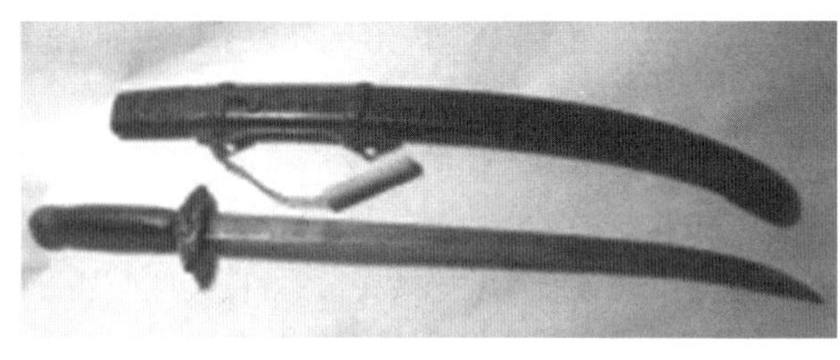
绣春刀

内行厂是明朝设立的特务机构，与东厂、西厂、锦衣卫合称“厂卫”。别名大内行厂，又叫“内厂”“内办事厂”。

西厂与东厂虽然都受刘瑾的指挥，但两者之间不是互相合作，而是争权夺利，互相拆台。为了改变这种情况，刘瑾又自建了一个内行厂，由本人直接统领，其职能与东、西两厂一样，但侦缉范围更大，甚至包括东厂、西厂和锦衣卫。

刘瑾伏诛后，内厂与西厂同时被废，仅留东厂。虽然内行厂仅存在五年，但也残害了不少忠良。《明史・刑法志三》载：“得颛刑杀，擅作威福，贼杀良。”

一时间，锦衣卫、东厂、西厂、内行厂四大特务机构平存，“缇骑四出，天下骚动”。

锦衣卫的首领称为指挥使（或指挥同知、指挥佥事），一般由皇帝的亲信武将担任，很少由太监担任，属于外臣，而东厂、西厂的首领是宦官，即内臣。

在与锦衣卫的关系上，东厂后来居上。由于东厂厂主与皇帝的关系密切，又身处皇宫大内，更容易得到皇帝的信任。锦衣卫向皇帝报告要具疏上奏，东厂可口头直达；皇帝还赋予东厂督主以监督锦衣卫人员的权力。东厂和锦衣卫的关系，逐渐由平级变成了上下级关系。在宦官权倾朝野的年代，锦衣卫指挥使见了东厂厂主甚至要下跪叩头。

锦衣卫飞鱼服实物图

东厂、西厂与锦衣卫的共同点是监视、侦查、镇压官吏的不法行为，即“巡杳缉捕”。

总之，出于专制政权的内部需要，皇帝需要一个独立于官僚机构之外的势力供自己使用，东厂、西厂与锦衣卫都是这样的机构。

七、矿监税使狂搜括，农商交困激民变

明中叶以后，商品经济有很大发展。随着工商业的发展，城镇也有所发展。城镇中的商人、作坊主、手工工匠及城市贫民数量有所增加，这几种人形成一支新的社会力量。同时，地主兼营工商业日益增多，皇亲国戚也有不少人经营窑场、店铺，他们不但利用土地剥削农民，也利用经营工商业剥削城市小手工业者、工匠、商人和贫民。

明朝皇帝利用他们手中的权力直接征税。明神宗为保证他和王室的挥霍，于万历二十四年（1596 年）起，派宦官到全国各地去搜刮钱财。到矿山的称“矿监”，到城镇或交通要道设卡收税的叫“税使”，到广东搜括珍珠宝石的叫“珠监”，到两淮去搜刮盐税的叫“盐监”。当时主要的矿监，北京昌平有王忠，蔚州有王虎，河南有鲁坤，山东青州有陈增，池州有郝隆，辽东有高淮（兼税使），江西有潘相（兼税使），云南有杨荣。税使山东临清有马堂，湖广有陈奉，广东有李敬，福建有高寀，苏州有孙隆。

这些矿监、税使自成系统，另建税署，因是皇帝身边的近臣，有恃无恐，无视官府，专折上奏，直通皇帝。他们任意征夺，矿不必穴，税不必商，丘陇阡陌皆可任指为矿，穷乡僻壤官吏农工皆为纳税之人，米盐鸡豕皆令输税，行船一日，可纳税五六次之多，甚至拆屋掘坟，奸淫杀戮，无恶不作。一个矿监或税使，还有数十至上百个跟班随从，打手恶棍，搜刮所得，十之八九落入他们私囊，皇帝只能得其什一。如万历二十九年（1601 年），由宦官直接送往北京的税款白银 90 余万两，黄金 1575 两。此外还有钻石、水晶、珍珠、宝石等，搜括数目之大，十分惊人。

广大人民，除受田租赋税之苦外，又深受矿税之害。矿监税使使“三家之村鸡犬悉尽，五都之市丝粟皆空”。如孙隆在苏州，苛重地征收纺织业的税，规定每张织机纳税 3 钱，产纱 1 匹，纳银 2 分；产缯 1 匹，纳银 3 分；产缎 1 匹，纳银 5 分，迫使许多机户停机，机工失业。山东临清，自税使收税以来，布店原有 73 家，关闭了 45 家；绸缎店原有 32 家，关闭了 21 家。派出矿监税使五年后，全国中“沸鼎同煎，无一片安乐之地。贫富尽倾，农商交困。流离转徙，卖子抛妻。哭泣道途，萧条巷陌”。

当时的手工工匠，为保障自身权利，已有行会组织，开始向雇主要求增加工资，在出现矿监税使之后，便掀起反抗矿监税使的斗争。即明朝历史上著名的“民变”，或称“市民暴动”。

《孟蜀官妓图》

最先发起的是山东临清。万历二十七年（1599 年）四月，临清市民 1 万多人，揪住税使马堂，火烧税署，打死他的爪牙 37 人，在没被打死的爪牙臂上刺上“偷”字。明神宗下令镇压，平民王朝佐为保护斗争的群众，挺身而出，承认是他首先发难，从容就义。

同年，陈奉到湖广荆州地区征税，沿途骚扰，劫掠商旅，激起数千民众激愤，他们飞砖击石，驱逐陈奉。襄阳、长沙等地市民也群起而攻。两年之内，爆发民变 10 多起。陈奉逃归。万历二十九年（1601 年），陈奉到武昌，滥征暴敛，辱人妻女，以宴请为名，软禁地方官，出动士兵千余人，焚毁民舍。市民大怒，聚众数万人，包围陈奉，陈奉躲入楚王府。民众抓其爪牙 6 人，投入长江，迫使陈奉逃跑。两个月之久，巡抚不敢出门，明朝廷也不敢派人入境。

此年，由于孙隆在苏州强行勒税，使不少纺织机工绝了生路，又遭水灾，使得原来繁华美丽的水乡苏州城变得满目萧索，正像民谣所说：“四月水杀麦，五月天杀禾，茫茫阡陌殚为河，杀麦杀禾犹自可，更有税官来杀我。”这年六月，苏州的织工、染工约 2000 人，在织工葛诚（后改名葛贤）、钱大、徐元、陈满等四人的领导下，于初三聚集于苏州玄妙观誓神焚香，宣布“欲为吴民剿乱”。他们奔向税署，用乱石打死孙隆的参随黄建节，又烧了与黄建节狼狈为奸的汤莘之家，捉住税官六七人，把他们扔入河里，包围了官府。不断高喊“罢税”口号。次日，孙隆越墙逃跑，躲在杭州。葛贤被地方官逮捕，为保护大众，他一人承担责任，从容入狱，不幸牺牲。苏州人民感念他的崇高品格，把他葬于风景秀丽的虎丘山畔，尊称他为“葛将军”。

万历三十四年（1606 年），云南矿监杨荣，在云南为虐数年，百姓恨之入骨，相率焚烧税厂，杀委官，杨荣残暴镇压，杖毙数千人，激起市民公愤，联合受害者家属万人，烧毁杨荣的住宅，把杨荣投入火中，并杀死其党徒 200 余人，几乎将他的党羽全部杀尽。群众高兴得像过节一样，奔走相告。明神宗听到消息后，又气又怕，几天吃不下饭，无可奈何，只好把指挥贺世勋下狱处死。

万历四十二年（1614年），福建漳州市民反税使高寀，高寀下令爪牙镇压，起义群众和他们肉搏，包围高寀住所，高寀被迫出逃。市民罢市抗议，大街小巷贴满“杀寀”“雪杀人放火之仇”的标语，直至高寀被召回北京，斗争才平息。

此外，尚有万历二十八年（1600年）矿监王虎激起的蔚州矿工暴动；广东税使李凤激起的潮州市民暴动；万历三十年（1602年）江西税监潘相激起的景德镇市民暴动；万历三十六年（1608年）辽东税监高淮激起的锦州军民大暴动等，都是矿税之害所引起的人民反抗封建统治者的斗争。

第二章 明朝的败亡

一、土地兼并农民苦，横征暴敛工商衰

1. 土地兼并空前

明朝后期，土地兼并更加猛烈，宗室勋戚庄田的规模更大。如万历时，潞王朱翊镠有庄田 4 万顷；明神宗也诏赐福王朱常洵庄田 4 万顷，后经群臣力争，始减为 2 万顷。天启时，桂王朱常瀛、惠王朱常润、瑞王朱常浩及遂平、宁国二公主的庄田皆以万顷计算。山西全省上好的田地，几乎全为宗室所占。河南有 72 家王子，土地“半入藩府”。宗室勋戚庄田占有土地的总面积，据不完全的估计，天启年间为 50 万顷。

一般官僚地主对土地的兼并也异常激烈。如万历年间，南直隶（今安徽、江苏）有的大地主占田 7 万顷。浙江奉化全县的钱粮是 2 万两银子，而乡官载澳一家就占去一半。崇祯时，河南缙绅之家田多者千余顷，少者也不下六七百顷。

豪强地主不仅在本乡占田，而且跨越省县设立寄庄田。许多地方寄庄田占地比例极大，如福建南靖县的土地，属于他县豪强者十之七八。山东曹县共有土地 25000 余顷，寄庄田占去 1 万余顷。在激烈的土地兼并之下，大多数农民失掉了土地，沦为地主的佃户，如顾炎武说，江南“有田者十一，为人佃作者十九”。

2. 农民处境艰难

激烈的土地兼并，迫使农民大量流亡，政府赋税来源发生困难，而皇室挥霍有增无减，国家财政入不敷出，为弥补空额，加重了赋税剥削。一条鞭法推行不久，就出现鞭外有鞭，条外有条，杂税层出不穷。万历四十六年（1618 年）明政府借口辽东战事紧急，向人民加派“辽饷”，前

后3次，共征银520万两，相当于全年总赋额的三分之一以上。以后又有各种名目的加派，而且无论地方丰歉，土地肥瘠，皆一概按亩征银，再加以强征丁银，滥派差役，就使得更多的贫苦农民抛弃自己的小块土地，沦为地主的佃农、雇工和奴婢，或成为流民、饥民。

孝靖皇后凤冠

佃农所受的剥削在此时更加苛重。明末江南地区一亩之收，多者不过3石，少者1石，而私租却重至一石二三斗，松江多至一石六斗，苏州多至一石八斗，个别的达两石。除正租外，还有脚米、斛面以至鸡牛酒肉等附加的租额和大斗大秤的剥削，还有从地主那里转嫁来的差役、赋税和高利贷的盘剥。这一切都说明当时地主阶级对佃农的剥削是十分惊人的。这种残酷的剥削就逼得佃农连起码的生活也都难以维持，辛勤一年，依然冻馁。

佃农的人身束缚在当时也很严重。某些地区的佃农要替地主保家护院，在地主驱使下无条件地服各种杂役，而且未经地主给假不得自由行动。至于豪绅地主的横暴乡里，和王府亲随的荼毒农民，到明末更加猖獗，他们在各地“私设公堂”“吊拷租户”“驾帖捕民”“格杀庄佃”，无所不为。

3. 对工商业的大肆掠夺

为了攫取更多的货币，兼营工商业的地主较前日益增多。在江南各城镇，很多地主和大商人成为铁坊、油坊、糖坊、囤房、机房的作坊主或当铺的东家。在北京，勋戚王公也都经理窑场、开张店铺以牟利。万历时，陕西的肃王除去拥有大量庄田外，还在各地设有瓷窑、店房和绒机。河南的福王也开设很多盐店、客店。他们利用封建特权在各地劫夺商货，把持行市，无顾忌地掠夺城市贫民、小手工业者和小商人的财富。

与此同时，政府也加强了对城市工商业的掠夺。从万历二十四年（1596年）起，明神宗即派出许多宦官充任矿监税使，在全国各大城市以征税开矿为名，大肆掠取民间的金银。万历二十九年（1601年）一年之中，由宦官直接送往北京的税款就有白银90余万两、黄金1575两，又有金刚钻、水晶、珍珠、纱罗、红青宝石等物，而装进宦官及其爪牙私囊的还不在内。这些宦官往往以开矿为名，强占土地，或巧立商税名目，横征暴敛。

二、背井离乡变流民，揭竿而起闹荆襄

流民是指由于自然灾害，或战争动乱等原因，生活无着而到处流浪的人。流民问题，早在汉末、两晋时就曾经出现过。明代中期的流民问题，则主要是由于皇庄、官庄的广泛建立，土地兼并的空前盛行，赋税徭役的异常苛重，大量农民失去土地，无法负荷沉重的经济负担。于是，为了逃避赋税徭役的追讨和地租的敲诈，不得不背井离乡，到处漂泊，成为流民。早在明初，在个别地区就已有流民存在。到明英宗正统以后，流民则几乎遍及全国。加上不堪赋役而逃亡的工匠和士兵，使有些地区的人口逃亡超过一半，甚至达到十分之九。其中以山东、河北、山西、陕西、河南、安徽、江苏、湖广、浙江、福建诸省最为严重。据统计，全国流民总数约达600多万，占总在籍人口的十分之一，成为明朝政府严重的社会问题。

地处湖广、河南、陕西3省交界处的荆州、襄阳山区，元朝末年，曾是红巾军的一个重要据点。明朝建立后，明太祖曾派大将邓愈率军在此剿灭了红巾军的余部。从此，这里便被列为全国最大的封禁山区。由于该地山谷厄塞，川险林深，有着广阔的沃土可以耕垦，丰富的矿藏供采掘；且为3省交壤、相互不管的地界，封建统治相当薄弱。所以，各地流民纷纷涌入，到成化初年，便已聚集150万左右。他们砍草结棚，烧畲种地，自由自在，过着“既不当差，又不纳粮”的生活。久而久之，流民的大量聚集，破坏了当地的里甲制度，打乱了封建的统治秩序，引起明政府的极大恐慌和不安。于是，急忙下令，或驱赶勒令回归原籍，或就地附籍，以“编甲互保”；随后又颁布了严厉的法律，凡不肯回籍者，“主犯处死，户下编发边卫充军”。在严厉的限制和疯狂的迫害之下，流民们忍无可忍，终于在成化元年（1465年）四月，由刘通、李原等先后领导发动起义。

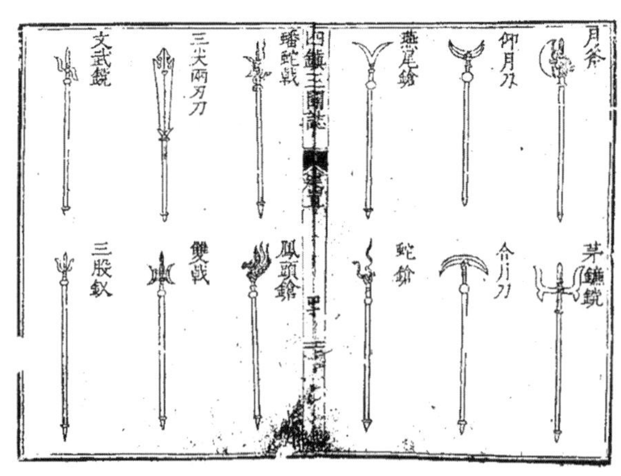

明代边军的各式长兵器

刘通，河南省西华县人，膂力超群，曾高举起过县衙门前的千斤石狮，故人送其绰号为“刘千斤”。早在明英宗正统年

间（1436—1449 年），便流亡襄阳府房县酝酿起义。得知附近有绰号石和尚的石龙，曾联络冯子龙等数百人，到处劫富济贫，便派人与之联络，终于结为一体。他们一起酝酿准备长达 20 年，至此方正式起义。他们在大石厂立黄旗聚众，据海溪寺称王，国号“大汉”，建元德胜。以石龙为谋主，以刘长子、苗龙、苗虎为羽翼；另设将军、元帅、国师、总兵等官职。起义军活跃在襄阳、邓州、汉中等地，四方流民，奋起响应，队伍很快发展到数十万。

事发之后，当时在此视察的副都御史王恕，急忙奏报朝廷。五月，命抚宁伯朱永为总兵官，兵部尚书白圭提督军务，合湖广总兵李震，会同王恕 3 路大军并进，全力镇压。至次年五月，起义军经过长期的浴血奋战，虽然多次重创官军，终因力量悬殊，刘通、苗龙等主要首领 40 余人不幸兵败被俘，均被解京磔杀于市。起义军男子 10 岁以上多被杀害。唯刘长子、石龙等暂时幸免，转移到巫山等地，继续进行斗争。后因刘长子的叛变，刘通之妻连氏及其部将常通、王靖、张石英等 600 余人，均被诱杀，使起义失败。叛徒刘长子也没落得什么好下场，最后也同石龙等一起被磔杀。

起义虽暂时失败，但并未就此中止。成化六年（1470 年）十月，荆、襄流民又在李原等人的领导下,继续进行起义斗争。李原,河南省新郑县人，因蓄一部漂亮的大胡须，故被人送以绰号“李胡子”。他原是刘千斤的部将。刘通失败时，他同王彪等走脱，不久又联络了其他起义军将领小王洪、石歪脖等，再度起义，往来于南漳、内乡、渭南之间，并重建起农民军革命政权。李原被拥立为“太平王”。明朝政府闻知后，举朝大惊。十一月，赶忙任命都御史项忠为统帅，总督河南、湖广、荆襄等处军务，前往征讨。项忠老奸巨猾，到襄阳后，主要采用了围困逼降的手段，驻兵分布险要，遣人张榜招抚，致使广大流民受骗，扶老携幼，纷纷出降，竟多达 40 余万。另有 144 万人，则被项忠军队强行驱逐出山。有的遣返还乡，有的则被充军湖广、贵州等地。项忠军队入山后，不管是起义军，还是一般老百姓，都纵其部下随意滥杀。史称“尽草剃之，死者枕藉山谷”。而被充军湖广、贵州者，又多死于中途，“尸满江浒”。事后，大刽子手项忠为给自己歌功颂德，竟树起了所谓“平荆襄碑”，但广大人民却都嘲讽为“堕泪碑”。至此，轰轰烈烈的荆、襄流民大起义，便被镇压下去了。

但是，流民并未消失，而是始终“逐去复至”，依然“屯结如故”。从而迫使明廷不得不开始认真研究总结，如何妥善解决这一空前严重的流民问题。所谓“流民入山就食，云集如前。大臣悔祸，始议更张”。国子监

祭酒周兴谟编写了《流民说》，以深刻的笔触，详细阐述了荆、襄流民的历史发展过程，总结了自东晋以来历代封建统治者处理该地流民问题的经验教训。他提出，政府应该允许流民就近附籍；离郡县远者，则要侨设州县，即“设州县以抚之，置官吏，编里甲，宽徭役，使安生业”。都御史李宾也极赞成其说。朝廷采纳其议，于是在成化十二年（1476 年）春二月，命都御史原杰经略郧阳，抚定流民。

七月，北城兵马司吏目文会，在其奏疏中不仅指责了白圭、项忠等人对“刘千斤、石和尚、李胡子相继作乱”的“处置失宜”，以致使流民“终未安辑”的错误。同时提出了 3 条建议：一是荆、襄闲置的沃土，应当任民尽力耕垦，愿回籍者听便；二是，选择良吏，好生慰抚，令军卫官兵严加守镇，以使流民“自安”；三是，增设新的府、卫、州、县，立保甲，兴学校，厚风俗，使民趋善”。朝廷予以采纳，并发此疏至郧阳，命原杰在工作中参考。

原杰赴任后，“遍历诸郡县，深山穷谷，无所不亲至”。所到之处，“宣朝廷德意，问民间疾苦”，深得民心，“诸父老皆忻然愿附版籍为良民”。为了妥善安置这众多的流民，他特意召集湖广、河南、陕西等省的巡抚、按察使、都指挥使和布政使等地方要员们，共同商议。经过反复研讨，最后决定：将这 113000 余户流民，除愿回原籍的 16000 余户发还外，其余愿定居此地的 96000 多户，则允许他们各占旷土，官府计丁力限给，令其垦种，永为己业，以供赋税徭役。为更好地管理这些新附籍的流民，令湖广省割出竹山县部分地区，分置竹溪县；割出郧、津部分地区，分置郧西县。令河南省割出南阳、汝州、唐县等处部分土地，分置桐柏、南召、伊阳等 3 县，令陕西省将商县分为商南、山阳两县，而升商县为商州。升郧县为郧阳府，管辖郧、房县、竹山、竹溪、郧西、上津等 6 县。为了便于管理，他们又决定，将流民同土著交错安插居住。并在郧县立行都指挥使司以及卫、所，加强控制和防范。原杰与众官协商既定，便上报朝廷，并推荐原邓州知州吴远为郧阳府第一任知府，荐御史吴道宏，代自己继任经略。疏上，明宪宗皇帝当即批准，下诏擢吴道宏为大理寺少卿，兼制湖广、河南、陕西 3 省，抚治郧阳等 8 郡，开府于郧阳。原杰则被诏封为南京兵部尚书。至此，轰轰烈烈的荆襄流民起义最终结束。

三、劫富济贫“响马盗”，纵横八省危宗社

正统年间，明政府强迫京畿百姓代官养马，以供军用，按百姓丁田授给种马，叫马户，每岁征驹（即小马），种马死或小马滋生数不足的，都

得赔补。当时庄田日增，草场日削，饲料短缺，马户苦于滋养，而官吏又催督苛紧，老百姓实在是走投无路。于是，在这阶级矛盾特别尖锐的京畿地区终于爆发了人民反苛政的斗争。

长期以来，京畿人民利用官马，组织马队，劫富济贫，反抗官府，被统治阶级诬为“响马盗”。正德四年（1509 年），“响马”势力愈来愈大，明朝统治者派官分镇各地，专事镇压，设立“什五连坐法”，滥杀乱捕无辜百姓。正德六年（1511 年），杨虎、刘六、刘七揭竿而起，领导人民反抗统治阶级的剥削和压迫。

杨虎，河北交河县人，是著名的“响马”，屡受官军追捕。刘六名宠，弟弟刘七名宸，是霸州文安县的贫苦农民。刘六、刘七家徒四壁，一贫如洗，但“胆力弓矢绝伦”。他们起义后推杨虎为首领，攻打畿南州县，四方贫苦百姓云集响应，“旬日间众至数千”。因为起义爆发于军马寄牧的京畿地区，许多马户都参加了起义，起义军拥有许多马匹，“一昼夜驰数百里”“倏忽来去，势如风雨”。官军兵弱马少，无可奈何。地方州县官吏不是“望风奔溃”，就是“开门迎款”。起义军兵分两路，东路由刘六、刘七率领，自河北转入山东；西路由杨虎率领，进入山西。义军纵横数千里，所到之处，百姓牛酒相迎。起义军的浩大声势，使明朝统治者大为震惊，慌忙调兵遣将，加强防守和镇压。明政府企图利用黄河和太行山天险，保守京城，并将义军困死在河北、山东和河南交界处。为了打破官军的包围，杨虎于正德六年（1511 年）六月率领义军自陵川出武安，与刘六、刘七会师，并挥戈北上。不久，起义军合而复分，杨虎、赵迂回于河南、山西，而刘六、刘七转战于山东、河南，出湖广、江西。起义军“恃马力倏忽驰骤”，不占城郭，不建立根据地，采取的完全是流动作战的战术，“所至纵横，如蹈无人之境”。

八月，两路义军又会师霸州，直逼京师。明政府急忙命兵部侍郎陆完率领京营和边军回师救援。起义军为了避敌锋芒，又挥师南下。十月，进入山东。济宁一战，焚毁明朝运粮船 1200 艘，给明王朝以沉重的打击。

十一月，杨虎在夏邑（今河南夏邑县）小黄河战斗中壮烈牺牲。起义军共推刘惠（又名刘三）为领袖，称奉天征讨大元帅，秀才赵鐩为副元帅。起义军进行了一番整顿，编为 28 营，设置官职，严申纪律，不许抢掠，不许妄杀。而且，还提出了更为明确的斗争目标，树起了两面金字大旗，上写：“虎贲三千，直抵幽燕之地；龙飞九五，重开混沌之天。”这个口号继承了元末红巾军的传统，表示农民军誓以暴力推翻明朝腐朽统治的坚强

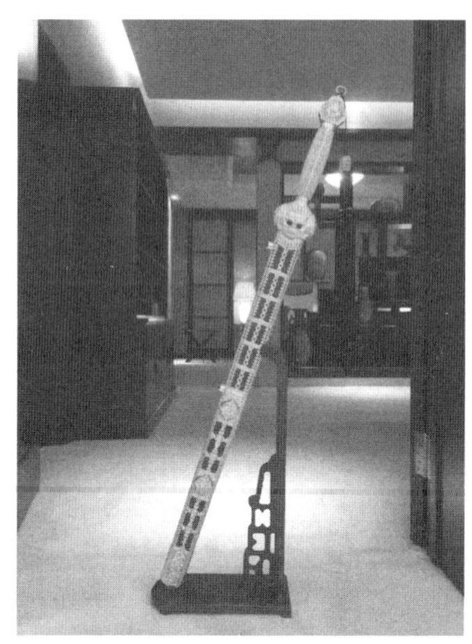
大明永乐剑

决心。

正德七年（1512 年），明王朝再度调集重兵，企图一举将起义军扑灭。起义军为了牵制官军，再度分兵。刘惠、赵鐩转战河南，刘六、刘七攻打山东。河南方面，明将仇钺拼凑重兵，疯狂反扑。义军进入安徽，又转战湖广。闰五月，义军在湖广应山县与明军激战，失利。赵鐩突围后，削发化装成僧人，潜渡长江至南岸，准备进入江西，再图大举，不幸在江夏（今武昌）被俘。刘惠突围至河南南召，在战斗中中箭牺牲。赵鐩和其他被俘的义军将领计 37 人被用槛车送到北京。赵鐩等 6 位主要将领被处以残酷的剥皮之刑，其他均被处磔刑。明武宗这个暴君还下令把剥下的人皮制成鞍，装在自己的马上，经常骑乘它，可见反动统治者对待农民领袖是何等的残暴狠毒。

山东方面，刘六、刘七为了援救河南战场，率军入豫。当他们到达河南时，刘惠、赵鐩均已兵败牺牲，明官军集中兵力向刘六、刘七疯狂扑来。义军孤军作战，形势非常不利。刘六、刘七为了摆脱敌人的围剿，被迫“弃马登舟”，引兵南下湖广、江西。在湖北黄州的战斗中，刘六中箭受伤，不愿被官军俘虏，投江自杀。刘七领导着义军，攻克江西九江，顺流而下，转战于安徽安庆、芜湖和江苏瓜州、镇江、南通等地，“三过南京，往来如入无人之境”。但是，水战毕竟不是惯于骑射的义军的长处，七月，明军用火药炮击沉义军战船，义军只好登陆，占据南通狼山，凭高控险，英勇奋战。明王朝调集各路军队进行围攻，由于寡不敌众，刘七投江，其余将士有的英勇战死，有的坠崖牺牲，表现了坚贞不屈的英雄气概。

河北农民起义军奋战两年，纵横 8 省（包括今河北、河南、山东、山西、江苏、安徽、湖北、江西），是明中叶规模最大的一次农民大起义。起义最终虽然被镇压下去了，但是，它沉重地打击了明朝的统治阶级，连地主阶级都不得不承认这次起义“几危宗社”。农民起义教训了明朝统治者。明武宗死后，明世宗朱厚熜即位，不得不有所收敛，对正德时期的暴政作了一些改良，如派官勘查庄田，退还自正德以来侵占的民田，取消正德时开设的皇店等。这些措施在一定程度上缓和了阶级矛盾。

四、教派林立白莲社，遍布全国兴圣兵

白莲教又称“白莲社”，是混合有佛教、明教、弥勒教等内容的秘密宗教组织,它起源于南宋的茅子元创立的白莲宗。崇奉阿弥陀佛（无量佛），提倡五戒。元代主要渗入弥勒下生说，逐渐转为崇奉弥勒佛。白莲教在元明清三代常被农民作为向反动的统治阶级组织斗争的手段，以“明王出世”“弥勒降生”相号召，发动起义。此后，教派林立，名目繁多。当时经常活动于京畿地区的白莲教支派有红封、无为、红阳、净空、黄天、龙天、南无、南阳、悟明、金山、顿悟、金蝉、还源、大乘、圆顿、大成、皇姑道、三阳教、罗道教、闻香教和棒槌会等。

白莲教在明代十分活跃，从东南沿海到西北边陲，从大江南北到长城内外，都有白莲教频繁活动的记录。在明王朝的心脏北京及京畿之地，白莲教的活动也很频繁。

北京地区农民利用白莲教进行反抗活动，已有长期的历史。白莲教在农民战争中，往往起着很大的组织作用和宣传作用。农民们平时利用它来保持紧密的联系。早在永乐十六年（1418 年）五月，顺天府昌平县民刘化聚众起义。刘化初名僧保，自称是“弥勒佛下世，当主天下”，并“演说应劫五公诸经”，当时从者日众。随后，真定、容城以及山西洪洞等县民，“皆受戒约，遂相聚为乱”。这是明代民间宗教组织在京畿地区最早的活动。景泰二年（1451 年）七月，万宁寺僧人赵才兴自称能通兵法及气候诸术，与广通寺僧人真海、道人谭福通，以及内使肖保之父肖亮，“刺血誓天，谋欲为乱”。赵才兴自称是宋朝“赵太祖后，推为皇帝。封真海为二王，福通为三王，肖亮为四王”。这是明代白莲教徒与内监交结并谋划起义的第一个记载。成化元年（1465 年）五月，景州张仲威与宁夏军余赵春，活动于京畿等地。成化十二年（1476 年）九月，又发生保定易州李子龙结交内监出入宫禁的重大事件。嘉

宣德通宝

靖十七年（1538 年）十一月，发生的白莲教徒田园授千户陈赟为安国公主的事件。此后，白莲教活动更趋频繁，“布满畿甸”。万历二十四年（1596 年），当宦官四出征税之际，有 1000 多人在京南农民左文俊的领导下，起义抗拒剿捕的“官军”。万历四十三年（1615 年），闻香教徒高应臣、郑守忠、李惟仁、齐国泰率饥民起义于乐亭、迁安一带。广平府白莲教徒李敬等亦聚千人起义。白莲教中神秘的预言，增加了起义农民进行战斗的胜利信心。万历年间永平府滦州人（原籍顺天府蓟州）王森，极力倡导闻香教，将受剥削受苦难的农民组织起来。当时白莲教遍布河北、河南、山东、山西、陕西、四川，畿南地区的武邑、衡水、枣强、深州、束鹿、饶阳、武强、景州、献县、清河、故城、冀州、南京、新河、藁城、晋州、安平等州县，气候相通，共数十万人，北京附近的各州县、营路、卫所、乡村、镇店的广大群众，更是“云和响应，顶礼皈依”，教徒不下 200 万，“传头半天下”。在各地设立的头目，名称有教头、总传头、传头、会主、会头、卦主、老师傅等，还有老当家等名。万历二十三年（1595 年），王森来到北京，进行秘密活动，白莲教顿时声势大振，他在当年被捕，判为死罪。后经人行贿释放，继又入京师传教。万历四十二年（1614 年）又被捕，五年之后死于狱中。他的三子王好贤与弟子徐鸿儒、于弘志继承其教，各地教徒发展壮大，人数在 200 万人以上。万历四十三年（1615 年），内阁大学士奏疏称：在北京游食僧道，千百成群，名为炼魔，行迹诡秘，莫可究诘。白莲、红卦等教，妖言惑众，实繁有徒。进入北京地区活动的僧侣，许多人本身就是白莲教徒起义的组织者和宣传者。

天启二年（1622 年），徐鸿儒在山东领导了白莲教大起义，京南地区的广大人民纷纷响应。起义军切断江南到京师的运粮道，攻占了山东、河北许多州县。北京的明朝统治阶级十分恐慌，立即派大军前往镇压。

白莲教起义最后虽然被镇压下去，但是它严重地打击了明朝统治者，唤醒了全国受压迫受剥削的广大农民群众，成为明末农民大起义的前奏曲。

五、大开城门迎闯王，大顺大西灭大明

1. 陕北首义与荥阳大会

天启七年（1627 年），陕西发生灾荒，遍地都是饥民，澄城知县张平耀不顾人民死活，还严催赋税，于是王二团结几百个饥民，冲进县城，杀死张平耀，拉开了明末农民大起义的序幕。此后响应者四起，王嘉允、高迎祥、李自成、张献忠等均先后加入农民军。农民军最初只在陕西、山西

一带分散活动，逐粮就食。从崇祯六年（1633 年）起，农民军活动的区域扩大，转战于河南、湖广（今湖南、湖北）、南直隶（今安徽、江苏）、四川、陕西诸省，农民起义开始形成全国性的规模。

这时农民军中以闯王高迎祥一支最强，在群雄中最具有号召力。从崇祯七年（1634 年）起，明政府连续组织大规模的围剿，以期消灭农民军。这年洪承畴受命总督陕西、山西、河南、湖广等处军务，调兵 7 万人向农民军展开进攻。崇祯八年（1635 年）正月，主要的农民军首领高迎祥、罗汝才、张献忠、李自成等都聚集在河南，共有 13 家 72 营。为粉碎明军的进攻，首领们在荥阳举行大会，商讨作战方略。会上，李自成提出“分兵定所向”的主张，就是联合作战，分兵出击，得到大家的赞同。会后，高迎祥、李自成和张献忠等即率军离开荥阳东进。正月十五日，一举攻占凤阳，焚毁明朝皇陵。凤阳是明朝的中都，又是南北大运河的重镇。起义军袭破凤阳，明廷大为震动。不久，高迎祥、李自成和张献忠等又都转进入陕西。洪承畴的围攻计划全盘破产。

2. 闯王李自成和明朝的灭亡

李自成出生在陕西省米脂县的一个农民家庭，幼年在官僚地主家当牧童，备受凌辱。他 21 岁时，父亲因贫病交加死去，他生活无着，到银川驿当了一名马夫。后因地主艾举人欲加迫害，怒火中烧的李自成遂杀死艾举人，投奔起义军。李自成从小练就一身好武艺，善于骑射，且膂力过人，又有胆略，很快就当上了义军的队长。

在荥阳大会上李自成提出了联合作战、分兵迎击的战略思想，得到了各首领的赞同。于是分兵 5 路，迎击官军。农民军团结一致，各路大军取得节节胜利，直接威逼凤阳、南京。明王朝恐慌万状，继续增兵。崇祯九年（1636 年），高迎祥不幸被捕牺牲；崇祯十一年（1638 年），张献忠又一度受抚于明朝，起义军陷于困难境地。但当明军忙于应付自东北南下的清军时，起义军又恢复了生机。李自成提出了“均田免粮”的口号，得到了广大农民的热烈拥护。崇祯十四年（1641

李自成塑像

年），“闯王”李自成率起义军攻破洛阳，杀福王朱常洵。接着李自成领军进围开封，歼灭明军主力。崇祯十六年（1643 年），李自成在襄阳自称“新顺王”，创立新顺政权。崇祯十七年（1644 年），李自成改西安为长安，建立“大顺”国。在攻下太原、大同、宣府、居庸关、昌平后，大顺军于同年三月攻占北京。崇祯帝在煤山自缢，统治中国达277年的明王朝宣告灭亡。不久，张献忠也在成都称帝，建立了“大西”政权。

3. 大顺政权的失败

李自成进京后，采取一系列措施，加强政权建设。中央机构基本上因袭明朝，有的只改换名称。与此同时，对罪大恶极的大官僚大地主加以镇压，并用暴力逼迫明朝贵戚大臣、贪官污吏交出平日剥削来的金银财宝。在“均田”口号的推动下，某些地区的农民夺取了土地。但是，由于军事上的节节胜利，大顺领导者竟滋长起骄傲麻痹思想，以为明朝覆灭，天下从此太平了。对于盘踞在江南的明朝残余势力，只派少数军队出征。对于屯兵山海关的吴三桂更抱着幻想，以为只要用金钱和封爵招抚就可以使他为大顺守卫山海关。一些大将开始追求享乐，把战斗任务丢在一边，有些士兵也想富贵还乡。所以，当吴三桂引狼入室，清兵入关之时，大顺军猝不及防，一触即溃。永昌元年（1644 年）四月三十日，大顺军撤出北京，在清兵的追击下，连连败退。次年四月，李自成在湖北通山县九宫山遭地主武装袭击，不幸身亡。

4. 张献忠领导的农民军

崇祯九年（1636 年）秋，闯王高迎祥被俘牺牲，李自成由闯将被推为闯王，但这时他的势力还小，起义军中以张献忠的势力最强，实际成为支撑局面的主力。崇祯十一二年间，在明军的围攻下，很多起义军先后投降了明朝，张献忠也在湖广谷城伪降熊文灿。崇祯十二年（1639 年）五月，张献忠于谷城重举义旗，明政府急派大学士杨嗣昌督师襄阳，统兵 10 万，对张献忠大举围剿。张献忠奋力突破包围，进入四川，杨嗣昌也领兵入川追击。张献忠采用“以走制敌”的战略，领兵疾走不停，从崇祯十三年（1640 年）七月到十四年正月，在半年之内，几乎走遍全川，行程五六千里，使明军疲于奔命，无法追及，仅尾随而已。当明军精锐都聚集在四川的时候，张献忠急由四川开县东下，进入湖广，昼夜疾驰，仅用了 8 天时间，行军 1000 多里，突然出现在襄阳城下，一举破城，杀死襄王朱翊铭和贵阳王朱常法，时在崇祯十四年（1641 年）二月。杨嗣昌愤惧交集，自缢于军中。

张献忠自攻下襄阳后，又几经挫折，北进河南，被明军打败，便去投奔李自成，但二人不能合作，又东走今安徽，恢复了自己的力量，然后向西挺进，再度进入湖广。崇祯十六年（1643 年）五月，张献忠攻下武昌，把楚王投入江中，为人民平了大愤。张献忠在武昌称大西王，后转战湘赣一带。崇祯十七年(1644 年）正月，张献忠率兵进入四川，七月克重庆，八月破成都，随后分兵四出，几乎占了四川的全部。十一月，张献忠在成都正式建国，国号大西，年号大顺。

张献忠沉银遗址出水文物

李自成牺牲后，清军就把进攻锋芒指向了张献忠。顺治三年（1646 年）清军由陕南进入四川，和四川地主豪绅的武装联合进攻大西军，十一月，张献忠驻军川北西充凤凰坡，由于叛徒的出卖，张献忠兵败不幸牺牲，时年 40 岁。明末农民大起义失败了。

明末农民起义军推翻明王朝，使封建制度和法纪受到了一次严重的冲击，封建生产关系在一定范围和一定程度上得到了调整，为 17 世纪后期和 18 世纪前期社会经济的发展，创造了条件。

第三章 统治制度

一、罢中书废除丞相，明成祖独裁揽权

明初的中央中枢机构沿元制，设中书省，有左右丞相，综理政务，下辖六部，权力很大。这对权力欲极强的朱元璋来说是很大的威胁，他把秦汉、唐宋、元之各朝的覆亡，归咎于丞相“擅专威福”，权力过大，说，秦“设相之后，臣张君之威福，乱自秦起。宰相权重，指鹿为马。自秦以下，人人君天下者，皆不鉴秦设相之患，相从而命之，往往病及于国君者，其故在擅专威福”。洪武十年（1377 年），朱元璋命李善长、李文忠“总中书省、大都督府、御史台，同议军国重事”，此是借元勋重臣来压制中书省权力的一种措施。第二年他又下诏“令奏事毋关白中书省”，而“天下臣民凡言事者实封直达朕前”，这些做法无非是想架空中书省。洪武十三年（1380 年），朱元璋终于借口左丞相胡惟庸独断专横，以“生杀黜陟不奏径行”的擅权枉法罪名，将其处死，并乘机废除了中书省制度，亲自接管六部，罢去丞相官职。

胡惟庸案以后，朱元璋发布《废丞相、大夫，罢中书诏》，罢中书省，不置丞相，升六部尚书秩正二品，直接归皇帝领导，对明初政府体制做了重大改革。对此，他在《祖训》中说：“自古三公论道，六卿分职，并不曾设立丞相。自秦始置丞相，不旋踵而亡。汉、唐、宋因之，虽有贤相，然其间所用者多有小人专权乱政。今我朝罢丞相，设五府、六部、都察院、通政司、大理寺等衙门，分理天下庶务，彼此颉颃，不敢相压，事皆朝廷总之，所以稳当。以后嗣君并不许立丞相，臣下敢有奏请设立者，文武群臣即时劾奏，处以重典。”

朱元璋上述一段话勾画了明代政体的基本格局，主要是：（1）永远废

丞相制;(2)提高六部地位，直接向皇帝负责，此所谓“六卿分职”;(3)各机构相互牵制，即“彼此颉颃”;(4)全国一切行政事务都由皇帝处理，即所谓“事皆朝廷总之”。废中书省后，皇权固然大为扩张，然而全国政务均由皇帝亲自处理，这对精力过人的朱元璋来说也是难以承受的负担。据统计，洪武十七年(1384年)九月十四日至二十一日的八天内，内外诸司呈送皇帝的奏章，达1666件，涉及3391件事，平均每天要处理200余件奏章。他曾对臣下说:“朕自即位以来，尝以勤励自勉，未旦即临朝，晡时而后还宫，衣卧不能安席。”为解决这一矛盾,洪武十五年(1382年)仿宋制设华盖殿、武英殿、文华殿、文渊阁、东阁诸大学士，作为皇帝的秘书机构，协助皇帝处理公文章奏。

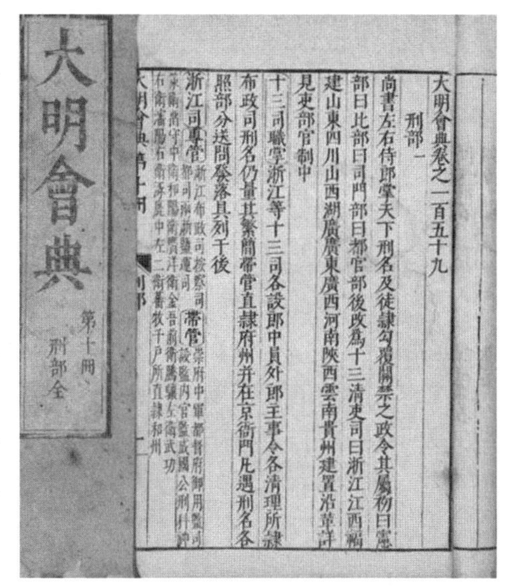
大明會典
第十冊
刑部全

大明會典卷之一百五十九
刑部一
尚書左右侍郎掌天下刑名及徒隸勾覆關禁之政令其屬初曰憲
部曰比部曰司門部曰都官部後改為十三清吏司曰浙江江西福
建山東四川山西湖廣廣東廣西河南陝西雲南貴州建置沿革詳
見吏部官制中
十三司職掌浙江等十三司各設郎中員外郎主事令各清理所隸
布政司刑名仍量其繁簡帶管直隸府州并在京衙門凡遇刑名各
照部分送問發落具列于後

《大明会典》书影

殿阁大学士是协助皇帝阅看奏章，处理文书，并根据皇帝意图草拟诏谕的机要秘书班子。入大学士者大多为年轻有为而品秩不高的翰林，他们备皇帝顾问，但“不得平章国事”。明成祖朱棣迁都北京后，命翰林院侍读、编修、检讨等文学侍从官员入值文渊阁，在皇帝授意下参与机务，批答奏章，从而确立了明朝通行200多年的内阁制度。明代中后期形成的内阁议政制，是国家政务活动重要组成部分。若遇重大政务，内阁会议不能决，则由“阁臣与各衙会议大政”，参加者除阁臣外，有行政六部、通政司及监察系统的都察院和大理寺的长官，及六科给事中，称之为廷议，其结果由内阁上奏皇帝裁定。内阁大学士以票拟形式参与决策程序，又能在殿阁与皇帝一起商讨军国大事，于是形成了新的决策机制，这是从唐代政事堂议政制以来最高决策形式和机制的明显变化。

然而，明宪宗以后的明代皇帝大多沉湎于酒色或迷恋于炼丹求仙，懒于上朝。明宪宗在位23年，仅召见大臣一次，明武宗在位16年，从未召见过群臣，明世宗、明神宗在位40余年中，有20余年不理朝政。这些行为完全违背了太祖欲牢牢控制政局的初衷，其后果是阁臣权重和宦官专权

成为明中叶后的政治特点。明世宗嘉靖中叶以后，首辅地位加强，张璁、夏言、严嵩、徐阶、张居正等人都以首辅身份长期控制朝政，形成政归内阁的局面。而真正控制政局的还有内阁大学士与皇帝的联系人——宦官。明代宦官有庞大的机构——内侍省，下有十二监、四司、八局，所谓“二十四衙门”。其中司礼监权力最大，设掌印太监一人，管理内外奏章，秉笔太监若干人，管理皇帝的朱批（称为“批红”，是宦官后来专权的基础），提督太监一人，管理皇城内外的礼仪刑名，以及大小官吏。宣德以后，司礼监地位不断上升，实权开始超于任何中央机构之上，甚至可以代替皇帝批阅奏章，连内阁的“票拟”也必须取决于内监的“批红”。明英宗时的王振、明宪宗时的汪直、明武宗时的刘瑾以及明熹宗时的魏忠贤，都是权势显赫的宦官。对于明代这种腐朽乖张的行政管理体制一种观点认为是由于明朝废宰相设内阁，致使宦官擅权所致。黄宗羲在《明夷待访录》中对此有精辟的评述：“有明之无善治，自高皇帝罢丞相始也……或谓后之内阁办事无宰相之名，有宰相之实也。曰：不然。入阁办事者，职在批答，犹开府之书记者，其事既轻，而批答之意，不必自内授之而后拟之，可谓有其实乎！吾以为有宰相之实者，今之宫奴也……生杀予夺出自宰相者，次第而尽归焉……故使宫奴有宰相之实者，则罢丞相之过也。”

中国历史上实行1000多年的宰相制度，至此宣告结束，而由皇帝直接管理国家政事，这是中国古代社会行政管理制度上的重大变革，也是君权与相权矛盾发展的结果。中国自秦汉建立丞相制以来至明初，宰相制度大致发生过四次重大变化：一为秦汉的丞相制，二为隋唐时的三省合议制，三为宋元的中书一省制，四为明太祖、成祖后实行的皇权控制下的内阁制。表面上看，历代相权的演变，表现为宰相人数的增减及其权力的相对集中或相对分散，其实质是统治者根据当时统治的需要和统治集团内部矛盾的变化，不断调节皇权与相权，以加强控制相权的结果。

二、大学士奉旨票拟，司礼监宦官秉笔

1381年，朱元璋罢中书省，废丞相，亲理政务，但是力不从心，故设立四辅官来辅佐政事，但这项制度效能不彰，1382年七月被废。十一月，仿宋制，置华盖殿、武英殿、文渊阁、东阁诸大学士，又设文华殿大学士，以辅导太子，品秩皆为正五品。朱棣登基后，特派解缙、胡广、杨荣等入午门值文渊阁，参与机务，由此成立内阁。因为这些人在宫内中极殿、建极殿、文华殿、武英殿和文渊阁、东阁内办公，故叫“殿阁大学士”，又

因为在宫廷之内，故又叫“内阁大学士”。他们办事的机构就叫“内阁”。

内阁制度确立之后，内阁大学士便奉命处理诸如征调或减免赋税，参加审判刑狱以及处理有关人事、军政等重要国政，掌握了票拟权。

所谓票拟，也叫作票旨、条旨。对于来自全国各方面的奏章，在呈递皇帝批示以前，由内阁大学士“用小票墨书，贴各疏面以进”。这实际上就是“票拟批答”,代拟好“御批”的稿本供皇帝采纳。在君主专制政体下，这样掌握代替皇帝起草批示意见的职权，其重要意义是可想而知的。所谓“代言之司”，所代表的乃是具有绝对权威的“皇言”。“各衙门章奏留送阁下票旨，事权所在，其势不得不重。”随着权势的加重，内阁大学士中也顺序划分为首辅、次辅、群辅，而首辅“偃然汉、唐宰辅，特不居丞相名耳”。虽然是这样说，但内阁与汉唐辅政制度仍有本质上的区别。

首先，内阁是奉旨办事，只有得到皇帝的批示后才能办理。当时“人尝谓辅臣拟旨，几于国柄，乃大不然”。实际上，皇帝对辅臣所拟谕旨有全权的批改权力，明世宗朱厚熜在位时，对于所委用的大学士多持戒备，为表示自己大权独揽，故在辅臣拟旨以后，“帝一一省览窜定，有不留数字者。虽全当帝心，亦必更易数字示明断。有不符意，则驳使再拟，再不符意，则谯让随之矣，故阁臣无不惴惴惧者”。当时，内阁大学士们只有听命拟旨，没有建议决定权。在汉唐时期，宰相对皇帝的旨意有封驳权，如果皇帝发布的谕旨有违祖制，宰相除谏诤之外，还可以拒绝发布。封驳

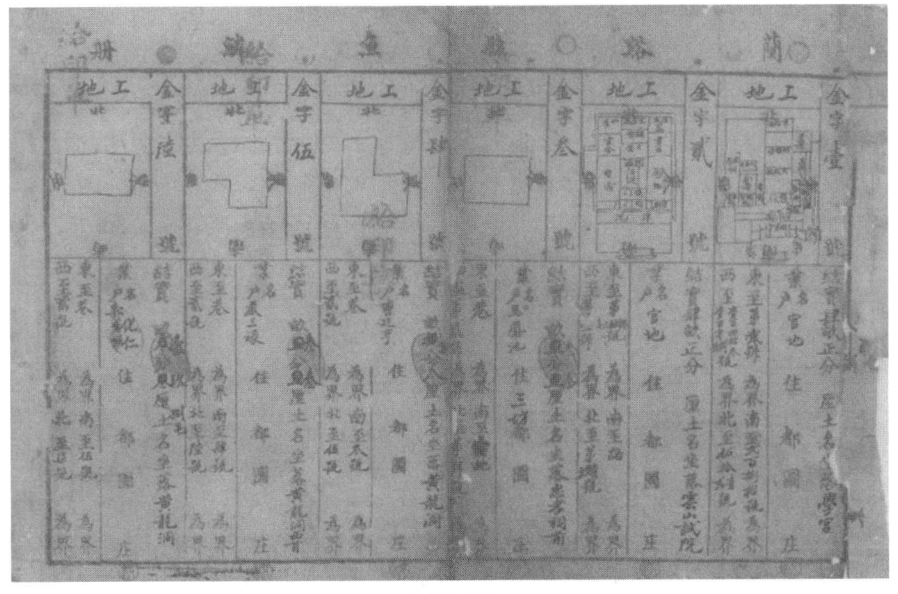

鱼鳞图册

皇帝的谕旨，在明清两代是绝不可能的。

其次，内阁只是拟旨，不能直接指挥中央和地方各级政府，而中央和地方各级政府也没有向内阁汇报政务的义务，而汉唐的中央和地方各级政府上报事务的副本都要交宰相处存查。这种不能直接插手中央和地方各级政府的事务，乃是宰相听命拟旨辅政制不同于前三种辅政制的最明显的特征之一。

内阁作为皇帝的贴身秘书和助手，对当时的政治曾经有一定的影响，但在宣德（1426—1435 年）以后，大多数皇帝躲进深宫，与内阁大学士们商讨政务的情况越来越少，渐渐地与内阁疏远起来，后来甚至出现内阁大学士多年见不到皇帝的现象，他们已经不再是贴身秘书，实际地位和权势便向两个极端方向发展，一部分首席大学士（俗称首辅），例如嘉靖时期的严嵩窥测皇帝意图，掌握过较大的权柄，又如隆庆时期的高拱、张居正借皇帝懒怠、不问朝政的空隙，控制内阁以推进改革；万历初期，张居正以师相之尊，内恃万历母亲李太后的信任，外因皇帝幼小，竟然独擅大权达十年之久，开拓出大改革的壮阔局面。但另一极端是，不少内阁大学士在未能时聆皇言的情况下，不敢有为，但知保官守禄，尸位素餐，坐视朝政紊乱，国势颓危，而无所作为。宦官势力因而崛起。

皇帝不见内阁成员，而内阁又不能代替皇帝统治帝国，皇帝又不能没有贴身秘书，在这种情况下，明朝皇帝们选中在深宫陪伴他们的太监来充当贴身秘书，这就是宦官组织中的司礼监秉笔太监。

明朝一切权力都归皇帝，各级官僚机构事无大小都要向皇帝报告，按照事务性质的不同，使用“题本”或“奏本”上报，得到皇帝的批复后才能照圣旨执行。从理论上，皇帝应该阅读所有的题奏，亲自作出批示，但皇帝一人确实难以胜任，故要由皇帝直接指挥的秘书分担一部分事务。内阁建立之后，送入宫中的题奏一般发送内阁，由内阁大学士阅览后，用墨笔在纸条上拟旨，贴在题奏封面上交皇帝审定，皇帝在所拟旨上用朱笔批改，便具有法律效力。在内阁被信任和重用的情况下，皇帝很少改动内阁的票拟，故内阁被认为有很大的权力。内阁的票拟不经皇帝批朱，实际上只是一种建议，真正的决定权还是掌握在皇帝的手中。问题在于，不是所有的皇帝都能信任内阁并全部阅览内阁的票拟，这样，皇帝身边的司礼监秉笔太监就分担一部分事务。司礼监秉笔太监的职责是“掌章奏文书，照阁票批朱”，也就是说，可以代替皇帝执笔批示文件。司礼监因为掌握了批朱权，“内阁之拟票，不得不决于内监之批红，而相权转归之寺人。于是朝廷之纪纲，贤士大夫之进退，悉颠倒于其手”。中枢政务实际成为内阁和司礼监双轨辅政制，而司礼监的实权却往往高于内阁。

无论是内阁，还是司礼监，都是作为皇帝的辅助，他们在政治上的作用，都取决于皇帝。如果皇帝信任内阁，内阁首辅的权力就偏重；皇帝信任太监，司礼监秉笔便权势熏灼；要是皇帝刚愎自用，内阁和司礼监也只有承命而已。

三、疏而不漏都察院，监察御史十三道

明代的监察体系十分完备，纵横交错，互相监督，彼此制衡。在中央设有最高检察机构“都察院”统领整个检察体系。但地方又设有十三道监察御史，既有对上监督的权利，更有对下监察的权利，使明朝的治贪力度十分强大。

1. 都察院

中国古代社会至明代已进入中晚期，随着君主专制集权制的强化，行政监察体制已臻于完善、严密。唐宋以来的御史台及谏官体制，被以都察院、科道制及特务监督的厂卫制为主要内容的监察制度所代替。

都察院是专门负责维持国家机关以及官吏纲纪的监察机关，在行政建制上，把原来属于御史台的监察御史归入都察院。都察院是为适应君主专制政体需要而改置的，无论在组织上、职权上，都较前代监察机关有重大变化。都察院作为明代中央最高监察机关。明代初年，沿元旧制，设御史台，洪武十三年（1380 年）五月罢御史台。十五年改置都察院。这个机构为明代所创设，与前代御史台之制不甚相同。都察院的官吏大致可分为三大类。第一类为左、右都御史，正二品，副职为左、右副都御史，正三品，及左、右佥都御史，正四品。这类官吏是都察院的高级官员，即主管官员，一般在本院中任事，谓之坐院官。第二类为经历、都事、司务、照磨、司狱，这类官吏是坐院官直属办事机构中的官员，参与院务工作。第三类为监察御史，是察院直接行使监察的专职监察

明万历帝缂丝十二章福寿如意衮服

官。他们组织上虽隶属都察院，但有较强的独立性，可以不受都察院的管治而独立行事，有事可直接向上单独进奏。监察御史与都御史同为皇帝耳目官员，比肩事主，可以互相纠绳，互相监察，其监察对象既有中央官员，也有地方“藩服大臣”，是比较特殊的监察官。

都御史主管全国监察事务，职权较为广泛。《明史·职官志》载：“都御史职专纠察百官，辨明冤枉，提督各道，为天子耳目风纪之司。凡大臣奸邪，小人构党，作威福乱政者，劾。凡百官猥毒贪冒坏官纪者，劾。凡学术不正，上书陈言变乱成宪，希进用者，劾。遇朝觐、考察，同吏部司贤否陟黜。大狱重囚会鞫于外朝，偕刑部、大理寺谳平之。”都御史除了监察有关结党营私、擅权乱政、以权谋私等违法行为外，在思想文化领域也加强了监控，“凡学术不正、上书陈言变乱成宪，劾”，这是中央集权强化的表现，为过去所少见。明都察院拥有司法权，凡鞫重囚大案，必须有刑部、大理寺和都察院共同会审，谓之大三法司会审。若遇特别重大的案件，则由三法司与吏、户、礼、兵、工各部尚书及通政使共同审理，称为“圆市”，即“九卿会审”。可见，明代都御史已有相当的司法权和司法监察权。

2. 十三道监察御史

为了适应君主极权的需要，加强对地方的控制，明朝建立了御史出使巡按地方的制度。凡御史代表皇帝出使地方，叫“巡按御史”，又叫“巡方御史”，俗称“八府巡按”，专门负责监察，一般不理其他事务，权力极大。

明代都察院按当时全国13省行政区划，设13道监察区（明末增为15道），负责各道监察的官员为监察御史，正七品。其中浙江、江西、河南、山东各10员，福建、广东、广西、四川、贵州各7员，陕西、湖广、山西8员，云南11员，共110员。

十三道监察御史的职责分为两方面：在京时主察纠内外百司之官邪，或露章面劾，或封章奏劾，即监察百官，纠劾一切违纪违制的官员；出巡时则代天子巡狩，监察地方官员，即“所按藩服大臣，府州县官诸考察，举劾尤专，大事奏裁，小事立断”。监察御史虽是七品小官，但权力较大，他们巡察辖道，考察官吏，成为代天子巡狩的巡按。巡按到地方后不仅可对省级以下的所有地方官进行监察，而且可监察身为布政使和按察使的“藩服大臣”。布政使为一省最高行政长官，从二品，按察使为省最高司法、监察官，正三品。一个七品巡按御史却能对从二品和正三品的封疆大吏进行监察，这也是统治者运用位卑权重的原则，以小制大、以下监上的统治术。如《（明）英宗实录》正统十一年（1446年）四月丁巳条载：“缘近有旨，令巡按御史、布按二司官询察府州县官……其布按二司从御史举劾。”景泰七年（1456年），御史的这种权力再次被肯定：“布政司、按察司悉听巡抚同巡按一体考察，具奏罢黜。”嘉靖二十一年（1542年），皇帝再次钦准“御史论劾三司方面及有司，五品以上指实参纠，六品以下贪酷显著者即便拿问”。

锦衣卫印

十三道监察御史在组织形式上受都察院的节制。监察御史的出任由吏部会同都察院审核；监察御史的出巡由都察院“引御史二员，御前点差一员”，出巡回京后，须向都察院述职；监察御史的复任、升黜均由都察院通过考察，提出具体方案，呈请皇帝裁决。

但监察御史在发挥其实际职能时却又不受都察院的控制。监察御史在京纠察百官时，有露章面劾和封章奏劾两种方法；在外代天子巡狩，也有大事奏裁和小事立断两种方法。所经办的事情不必经过都察院审批。而且，监察御史与都御史同为天子耳目，比肩事主，可互相纠察，互相纠绳。

明朝都御史与监察御史之间这种权力关系的处理方式，是在吸收了汉唐以来许多相关经验的基础上形成的一种统治技巧。它一方面维护了二者之间的隶属关系，使御史的工作能得到检查与督促；另一方面，又考虑到御史所负使命的特殊性，使御史在纠邪举弊中能免受过多的干预和限制，更好地发挥举奸揭恶、整饬吏治的作用。

四、中央集权袭六部，监察辅政给事中

1. 最高中央机构：“六部”

明代六部之职权仍沿唐宋而未变，是最高中央机构。兹据《明史》卷七二《职官一》记载分述如下：

（1）吏部。

吏部是六部中最重要的一个部，“视五部为特重”，具有“赞天子之治”

的特殊地位。吏部也叫铨曹或铨部,总管官吏选任、升降及调动等人事管理。设尚书1人，正二品。左右侍郎各1人，正三品。其属，司务厅司务2人，从九品。文选、验封、稽勋、考功四清吏司,各郎中1,正五品;员外郎1人，从五品；主事1，正六品，以及其他属官。尚书掌天下官吏选授、封勋、考课之政令，以甄别人才，赞天子治。吏部选人关系到国家治理的好坏，故吏部尚书的品秩虽与其他各部尚书一样，然而其地位是:“表率百僚，进退庶官，铨衡重地，其礼数殊异，无与并者。”

（2）户部。

户部也叫计部。设尚书1人,正二品;左右侍郎各1人,正三品。其属，司务厅司务2人,从九品。由于户部是掌国家经济命脉之司,司务繁重且杂，故下设浙江、江西、湖广、陕西、广东、山东、福建、河南、山西、四川、广西、贵州、云南十三清吏司，各设郎中1人，正五品；员外郎1人，从五品，以及其他属官。尚书掌天下户口、田赋之政令。侍郎贰之。稽版籍、岁会、赋役实征之数，以下所司。每司各管一省之事，兼领所分两京直隶贡赋及诸司卫所俸饷、边镇粮饷和仓场、盐课、钞差等。如山东司带管盐课，贵州司带管钞关等。

（3）礼部。

礼部，也叫祠部、礼曹，掌管礼乐教化。设尚书1人，正二品；左右

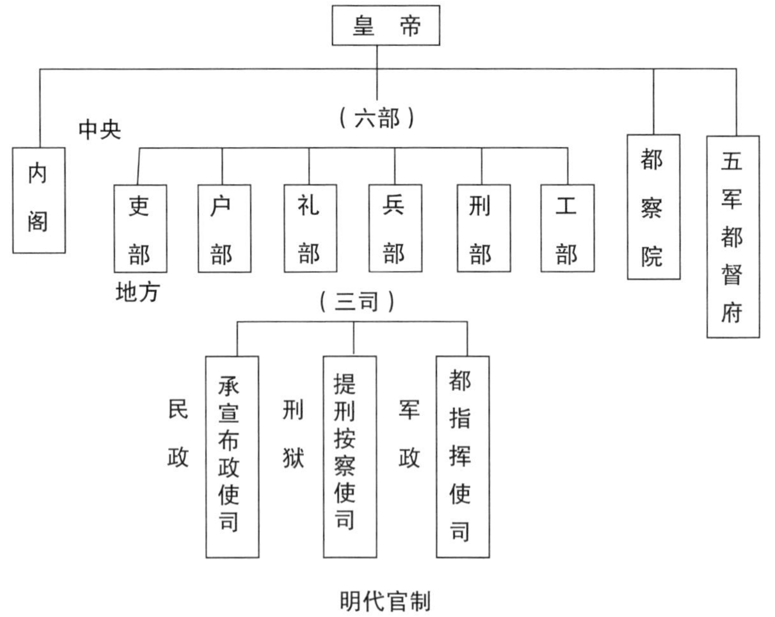

明代官制

侍郎各 1 人，正三品。其属，司务厅司务 2 人，从九品。及仪制、祠祭、主客、精膳四司，各司设郎中 1 人，正五品；员外郎 1 人，从五品，以及其他属官。

（4）兵部。

兵部是以武装力量保卫封建国家政权的机构，故其地位在六部中仅次于吏部，也叫枢部，枢曹。设尚书 1 人，正二品；左、右侍郎各 1 人，正三品。其属，司务厅司务 2 人，从九品。及武选、职方、车驾、武库四司，各司设郎中 1 人，正五品；员外郎 1 人，从五品，以及其他属官。

（5）刑部。

刑部也叫比部、刑曹。掌管刑名，设尚书 1 人，正二品；左、右侍郎各 1 人，正三品。其属，司务厅司务 2 人，从九品。十三清吏司，各设郎中 1 人，正五品；员外郎 1 人，从五品，以及其他属官。刑部也与户部一样，因讼事繁重，也设十三清吏司，每司设郎中 1 人，正五品；员外郎 1 人，从五品。分掌各省刑名及兼领所分京府、直隶之刑名。刑部在处理案件时，其职权有时受到大理寺、都察院的制约。

（6）工部。

工部也叫工曹、冬曹。掌土木营建及天下百工、山泽之政务。设尚书 1 人，正二品；左、右侍郎各 1 人，正五品。其属，司务厅司务 2 人，从九品。及营缮、虞衡、都水、屯田四司，各设郎中 1 人，正五品；员外郎 1 人，从五品。以及其他属官。工部在六部中，地位较低。

六部直属皇帝，从而便于皇帝控制，加强了中央集权制。但是，就六部的体制而言，已经打破了唐宋以来的“六部二十四司”制，而是根据实际需要分司办事，采取一竿子插到底的办法，这样，更有利于加强中央集权和提高行政效率。

2. 监察辅政：“六科给事中”

朱元璋废中书省，提高六部地位后，为了加强对这些机构的监督，专设“六科给事中”——礼、户、吏、兵、刑、工，设都给事中 1 人（正七品）、左右都给事中各 1 人（从七品）、给事中若干人（从七品），稽察六部百司之事，旨在加强皇帝对六部的控制。如果说，都察院的御史着重监察全国官吏和一般机关，那么六科则是对六部的业务进行对口监察，六科给事中独立一署，直接就六部事务向皇帝上奏。同时，给事中的委任权属于皇帝，而不是吏部，这就保证了其在行使权力时不受干扰，而具有权威。

六科给事中与各道监察御史合称科道。科道官虽然官秩不高，但权力很大，活动范围极广。其职责是侍从皇帝左右，凡六部的上奏均须交给事

中审查，若有不妥，即行驳回；皇帝交给六部的任务也由给事中监督按期完成；对于各地臣僚的奏章，要分门别类进行整理，然后呈给皇帝批阅；对官吏的陟黜任免有相当大的参议权，如果吏部选用官员，需要在保单上和吏科给事中共同署名，否则皇帝不予批准，大小官员赴任，也要先到吏科签到辞行，得到吏科同意后，方能动身赴任。

六科给事中也可以监督科举考试，可以巡视地方；六科给事中轮值时握有一定的案件终审权，拥有很大的司法权。同时明朝也很关注给事中的考核，作为七品小官，其升降都要由皇帝来决定。同时还规定，对监察官犯罪的处分比一般官吏要重，“凡御史犯罪加三等，有赃从重论”。

六科给事中掌侍从规劝，补阙拾遗，稽察六部百司之事。凡六部奏请皇帝施行之事，须先经给事中审查，大事复奏，小事署而颁之，有不当则驳回。凡内外所上章疏下，分配抄出，参署付部，并驳正其违误。六科给事中的创置，对于地位和职权都已提高了的六部，起着钳制的作用，同时也分化了都察院的监察大权。

都察院和六科给事中两者之间虽有一定分工，但并不是绝对的，他们共同为加强君主专制服务。给事中同御史之间，也可以互相纠举，以便于皇帝操纵。

五、治世重典《大明律》，仁义化民重礼法

《大明律》是明朝的主要法令条例，由明太祖朱元璋总结历代法律施行的经验和教训而详细制定而成。《大明律》适应形势的发展，变通了体例，调整了刑名，肯定了明初人身地位的变化，注重了经济立法，在体例上表现了各部门法的相对独立性，并扩大了民法的范围，同时在“礼”与“法”的结合方面呈现出新的特点。

明王朝建立后，以开国皇帝朱元璋为代表的最高统治集团，在总结历史经验，特别是在吸取元朝亡国的历史教训中，形成了一套具有封建社会后期时代特点的立法思想，“明刑弼教”和“重典治国”原则就是其重要内容之一。

1.“重典”治国

明朝开国皇帝朱元璋起自民间，亲眼目睹了元朝政治腐败、法度废弛以致亡国的整个过程，因此，当明朝建立以后，他认为自己所处的时代是一个“乱世”，当以“重典”治之，并且进一步总结“重典治国”的内涵包括重典治吏和重典治民，通过重典治吏和治民实现重典治国。

明朝军队

朱元璋深知治吏在治国中的极其重要性，因此，他在治吏上坚言“故今严法禁，但遇官吏蠹害吾民者，罪之不恕”。洪武年间，朱元璋屡兴大狱惩治贪官污吏，其凌厉作风无人能及。

推行重典治吏的同时，朱元璋也强调重典治民。亲历了反元政治风暴的朱元璋深知农民阶级反抗封建统治的巨大威力，因此，为了巩固新政权，他强调对于不服从治理的顽民要以严刑酷罚加以惩治，以达到“民畏而不犯”的目的。

明初统治阶级推行“重典治国”的主张，对于改良吏治、安定社会，在一定程度上起到过积极的作用，“一时守令畏法，洁己爱民，以当上指，吏治涣然丕变矣。下逮仁、宣，抚循休息，民人安乐，吏治澄清百余年”。但是，“重典治国”所带来的消极影响，造成法制的畸形发展也是不能低估的。

其一，“重典治吏”不能从根本上解决吏治腐败问题，正如朱元璋自己所说的那样:“我欲除贪赃官吏，奈何朝杀而暮犯。”不仅如此，而且“重典治吏”的政策相当程度上造成了统治阶级内部的混乱，影响了国家机器的正常运转。

其二，重典治世思想的推行，把中国封建社会刑罚由轻（唐代）入重（宋代）推向极致，逐渐形成封建社会后期的苛刑峻罚形态。明代君主极端专权、特务恣意横行，不能不说是这一思想影响的结果。其重典治世的结果，

不仅不能“警省愚顽”，反而激起“顽民不服”，使“商贾不安于涂，庶民不安于业”，农民奋起反抗朝廷的起义连绵不断。

2. 礼法结合

朱元璋虽然重视“重典治国”的重要性，但他毕竟是封建正统法律思想的继承者，同样深知礼在治理国家中的重要作用。因此，早在建国之初，朱元璋就明确地说：“礼法，国之纪纲。礼法立，则人志定，上下安。建国之初，此为先务。”治国重礼、礼法结合也是朱元璋一以贯之的立法指导思想。

建文帝朱允炆继位后，继承了先帝朱元璋的“明礼导民”的思想，明初无论是太祖朱元璋，还是建文帝朱允炆都是礼法两手并用，因此，《明史·刑法志二》曰：“盖太祖用重典以惩一时，而酌中制以垂后世，故猛烈之诏，宽仁之治，相辅而行，未尝偏废也。建文继体守文，专欲以仁义化民。”

《大明律》共分 30 卷，篇目有名例 1 卷，包括五刑、十恶、八议以及吏律 2 卷、户律 7 卷、礼律 2 卷、兵律 5 卷、刑律 11 卷、工律 2 卷，共 460 条。这种以六部分作六律总目的编排方式，是承《元典章》而来的，与《唐律》面目已不尽相同，在内容上也较《唐律》有许多变更。又增加了“奸党”一条，这是前代所没有的。在量刑上大抵是罪轻者更为减轻，罪重者更为加重。前者主要指地主阶级内部的诉讼，后者主要指对谋反、大逆等民变的严厉措施。不准“奸党”“交结近侍官员”，“上言大臣德政”等，反映了明朝初年朱元璋防止臣下揽权、交结党援的集权思想。

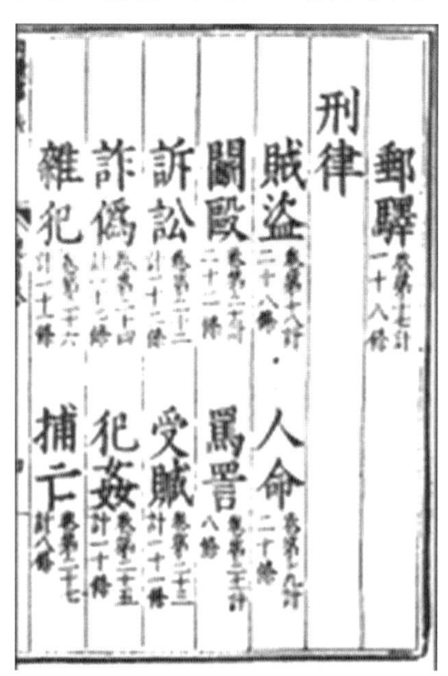

郵驛 卷第十七 計一十八條
刑律
賊盜 卷第十八 計二十八條 · 人命 卷第十九 計二十條
鬬毆 卷第二十 計二十二條 罵詈 卷第二十一 計八條
訴訟 卷第二十二 計一十二條 受贓 卷第二十三 計一十一條
詐僞 卷第二十四 計一十二條 犯姦 卷第二十五 計一十條
雜犯 卷第二十六 計一十一條 捕亡 卷第二十七 計八條

《大明律》内页书影

在刑法上，《大明律》渊源于《唐律》，以笞、杖、徒、流、死为五刑，即所谓正刑，其他如律例内的杂犯、斩、绞、迁徙、充军、枷号、刺字、论赎、凌迟、枭首、戮尸等，有的承自前代，有的为明代所创。所谓廷杖就是朱元璋开始实行的，其他《大明律》未规定的酷法滥刑也层出不穷。至于锦衣卫的“诏狱”杀人最惨，为害最甚。其后又有东厂、西厂、内厂相继设立，酷刑峻法，愈演愈烈，直到明亡。

《大明律》在中国古代法典编纂史上具有革故鼎新的意义。它不仅继承了明代以前的中国古代法律制定的优良传统，也是中国明代以前各个朝代法典文献编纂的历史总结，而且还开启了清代乃至近代中国立法活动的发展。

六、最高学府国子监，八股取士锢圣言

1. 明代最高学府：国子监

明初统治者很重视教育，把办学校教化万民视为巩固其封建统治的重要手段。明代中央官学初名国子学，后更名国子监。

洪武年间，虽然科举已开，但太祖用人，重在起用国子监监生与荐举两途，尤其是多次派遣太学生参与政事，影响极大。如建国之初，鉴于北方丧乱之余，人鲜知学，遂遣国子生 366 人分教各郡。洪武十六年（1383 年），命给事中及国子生、各卫舍人分行天下，清理军籍。洪武十九年（1386 年），又命国子祭酒、司业择监生千余人送吏部，除授知州县等职。洪武二十四年（1391 年），令监生清查全国户籍，且选监生有练达政体者 639 人，命行御史事，稽核天下百司案牍，这便是明代国子监的“监生历事”制度，即选拔国子监生到京都各衙门历练政事。历事生白天在各司练习政务，晚上回监读书休息，将读书学习和做官实践结合起来。历事三月进行考核，上等的送吏部候选仍令历事，遇缺官即挨次任用；中等的历一年再考，或“不拘品级，随才任用”；下等的回监读书。这样既可补明初官吏之不足，又可使监生接触实际，获得从政的实际经验。历事生经考核受到重用，高的有做三品大官的，低的也做知州、知县，《明史》中说：“太祖虽间行科举，而监生与荐举人才参用者居多，故其时布列中外者，太学生最盛。”这说明当时官学（主要是国子监）的地位高过科举，因而大大促进了明代官学教育的发展，激发了士子入学的积极性。

明朝国子监辟雍大殿

明代国子监的学生通称监生，按其来源类别，可分为举监、贡监、荫监、例监等。有了监生的身份在科举考试中就取得一些

便利条件，例如可以直接参加乡试而不必先考取秀才。在北京的国子监称北监，在南京的称南监。由于成为监生的途径有多种，所以监生不一定都是秀才，他们也不一定到国子监去读书，只要具备监生资格，即便不是秀才也可以去应考乡试。

在国子监的学生中，举监是身份地位最高的一种。举人入监学习，始于明成祖永乐年间，当时规定会试下第举人，由翰林院选录其中优秀者“入学以候后科”，并给予教谕之俸。宣德八年（1433 年），选副榜举人送监进学。据《南雍志》载，天顺八年（1464 年）前，举监人数仅 15—40 人，而景泰五年至成化十五年（1454—1479 年）之间，举监人数通常可达 100—250 名。最多的是成化五年（1469 年），举监人数达 324 人。

明代又有贡生，就是贡监。洪武十六年（1383 年）命天下府、州、县学各岁贡生员一人至京，经考试通过可入国子监学习。

明代国子监分为六堂：正义、崇志、广业三堂为初级；修道、诚心二堂为中级；率性堂为高级。实行升留级制度，考核升留级办法，主要有“坐堂”“考课”“积分”三种。“坐堂”是坐监读书，坐满一定时日，方可升堂；“考课”有月考、季考、科考，以考试成绩为标准；升至率性堂后方可积分。学生入学后，通“四书”未通经者，居初级堂学习，经一年半以上，文理条畅者入中级堂，再过一年半以上，经史兼通、文理俱优者，升率性堂学习。凡率性堂生员可以在积满学分后出堂入仕，其各月考试内容一如科举三场考试：“孟月试本经义一道；仲月试论一道，诏、诰、表内科一道；季月试经、史策一道，判语两条。每试，文理俱优与一分，理优文劣者半分，文理纰缪者无分。岁内积至八分者为及格，与出身。

2. 明代的“高考”：八股取士

八股取士，起源于宋，形成于明，并在明、清两代成为科举考试的专门文体之一。明朝规定，从中央到地方的各级官吏都必须由科举考试出身的人担任，科举考试的程序更加严密和完备。明朝科举制，除沿用前朝旧制外，朱元璋等人还有所更改。

其所谓八股之先声，在于其“大义”。“大义”为一短简文章，以其通经而文采焕然为合格。为配合贡举改革，王安石特撰一些经学小论文，每篇不超过 500 字，作为士子考试经义的答卷标准，即所谓“经义式”。

所谓“经义”，一经定制，即在科举制中造成了一种新的文体。但当时这种文体，尚不至僵化而束缚士子思想，仍属于散体、阐明经义的议论体。后世康有为对此有较高的评价。王安石罢相后，其“新法”多被废除，但

“经义”试士却因习之日久而形成了惯性，无法一时扼制，故虽复增以诗赋，但亦无废“经义”，形成进士科内诗赋、经义并行之势。熙宁（1068—1077 年）以后，把试律诗的破题、颔比等程序，及骈文的对偶句式移植于经义，开始了一种新文体的形成过程。南宋时，出于中央集权制的需要，儒学大受统治者青睐，其经典——朱熹的《四书集注》于绍熙元年（1190 年）刊印。其后，科考之“经义”也日渐受“四书”义束缚，文体渐趋程序化。故人称之谓“四书文”“程文”。

八股文的真正形成在明朝。朱元璋初定天下，代元而建大明，官员缺少，于洪武三年至五年（1370—1372 年）连开 3 年科举。继而停罢科举 10 年，直至洪武十五年（1382 年）始诏礼部复设科取士，两年后，由礼部将科举之式颁行各省。朱元璋以专断、刚猛治国，既要以天下人才为“朕”所用，又不容丝毫超越其君主专制统治藩篱，因而党祸与文字狱频生。在这种历史状况下，朱元璋虽知八股无用，对公文往来力主“直解”，要求“只令文章平实，勿以虚辞为美也”，但其却将八股取士之制推出，则全然是为了强化其专制统治，让士人阶层在步入仕途之前，先在先贤先圣的忠、孝、节、义思想中渍染透彻，然后唯唯于其统治。基于此，到了明宪宗成化年间（1465—1487 年），八股取士之制终成“永式”。

八股文的结构有其特殊的格式，在一篇文章里开头的两句称为破题，就是点破题目的要旨，根据不同的题目，采取不同的破法。破题之后为承题，承是接的意思，就是把破题中的重要字承接下来。承题之后是起讲，因为八股文要“代圣贤立言”，所以起讲通常用“意味”“若曰”“以为”“且夫”等字开头。明代的起讲仅用三四句，清代一般用 10 句左右，必须总括全题，涵盖全篇。起讲之后是领题，领题是用一二句或三四句引入文章的本题。领题之后就是文章的主要部分，就是起股、中股、后股、束股四个段落。每段各有两股，故称“八股文”。八股文的最后部分，用一两句结束全篇，题目有下文的称为落下，没有下文的，称为收结。八股文的每一个部分之间，要用固

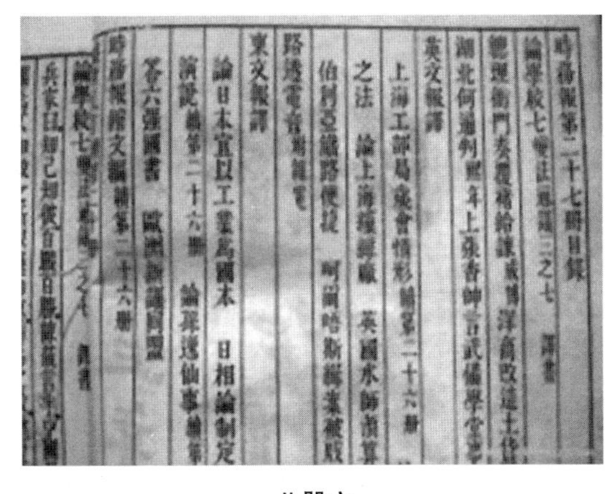
時務報第二十七冊目錄
英文報譯
東文報譯
論日本宜以工業爲國本

八股文

定的虚词“今夫”“苟其然”“也乎哉”等连接。举子必须严格按照格式作文。同时规定，乡试、会试《五经》义一道，限500字。

《四书》义一道，限300字。试文还要求点句、勾股（标明段落），书法端正，填删涂改的字数在文末以大字标明。文中还要避庙讳、御名、圣讳。试题低两格，试文一律顶格。若不符合这些规定的试卷，一律取消录取资格。这种文体在中国出现并非偶然。

首先，是出于强化思想统治的需要。统治阶级以考试的形式强迫知识分子接受程朱理学，制止异端杂学，以维护统治基础。八股文要求考生在答卷时，必须以四书五经中的词句为准，考生作文章只准按孔孟等圣贤的观点立论，不准标新立异，不准发挥自己的见解，不准联系现实政事，甚至语气也要模仿古人，叫作“代圣人立言”。

其次，也是古典散文形式主义发展的恶果。南宋以后，散文家们开始有意识地讲究文章章法、句法等，评点之学逐渐兴盛，散文写作艺术日渐细密。八股的程序，显然是参考了散文的章法、骈文的排偶和近体诗的格律并加以改造而后提出来的。形式如果为内容服务，并不是不可以讲究；但形式一旦僵化，就会妨碍内容，成为枷锁，八股文正是如此。

最后，八股文的出现是仕途拥挤的必然产物。八股文引导士人循章摘句，挖空心思去模仿古人说话，士人不但没有实用知识，连经学知识也很少，更无独立见解。他们只学八股文，追求科考当官。

第三编

社会写真

明朝是中国封建历史上最后一个汉人王朝。它一度有着繁荣的经济。16、17 世纪间，明代曾是世界上手工业与经济最繁荣的国家之一。明代初期推行的海禁政策，使得商业受到一定的压制，但明穆宗隆庆元年（1567 年）废除海禁后，海外贸易重新活跃起来，全盛时远洋船舶吨位高达 1.8 万吨，占当时世界总量的 18%。而最后因为农业衰败引起的农民起义灭亡。在明朝，一些日常用品制作得相当奢华，不但是质地，做工也颇为考究。这个时期，商品经济的发展，工商业的繁荣，超过了以往的任何一个朝代，出现了资本主义的萌芽。

明朝时期，中国古代的文学艺术出现平民化与世俗化趋势，文学艺术空前繁荣。宋明理学也在明朝达到完善。文学方面，比较有特色的，表现在诗文、小说、戏曲三方面。

明朝末期耶稣会士竞相来华，给明清之际的中国带来了西方文化。与西学注入中国文化系统的同时，中国文化也经西方传教士的宣传介绍，在欧洲流播开来。在西方文化的传入和影响下，中国文化史翻开了新的一页。

第一章 社会经济

一、农工商贸齐头进，经济繁荣领先筹

明朝是中国封建历史上最后一个汉人王朝，它一度有着繁荣的经济。16、17 世纪间，明代曾是世界上手工业与经济最繁荣的国家之一。

1. 农业

朱元璋曾说:“农为国本，百需皆其所出。”为了发展农业，首先要把战后流散的农民固着于土地上。为此朱元璋曾多次令民归耕，并以减轻赋税为鼓励措施。洪武元年（1368 年），规定允许百姓垦荒田为己业，并免徭役和赋税三年。洪武三年（1370 年），令苏、松、杭、嘉、湖五郡无田百姓到临濠垦种，官给钱、粮、耕牛、种子，免徭役 3 年。又以北方近城地多不治,“召民耕,人给十五亩,蔬地二亩,免租三年,有余力者不限顷亩”。“额外垦荒者永不起科。”又令四方流民各归田里，丁少地多者，不许多占，丁多地少者，验丁拨给荒田。这些措施有效地召回了流散人民，也有利于人民生活的安定和农业生产的恢复。

初期，由于多年的战争加上通货膨胀，且前朝元惠宗为治水加重徭役，经济近乎在崩溃的边缘。明太祖洪武年间实行休养生息的政策与移民垦荒，也实行屯田政策，军屯面积占全国耕地的近十分之一。此外，商屯也相当盛行，政府以买卖食盐的专卖证（称之为盐引）作为交换，利诱商人将粮食运往边疆，以确保边防的粮食需求，然而此方式并非以物易物方式，而是要求盐商先交钱等晒盐季再给盐，却又为税收不足而将新产出的盐另行外卖，延后交盐给正规盐商的时间，致使盐商交了钱却要三五年甚至 10 年后才拿得到盐，却又因身份管制而无法抛弃盐商身份另行谋生，因此而家破人亡，私盐亦大为流行。明太祖也曾派遣国子监下乡督导水利建设，

并以减免税赋奖励耕作。这些措施使得过去很多饱受战乱损毁的地区恢复生气，使明朝的经济得到快速的恢复。

在万历年间，明朝的耕地总面积是 700 万顷，明末时达到 780 多万顷，此一水平即使是到了后来的康乾盛世都没有被打破。当时欧洲的传教士是这样形容明朝的：中国的耕地像花园一样井井有条，没有一块荒地，中国产的糖比欧洲白，布比欧洲美。

2. 手工业

明朝最早开始繁荣的手工业是棉纺织业，早在明初时候的江南，手工业便已经相当发达，并且逐渐形成了一些以手工业为中心的城市。明朝中后期，随着京城的北迁，中原地带和华北地区，特别是环渤海湾一带，手工业也取得了令人瞩目的成绩。

明朝手工业分官营与民营两种，其中官营又分中央管辖和地方管辖两大系统。在明朝，进步最快、规模最大的是矿冶、纺织、陶瓷、造船、造纸等行业生产，而明朝手工业最引人注目的特点是民营手工业的大规模兴起，并在明朝后期逐步取代了官营而在手工业市场占有主要位置。

（1）瓷器、造纸印刷业和矿冶业。

自明初起，以江南地区为代表的手工业高度发展，松江潞安府全盛时有织机 1.3 万张，促进市场经济化和城市化，南京、临清等城市“周围逾三十里，而一城之中，无论南北财货，即绅士商民近百万口”。

南京一地有众多的陶瓷厂，每年可生产 100 万件瓷器。景德镇成为世界瓷都。制瓷使用旋坯车，不但提高生产效率，还使旋出的瓷坯更为精细和规格化。施釉方式以吹釉法代替刷釉法，使施釉更加均匀光泽。并且发展出彩色瓷器。冶铁技术也有明显的提高，由灌钢冶炼法发展到苏钢冶炼法，是一种效率较高的炼钢方法。

景泰蓝瓷器

当时，仅景德镇一处，就有上万家制瓷工匠和作坊，拥有制瓷的高超技术，有设备完善的官窑，也有生产大量民用瓷器的民窑。当时已遍布福建、江西、浙江、河南、四川等省的，“纸厂槽户不下三十余槽，各槽帮工不下一二千人”，纸张品种有“竹纸”“火纸”“糙纸”“柬纸”“吉纸”“皮纸”“棉纸”。印刷作坊，规模相当大，印刷的创新是铜、铅活字印刷，彩色套印和拱花等工艺。采煤业、炼钢冶铁、银矿开发都得到了很快的发展。

（2）棉纺织业。

棉纺织业在明代已从南方推向北方。明代中、后期，棉纺织技术不断提高，工具日益进步，范围更加广泛。

（3）矿产和白银。

明朝的铁产量是宋朝的两倍，冶金工业极其发达，《天工开物》对这方面有详尽记载，后来的 200 多年，世界上都没有国家能破这个纪录。在 16 和 17 世纪，西班牙和葡萄牙征服了美洲并在那里得到大量的黄金和白银。当西班牙和葡萄牙贵族得到这些财富后，他们第一件要干的事就是向中国买丝绸、瓷器和茶叶，到最后这些白银和黄金大部分都流到了中国。美国人佛兰克在《白银资本》一书中说，在 16 和 17 世纪，世界上三分之一的白银，通过贸易流向了中国。

（4）造船业。

在明初郑和下西洋的时候，明朝最大的宝船长 150 米，宽 30 多米，是当时世界上最大的船，除了宝船外，郑和的船队还有 200 多艘平均长度达七八十米的大帆船。到了明朝中叶，虽然朝廷再没有进行像郑和那样的大航海，但中国的水师却仍然控制着整个南太平洋，印尼和菲律宾等国家的国王都是在明朝的支持下建国的。对明朝的海上实力，当时欧洲的传教士是这样描述的，只要中国的皇帝愿意，他们可以一夜之间征集到从大陆连接至马六甲海峡的那么多船只。到了明末，由于要抗击倭寇，联朝抗日，明朝政府无暇南顾，最后被葡萄牙和荷兰钻了空子，把势力伸展至南太平洋。即使这样，荷兰的殖民者依然要每年向盘踞在台湾的郑氏政权进贡。

郑和的船

（5）第三产业。

据阿拉伯旅游家记载，当时在中国，几乎每一座城市都存在第三产业，在北京从事第三产业的工作者保守估计就有近两万人。跟欧洲和回教世界不同，当时第三产业在明朝是合法的，官员不以扫荡第三产业为政绩，明朝读书人又独爱风花雪月，再加上明朝人口基数巨大，第三产业为世界之最并不奇怪。

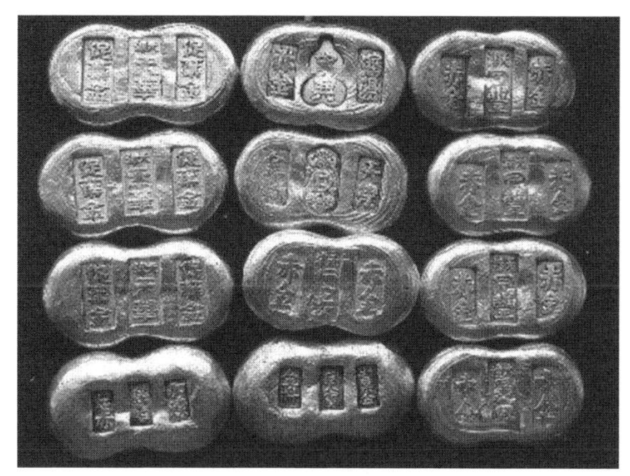
银 锭

3. 商业

明代社会经济的一个显著特点，是商业经济在整个社会经济中地位的提高。明中叶以后，国家对商税的征收，已成为财政收入的一个不可或缺的来源。仅以钞关为例，弘治十五年（1502年）全国钞关收入折合白银约8万两，在当年太仓收入中约占3%左右；万历二十五年（1597年）达40.75万两，约占太仓库收入的十分之一左右，可见明朝商税在国家财政中的比重与日俱增。

人数众多的富商巨贾们凭着资本的雄厚，往往开有几个或几十个店铺。当时全国各重要城市几乎到处都有徽商的店铺，如运河沿岸的城市临清，徽商占从事工商业人数的90%。为了使资本充分发挥作用，有些商人把商业资本直接投资于生产中，并雇用了大量的雇工和奴仆从事生产，从而转化为“产业资本”。明代商业资本的兴起，对于加强各地区的联系，促进商品经济的进一步发展和资本主义的萌芽起着一定的作用。但是在封建制度下，明代富商巨贾不可避免地带有浓厚的封建色彩，这是中国封建社会不同于欧洲城市的一个重要特点，也是中国资本主义萌芽发展缓慢的一个重要原因。他们为了使自己的生产经营更安全，往往通过打权贵人物的招牌、与官僚资本合伙经营或者捐官买爵等方式，和各级官吏紧密结合。

在商业都市的发展规模、人口城市化状况和市场化程度方面，据伊懋可的数据，中国城市人口在明末占总人口的6%至7.5%。据曹树基的估计，崇祯三年（1630年）时中国城市化率已达到8%，晚明城市人口约达1536万人。

4. 货币

明朝实行中央集中的货币政策，货币铸造、印制、发行、流通、管理均听命于朝廷，力求货币稳定，作为巩固政权的重要手段。明太祖定都金陵，仿元钞法，以宝钞为主币，在全国推行。因其钞法措施不当，事与愿违，只行了几代就销声匿迹。多次禁民间用银锭，但时禁时放，后来只好由官府带头将银作货币。中叶前，宝钞已不用，形成银锭、铜钱并行币制，直到明亡。由于明朝政局和内外关系总处于紧张状态，国内无法安定，其货币制度也未稳定过，最后天启、崇祯两代内外交困，恶钱泛滥成灾，引起恶性通货膨胀。

二、商品经济大发展，资本主义初萌芽

1. 资本主义萌芽出现

明朝中叶，资本主义萌芽首先出现在江南地区的手工业中。工场手工业是手工业中资本主义萌芽的主要形式。杭州丝织业发达，许多机户开始雇佣纺织能手，并付以一定的工资，丝织业中雇佣关系就此出现。到明朝后期，苏州的机户发展到 3 万家以上，受雇织匠的数量相当可观。机户一般出机，而机工出人力，完全脱离了生产资料，成为一无所有的劳动者。

明代中叶中国出现的资本主义萌芽，尽管局限于少数地区和行业，但它的出现标志着中国古老的封建社会已经走向没落。

2. 明代生产力水平的提高

在农业方面，铁工具数量增加了，质量提高了，并且有了推广。犁、锄、镰、水车等工具完备。

从《农政全书》的记载看，当时的农业生产技术，不论在耕耘、选种、灌溉、施肥、园艺各方面都积累了丰富的经验。福建、浙江等地有了早晚稻兼作的双季稻，在岭南有三季稻，北方直隶地区开垦了更多的水稻田。一般稻田亩产量到两石或三石，有些地区到五六石。番薯和玉蜀黍等高产作物在此时也开始种植了，如番薯即盛植于江浙、福建等地，这对农作物生产的发展具有重大的意义。在明代，河北、山东、河南、两淮之间已普遍种植棉花，而松江更是“官民军皂垦田凡二百万亩，大半植棉，当不止百万亩”。烟草在明中叶后从吕宋传入，很快便推广到福建、广东以及长江流域，到了明末，“北土亦多种之，一亩之收，可以敌四十亩，乃至无人不

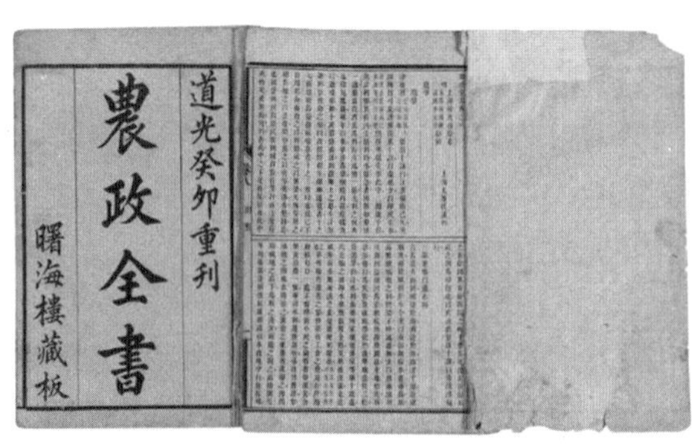

《农政全书》书影

用”。其他如太湖地区的蚕桑业比以前更加发达，江南、闽、广地区的甘蔗、蓝靛、杉漆以及各种油料作物的产量也都有相应的提高。农业经济作物种植面积的日益扩大，使一些荒废的土地被充分利用，直接为手工业生产提供了原料。

在手工业方面，冶铁、铸铁和制瓷业都有了一定的发展。当时全国产铁地区有 100 多个。明朝的河北遵化、山西阳城、广东佛山、福建尤溪、陕西华州（今华县）、安徽徽州（今歙县）等地出现了规模较大的冶铁、铸铁业。遵化和佛山的铁冶尤为著名。开采矿石已用火药爆破法，鼓风器亦采用了较先进的有活塞和活门装置的大风箱。冶铁技术的改进和民营铁厂的出现，使铁的产量有较大增加，促进了农业、手工业的发展。

突出反映手工业工人高超技巧和生产力发展水平的手工业是丝织业和棉纺织业。在江南五府地区（苏、松、杭、嘉、湖）和潞安（今山西长治）、福州、南京、成都等地的丝织业中，专用的工具品种繁多，花机高一丈五尺，结构比过去更为复杂，在苏州市场上出售的织机有专织绫、绢、罗、纱、绸等各类织物的机种。弘治时，福州的机工改进织机，称改机。提高了丝织业的质量和生产效率。棉纺织业是遍及全国的家庭副业。其中江南的松花布名闻天下。明俗语有“买不尽的松江布，收不尽的魏塘纱”之说，经过农民和手工业工人的长期生产实践,出现了脚踏的纺车和装脚的搅车（一种轧棉花去籽的工具）及各种改制的织布机。

明代中后期，制瓷业规模很大，其中心是景德镇。此镇的制瓷业在宋元基础上继续发展，产品丰富多彩，如成化、嘉靖、万历时期所产的各种青花和彩釉瓷器，以及薄胎纯白瓷器都十分精美，闻名中外。明后期景德镇的官窑约 58 座，民窑达 900 座，民窑产品有的甚至超过官窑。此外，浙江处州、福建德化、河南禹州、北直隶曲阳、南直隶宜兴等地，制瓷业也有相当规模。

明代的榨油业、造纸业、印刷业、制糖业、制茶业和浆染业也比以前发达。制烟业成为新的手工业部门。但总的说来，明代社会生产力的发展比较缓慢，农业和手工业工具与宋元时期相比相差很小，各个地区生产的发展也很不平衡，农民和手工业工人普遍过着贫穷困苦的生活，无力扩大生产。

3. 明代社会分工进一步发展

明朝中叶，男耕女织是社会分工的基本形式。农家“十家之内必有一机”。棉纺织业最发达的松江地区，也是“以织助耕”，随着社会生产力的

提高、手工业脱离农业独立发展的趋势比以前更加显著了。手工业部门内部的分工也更加复杂，出现了采矿工业和加工业的分工，原料产地和手工业地区彼此互为市场，促进了商品经济的进一步发展。纺织业方面，除苏杭外，江南五府的各个镇市中，以织绢为生的机户愈来愈多，有的人已从农业中分离出来，如嘉兴王江泾镇“多织绸收丝缟之利，义务耕绩”，濮院镇人“以机为田，以梭为耒”，苏州的盛泽、震泽、黄溪等市镇更是“有力者雇人织挽，贫者皆自织，而令其童稚挽花”。

有一些地区的农民专门从事农业经济作物的生产，以供应丝织手工业的需要。如湖州（今属浙江）的农民专植桑养蚕，以至桑麻万顷。湖丝成为苏、杭、福州、成都以及其他新兴丝织业各城镇的主要原料。仅次于湖丝的还有四川保宁（今阆中）的阆茧。阆茧不仅为本地所需，而且销售到吴越和以织潞绣著名的山西潞安。

棉纺织业方面，松江地区，有以织布为生的机户，有从事棉花加工的弹花和轧花作坊，有从事棉布加工的踹坊（踏布、压布的作坊），还有新兴的棉布再制品的行业如制袜业等。有的商人把松江的棉布运往芜湖浆染，当时“织造尚松江，浆染尚芜湖”，芜湖已成为浆染棉布的中心。为了供应松江等地棉纺织业的需要，河北、山东、河南等地的一部分农田，大量种植棉花。

制铁业方面，广东佛山镇的制铁业已分为“炒铸七行”，拥有大量的耳锅匠和锯柴工，其所需原料铁板多来自广东西部的罗定、阳春、阳江各县，说明了制铁业和冶铁业的分工明显。

手工业内部，专业分工更加细密了。明中叶后，苏州有织工数千人，染工亦数千人。在织工中，又有车工、纱工、缎工、织帛工和挽丝工的分工。织绸有打线、染色、改机、挑花等工序。景德镇的制瓷工业有淘土、制坯、满窑、烧窑、开窑等一系列的分工。石塘镇的造纸业有纸工2000余人，在一座槽房内，就有扶头、舂碓、检择、焙干等分工。徽州的冶铁业，“煽者、看者、上矿者、取钩（矿）砂者、炼生者而各有其任，昼夜轮番四五十人，若取炭之夫、造炭之夫又不止是”。这一切都反映了当时一部分手工作坊或工场的

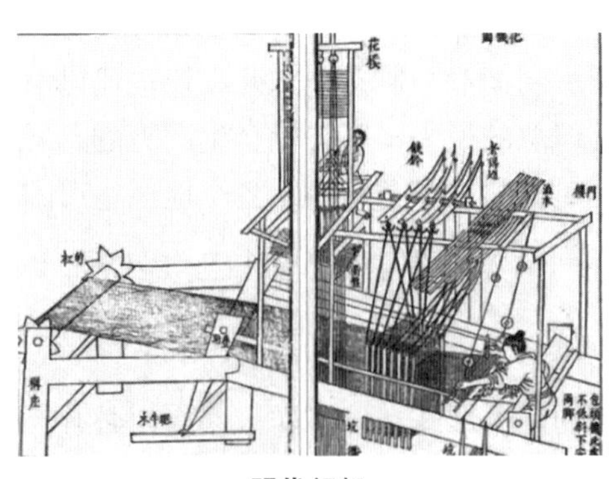

明代织机

生产规模和专业分工，这些作坊和手工工场都是民营的，无一不与商品市场相联系。

在明朝，社会分工虽有一定的扩大，但农业和手工业的结合还很顽强。农村的基本分工主要是"男耕女织"或"以织助耕"。丝织和棉纺织业，以及制糖、染色、炼铁、造纸等，大部分还是家庭的副业。在城市内尽管也存在着各种手工业作坊，但商铺与作坊往往合在一起，手工业内部的分工还不很明显。封建国家的压榨、勒索和行会对小商品生产者的排斥，严重阻碍着社会分工的进一步发展。

4. 明代商品经济的发展

随着农业和手工业生产的提高，商品经济也有了新的发展。农业上由于农作物的多元化和经济作物产量提高，促进了农产品的商品化。湖广、江浙的粮食，作为商品供应城镇，嘉定"县不产米，抑食四方，夏麦方熟，秋禾既登，商人载米而来者，舳舻相衔"。边镇地方的军粮也常用白银购买。棉花、蚕桑、布匹已成为商品，山东、河南一些地区的农田，"半植木棉，乃棉花尽归商贩"，供应松江纺织，出现了"北土广树艺而昧于织，南土精织衽而寡于艺，故棉则方舟而鬻于南，布则方舟而鬻诸北"的状况。湖州地区农民种植的桑叶在市场上出售，而蚕丝则供苏州织造。其他如蔗糖、烟草、油料、木材等也流入市场，连陕西的驴马牛羊、旃裘筋骨也西入陇蜀，东走齐鲁。四川的姜粟蔬果竹木之器则舟经三峡，东下荆楚，扩大了市场范围。

随着工商业的繁荣，明中期在工商业城市，如长江和运河沿岸的杭州、苏州、南京、扬州、汉口、芜湖、临清，东南沿海的福州、漳州、广州等以外，还涌现出一大批新兴的小城镇，如苏州的盛泽镇、震泽镇，嘉兴的濮院镇、王江泾镇，湖州的双林镇、菱湖镇，杭州的唐栖镇和松江的枫泾镇及朱家角镇等。这些镇市都以丝织业或棉织业著称，其人口构成，不仅有土著居民，更多的是外来商贾、小手工艺者和被人雇佣的手工业工人。此外，以铸铁业和丝织业著称的佛山镇和以商业著称的汉口镇也发展起来，以制瓷业著称的景德镇，在宋元的基础上更加繁荣。

但是，明朝商品经济的发展很不平衡，仍处于自然经济的附属地位，为封建主服务。不过，商业资本为资本主义生产关系的萌芽创造了条件。

随着商品经济的发展和班匠的反抗，明政府被迫改变剥削方式。成化二十二年（1486 年），工部奏准，轮班匠不愿当班者，听其出银代役，南匠每月出银 9 钱，北匠 6 钱。嘉靖四十一年（1562 年），又规定班匠一律

以银代役，每人每月纳银 4 钱 5 分，称“班匠银”。这时班匠的匠籍虽仍保留，但与封建政府的人身隶属关系已大为松弛，使他们的技术和产品能投入市场，推动民营手工业的发展。

5. 手工业部门中出现的资本主义萌芽

资本主义萌芽就是资本主义生产关系的萌芽，一方面有了出卖劳动力的雇佣工人，另一方面有了购买别人劳动力的较大的作坊老板和商人，即最早的资本家。

江南苏杭一带大批从事丝织业的民间机户，大多是小商品生产者。由于生产条件、技术力量、经营方法和产品之间的差异，同行之间的竞争十分激烈。这些拥有千金、万金和几十张织机的机户，称为“大户”，而那些因破产经营不善而失去生产资料者则被称为“小户”，沦为靠出卖劳动力为生的“机工”。隆庆、万历年间，以丝织业著称的苏州，出现了资本主义性质的雇佣关系，“大户张机为生，小户趁织为活。机户出资，机工出力”。这些机工在人身上，虽然还受着封建政府的压迫，并受作坊主的控制，但相对来说，与机户关系还是自由的，明政府也承认他们是“自食其力良民”，这反映机工与机户的关系带有资本主义性质的雇佣色彩。

松江棉纺织业中，商业资本十分活跃。商人挟重资而来市者，白银动以数万计，多或数十万两，少亦以万计。有的人在松江附近的镇市内设立布号，收购棉布，并用原料换取棉布再对棉布进行加工。这类包买商使农民和独立手工业者屈从于其资本之下，因此而获取高额利润。一部分布号还控制一些染坊和踹坊，把生布交给他们踏、染，而这些染坊、踹坊，又各自雇佣一定数量的染工和踹工。这些布号的出现，也体现了资本主义生产关系在棉纺织业中的萌芽。

松江地区加工棉布的暑袜业，资本主义生产关系表现得也很明显。万历以来，松江有数百家暑袜店，当地男女皆以做袜为生。暑袜店商人以原料或资金供给这些小商品生产者，又以低价包售他们的产品。于是，商人变成包买商，切断了小生产者同原料市场和产品市场的联系。小生产者则按照包买商的要求进行生产，然后“从店中给筹取值”。这些小生产者表面上是独立的个体劳动者，实际上已经转化为包买商支配下的雇佣劳动者。暑袜店的包买商也已转化为剥削雇佣工人的资产者，他们的商业资本则转化为产业资本。

此外，江南各地的冶铁业、造纸业、榨油业以及佛山镇的制铁业、景德镇的制瓷业中，也都有一些资本主义萌芽的痕迹。如浙江嘉兴石门镇已有具有资本主义萌芽状态的榨油手工作坊，商人从北路夏镇、淮、扬、楚、湘等处，贩油豆来此榨油作饼，万历时期这里有油坊 20 家，所雇佣的油工达 800 人，工资是“一夕作佣值二铢（二分银）而赢”。这个时期景德镇制瓷业中的佣工每日不下数万人，其中一部分人在“民窑”内劳作，生产的瓷器是为了出卖，工资是按日以银计算的，他们与某些窑户的关系，也是一种新的剥削关系。广东佛山镇的炒铁和铸铁作坊存在着工匠与炉主的尖锐对立，产品也有较广泛的国内外市场，所谓“工擅炉冶之巧，四远商贾辐辏”，与资本主义萌芽性质的生产类似。

但是，明中期以后的资本主义生产关系的萌芽还非常嫩弱、稀疏，发展也很不平衡，只散见于个别行业、个别地区之中，并带有浓厚的封建色彩。不少作坊主本身就是大地主，原来不是地主的作坊主，发家致富后也购买土地成为地主。专制制度下，一般作坊主都“名隶官籍”，经常受官府“坐派”和重税勒索，得不到自由发展。被雇佣的工人，也没有完全脱离农业生产，与土地分离；受雇时要受封建国家和行会的控制，听从“行头”的分遣和管束。

6. 明朝茶马贸易

茶马是指明朝以官茶换取青海、甘肃、四川、西藏等地少数民族马匹的政策和贸易制度。

洪武四年（1371 年），户部确定以陕西、四川茶叶易番马，在各产茶

茶马古道

地设置茶课司，定有课额。又特设茶马司于秦州（今甘肃天水）、洮州（今甘肃临潭）、河州（今甘肃临夏）、雅州（今四川雅安）等地，专门管理茶马贸易事宜。以茶易马，在满足国家军事需求的同时，以此作为加强对少数民族地区统治的手段和巩固边防、安定少数民族地区的统治策略。随着内地与边疆少数民族地区经济交流的发展，至成化时，民间茶马贸易日趋频繁，巡茶御史屡出，茶多私运出境，而马至日少。茶马贸易，既促进了内地与青海、甘肃、四川、西藏等少数民族地区社会经济文化交流，也对少数民族地区的社会经济发展产生了积极作用。

三、睦邻友好搞邦交，中西交流谱新篇

在中外关系史和海外贸易史上，明代是一个非常典型的朝代，它有着不同于以往的朝贡体制和贸易体制，因而也衍生出了不同于以往朝代的对外贸易管理机构。明朝处于中国封建社会的晚期，此时的中外交往出现了空前繁荣的局面。明太祖朱元璋立国之后，以恢复华夏“正统”为己任，认为和平稳定的内外环境是明王朝得以存在和发展的重要保证，从而制定了睦邻友好的外交政策和“厚往薄来”的外贸政策。

1. 出使西域

永乐四年（1406 年）五月，明政府派遣吏部验封司员外郎陈诚出使撒马儿罕、吐鲁番、火州等西域 18 国，并著述《西域番国志》《西域行程记》等，加强了明朝同世界各国的经济政治上的往来。

2. 海禁政策

元末明初，日本的武士、商人和海盗，经常骚扰中国沿海地区，被称为倭寇。为防倭寇，朱元璋颁布了海禁政策。明朝中期，朝廷误以为“倭患起于市舶，遂罢之”。合法的私人海外贸易，受到严厉限制。中国东南沿海的一些奸商，与倭寇相勾结，共同走私、抢掠分赃，倭患愈演愈烈。

3. 万历援朝

丰臣秀吉统一全日本后，意欲占领李氏朝鲜。万历二十年（1592 年），日本进攻朝鲜，朝鲜国王逃到义州并派使节向明朝求救。最终明军取得了战争的胜利，中日进行和谈。但 1597 年后，日本再次进攻朝鲜。万历二十六年（1598 年），丰臣秀吉病逝，日军士气受挫，决定撤退本土，然遭中朝联军拦截，于露梁海战全歼来援日军。

4. 中西交流

16 世纪，新航路开辟以后，葡萄牙人于正德六年（1511 年）占领了

利玛窦和徐光启

马六甲，愈甚渴望对中国的往来。正德八年（1513 年），葡萄牙国王派出一支对华使团前往中国，并在广州登陆，希望与明政府建交。后来经过几次海战，葡萄牙战败，明武宗同意葡萄牙人在澳门开设洋行，修建洋房，并允许他们每年来广州“越冬”。这是西方国家第一次正式性地登陆中国并接触中国。

利玛窦（1552—1610 年），意大利人。他是明末来华天主教耶稣会士中最重要的人物。他会汉语、汉字，熟悉中国礼节，通晓儒家经典，人称西儒。万历十年（1582 年）奉派来华传教，曾向明神宗进贡世界地图、八音琴和自鸣钟。明神宗赐他房屋，许其在北京常住。利玛窦与中国科学家徐光启交往密切，合作翻译欧几里得的《几何原本》。借此将天文、数学等欧洲近代科学介绍到中国，同时把孔子和儒家思想传入西方。后卒于北京，明神宗以陪臣之礼葬于阜成门外。著译除《几何原本》外，还有《天学实义》和《利玛窦中国札记》。

四、航海史空前壮举，郑三保七下西洋

在欧洲人“地理大发现”之前半个世纪，我国回族航海家郑和，曾率庞大的航队群经南洋群岛至印度洋沿岸的几十个国家，直到非洲赤道以南的东部海岸。这不但是我国航海事业的空前成就，也是中世纪世界航海及地理史上的壮举。

郑　和

郑和（1371—1435 年），本姓马，小字三保或三宝，云南昆阳（今云南晋宁县昆阳镇）人。郑和是他做了宦官后的名字。其先人是元朝贵族，从新疆迁入云南。世代信奉伊斯兰教。祖父马哈只（对到达过麦加城朝圣人的称呼为哈只）赢得当地教徒的尊敬。马三保幼年曾学过阿拉伯语，有一些外洋知识。沐英带兵攻入云南，他被掳，当作一个小礼物送给朱元璋，约 10 岁成了太监，后又转到燕王府。朱棣为了夺取天下，结交宦官，他帮助朱棣夺取天下，出入战阵，多建奇功，受到朱棣重用，派他为正使，率队出使西洋。

郑和从永乐三年（1405 年）起到宣德八年（1433 年）的 29 年间，先后七次率船队出使西洋。第一次在 1405—1407 年间；第二次在 1407—1409 年间；第三次在 1409—1411 年间，都到达了今巴基斯坦的印度河口一带。第四次在 1413—1415 年间到达了波斯湾；第五次在 1417—1419 年间；第六次在 1421—1422 年间，远达今非洲东海岸的赤道以南地区；第七次在 1431—1433 年间，主舰队止于波斯湾，分舰队到红海等地方。第八次由副使王景弘率领，远航路程没有超出前面几次的范围。郑和第七次航海归来，已经是 63 岁的老人，到第八次航行时（1435 年）他已逝世。

郑和领导的中国 15 世纪初的远航活动，其规模庞大，应用国家的权力，集中了优越的技术力量和物质力量。航队中有大型海船 62 艘，大船长 44 丈，宽 18 丈，可容纳千余人，加上中、小船只，航队多达 200 余艘。出海人员除官员、军队外，还有舵工、班碇工、铁锚匠、木匠、搭材匠、水手、民艄等等。此外管理人员有“办理”“书算手”，负责翻译的“通事”以及随行医生等。以第六次航海为例，人员多达 27800 人。这在中世纪是世界上最庞大的和最强大的一支联合舰队了。

明政府派遣这样大规模的航队远航，其目的是“宣示德威”，使沿海各国承认明王朝是“天朝”的中心地位，所以舰队带着大量的金、银、瓷器、茶叶、铁制农具等“赐给君长”，使“诸邦咸听命”。果然，不少国家

“皆遣使朝贡”。其中今菲律宾附近的“苏鲁东王”等三个王于永乐十五年（1417年）到北京朝贡。在归途中，东王病死于今山东德州。（《苏鲁东王碑》）永乐帝以王礼葬之。途经各国进贡奉献的是香料、珍禽异兽和“无名宝物”。当时强调的是政治作用，对经济利益很少考虑。这就为今后航海事业的进一步发展，埋伏下了危机。在客观上，郑和下西洋，随船队的诸国使者，前来中国通商求好，差不多每一次航行都带来外国使臣，又在下一次航行中送回本国。这样前后30年间，增进了中国和印度洋沿岸各国的了解，沟通了彼此之间的往来，开辟了中国的海外市场，也促进了中国封建社会内部的资本主义经济萌芽。也有一些中国人带着先进的生产技术和封建文化，移居南洋各国，促进了南洋各国社会经济的发展。

他们的航路，一般从江苏附近的太仓港出发，经越南归仁附近的占城、爪哇、满剌加（马六甲）、苏门答腊、真腊（柬埔寨）、暹罗（泰国）、锡兰（斯里兰卡）、榜葛剌（孟加拉）、溜山（马尔代夫群岛）、柯枝（印度西岸柯钦）、忽鲁谟斯（伊兰霍尔木兹）、阿丹（亚丁）、天方（麦加）、木骨都束（非洲索马里摩加迪沙）、卜剌哇（索马里布腊瓦）、麻林（肯尼亚马林迪）、慢八撒（肯尼亚蒙巴萨）等地。他们多次往返于南海、印度洋、阿拉伯湾、红海间，到过30多个国家。其规模之大，人员之多，航海时间之长，足迹之广，是世界航海史上前所未见的壮举。

每次远航，沿途都作了翔实的记录。可惜这些原始档案，在明代成化年间散失了。现在茅元仪著的《武备志》中，还保存了郑和航海图。图中关于航行的方向、航程的远近、停泊处及暗礁、浅滩的分布，都记录确详。还有一本航程中罗盘针所指方位的“碱位编”是当时的航海手册。此外留传至今的还有当时随行人员马欢的《瀛涯胜览》、费信的《星槎胜览》等书。

马欢，别号宗道。浙江会稽（今绍兴）人。西域天宁教徒（伊斯兰教徒），通晓阿拉伯语。他因此膺先“三入海洋，遍历番国”。他于1409年启航，经第四次、第五次和第六次随郑和远航，“于是采摭各国人物之丑美，壤俗之异同，与夫土产之别，疆域之制，编次成帙”，于1416年成书。他亲身经历记录了约20国的民族、宗教、风俗、物产、服装、房屋等以及郑和等使节对各地君长的赏罚、交易活动，沿途路径、行船的针向、风向等等。

费信，14岁时代兄从军，“偷时借书而习读”，22岁时选往西洋，数次随征，即相当于随郑和第二次、第四次和第七次出使西洋，历时共22年。依见闻和有关资料写成《星槎胜览》。他在序中说：“历览诸番人物，风土

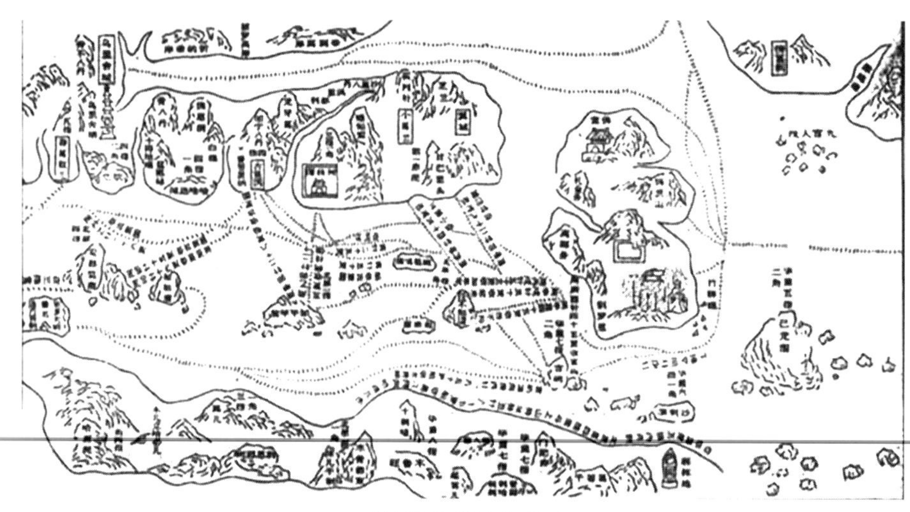

郑和航海图（局部）

所产，集成二帙……前集者亲监目识之所至也；后集者采辑传译之所实也。”他到达过 22 国，记录了行程经历和见闻。

另外，《武备志》中保存了《自宝船厂开船从龙江关出水直抵外国诸番图》共 20 幅，又称《郑和航海图》。其图航线以南京为起点，最远达非洲东海岸肯尼亚的蒙巴萨。从南京出发至苏门答腊的航线有罗盘路针和星辰定向的记载。此外还记了路程停泊处、暗礁浅滩。标有地名达 500 多处，其中外国地名 300 多处。此图用写景法绘制。它是当时我国海外地理知识水平的体现。它是我国现存最早的亚非航海图。在中国乃至世界地图史上都占有重要地位。明代学者茅元仪称此图“详而不诬”。英国科学技术史学家李约瑟在《中国科学技术史》书中，称此图为“是一幅真正的航海图”。

总之，郑和领导的远航，丰富了我国有关海洋的地理知识，特别是海洋地形、海水深度、海洋气候和沿印度洋、南海的海岛、半岛、礁石及其风土、人文的地理知识。郑和等人的远航，无论组织规模、航海技术和掌握海洋地理知识方面，都代表了当时的最高水平。可是由于在封建统治者，在封建的重政治、轻经济的指导思想之下，此项伟大事业，给国内带来的经济利益远赶不上给政府增加的沉重经济负担，所以当时就被指责为“弊政”。到了成化（1465—1487 年）间，错误地将郑和下西洋的档案全部销毁，远航使用的大型船只也不再建造了。闭关自守的政策更加抬头。其实应该反对的是那些讲排场、乱赏赐、贸易不计盈亏、只顾皇室享乐，用大批金、银货物仅换取香料、染料、狮子、斑马、鸵鸟、金钱豹、长颈鹿等。15 世纪后半叶我国的海洋事业由先进转向落后。欧洲此期间利用学到手的罗盘指南针，“发现”了新大陆，促进了世界市场的形成，完成了从封建社会向资本主义社会的过渡。

五、厚往薄来做外贸，官方朝贡民走私

明前期中国与亚非国家的贸易主要以官方“朝贡贸易”为主，郑和下西洋将中外官方贸易推向顶峰。与此同时，民间走私贸易风起云涌。到明朝后期，随着“朝贡贸易”的衰落，民间贸易成为中国与亚非国家贸易关系发展的主导力量。

1. 东北亚地区

明代东北亚地区共有三个国家——朝鲜、日本和琉球。

（1）朝鲜。

中国与朝鲜半岛的贸易关系，到明代得到了进一步发展。一方面，朝鲜承认中国为宗主国，对明王朝称臣纳贡，另一方面明王朝则给予朝鲜特别优惠的朝贡贸易待遇。因此，朝鲜李氏王朝一面积极开展对明“朝贡”，一面帮助明王朝打击中国从事走私贸易的商人。

（2）日本。

明代中日关系较为复杂。明前期由于倭寇侵扰及胡惟庸之乱，明王朝对日本来华“朝贡”实行极为严格的限制政策，甚至一度规定日本“十年一贡”，每次入贡，船不得过 3 只，人数不得超过 300 人。不过，这一限制并未完全奏效，日本在明前期入贡仍较频繁。这一时期，从日本输入中国的刀剑为数可观，其锋利精良受到明人的赞赏。日本作为中国传统的商品销售市场，对中国生丝、瓷器有很大的需求。徐光启说：日本“彼中百货取资之于我，最多者无若丝，次则磁”。相对严格的朝贡限制，使中国商品在日本供不应求，因而将中国货物运往日本可获高额利润，由此诱使不少中日商人铤而走险，从事两国间的走私贸易。到明末，福建海商郑芝龙集团通过从事中日间特别是台湾与日本间的贸易迅速发展壮大起来，并且还开辟了一条

身着明朝服饰的保大帝皇后

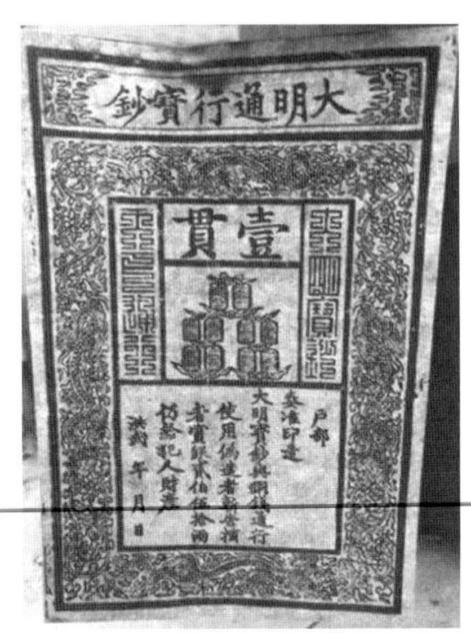

明朝废除的纸币

由泉州安平直抵日本长崎的新航线，中日贸易由此盛极一时。

（3）琉球（今日本冲绳县）。

早在汉代，琉球群岛与中国大陆已开始了经贸往来。明王朝建立后，明太祖朱元璋实行和平外交政策。洪武五年（1372 年），明遣使琉球，琉球接受明廷册封，从此成为中国的重要朝贡国。明廷对琉球来华“朝贡贸易”也实行较为优惠的政策。允许其一年两贡或三贡，并特许其随贡商船在北京及福建，不拘期限与华商交易。成化十年（1474 年），明廷特在福建福州修建柔远馆，用以专门接待琉球贡使。琉球国本身不产香料，加之经济水平落后，缺乏中国需要的大宗贡品。而与明王朝开展“朝贡贸易”获利丰厚，故琉球国不惜远渡重洋，到东南亚各地购买香料转贡于中国。同时还将中国的丝绸、瓷器、铜钱等物转口于东南亚、日本等地，琉球从这种转口贸易中获取了巨额利润，使之由一个名不见经传的弹丸小国，成为海上丝绸之路上一个举足轻重的国家。

2. 东南亚地区

（1）印度支那半岛。

明代印度支那半岛上的主要国家有安南（今越南北部）、占城（今越南中部及南部）、真腊（今柬埔寨及越南南部）、暹罗（今泰国）等。这些国家和地区均为中国传统贸易伙伴，与中国有着悠久的贸易关系。明朝建立后，双方开展朝贡往来。特别是郑和下西洋后，印度支那半岛国家与中国的“朝贡关系”进一步密切。明王朝建立后，主动遣使与真腊通好。洪武三年（1370 年），明太祖派使臣郭征前往真腊，两国间自此恢复了外交关系。郑和下西洋后，中国与真腊的友好关系得到空前的发展。明王朝立国时，泰国大城王国已统一暹罗，明太祖于洪武三年（1370 年）派使臣吕宗俊等人前往暹罗，与大城王国建立起了友好关系。永乐年间，郑和下西洋进一步密切了双方的关系。此后，两国使臣往来相继，暹罗国遣使来华“朝贡”极为频繁。

（2）马来半岛及马来群岛。

明代时在马来半岛及马来群岛活跃着诸多小国。与明王朝关系较为密切的国家有：爪哇（今印度尼西亚爪哇岛及苏门答腊岛的部分地区）、三佛齐［今苏门答腊岛巨港洪武三十年（1397 年）被爪哇灭掉］、阇婆（今印尼爪哇岛中部）、兰无里（今印尼苏门答腊岛的亚齐）、渤泥（今文莱）、美洛居（今印尼马鲁古群岛）、满剌加（今马来西亚马六甲）等。

《妙法莲华经》连花纹牌记

爪哇，当时为马来群岛的一个大国。明朝建立后，明太祖朱元璋即派使臣前往爪哇，双方建立起了“朝贡贸易”关系。此后，两国使臣往来不绝。郑和下西洋，爪哇为其南下的终点和西向的起点，地位十分重要，从而又大大加强了彼此之间的联系。此后双方关系更加密切，官方贸易盛极一时。渤泥国王麻那惹加那乃率领王妃、子女及大臣等 150 余人来华访问，明成祖对他们“优待礼隆，赐予甚厚”。后渤泥王不幸病逝于中国，明成祖命渤泥王子暇日王继位，并派人护送其回国。后暇日王多次亲自来华朝贡，中国与渤泥的关系日益密切。满剌加国是 14 世纪末兴起的一个国家，也与明朝有着密切的贸易关系。明永乐年间郑和下西洋，由于满剌加地扼东西海上交通要冲——马六甲，成为郑和船队必经之地，满剌加国对郑和船队每次都友好相待，并允许郑和在此设立“官厂”（即仓库），作为其船队的中转站。与此同时，满剌加使臣也频繁来华“朝贡”。

3. 南亚各国

南亚地区，当时主要的国家有榜葛剌（今孟加拉）、加异勒（今印度南部加耶尔巴达）、西洋锁里（今印度南部科里伦河口）、古里（今印度西海岸科泽科德）、柯枝（今印度西海岸柯钦）、小葛兰（今印度西海岸奎隆）、锡兰山（今斯里兰卡）、溜山国（今马尔代夫群岛）。这些国家，都是明代郑和下西洋所经之地。在郑和下西洋的推动下，南亚国家纷纷遣使中国，如溜山国曾于永乐年间四次遣使“朝贡”。

4. 西亚、非洲

明代中国与西亚、非洲的贸易关系继续发展。自第四次下西洋开始，郑和船队便驶入阿拉伯海，与阿拉伯半岛及东非各国开展交往，使中国与这些地区的贸易关系达到了封建时代的顶峰。

5. 对欧贸易

（1）明朝与葡萄牙的贸易关系。

葡萄牙在《明史》中被称为“佛郎机”。弘治十二年（1499 年），达·伽马满载丝绸、香料、宝石的船队凯旋里斯本时，葡萄牙国王为其举行了盛大的欢迎仪式，举国震动。葡萄牙殖民者个个都急切盼望着到东方去。正德五年（1510 年），葡萄牙舰队驶入印度洋，首先占领了印度西海岸的卧亚（今印度果阿）。正德六年（1511 年），又占领了东西方海上贸易的枢纽——满剌加（今马六甲），此后便积极寻求开展对华贸易。正德九年（1514 年），葡萄牙驻马六甲总督派遣以阿尔瓦雷斯为首的先遣队前往中国，葡萄牙人到达广州，明朝官员禁止其进入广州城，但准其出售货物，“葡人获大利而归”。阿尔瓦雷斯为纪念其对中国的发现，还在广东屯门岛竖立一块石碑。正德十三年（1518 年），葡总督又派安得洛德和皮来资率领八艘武装船只来华，到达中国广东屯门，要求与中国建立起正式的通商关系。广州地方官员认为明朝与葡国以前并无朝贡关系，双方贸易的开展应奏报朝廷批复。故允许葡萄牙两艘船只进入广州，令其交易完毕立即回国。但葡萄牙人抗令不遵，继续盘踞屯门。他们不但在中国东南沿海进行走私活动，还在屯门杀烧劫掠，无恶不作。与此同时，葡使皮来资还采用贿赂的手段，冒充满剌加贡使得以进京，并朝见了明武宗。葡人在北京依附宦官江彬，一时间骄横跋扈，胡作非为。正德十六年（1521 年），明武宗死，明世宗即位，权重一时的江彬被杀，皮来资等被逐出北京，明廷派出军队将占据屯门的葡萄牙人驱逐。随后，葡萄牙人又流窜到我国闽浙沿海一带，与倭寇勾结在一起，大肆进行武装抢劫及走私活动。直到 1549 年，被浙江巡抚朱纨赶走。

1623 年的澳门史料

嘉靖三十二年（1553 年），葡萄牙人又以欺诈和贿赂的手段强占了中国的澳门。澳门又名香山澳，位于广东香山县（今中山市）南端，明嘉靖十四年（1535 年）广东市舶司移至澳门，葡萄牙人趁机混入澳门贸易。嘉靖三十二年（1553 年）

葡萄牙人贿赂广东海道副使汪柏，借口其商船遭遇风暴，请求暂借澳门海滩晾晒货物。从此葡人在此筑室久居，来澳葡人日渐增多，一些葡萄牙商人举家迁来澳门，史书记载："（葡人）举国而来，扶老携幼，交相接踵。"澳门从此成为葡萄牙开展对华贸易的基地。如前所述，明代中国对日本贸易限制较严，从事中日间走私贸易获利极高。葡萄牙人占领澳门后，趁机组织中日贸易船队，从事东南亚中国日本间的转口贸易，澳门也逐渐发展成东方国际贸易的转运中心。

葡萄牙人以澳门、果阿为基地，将中国商品一部分转贩日本及东南亚，另一部分则运往欧洲。16世纪中国与欧洲的贸易主要由葡萄牙人垄断。

（2）明朝与西班牙的贸易关系。

《明史》称西班牙为"大吕宋"。明穆宗隆庆元年（1567年），西班牙远征军到达东方，占领菲律宾宿务。隆庆五年（1571年）又占领吕宋岛，随后西班牙人便积极寻求与中国开展贸易。万历二年（1574年），广东海盗林凤集团被明军击溃，逃往吕宋，被西班牙人剿灭。因西班牙人助明讨伐林凤有功，西班牙人来华贸易受到明政府厚礼接待，但他们在广东沿海一带的贸易却受到葡萄牙人的阻挠。此后，西班牙人转向我国闽浙台一带贸易，并要求明廷指定一处地方供其居住贸易，被明廷拒绝。天启六年（1626年），西班牙人使用武力占领了台湾省北部，以此作为对华贸易的基地，直到崇祯十四年（1641年）被荷兰人驱逐。

西班牙人占领的菲律宾群岛较为贫瘠，"既无香料，又无金银"，甚至一些日用品也要靠海外供应。而中国物资丰富，与菲律宾地理接近，为维持其殖民统治，西班牙人一度鼓励中国商人前来贸易。而明后期的开海贸易政策也使中国商人出海贸易激增。中国商船到港后，先将货物运入涧内的华人商店，然后由当地的华人再将货物卖给菲人及西班牙人。西班牙人依靠中国商船运来的货物不但解决了在菲岛的生存需求，且他们还将中国商船运来的丝绸、瓷器等物品转贩到其美洲殖民地，中国丝绸、瓷器由此传遍世界。当年，西班牙大帆船频繁往来于马尼拉与墨西哥的阿卡普尔科港之间，贩运中国的丝绸、瓷器、漆器等。中国的丝绸质优价廉，为"欧洲的丝货望尘莫及"，在美洲各地非常畅销，西班牙人从中获取了丰厚的利润。

（3）明朝与荷兰的贸易关系。

《明史》称荷兰为"红毛番"，因"其人深目长鼻，发眉皆赤"得名。16世纪末，荷兰人从西班牙的统治下独立后，积极推行发展海外贸易的政

刻有荷兰东印度公司标志的钱币

策。到 17 世纪，其航海能力已超过了葡萄牙和西班牙，世界航运业的 80% 为其掌握，有“全世界的海上马车夫”之称。荷兰凭其海上优势和商业霸权占领了广大殖民地，并且击败葡萄牙人，夺得其大部分东方殖民地。明万历三十二年(1604 年)，荷兰首次派出军舰到达中国广东沿海，要求与中国开展通商贸易，因葡人从中阻挠，荷兰人在广东贸易的目的未能实现。随后荷兰人转向闽台一带，天启四年（ 1624 年 ）强占澎湖列岛，不久被明军驱逐，随即又占领台湾省南部，并于崇祯十四年（ 1641 年 ）将西班牙人赶出台湾北部，独占台湾。此后，荷兰人即以台湾为对华贸易的基地，与中国海商开展大规模的贸易活动，如明崇祯元年（ 1628 年 ），荷兰驻台湾长官与海商郑芝龙订立为期三年的购货合同，规定郑芝龙每年向荷兰交付生丝 1400 担、糖 5000 担、绢绫 5000 匹；荷兰人支付白银 29.97 万元。与此同时，以东南亚为基地的荷兰东印度公司通过贩运中国货物获得高额利润，据估计，荷印公司将中国的生丝运往欧洲的利润高达 320%。为获得中国丝绸，荷兰人还千方百计地劝诱中国海商前往荷兰东印度公司的基地——巴达维亚城（ 今印尼雅加达 ）。万历四十八年（ 1620 年 ），荷兰东印度公司指示其北大年商馆：“你们必须劝诱北大年、宋卡、博他仑等地的华船，下年载运大批美丽的生丝、绢绸以及其他中国货物前来雅加达，向他们保证，我们不缺乏现款，也不缺乏檀木、胡椒，而且他们前来可以不交纳任何税款，一切捐税全部豁免。”此外，荷印公司经营的中国瓷器贸易规模也很可观。

第二章 科技与思想

一、科技成就屡创新，名家辈出世界惊

中国古代科学技术在明代继续发展，医药学、农药、天文等方面均取得极大成就，有的居世界先进水平。

1. 明代科技发展概述

明朝初期承继了宋元的科技优势，其造船科技更是首屈一指的。明朝建造的船设计精良，装备齐全，最大的船能够长约 147 米，阔约 60 米，能够容纳 1000 名船员，且最大的船能有 9 个桅杆。相比数十年后，哥伦布“发现新大陆”所乘坐的船只长约 30 米，四个桅杆比较，可以见到明初科技的先进程度。

中国发明的罗盘亦于此时传入欧洲，使欧洲人能够像郑和一样去新大陆。

中晚明的科学技术出现了新的进步。中晚明科学著作众多，例如李时珍的《本草纲目》、宋应星的《天工开物》、徐光启的《农政全书》、方以智的《物理小识》、程大位的《算法统宗》、吴有性的《瘟疫论》、徐霞客的《徐霞客游记》，这些明朝科学家几乎都是明朝有功名的士子。而崇祯十年（1637 年），宋应星在《论气・气声》中对声音的产生和传播作出了合乎现代科学的解释，认为声音是由于物体振动或急速运动冲击空气而产生的，并通过空气传播，同水波相类似，与现代理论非常相似。方以智则在《物理小识》中提出：“宙（时间）轮于宇（空间），则宇中有宙，宙中有宇。”提出了时间和空间不能彼此独立存在的时空观。在《物理小识》中正确地解释了蒙气差（即大气折射）现象。民间光学仪器制造家孙云球制造放大镜、显微镜等几十种光学仪器，并著《镜史》。从这些来看，明

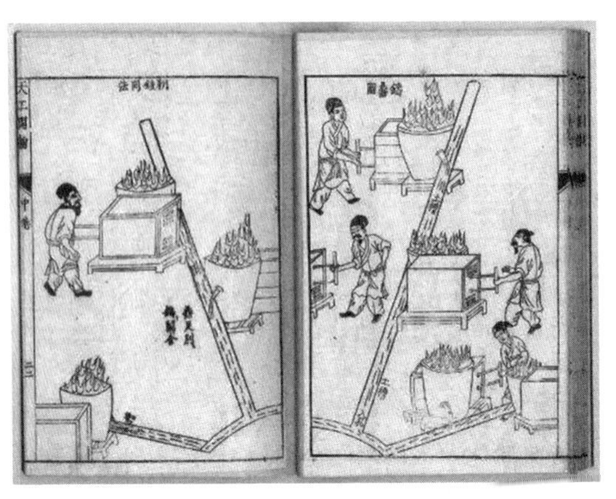

《天工开物》插图

朝的科技在当时来说是作了很多的改进，有很多的突破。

而日用品也有科技上的突破，如于谦作的《咏煤炭》说明了明代煤已经十分普遍。

而明朝宗室在科技上也有极大的贡献，明宗室朱载堉在世界上第一次正确地提出了十二平均律，并在数学、天文学方面亦多有建树、贡献；明初周王朱橚把400余种植物种于府内，并让王府画工将植物绘图编制成书，名为《救荒本草》，对灾时的济民很有帮助。《救荒本草》共记有植物414种，并详细描述了各种植物的形态、产地、生境、可食用部位和食用方法，是生物学历史上的重要书籍，亦是明朝农学上的一大突破。中晚明的军事科技也有所进步，各种新式火器大量涌现。西方的佛郎机火炮迅速在中国使用。还有一些专门的火器论著出现，如茅元仪所著之《武备志》。这些火器在对抗倭寇及荷兰时起了极大作用。

明朝末期，随着耶稣会传教士的到来，在他们传播教义的同时，也大量学习了中国的科学技术。例如徐光启就曾与利玛窦合译了《几何原本》。在中西文化交流的同时，基于双方文化的歧异及认知方面的不同，也引发了一些冲突，例如南京教案等。

明朝在军事科技方面也做了不少改进，例如明初已经普遍装备了火铳枪，还出现威力巨大的火炮。除此以外，各类弹道研究都很快得到发展。而日本要到17世纪才认识大炮，直到明治维新前大炮仍然依赖进口。

2. 徐光启和《农政全书》

中国是农业大国，农学自古受重视。到了明代，随着社会经济的高度发达，特别是中后期出现了资本主义生产关系的萌芽，农业生产又有了新的发展。适应时代的需要，便又有反映新时期农业生产的新水平、新技术和新经验，全面总结古今农业生产知识的新农书问世，这就是徐光启编著的、驰名中外的《农政全书》。

徐光启（1562—1633年），字子先，号玄扈，出生在上海一个商人兼小地主家庭。他通过读书应试，虽然在35岁考中举人，42岁考中进士，先后在翰林院、詹事府和礼部任职，到了晚年，甚至被崇祯皇帝由礼部左侍郎升任尚书、内阁大学士，但是由于明朝末年政治腐败，权臣用事，宦官专权，使得他身在其位却不能谋其事，并且屡遭排挤打击，未能在政治上有所建树。他关心国家的前途命运，关心人民疾苦，热烈追求真理，以坚忍不拔的精神，钻研科学文化，特别是农学知识。史书上称他“宽仁果毅，淡泊自好，生平务有用之学，尽绝诸嗜好，博访坐论，无闲寝食”。通过毕生的努力探索，终于成就广博的学识，并且，在介绍西方自然科学和发展我国的农业、天文、数学等科学技术方面做出了重大贡献。他晚年编著的《农政全书》更使他名扬中外，永垂史册。

从万历三十四年（1606 年）开始，徐光启便和利玛窦过从甚密，向利玛窦请教自然科学方面的知识。他痛切感到中国知识分子在科举制度和儒学的影响下，死记经书教条，学术空疏，轻视实学，脱离实践知识，一心只想升官发财，导致科学技术停滞落后。于是他决心把所学到的西洋自然科学知识介绍到中国，便开始与利玛窦合作，翻译了欧几里得的《几何原本》前 6 卷。在翻译的过程中，他虚心听利玛窦的讲解，认真细致地绘图、笔录，反复订正修改，终于在万历三十五年（1607 年）定稿刻印出版，成为中国历史上第一本翻译的西洋数学书。此外，徐光启还和利玛窦合译了《测量法义》《测量异同》等两部应用几何学著作，自译水利科学著作《泰西水法》。魏忠贤专政，徐光启被罢官。崇祯皇帝即位后，才被任命为礼部左侍郎，不久又被提为礼部尚书。这时，他已是年逾花甲的老人，可他壮心不已，建议开设历局，修订历法。崇祯皇帝批准了徐光启的建议，以他为监督，聘请耶稣会士龙华民、罗雅谷、汤若望等人共同修订。在修订历法的工作中，他作风严谨，遇有差错，必查明原因，务求做到“上推远古，下验将来，必期一一无爽；日月交食，五星凌犯，必期事事密合”，并且亲自参加观测、验算等具体工作。经过多年的艰辛劳动，终于编成了 100 多卷的《崇祯历》。

徐光启

徐光启最重要的著作不是这些，而是编写《农政全书》。《农政全书》是一部“考古证今，广咨博讯”的农业科学名著。它是徐光启一生刻苦钻研、亲身试验和实践而获得的丰硕成果，也是中华民族文化宝库中的一份珍贵的文化遗产。

《农政全书》内容丰富多彩，可以说是集古代农业知识之大成。它总结了封建社会农业生产的经验，辑录了有关农业理论和政策的资料，具体介绍了关于水利工程、农业工具的形制和使用方法，以及各种谷物、蔬菜、果树、桑、棉、麻等作物的选种、栽培方法，还有关于牲畜的牧养、食品的加工，以及消灭虫害、荒年赈灾等无不详录备载，议论精到。这部科学著作的主要价值是：

第一，重视农业生产经验和技术的总结，既辑录了古代300多种重要的农业文献，又及时地总结了明朝当代农家以及徐光启本人的农业实践经验，使一些传统的农田园艺知识和从实践中获得的新经验得以流传推广。在辑录农业文献资料方面，除汇集历代重要典册之外，更注意搜集明人的著述，如沈一贯的《山东营田疏》、吴严的《兴水利以充国赋疏》等。在总结农业生产经验方面，他把自己多年观察研究的重要成果也都加以记述。如对农业的用水五法，逐点陈述；对于如何消灭蝗灾、确保粮食丰收方面，他详尽地叙述了自己观察所得的蝗虫成长规律，以及消灭蝗灾的具体办法。其他如作物果蔬的栽培种植的经验的记载，那就更多了。

第二，注意提倡经济作物的种植和推广。明代中后期，随着商品经济的进一步发展，出现了资本主义萌芽，经济作物的种植比以前更为普遍和繁荣。《农政全书》关于这方面的记载反映了当时社会经济发展的新特点。如对棉花的种植记载得特别详细，从选种、种子贮藏、播种期、施肥技术、行距等，总结出一整套栽培技术理论；又如种植乌桕可以取桕油，种女贞可以取白蜡，“其利济人，百倍他树”，书里也做了详细介绍；又如茶叶，当时已经销售国际市场，是“民生日用之所资，国家课利之一助”，徐光启在书中也详细论述了有关品种、采取、制作以至收藏、饮用等方法。

第三，书中宣传“人定胜天”思想，反对保守，有助于人们破除迷信、解放思想，推动人们从实践上得真知。徐光启在书里说道：“土性虽有宜不宜，人力亦有至不至，人力之至，亦或可以回天，况地乎？”意思是说，人有回天之力，可以使土地由不适宜作物成长变为适宜。他反对那种“凡种植必用本地种”，否则“风土不宜”、难于存活的保守思想。他还引实例作为有力论证，说棉花由外国传入，中国普遍种植，成为衣被之源；甘薯由外国传入南方，在北方也得到推广，并且获得丰产。由此他得出结论说：“若谓土地所宜，一定不易，此则必无此理。”

《农政全书》于天启五年至崇祯元年（1625—1628年）之间写成。全书60卷50多万字，分作12门，包括农本、田制、水利、农器、农事、开垦、栽培、蚕桑、牧养、酿造、造屋、家庭日用以及荒政等方面，其中以“开垦”“水利”和“荒政”为全书重点，约占全书二分之一的篇幅。

崇祯六年（1633 年），徐光启去世，享年 72 岁。

3. 宋应星与《天工开物》

《天工开物》是世界上第一部关于农业和手工业生产的综合性著作。作者宋应星（1587—1666 年），字长庚，奉新县宋埠镇牌楼村人。明末清初科学家。在担任江西分宜县教谕（1635—1638）期间，将其长期积累的生产技术等方面知识加以总结整理，编著了《天工开物》一书。《天工开物》初刊于明崇祯十年（1637 年），是中国古代一部综合性的科学技术著作，有人也称它是一部百科全书式的著作，外国学者称它为“中国 17 世纪的工艺百科全书”。

作者在书中强调人类要和自然相协调、人力要与自然力相配合。它对中国古代的各项技术进行了系统的总结，构成了一个完整的科学技术体系。收录了农业、手工业、工业——诸如机械、砖瓦、陶瓷、硫黄、烛、纸、兵器、火药、纺织、染色、制盐、采煤、榨油等生产技术。尤其是机械，更是有详细的记述。在国外先后被翻译成多种文字。

《天工开物》记载了明朝中叶以前中国古代的各项技术。全书分为上中下三篇 18 卷。并附有 121 幅插图，描绘了 130 多项生产技术和工具的名称、形状、工序。

1644 年明亡，宋应星挂冠回乡隐居。由于他的反清思想，《四库全书》没有收入他的《天工开物》，但却在日本、欧洲广泛传播，被译为日、法、英、德、意、俄文，其中关于制墨、制铜、养蚕、用竹造纸、冶锌、农艺加工等方法，都对西方产生了影响，代表了中国明代的技术水平。

4. 李时珍与《本草纲目》

《本草纲目》是明朝李时珍为修改古代医书的错误而编。李时珍（1518—1593 年），字东璧，时人谓之李东璧，号濒湖，晚年自号濒湖山人，湖北蕲州（今湖北省黄冈市蕲春县蕲州镇）人。中国古代伟大的医学家、药物学家。

李时珍以毕生精力，亲历实践，广收博采，实地考察，对本草学进行了全面的整理总结，历时 29 年编成《本草纲目》。全书 52 卷，190 多万字，记载了 1892 种药物（新增 374 种），分成 60 类。其中，374 种是李时珍新增加的药物。收药 1892 种，绘图 1100 多幅，并附有 11096 个药方。是集我国 16 世纪以前药学成就之大成，在训诂、语言文字、历史、地理、植物、

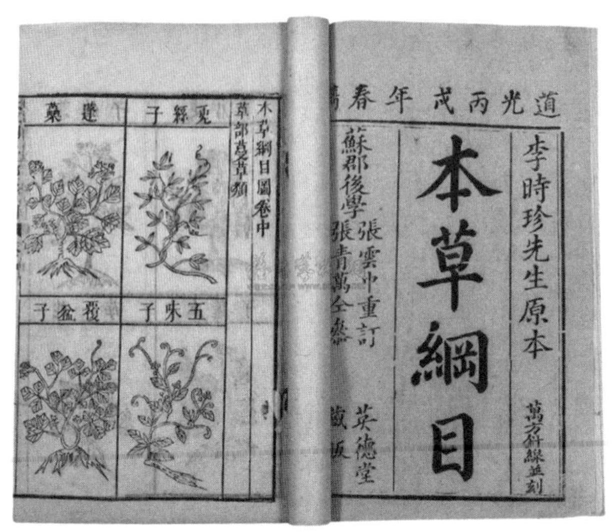

《本草纲目》书影

动物、矿物、冶金等方面也有突出成就。

它是几千年来我国药物学的总结。这本药典，不论从它严密的科学分类，还是从它包含药物的数目之多和流畅生动的文笔来看，都远远超过古代任何一部本草著作。

《本草纲目》问世后影响极大。明万历十八年（1590 年）由金陵（今南京）胡承龙首次刊刻，世称“金陵本”，至今尚存有极少几部，除日、美、德等国有收藏外，我国仅存两部。1603 年由夏良心等刊行于江西刻本《本草纲目》，世称“江西本”，为仅次于金陵本之善本，现存于世者尚多。此后，重刻《本草纲目》者逐渐增多，如湖北本（1606 年）、石渠阁本、立达堂本等，均刻于明末之前。清代刻本以张朝璘本（1657 年）、太和堂本（1655）等为最早，其后刻刊者甚多。据现存国内之刻印本统计，截至 1949 年约有 70 余版次。

本书 17 世纪末即对外传播，先后有多种文字的译本，对世界自然科学也有举世公认的卓越贡献。李约瑟博士在评价《本草纲目》时写道：“毫无疑问，明代最伟大的科学成就，是李时珍那部在本草书中登峰造极的著作《本草纲目》。”“李时珍作为科学家，达到了同伽利略、维萨里的科学活动所能达到的最高水平。”“中国博物学家中‘无冕之王’李时珍写的《本草纲目》，至今这部伟大著作仍然是研究中国文化史、化学史和其他各门科学史的一个取之不尽的知识源泉。”

5. 徐霞客及其游记

徐霞客（1587—1641 年），名弘祖，字振之，霞客是他的别号。明朝末期地理学家、探险家、旅行家和文学家。《徐霞客游记》是他一生最杰出的作品，开辟了地理学上系统观察自然、描述自然的新方向；既是系统考察祖国地貌地质的地理名著，又是描绘华夏风景资源的旅游巨篇，还是文字优美的文学佳作，在国内外具有深远的影响。

在徐霞客对地理学的一系列贡献中，最突出的是他对石灰岩地貌的考察。他是我国也是世界上最早对石灰岩地貌进行系统考察的地理学家。徐霞客一生行程数万里，把汗水洒在了大半个中国的土地上。他的心血，凝成了一部不朽的巨著——《徐霞客游记》。这部游记，是徐霞客30余年旅行考察的真实记录，具有极高的科学价值，为后人的研究提供了极其珍贵的资料，被人称为“古今游记第一”。

英国科学史专家李约瑟也赞叹说：“他的游记读来并不像是17世纪的学者所写的东西，倒像是一部20世纪的野外勘察记录。”

综观游记，似乎可以把徐霞客对地学的贡献归为地貌和水文两个方面。特别是对石灰岩地貌的考察和研究，贡献尤大。从时间上看，他比欧洲最早对石灰岩地貌进行考察和描述的爱士倍尔早100多年，比欧洲最早对石灰岩进行系统分类的瑙曼早200多年。从考察的广度和深度来说，他的业绩不但在我国，而且在世界地学史上也是空前的。在西南地区，他用了三年的时间，对石灰岩地貌进行广泛详细的考察，对峰林、圆洼地、溶水洞、地下暗流的特征和成因，都作了生动而确切的描述。他所描述的也不限于个别现象的表面和孤立的考察，实际上已经涉及岩石性质和地质构造的范围了。他一丝不苟地探查了100多个岩洞，详尽记载了岩洞的分布情况以及它们的高度、深度和宽度，并对石笋、石钟乳的形成作出了符合科学的解释，认为那是由于滴水蒸发后的碳酸钙凝聚而成。他说：“崖间有悬千虬枝，为水所淋漓者，其外皆结肤为石，盖石膏日久凝胎而成。”他根据自己观察到的各种现象，对石灰岩地貌进行类比总结，指出了不同区域间的区域特征，也厘订了一些名称。徐霞客是在当时整个世界上的科学的地理学、地质学都还处在萌芽状态的情况下，对石灰岩地貌进行卓有成就的研究的，可见他知识的渊博和贡献之重大。

徐霞客

徐霞客在水文方面的贡献也很重要。他经过深入的实地考察，正确地指出金沙江才是长江的上游，这就纠正了1000多年来以岷江为长江上游的传统说法。对流水侵蚀作用，他也有很多科学的观察，“江流击山，山削成壁”，“两旁石崖，水啮成矶”，“山受啮，半剖为削崖”，就是流水对地表的侵蚀的逼真而生动的写照。他在福建考察的时候发现，二条河流的发源地高度大约相等，但是入海的距离却相差很远，那么这两条河流的河床坡度就有明显的差异，流程短的，流速就快。这就是他说的“程愈迫，则流愈急”。这些见解都是符合科学的。

总之，300 多年前，徐霞客对流水侵蚀作用的理解是正确的，对西南石灰岩区域的考察，已经从一般表象的观察进入到更深入一步的研究阶段。虽然他还没有写出从理论上加以总结的文章，但是，他已经朝这个方向迈出可喜的一步。

6. 君临天下紫禁城

北京故宫，旧称“紫禁城”，是明、清两代统治者的皇宫。“紫禁城”之名究其由来，是源于中国古代天象学将天上星宿分为三垣、二十八宿、三十一天的认识。三垣是指天微垣、紫微垣和天市垣，紫微垣居三垣中央，所谓“帝微居中”，故取紫微之座，象征帝居之宫和“紫气东来”的祥瑞。故宫坐落在北京城南北向的举世闻名的中轴线上，是我国现存最大、最完整的古建筑群，也是目前世界上最大的木结构古建筑群。

北京故宫初建于明永乐四年（1406 年），历经 14 年至永乐十八年（1420 年）基本建成（清代只做了部分改建和重建），迄今近 600 年中历经 24 个皇帝。

故宫南面为南北狭长的前庭，有天安门和端门，形成宫门前面一长列

故　宫

建筑的前奏。午门后为一方形广场，其上有弯曲的金水河横贯，河上跨五座汉白玉单拱石桥，桥北是九间重檐庑殿顶的太和门，其两侧并列昭德、贞度二门。广场东西有通往文华殿和武英殿的协和、熙和二门。入天安门过端门到午门，午门是宫城的正门，在“凹”形的城墙台基上建庑殿顶城楼，左右各建两座崇阁，与庑廊连为一体，构成庄严华美气度非凡的五凤楼。经几重殿门、几重广场，入太和门迎面为面阔十一间重檐庑殿顶的太和殿，中间是方形单檐攒尖顶的中和殿，最后为九间重檐歇山顶的保和殿，三大殿廊庑环绕，气势磅礴，为故宫中最壮观的建筑群。城四面开门：东——东华门，南——午门，西——西华门，北——神武门，四角矗立风格绮丽的角楼。墙外有宽 50 米的护城河环绕。

故宫建筑在巨大的白色大理石上，大理石呈“土”字形，三级基座上的太和殿、中和殿、保和殿三大殿为中心和文华殿、武英殿为两翼的建筑群为前朝。前朝是皇帝举行大典和召见群臣、行使权力的主要场所。以乾清宫、交泰殿、坤宁宫“后三宫”为中心和东西六宫为两翼的建筑群是后廷，后廷是皇帝处理日常政务和后妃、皇子们居住、游玩的地方，建筑气氛与前朝迥然不同。从乾清门开始，在中轴线上的建筑物有乾清宫、交泰殿、坤宁宫及其周围 12 座宫院。乾清宫东西的六组自成体系的院落，即东六宫和西六宫，每组院落都以前后殿、东西庑的标准格局组成。东六宫南面有奉先殿、斋宫和毓庆宫，西六宫前面是养心殿。内廷中轴线之东有宁寿宫一组建筑，称“外东路”；西有慈宁宫、寿康宫、英华殿等。内廷另有花园三座，御花园在故宫中轴线最北部煞尾处，宁寿宫花园在宁寿宫养性殿之西，慈宁宫花园在慈宁宫之前。

从故宫的建筑形制来看，形象单一，模式固定，体量不大，并无特别令人景仰的特色。但它遵循了中国传统文化的“整体意识”，以群体空间组合和建筑体量的差别创造出强大的气势，震撼了人们的心灵；以富丽多变的装饰，规格化的彩绘、雕刻、陈设和大片黄色的琉璃屋顶及红墙、红柱等来表达统一中的“个性差异变化”，从而为全部建筑披上了一层庄严肃穆的色彩。故宫以“外城威、内城严、内廷规”的思想表露出国威、家法、人情；以天安门广场的雄伟壮阔、午门广场的静穆、太和殿前广场的威严来凸显天子在上、臣民在下的封建等级思想。大量的小品建筑如华表、石狮、铜龟、铜鹤、日晷、嘉量、御路、栏杆、影壁等，均构成了局部的艺术点缀。故宫的色彩以红、黄为主，以黄色为尊，取“土”属五行中的中央之位和富贵之色。

故宫在总体布局上，继承了前人的经验并有所发展，充分显示了比实用功能更为重要的封建宗法礼制和皇权政治的精神作用。一座座殿宇在明确的中轴线贯穿下，层层递进，高潮迭起；一组组院落，或空阔，或狭窄，收放自如，张弛有度，形成院落间的强烈对比。

故宫建筑群体现了我国古代建筑艺术的特殊风格和杰出成就，是世界上优秀的建筑群之一。而这一杰作，从明代永乐年间创建后，500 余年中，不断重建、改建，动用的人力和物力是难以估计的，真可谓“穷天下之力奉一人”。所以，这宏伟壮丽的故宫，是我国古代劳动人民智慧和血汗的结晶。

二、龙岗山上一轮月，仰见良知千古光

明初哲学以理学为主，尊崇南宋以来的客观唯心主义——程朱理学，政府也大加提倡。洪武、建文时的御用学者宋濂和他的门人方孝孺，被称为“程朱复出”。在明成祖主持下所编的《四书大全》《性理大全》等都以程朱理学为准,考试者不能离开攻读朱熹注解的《四书集注》和他对《五经》的见解，否则就会造成“鸣鼓而攻之”的局面。明英宗正统以来，明朝的政治统治有所动摇，农民起义四起，明王朝受威胁。

正统时，著名理学大师薛宣、吴与弼等在学术思想上认为程朱之学已无发展余地，于是出现了王守仁为代表的主观唯心主义——心学（也叫王学）。其体系极为庞杂，继承南宋大儒陆九渊的主观唯心主义哲学，但又受到佛教和禅宗的影响，称自己的著述是“孔门正法眼藏”。他认为心是天地万物的本原，但又反对程朱理学作为封建道德准则的心外之理，认为理是在心内的。他在晚年还提出“致良知”的学说，认为只要通过内心的反省，就能“去人欲，存天理”，使心中固有的天赋观念更多地发挥出来。根据这个理论，他还提出“知行合一”的学说，要劳动人民按着儒家的封建道德去思维和行动，甘心受封建剥削阶级的统治。但作为封建社会后期的儒家人物，王守仁的思想脱离

吴与弼

程朱理学的派系，对解除士子思想束缚，大胆进行思考，还是有积极作用的。

明中后期王学风行。王阳明的弟子王艮更进一步强化此方面的论述，提出“百姓日用即道”，肯定平民百姓日常生活的意义。而李贽则更肯定“人欲”的价值，认为人的道德观念系源自对日常生活的需求，表现追求个体价值的思想。因西学东渐使科学精神与实学风尚也开始流行。明末伴随着朝代的更替，哲学家开始更多思考现实问题与政治改良，如王夫之、黄宗羲、顾炎武等。

晚明书院的兴盛冲击了官学的地位，许多知识分子利用在书院讲学之际借机批评时政，如曾讲学于东林书院的顾宪成及高攀龙，就常讽刺时政，也使东林书院成为与当权派对抗的中心。当时学者也会借用寺庙周边的空地举行“讲会”，倡导新的思想价值与人生观。

三、大明史书分国野，名人家乘颇盛行

明前期为官修史书，后期则私撰史籍不少。

1. 国史

《元史》210 卷，宋濂编。是记载元朝史事的纪传体史书，包括本纪 47 卷、志 58 卷、表 8 卷、列传 97 卷，记载了从成吉思汗至元顺帝约 160 年间蒙古、元朝的历史，尤以元朝史事为主。该书依据实录、后妃功臣列传及诸家所撰行状、墓志编写，其中表、志，依据《经世大典》等书而撰成，因此书中保存了不少原始史料，尤以天文、历史、地理、河渠等四志材料最为珍贵，是研究元史的基本资料之一。《元史》修撰的时间，前后只用 11 个月，成书之速给它带来了不少缺陷、讹误，遭到后来学者的非难。

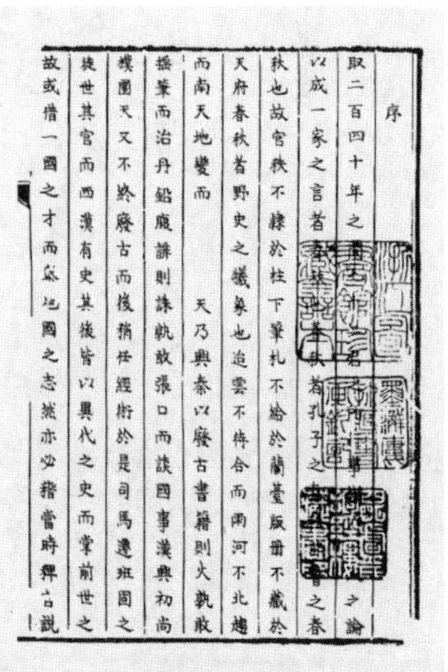
序
取二百四十年之[illegible]之論
以成一家之言者[illegible]孔子之[illegible]之春
秋也故官秩不隸於柱下筆札不給於蘭臺版冊不藏於
天府春秋者野史之權輿也迨雲不侔合而兩河不北趨
而南天地變而　天乃興秦以廢古書籍則火孰敢
搖筆而治丹鉛庭諱則誅孰敢張口而談國事漢興初尚
模閣天又不終廢古而後搢紳經術於是司馬遷班固之
徒世其官而西漢有史其後皆以異代之史而掌前世之
故或借一國之才而紀他國之志然亦必稽當時稗官說

《国榷》书影

《大明会典》是记载明章国典的，今存两种。一是正德《大明会典》，共 180 卷，截至明孝宗弘治十五年（1502 年），正德四年（1509 年）刊行。一是万历《大明会典》，共 228 卷，新补了嘉靖、隆庆等朝的条例，万历十五年（1587 年）刊行。两书可相互参考。会典类今存者还有洪武时的《诸司职掌》和嘉靖时戴金所辑的《皇明条法事类纂》等。

私修的史书以谈迁《国榷》最有名。该

书108卷，是编年体明史，此书对于研究明史，特别是研究明代建真女真及崇祯一朝的历史，有重要参考价值。

2. 野史

明代野史很多。纪传体的有郑晓《吾学编》、何乔远《名山藏》,邓元锡《皇明书》、李贽《续藏书》和尹守衡《明史窃》等；属于编年体的有薛旃应《宪章录》、黄光昇《昭代典则》、陈建《皇明从信录》和《皇明通纪辑要》、谈迁《国榷》。属于纪事本末体的有高岱《宏猷录》；属于杂史类的有王世贞《弇山堂别集》、朱国桢《皇明史概》；属于典制类的有徐学聚《国朝典汇》、孙承泽《春明梦余录》；属于笔记类的有叶盛《水东日记》、王锜《寓圃杂记》、何良俊《四友斋丛说》、谢肇淛《五杂俎》、沈德符《万历野获编》等。

3. 家乘

明代家乘盛行。包括碑传、行状、年谱、家书、家谱等。碑传总集著名的有《明名臣琬琰录》及《续录》，还有《国朝献徵录》，有的年谱、行状是单行的，如戚国祚《戚少保年谱耆编》《李东阳年谱》《霍韬年谱》《顾亭林年谱》等；有的则附录在文集中，如张居正《张江陵文集》附录行状，周顺昌《烬余集》附录年谱,《海瑞集》则行状、碑传、年谱皆有附录。此外，还有大量抄本的家谱出现，以供研究之用。家乘每多谀辞，须与国史相互参照。

第三章 文学艺术

一、诗文数量如烟海，作家众多各成派

明代诗文数量浩如烟海，不仅作家众多，而且各成流派。著名文人有刘基、宋濂、高启、方孝孺、唐寅、归有光、徐渭、王世贞、袁宏道、钱谦益、张岱、吴伟业等人。

明初宋濂、刘基、高启等还有两首好诗，后来歌功颂德的诗歌成风，为“台阁体”，为应制之作，无生气。中期于是有拟古、复古派运动，先后兴起两次运动即“前七子”和“后七子”。

“前七子”是指李梦阳、何景明、康海、徐祯卿、边贡、王廷相、王九思。以李梦阳、何景明为领袖，主要活动于弘治、正德年间。“前七子”的诗文复古主张，是由李梦阳首先提出来的。李梦阳（1473—1530 年），字献吉，号定同，甘肃庆阳人，弘治七年（1494 年）进士，官至户部郎中，因上疏弹劾宦官刘瑾被下狱。刘瑾被诛，而起官江西提学副使。气节名震一时。“梦阳才思雄鸷，卓然以复古自命。”著有《空同集》66 卷。何景明，字仲默，号大复，河南信阳人。弘治十五年（1502 年）进士，官至陕西提学副使。与李梦阳诗文相交，初友善，后因见解歧异而互相诋诃。有《何大复集》38 卷。为人处事“老操耿介，尚节义，鄙荣利，与梦阳并有国士风”。

“前七子”的复古主张，是“文必秦汉，诗必盛唐，非是者弗道”。

李梦阳、何景明所倡导的第一次诗文复古运动，对冲垮台阁体起了一定的作用，但他们这种唯古是尚的主张和句窃字摹的恶劣文风引起人们强烈的不满和抨击，其复古气焰也就渐渐地衰弱了。正当此时，以李攀龙、王世贞为领袖的“后七子”运动步其前履，通过在一定程度上修改“前七子”的主张登上了文坛。

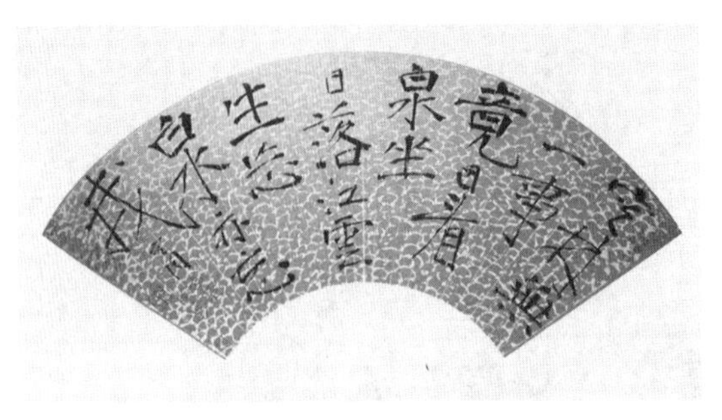

李梦阳书法

“后七子”主将李攀龙，字于鳞，号沧溟，山东济南人，进士，任刑部主事，出顺德知府，擢河南按察使。著有《沧溟集》30卷。另一主将王世贞，字元美，号凤洲，又称弇州山人，江苏太仓人。嘉靖丁未进士，授刑部主事，出为山东副使。以父忤被杀解官，复起，累官至刑部尚书。著有《弇州山人四部稿》。王世贞与李攀龙共主盟文坛，时称王、李。李攀龙死后，王世贞独主文坛20年。前后七子中，王世贞影响最大，学问最为渊博，他才高位显，“一时士大夫及山人、词客、衲子、心流，莫不奔走门下，片言褒赏，声价骤起”。而这一运动的中坚则是“后七子”中的另外几位文人，即谢榛、宗臣、梁有誉、徐中行、吴国伦。

“后七子”诗文主张与“前七子”大同小异，均是“是古非今”。前后七子的诗文复古运动，维持文坛近百年。后来，公安派反复古口号提出，他们的主张才瓦解。

当前、后七子复古运动兴起时，文坛上又相继迭起“唐宋派”和“公安派”。

万历时期，猛烈反对前后七子的拟古主义，有以公安袁宗道、袁宏道与袁中道为代表的公安派。他们认为文学是随着时代的变化而变化的，有各个不同的时代，即有各种不同的文学。竟陵钟惺、谭元春为代表的竟陵派主张独抒性灵，并且乞灵于古人，目的为“引古人之精神以接后人之心目，使其心目有所止焉，如是而已矣”。

二、“四大奇书”最知名，“三言二拍”赚口碑

明代文学以小说达到的艺术成就最高，创作了大量的以历史、神怪、公案、言情和市民日常生活为题材的长篇章回小说和短篇的话本、拟话本。一些文人加工改写了宋元话本，还创作了拟话本。

明代最有名的小说是《水浒传》《三国演义》《西游记》和《金瓶梅》。《水浒传》是元末明初人施耐庵根据宋元以来有关宋江等36人的故事话本和杂剧编写而成的。作者塑造了各种不同性格的反抗者的典型形象，歌颂了农民战争和农民英雄，同情他们“逼上梁山”的悲愤的遭遇。此书

对长期受地主剥削压迫的农民起了很大的鼓舞作用，特别是对明末农民起义有深远的影响。水浒的故事在各地广泛流传，有的演为戏文，或从说书人的口中传播开来。书中也反映了统治者对农民军的残酷镇压，揭露了封建社会的黑暗，指出了农民起义的局限。

《三国演义》，罗贯中著。又名《三国志通俗演义》。原书 24 卷，每卷 10 节。清人毛宗岗加以改作，成 120 回本，流传至今。《三国演义》是一部历史小说，根据《三国志》和历来的民间传说写成，起自东汉末年的黄巾起义，终于西晋王朝的统一。该书以刘汉政权为正统。描写了三国时期错综复杂的封建割据斗争，在很大程度上反映了元末以汉族人民为主体的反元斗争潮流和各反元政权之间的战争。书中描写了分裂战争带给人民的灾难，反映了厌恶分裂、要求统一的社会思潮。书中对众多历史人物的刻画，如诸葛亮的足智多谋，关羽的忠义，曹操的奸诈，董卓的骄横，等等，都具有典型的意义。特别是诸葛亮，作为智慧的化身，着墨最多。他在隆中对政治斗争形势和战争形势的透彻分析，他联吴抗曹的战略思想和在赤壁大战中的表现，他七擒孟获、平抚西南的历史功绩，他辅佐后主刘禅，“鞠躬尽瘁，死而后已”的精神，既有历史的依据，又有艺术的夸张，使这个艺术形象丰满无比，受到人民的喜爱。《三国演义》中的人物都是在战争和政治斗争的环境中进行活动的。该书对战争场面的细致描写，是其他文学作品很难企及的。

《西游记》是一部浪漫主义的古典小说。作者是吴承恩。全书 100 回，写唐僧取经的故事。书中大部分人物以神怪妖魔的形象出现，但通过他们的活动，展开了人间的美和丑、善和恶。孙悟空是主人公。他艺高胆大，蔑视天纲，不畏艰险。他曾树起“齐天大圣”的旗号，与天庭对抗，搅得周天不宁；他保护唐僧以来，经历 81 难，总是一往无前，从不后退。在他的身上，集中体现了人民群众的聪明才智和斗争精神。猪八戒和唐僧是缺点比较突出的正面人物。唐僧分不清敌我，常常认敌为友；猪八戒害怕困难，私心很重，贪恋舒适生活。但他们与妖魔之间，有一道鲜明的界线，属于两个营垒。特别是猪八戒，形象生动，语言诙谐，很让人喜爱，体现了作者对小生产者的善意的讽刺。作者用极为夸张的手法设计了人物的性格和能力，安排了故事情节的发生和发展，给予人们一种超现实的美感。《西游记》通过各种神化的故事和人物，淋漓尽致地揭露了明统治者的腐朽以及封建社会的丑恶现象，同时热情地歌颂了中国劳动人民反抗压迫，坚决同一切灾害困难和邪恶势力做斗争的精神品质。但作者还不能摆脱“佛法

《金瓶梅》书影

无边”和“轮回”“报应”等宿命论的思想。

《金瓶梅》100回，署名兰陵笑笑生。全篇截取《水浒传》中武松杀嫂故事演绎而成。因书中有潘金莲、李瓶儿、春梅等人物，故名为《金瓶梅》。书中塑造主人公恶霸土豪西门庆以及他勾通权贵，结交士人，又与地痞流氓为友，横行乡里，无恶不作，过着荒淫糜烂的生活，反映出明代官僚地主、大商人的腐朽和堕落，同时反映了明代市民的生活意识。被冯梦龙等称为“第一奇书”。《金瓶梅》在中国小说史上有着特殊的贡献。第一，是文人个体创作；第二，细致描写了日常生活的场景，构成了长篇小说发展史转变时期的标志。

明代长篇小说比较著名的还有《封神榜》《东周列国志》《三遂平妖传》《禅真逸史》等。此外，明代的短篇白话小说“三言二拍”，即冯梦龙的《醒世恒言》《警世通言》和《喻世明言》，凌濛初的《拍案惊奇》《二刻拍案惊奇》更为脍炙人口。“三言二拍”中有很多封建糟粕，但其中某些篇章却在一定程度上揭露了社会的黑暗面，反对了封建礼教的束缚，对男女之间的自由爱慕寄予充分的同情，如《施润泽滩阙遇友》《杜十娘怒沉百宝箱》《卖油郎独占花魁娘》《蒋兴哥重会珍珠衫》等，这些小说后来被改编为戏曲，几百年来，得到广大观众的喜爱。

三、昆曲传奇江南戏，“临川四梦”汤显祖

明代，杂剧已日益衰落，但民间的南戏却不减昔日雄风。随着城市经济的繁荣、士人的提倡，戏剧已成为城市居民不可缺少的文化活动。江南各地的地方戏非常流行，有余姚、海盐、弋阳诸腔。嘉靖时，昆山乐工魏良辅和剧作家梁辰鱼合作创成昆曲，用笛管笙琶合奏，以后传入北京，也成为北京流行的戏曲。传奇方面，经明初文人的改编润色，宋元时的南戏《荆钗记》《白兔记》（即《刘知远》）《拜月记》《杀狗记》等，被称为荆、刘、拜、杀，即明初的四大传奇。其后，汤显祖有《还魂记》（即《牡丹亭》）《邯郸记》《南柯记》《紫钗记》，被称为“临川四梦”，以《还魂记》最著名。明朝的传奇打破传统规格，情节也更加复杂。汤显祖是万历时期著名的戏剧作家。

他反对在传奇的写作上过分讲求音韵和格律，所创作的剧本也打破了音韵、格律的限制，而注意其结构和思想内容。代表作《牡丹亭》是明代传奇艺术的高峰。

汤显祖

汤显祖（1550—1616年），字义仍，号若士。江西临川人。早有文名，生性耿直，不愿与权贵为伍，34岁才中进士。与东林党首领有密切接触，并接受了王学左派的影响，因而政治上屡受挫折。万历十九年（1591年），汤显祖不满朝政，上疏抨击当权大臣，被贬至雷州半岛的徐闻县做典史，后迁至浙江遂昌任知县。这期间，他对人民的痛苦有了深切了解，更坚定了反抗黑暗现实的态度，这种态度对他日后的创作产生了深远影响。万历二十六年（1598年）辞官归乡，从此隐居黎里，潜心著述。汤显祖一生著述颇丰，除有《红泉逸草》《差别棘邮草》等诗文集外，逝世后又有《玉茗堂集》刊行。汤显祖的著作主要有《紫钗记》《牡丹亭》《南柯记》《邯郸记》4种，因作者系临川人，四剧又都写到梦境，故被称作“临川四梦”，又因汤显祖书斋名“玉茗堂”，故亦称其为“玉茗堂四梦”。

他多方面继承了前人的艺术成就，并能突破，予以发展，有所创新。在创作上，他打破戏曲音韵的格律限制，注意作品的结构和思想内容。他反对矫揉造作，主张“自然而然”地进行创作。他的作品在当时和以后影响都很大。汤显祖在戏曲方面的代表作是《牡丹亭》，它不仅是明代传奇艺术的杰作，也是我国戏曲史上浪漫主义发展的高峰。《牡丹亭》写的是：南安太守杜宝的独生女儿杜丽娘，在封建礼教的束缚下，与外界隔绝，囚居深闺。这个正在成长的青春少女，偶去花园中，为明媚的春光唤起了她青春的觉醒，梦中和一个书生柳梦梅相爱，醒后思虑致死。3年后柳梦梅到南安养病，发现杜丽娘的自画像，深为爱慕，杜丽娘感而复生，两人终归成为夫妻。这部作品，它通过杜丽娘、柳梦梅生死离合的爱情故事，表现出对封建礼教束缚的抗议，追求自由幸福的爱情和强烈要求个性解放的精神。这个故事不仅表达了青春女性争取爱情自由的深沉苦闷和热烈期望，而且深刻反映了封建礼教对青春合理权利所制造的厄难以及人们对美好生活的向往。《牡丹亭》写成于万历二十六年（1598年），300多年来一直受到人民的欣赏，流传不衰。

晚明的作家高濂的《玉簪记》和周朝俊的《红梅记》都是仅次于《牡丹亭》的写情的出色作品。另一戏剧家李玉所写的传奇《一捧雪》和《清忠谱》(即《五人义》)，直接揭露严嵩、严世蕃父子和宦官魏忠贤的罪恶，也具有一定的现实意义。

四、“帖学”流行“台阁体”，名家辈出俯后人

明代“复古之风”极一时之盛，“帖学”流行，“台阁体”风靡，至后期开拓创新，形成中国书法群雄并起的新局面。

明代诸皇帝都很喜欢书法。明成祖定都北京以后，即着手文治，诏求四方善书之士，充实宫廷，缮写诏令文书等。上有所好，下有所行。明初诸帝对古法的看重，促成了明代前期朝野上下刻帖之风的盛行。所以，朝野士大夫重视帖学，皆喜欢姿态雅丽的楷书、行书，几乎完全继承了赵孟頫的格调，并迅速演变成为端正流美的“台阁体”书风而盛行。明代中期，由于法帖汇刻本的传播造成了崇尚帖学的风气，而以祝允明、文徵明、王宠等为代表的吴门书派，强调书法体态，对后世产生了很大影响。明代末期的董其昌则力主师古借鉴，开创出一种古朴、清雅的风格。

明前期书法，不能说没有好书家，但缺乏大匠。书家以“三宋”(宋克、宋璲、宋广)和“二沈”(沈度、沈粲兄弟)最为著称。他们皆为台阁大臣，是明代前期“台阁体”书法的代表人物。“三宋”中，宋克章草为明人之冠，影响亦最大。他不为当时流行的赵孟頫书风所影响而能摆脱时尚，另辟蹊径，尤以章草见长。与宋克同时的还有精于小篆的宋璲和擅长草书的宋广，他们三人对明初书风影响颇大。“二沈”中，沈度楷书为最工，被明太宗誉为“我朝王羲之”，凡金牒玉册，咸出其手。其风格婉丽，雍容端庄，洋溢着一片庙堂气象。其弟沈粲则工行草，兄弟俩书风有所不同，“度书以婉丽胜，粲书以遒劲胜”，时称“大小学士”。“三宋”“两沈”之外，宋濂、解缙、李应祯、姜立纲等，都是明代“台阁体”的重

宋克《急就章》

要书家。

沉溺复古之风百余年后，书法艺术的发展到明中期终于出现了某种新的气象，祝允明、文徵明、王宠的出现，使明代书坛呈现出复兴之象。他们的书法上追晋唐，一变“台阁体”的面貌，各自形成自己的独特风格，具有相当的影响，在书法史上被称为“吴门三家”。此三人中，以祝允明成就最巨，其小楷直追晋唐，尤精狂草，由苏、黄而上溯旭、素，所作奇宕潇洒奔放雄健。文徵明为吴门画派的领袖，为人立身严肃不苟，书法也谨严。其小楷之精，历来认为堪与赵孟頫和晋人相媲美。论者每把他的书法与祝允明相比，认为祝以才情胜，文以功力胜，是颇能说明问题的。

王宠诗、书、画“三绝”，小楷法晋唐，行草书法颜真卿而融众法，形成神韵独超、天资特秀的书风。除“吴门三家”外，当时吴门的书家还有不少，率皆表现为挣脱台阁体，上追唐宋，以文人性情结合市民趣味的倾向。

明代后期吴门书法还保持有一定的地位，但有些追随者却因因袭模仿而缺乏创造，而陈淳、徐渭却展示出独具一格的书风。晚明“四大家”——邢侗、董其昌、张瑞图、米万钟则对清初的书坛产生了极大的影响。

陈淳以水墨大写意的花卉画名世，画法完全得益于书法。他以行草擅长，笔意纵横，天真烂漫，个人风格突出。徐渭在明代书法家中面貌极为独特，其书法以草书最胜，写起来恣肆豪放、纵横散乱而不拘法度，与其泼墨大写意绘画的精神气度是相通的。

晚明“四大家”中以董其昌成就最为突出，影响最大。他以平淡古朴的风格，形成一代书风，对明末一直到清代中期都有很大的影响。邢侗的草书多临“二王”，参章草，颇有古韵，和董其昌并称为“南董北邢”。张瑞图书风奇逸，草书下笔峻峭，转折方劲外拓，存隶意而得章草味，极富特色。米万钟擅行草，出自米氏家学，间用章草笔意。明末书坛卓有成就的还有倪元璐、黄道周等人。倪、黄书风都有别于明末盛行的秀雅婉丽的风格，具有朴茂、刚健、奇逸的特色。这些书

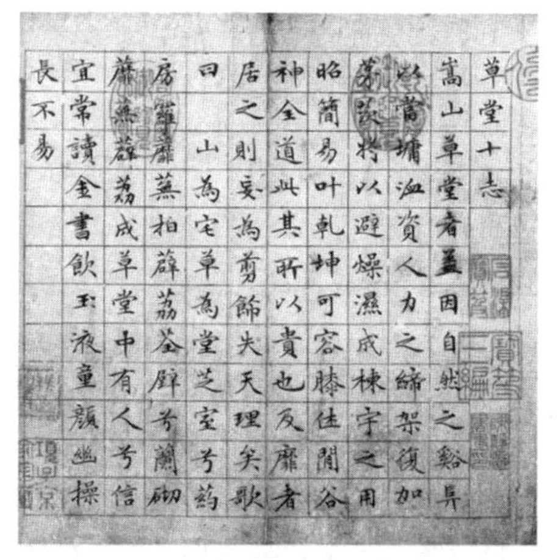

文徵明《草堂十志》

家在明代晚期都各自成家，代表明末一时书风。

五、画风迭变画派兴，百家争鸣空前盛

在中国绘画史上，明代画风迭变，画派繁兴。在绘画的门类、题材方面，传统的人物画、山水画、花鸟画盛行，文人墨戏画的梅、兰、竹及杂画等也相当发达。在艺术流派方面，涌现出众多以地区为中心、或以风格相区别的绘画派系。在师承方面，主要有师承南宋院体风格的宫廷绘画和浙派，以及发展文人画传统的吴门派和松江派、苏松派等两大派系。在画法方面，水墨山水和写意花鸟勃兴，成就显著，人物画也出现了变形人物、墨骨敷彩肖像等独特的新面貌。另外，民间绘画，尤其是版画，至明末呈现繁盛局面。

明代绘画的发展大致可分为早期、中期、晚期三个阶段。

1. 明代早期绘画

这一段时间约从洪武（1368—1398 年）至弘治（1488—1505 年）年间。此期宫廷绘画与浙派盛行于画坛，形成了以继承和发扬南宋院体画风为主的时代风尚。

明代宫廷绘画承袭宋制，但未设专门的画院机构。朝廷征召的许多画家，皆隶属于内府管理，多授以锦衣卫武职。画史称他们为画院画家，实际上是宫廷画家。洪武和永乐（1403—1424 年）两朝属初创时期，机构未臻完备，风格也多延续元代旧貌。至宣德（1426—1435 年）、成化（1465—1487 年）、弘治（1488—1505 年）年间浙江与福建两地继承南宋院体画风的画家，陆续应召入宫，遂使明代院画一时呈现出取法南宋院体画的面貌，宫廷绘画创作达到鼎盛时期。正德（1506—1521 年）以后，吴门画派崛起，逐渐取而代之。

明代宫廷绘画以山水、花鸟画为盛，人物画取材比较狭窄，以描绘帝后的肖像和行乐生活以及皇室的文治武功、君王的礼贤下士为主。如商喜《明宣宗行乐图》、谢环《杏园雅集图》、倪端《聘庞图》、刘俊《雪夜访普图》等。山水画主要宗法南宋马远、夏圭，也兼学郭熙，著名画家有李在、王谔、朱端等人。李在仿郭熙几乎可以乱真，王谔被称为“明代马远”。花鸟画呈现多种面貌，代表画家有擅长工笔重彩的边景昭，承袭南宋院体传统，妍丽典雅而又富有生气。孙隆从北宋徐崇嗣脱胎而出，专攻没骨法。林良以水墨写意花鸟著称，笔墨洗练奔放，造型准确生动。吕纪工写结合，花鸟精丽，水石粗健，自成一派。明代宫廷绘画虽未取得像宋代院画那样

划时代的成就，但在某些方面也有新的开拓。

浙派以戴进和吴伟为代表，活动于宣德至正德年间。因创始人戴进为浙江人，故有浙派之称。继起者吴伟为湖北江夏（今武汉）人，画史亦称他为江夏派，实属浙派支流。戴、吴二人都曾进过宫廷，画风亦源自南宋院体，故浙派与宫廷院画有密切的关系。戴进、吴伟作为职业画家，画艺精湛，技法全面，山水、人物都很擅长，山水画成就尤为突出。但二人风格又有所区别，戴进变南宋的浑厚沉郁，而为健拔劲锐之体，但仍不失谨严精微；吴伟以简括奔放、气势磅礴见胜。他们影响了一大批院内外画家，追随者有张路、蒋嵩、汪肇、李著、张乾等人。张路的山水画水墨淋漓，人物画则以挺秀、洒脱见长。蒋嵩善用焦墨，笔法简率。汪肇作品多动荡之势。李著学吴伟笔法，遂成江夏一派。浙派至后期，一味追求粗简草率，积习成弊，正德后遂见衰微。明代后期的蓝瑛，有人称之为“浙派殿军”，从师承、画风看，实与浙派无涉。

明代早期，江南地区还有一批继承元代水墨画传统的文人画家，如徐贲、王绂、刘珏、吴镇、杜琼、姚绶等人。徐贲山水承董源、巨然，笔法苍劲秀润。王绂喜用披麻兼折带皴作山水，繁复似王蒙，墨竹挺秀潇洒，被称为明代“开山手”。刘珏山水取景幽深，笔墨浓郁，近于王蒙。吴镇、杜琼善水墨浅绛山水，多用干笔皴染。姚绶主要师法吴镇、王蒙，风格苍厚。他们的画风堪称吴门派先驱。

还有一些画家，虽未归宗立派，亦各有建树。如初宗马远、夏圭，后师法自然，以画《华山图》著名的王履；被称为院派，给唐寅、仇英以较大影响的周臣；擅长水墨写意人物和山水的郭诩、史忠；以白描人物著称的杜堇等人。

2. 明代中期绘画

这段时期约自正德（1506—1521 年）前后至万历（1573—1620 年）年间。苏州地区崛起以沈周、文徵明为代表的吴门派，主要继承宋元文人画的传统，波澜日壮，成为画坛主流。

吴伟《高士图》

明代中期，作为纺织业中心的苏州，随

着工商业的发展，逐渐成为江南富庶的大都市。经济的发达促进了文化的繁荣，一时人文荟萃，名家辈出，文人名士经常雅集宴饮，诗文唱和，很多优游山林的文人士大夫也以画自娱，相互推重。他们继承和发展了崇尚笔墨意趣和“士气”“逸格”的元人绘画传统，其间以沈周、文徵明、唐寅、仇英最负盛名，画史称为吴门四家。他们开创的画派，被称为吴门派或吴派。

沈周《庐山高图》

沈周和文徵明，是吴门派画风的主要代表。他们两人都淡于仕进，属于诗、书、画三绝的当地名士。他们都主要继承宋元文人画传统，兼能几种画科，但主要以山水画见长，作品多描写江南风景和文人生活，抒写宁静幽雅的情怀，注重笔情墨趣，讲究诗书画的有机结合。两人渊源、画趣相近，但也各有擅长和特点。沈周的山水以粗笔的水墨和浅绛画法为主，恬静平和中具苍润雄浑气概，花卉木石亦以水墨写意画法见长，其作品主要是以气势胜。文徵明以细笔山水居多，善用青绿重色，风格缜密秀雅，更多抒情意趣，兰竹也潇洒清润。唐寅和仇英有别于沈周、文徵明，代表了吴门派中另外的类型。唐寅由文人变为以卖画为生的职业画家，仇英为职业画家，在创作上则受文人画的一定影响，技法全面，功力精湛，题材和趣味较适应城市民众的要求。他们两人同师周臣，画法渊源于李唐、刘松年，又兼受沈周、文徵明和北宋、元人的影响，描绘物象精细真实，也重视意境的创造和笔墨的蕴藉，具有雅俗共赏的艺术效果。唐寅的山水画多为水墨，人物画则时工时写，工笔重彩仕女承唐宋传统，细劲秀丽，水墨淡彩人物学周臣，简劲放逸。仇英从临摹前人名迹处得益，精谨清雅，擅长着色，以青绿山水和工笔人物著称。

文徵明

吴门四家杰出的艺术成就，在当时产生巨大的影响，从学者甚众。宗法沈周的有王纶、陈焕、陈铎、杜冀龙、谢时臣等人。王纶为沈周的入室弟子，陈焕较为粗重苍老，杜冀龙稍变沈周之法，谢时臣以气势纵横、境界宏伟见胜。追随文徵明的不下二三十人，著名的有文嘉、文伯仁、陆治、陈淳、陆师道、周天球等。文嘉山水疏简，文伯仁缜密，陆治劲峭，钱选粗重，陈淳放笔写意，陆师道细笔勾染，周天球兼善兰石，诸家各具特色。吴门派诸家中陆治、陈淳、周之冕在花鸟画领域中尤有新创。陆治是文徵明的学生，花鸟画兼取徐熙、黄筌两派之长，开创文人画的工笔花鸟新格，笔墨细秀，设色淡雅，有妍丽派之称。陈淳亦出文徵明门下，花鸟画受沈周影响，继承水墨写意技法，在造型的洗练、笔墨的放逸、情致的跌宕等方面有所发展，开启了徐渭的大写意画派，与徐渭并称。周之冕受吴门派影响，融汇陆治、陈淳两家之长，另创一兼工带写的小写意画法，被称为勾花点叶体。吴门派发展到明末，因循守旧，徒仿形貌，其地位被另辟蹊径、重倡文人画的董其昌及其流派所取代。

3. 明代后期绘画

这段时期约自万历至崇祯（1628—1644 年）年间。此期绘画领域出现新的转机：徐渭进一步完善了花鸟画的大写意画法；陈洪绶、崔子忠、丁云鹏等开创了变形人物画法。以董其昌为代表的画家在文人山水画方面另辟蹊径，形成了许多支派。

徐渭是继陈淳以后，从根本上完成水墨写意花鸟画变革的一代大家，其画风有力地推进了后世写意花鸟画的发展，画史上称其为青藤画派。他的花鸟画，吸取了宋元及沈周、林良、陈淳等水墨花鸟画的长处，又有重大革新。在题材方面，他大胆突破客观物象形质的局限，赋予物象以强烈的个人情感，作品或缘物抒情，或借题发挥，一反吴门派文人画恬适娴雅的意趣，而直抒激荡不平的心情，产生撼人心弦的艺术感染力。在艺术形式上，他擅长泼墨法，以狂草般的笔法纵情挥洒，不拘成法，追求气韵，墨色滋润淋漓，奔放流动，充分发挥了生宣纸的晕渗效果。这种随意点染的画法，气势磅礴，纵横睥睨，恰当地表达了画家炽热激愤的情怀。徐渭的画风，对清代的朱耷、石涛、扬州八怪、海派乃至现代的齐白石等都产生了深远影响。

明代中后期的人物画，承浙派者流于粗陋简率，效唐寅、仇英者日趋柔弱靡丽。陈洪绶异军突起，一扫弊习。他糅合传统艺术和民间版画之长，在浙、吴两派之外，别树一帜，赋予所取题材以一定寓意，表达了作者鲜明的爱憎。人物形象夸张甚至变形，气势伟岸，格调高古，线条刚柔相济，

董其昌《葑泾仿古图》

富有装饰性和金石味；设色浓重，以俗为雅，他的画风对后世影响深远。其子陈宇，弟子严湛、魏湘等人直承其法，清代华岩、罗聘等都融入他的画法，清末“四任”（任熊、任颐、任薰、任预）更进一步发展了他的传统。此外，陈洪绶也涉猎木刻插图，造诣尤高，对版画艺术的发展起了一定的推动作用。崔子忠擅长白描人物，与陈洪绶并称“南陈北崔”；丁云鹏善画道释人物，两人的画风虽与陈洪绶不同，但同样都反映了明末清初书画艺术上的一股“宁拙勿巧、宁丑勿媚”的时代风尚。

明代肖像画在人物画中较为发达，民间画工中尤多写真能手，至明代后期更有发展，曾鲸为其中富于创新精神的代表画家。他的肖像画重墨骨，即在用淡线勾出轮廓五官后和以淡墨渲染出明暗凹凸后，再以色彩烘染数十层，必穷匠心而后止。这种画法较富立体感，可能已受到当时新传入的西洋画法的一定影响。学者甚众，遂形成波臣派，影响直至清代。

明代后期山水画，继吴门派而起的代表画家是董其昌。他的艺术与吴门派有密切关系，为矫正吴门派末流之弊，他重倡文人画，强调摹古，注重笔墨，追求“士气”，并提出了南北宗论。由于他官至礼部尚书的显赫地位和在画坛上的声望，遂成为画坛盟主，他所创立的松江派遂取代了吴门派的统治地位。他提出的绘画理论，尤其是南北宗论，对明末清初的绘画产生了重大影响，一时之间苏松地区形成了许多山水画支派。这些画派在观点、主旨、方法、意趣等方面，与董其昌基本一致，所不同的只是在模仿某家和笔墨运用上各有侧重。较著名的画家有莫是龙，与他共创南北宗论，陈继儒与他为至交，赵左亦常为其代笔，他们都是松江派主将。顾正谊创华亭派，董其昌早年曾受其启导。宋旭亦属华亭派巨子，沈士充受业于宋懋晋，兼师赵左，也为董其昌代笔，世称云间派。另外，受吴门派影响的晚期画家还有程嘉燧、李流芳、卞文瑜、邵弥、杨文翰等人。程嘉燧的山水枯简疏放，李流芳爽朗清秀，卞文瑜细秀，邵弥简逸，杨文翰兼具枯笔、秀润两种风貌。

除此之外，晚明时期还出现了不少地区性的山水画派。如浙江钱塘的蓝瑛创武林派，安徽芜湖的萧云从创姑孰派，浙江嘉兴的项元汴、项圣谟创嘉兴派，江苏武进邹子麟、恽向创武进派等，这些派别大多影响不大。明末清初，虽然形成名目繁多、关系复杂的山水画派别，但大多受吴门派和董其昌影响，统属于文人画的系统。

明代文人墨戏画也很发达。专门以墨竹著名的有宋克、王绂、鲁得之，以墨梅著名的有孙以占、陈宪章，以墨兰著名的有周天球等。

4. 明代民间绘画

随着商品经济的发达和资本主义萌芽的出现，明代的民间绘画比较活跃，尤其是木刻版画有较大发展。创作者主要是民间画工，但也有一些文人士大夫画家参与活动，如从事木刻的陈洪绶、萧云从等人，曾为适应版画的需要，而创作了不少画稿。

民间创作的卷轴画，主要内容有风俗画、历史故事、神像画、水陆画及肖像画等，许多不知名的民间画工所绘制的肖像画，一直流传了下来。

明代壁画创作不如前代兴旺，存世的主要是寺观壁画。较著名的有北京的法海寺壁画、山西新绛县稷益庙壁画等。法海寺创建于元代，明代重建，正殿北壁《帝释梵天图》为明代壁画中的精品。稷益庙初建于宋代，元代时重修，正殿东、西、南三壁均绘有明代壁画，题材内容以古代神话传说和社会生活为主，这在寺庙壁画中是比较少见的。其他还有山西稷山青龙寺壁画，河北石家庄毗卢寺壁画、现存者亦多。云南丽江纳西族自治县的壁画等。

《帝释梵天图》(局部)

木刻年画至明代逐渐普遍，到明末已初步形成苏州桃花坞、天津杨柳青南北两大创作基地，为清代年画的繁兴创造了条件。

明代版画，在中国古代版画史上堪

称鼎盛时期。戏曲、传奇、小说等文学作品插图的成就最突出，不仅内容丰富，而且形式多样。许多作品如小说《忠义水浒全传》插图、戏曲《望江亭》插图等，构图灵活，均具有较高的思想性和艺术性。陈洪绶的木刻《九歌》《水浒叶子》《博古叶子》《西厢记》等，对版画的发展尤其产生深远影响。画谱的成就也很辉煌，胡正言完成的《十竹斋画谱》和《十竹斋笺谱》以及《萝轩变古笺谱》等，创造了水印、彩色套印的新技术，为中国雕版印刷术的发展做出了杰出贡献。